兰州大学教材建设基金资助

FINANCIAL MANAGEMENT

21世纪管理类核心课程教材

财务管理

理论与实务

主　编　田中禾　张　涛
副主编　马锁生　谢可可　张　华

图书在版编目(CIP)数据

财务管理:理论与实务/田中禾,张涛主编. —
兰州:兰州大学出版社,2012.1(2020.3 重印)
ISBN 978-7-311-03858-8

Ⅰ.①财… Ⅱ.①田… ②张… Ⅲ.①财务管理
Ⅳ.①F275

中国版本图书馆 CIP 数据核字(2012)第 007439 号

策划编辑 陈红升
责任编辑 郝可伟 李 丽 陈红升
封面设计 张友乾

书 名 财务管理——理论与实务
作 者 田中禾 张 涛 主编
出版发行 兰州大学出版社 (地址:兰州市天水南路 222 号 730000)
电 话 0931-8912613(总编办公室) 0931-8617156(营销中心)
0931-8914298(读者服务部)
网 址 http://press.lzu.edu.cn
电子信箱 press@lzu.edu.cn
印 刷 白银兴银贵印务有限公司
开 本 787 mm×1092 mm 1/16
印 张 21.25(插页 4)
字 数 490 千
版 次 2012 年 1 月第 1 版
印 次 2020 年 3 月第 6 次印刷
书 号 ISBN 978-7-311-03858-8
定 价 38.00 元

前 言

财务管理是经济管理学科中年轻而蓬勃发展的学科之一，特别是在过去的几十年里，财务理论与财务实践都取得了丰硕的成果，它已经为我们用经济和金融的观点来理解世界和经营财富作出了巨大贡献。

任何一门学科都可以看做是思想的集合，它们随着时间的推移经受了理性市场的实证检验而最终成为科学的事实。从投资组合到资本结构，从资产定价到有效资本市场，从委托代理到现代公司内部财务控制，我们熟知的这些传统财务理念、知识和技能都经历了这样的历练过程并将继续启发和指导诸多财务管理者的思想和工作。

从实践意义上讲，财务管理是正规企业有机系统的基础——良好的财务管理对于企业经营的健康运行，甚至整个国家和世界的金融体系和经济命脉都是至关重要的。鉴于其重要性，我们必须全面、系统地掌握财务知识。但是说起来容易做起来难。财务领域相对比较复杂，随着经济环境的变化，它也在不断变化和发展着。

在任何行业中，作为一名专业人员的最重要的象征，在于他(她)愿意对本专业的技术及知识容量的拓宽与加深作出贡献，而且愿意广泛地与同行和进入本领域的新人交流知识、技能和技术。《财务管理——理论与实务》一书正是秉承上述思想应运而生的。

本书是兰州大学管理学院编写的会计学专业系列教材之一，同时也是“21世纪管理类核心课程教材”。本书的编者虽不能自称能领业界之先，但在财务理论素养、企业实战经验和学术精神、教学经验等方面具有充分的自信。编写前我们花费了大量时间和精力思考和研究如何将神圣的财务管理殿堂里丰富、庞杂而又精深的知识通过合理的逻辑组织成精细缜密的结构体系介绍给读者，最终我们选择了“公司价值创造和价值管理”作为本书的思想主线。我们坚信，财务创造价值的观念已经在财经领域深入人心并付诸实践。在业绩优秀的公司里，财务是一个动态流程，负担着为整个公司文化注入以价值为中心的观念的职责。财务使人们关注价值是在何处以及如何产生的，并支持围绕着价值链或者价值网络所做出的决策。整个金融和经济世界需要CFO和其他财务人员关注公司价值产生的因素，有效地分配和利用社会资本和资源。

编写时我们充分吸收了近年来国内外财务理论前沿研究的最新成果，系统介绍了公司财务管理的基本理论和实用技术。全书以价值管理视角下的实体企业经营环境中的公司财务管理为主题，以企业投资、筹资、营运资金、股利分配等理财循环为主线，着重阐述促使公司价值增长的理论与方法，力图充分体现财务管理作为企业管理中价值管理工具的特色，着重于公司价值创造和价值管理的基本理财理论与方法，立足于我国企业理财实践，从财务思维方式的培养和财务管理技能的提高两方面帮助读者提升综合管理能力。我们试图以这样的指导思想与广大读者分享财务知识。

本书的特色在于，一是内容丰富新颖。全书不仅包含了传统财务学著作的主要内容，比如筹资与投资、股利决策、资本结构、证券评价等，还用专门的章节探讨了财务治理结构、财务运行机制、价值评估、财务战略、财务预算、财务绩效评估等问题。本书还分析了内部财务控制和财务风险预警与防范问题。全书集中体现了全局财务的思想,内容全面、翔实、具体。特别值得一提的是,将财务战略规划和财务绩效评估作为两个精深的专题进行专门讨论是本书内容的主要特色,同时本书也将财务战略规划和财务绩效评估分别作为所有财务活动和财务循环的起点和终点。

二是编排体例合理。本书开篇用一篇的篇幅来概述财务管理的基本概念、思想和全书的主要内容,从而有助于读者带着整体的思维和财务特有的观念来阅读此书。编者通篇采用一种清晰系统的方式来讲述最基本、最重要的财务知识,每一篇都按学习提示—内容—小结—关键词—小案例的顺序进行编写,并配有大量图标和例解,其中关键词同时附有英文解释,小案例大多属于"阅读式"案例,旨在说明本篇阐述的内容在实践中运作的现状,增强内容的生动性和实用性。

三是理论和事实引证详尽。本书对涉及的重要学术观点和现实应用均提供了详细的参考文献,旨在尽可能地为读者拓宽财务视野、改善理财思维提供帮助。

本书共分为五部分,其中总论阐述财务管理的概念、目标与环境,第一篇阐述财务管理的基础观念和理财工具,第二篇至第四篇分别阐述财务战略与预算管理、财务决策和财务控制与绩效评估。这样的篇章结构安排遵循财务规划—财务决策—财务评估的基本管理逻辑,并试图全面、系统地体现公司财务管理学科的基本原理与方法。

多年来,为了培养更多、更好的会计人才,我们作为教育工作者本着对学生负责、对社会负责的精神,力争为读者提供满意的学习用书,为企业未来财务工作的发展方向提供指引。

本书所依托的"财务管理"课程荣获了"2009年度甘肃省高等院校精品课程"称号。本书可作为高等院校财务管理与会计学专业本科生及MBA、MPAcc学员的主干教材,也可作为企业管理、财政金融等相关专业的教学参考书,并可作为锐意进取的企业经理及其他经济管理人员的自学用书和培训教材。本书对于社会各界有关人士参加各类财会资格考试也有极大的参考价值。

本书由兰州大学管理学院田中禾教授、张涛副教授及谢可可、张华、与锁生五位老师共同编著完成,另外孙权、王晶晶、王广乾、杨振、潘燕晶、郑小三等进行了资料收集、汇总，参与了部分内容的编写，具体分工如下：总论由田中禾负责编写；第一篇由谢可可负责编写；第二篇由张涛负责编写；第三篇由马锁生负责编写；第四篇由张华负责编写。在编写过程中团队全体成员齐心合作，共同探讨书稿的主题思想、框架结构和编写风格，最后由田中禾教授和张涛副教授修订和统稿。

编写本书是有挑战意义的，也是值得的。鉴于财务管理日新月异的发展和创新，本书中的一些看法、见解可能不够全面和准确，恳请广大读者提出宝贵意见。由于编写时间紧迫、书中难免有疏漏、错误之处，恳请广大读者指正。我们衷心希望《财务管理——理论与实务》这本书能够接受挑战，帮助大家更好地理解财务世界。

编　者

2011年12月于兰州

目 录

总论　财务管理的目标与环境

第一节　财务管理概述

学习提示

随着市场经济特别是资本市场的不断发展，财务管理在企业管理中扮演着越来越重要的角色。企业管理的实践表明，财务管理是企业管理的中心。本节着重阐述财务管理的基本要素，财务管理的研究对象、内容、职能、运行环境以及财务管理的相关领域。

学习目标

理解财务管理的含义以及现金流转的概念
掌握现金流转的过程
掌握财务管理的内容
理解财务管理的职能

主要内容

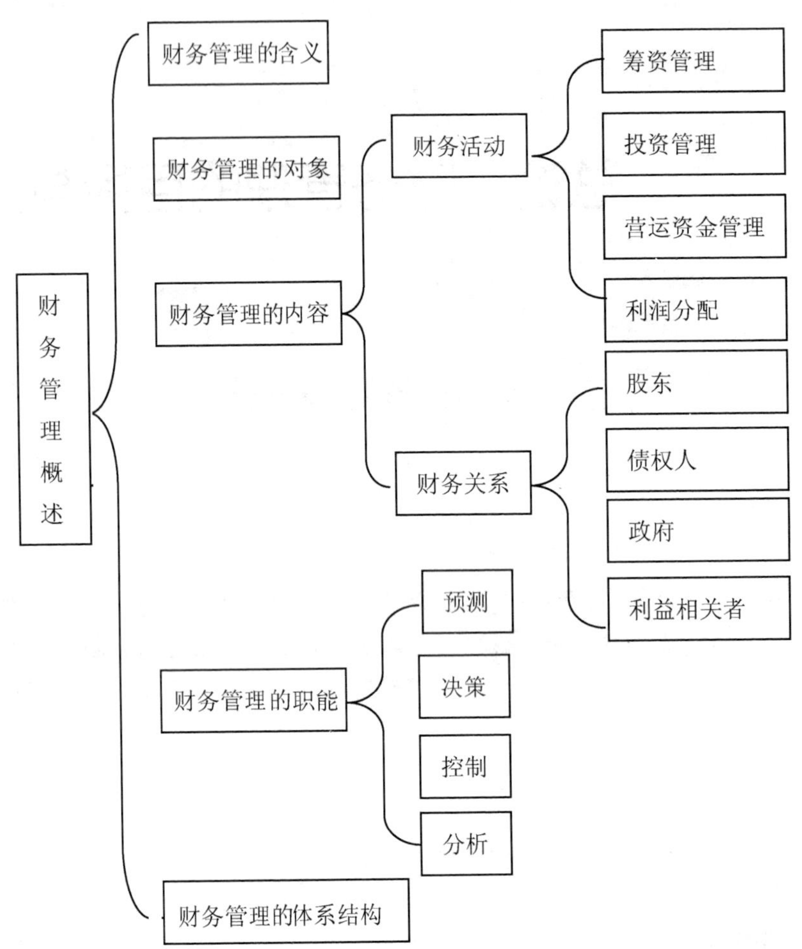

财务管理作为一门年轻的学科，随着时间的推移经受了理性市场的实证检验而最终成为科学。从投资组合到资本结构，从资产定价到有效资本市场，从委托代理到现代公司内部财务控制，我们熟知的这些传统财务理念、知识和技能都经历了现代公司体制条件下管理实践的检验，并且将继续启发和指导诸多财务管理者的思想和工作。

在现代公司体制条件下，公司治理模式最主要的特征是所有权与经营权的分离。两权分离的治理模式下，公司财务管理的重点逐步转向如何使稀缺资源在企业内部更好地优化配置。相对于财务学的另外两个分支——金融学和投资学而言，公司财务管理主要研究的是营利组织的筹资决策和内部投资决策，即主要用于回答以下几个问题：怎么才能做出正确的投资决策？为了将来能够获得收益，现在需要怎样的投入？应该如何为投资决策筹集资金？公司财务管理的这些决策对于内部及外部的利益相关者又将产生怎样的影响？

然而，并不是每个职业经理人都能对上述问题提出自己的见解，完全准确地把握财务管理的科学内涵及管理外延。要想完成由管理精英向管理学术精英的转变，每一个管理者都应先思考这样一个问题：在纷乱复杂的管理理论的丛林中，财务管理的本质究竟是什么？

一、财务管理的含义

财务管理是指在外部竞争环境日益严峻的条件下，以公司发展战略为指导，以资金及其流转为对象的管理工作，是用于管理企业再生产过程中客观存在的财务活动和与之伴随的财务关系的科学和艺术。财务管理区别于其他管理活动的特点在于，它是一种价值管理，是构成企业资金战略的重要组成部分。

二、财务管理的对象

根据财务管理的含义，财务管理的对象是资金及其流转。资金流转的起点和终点都是现金，其他资产都是现金在流转中的转化形式。因此，财务管理的对象也可以说就是现金及其流转。[1]

（一）现金流转的概念

在建立一个新企业时，必须首先筹集若干现金，作为最初的资本。没有现金，企业不能开始运营。企业建立后，现金变为经营用的各种资产，在运营中又陆续变为现金。图1展示了以现金为核心的企业资金运动过程。

在生产经营中，现金变为非现金资产，非现金资产又变为现金，这种周而复始的流转过程称为现金流转，[2]又叫现金循环。现金变为非现金资产，然后又回到现金，所需时间不超过一年的流转，称为现金的短期循环；现金变为非现金资产，然后又回到现金，所需时间在一年以上的流转，称为现金的长期循环。现金循环的基本形式如图2和图3所示。

1.樊行健.财务分析[M].北京：清华大学出版社，2007.

2.张涛.财务管理学[M].北京：经济科学出版社，2008.

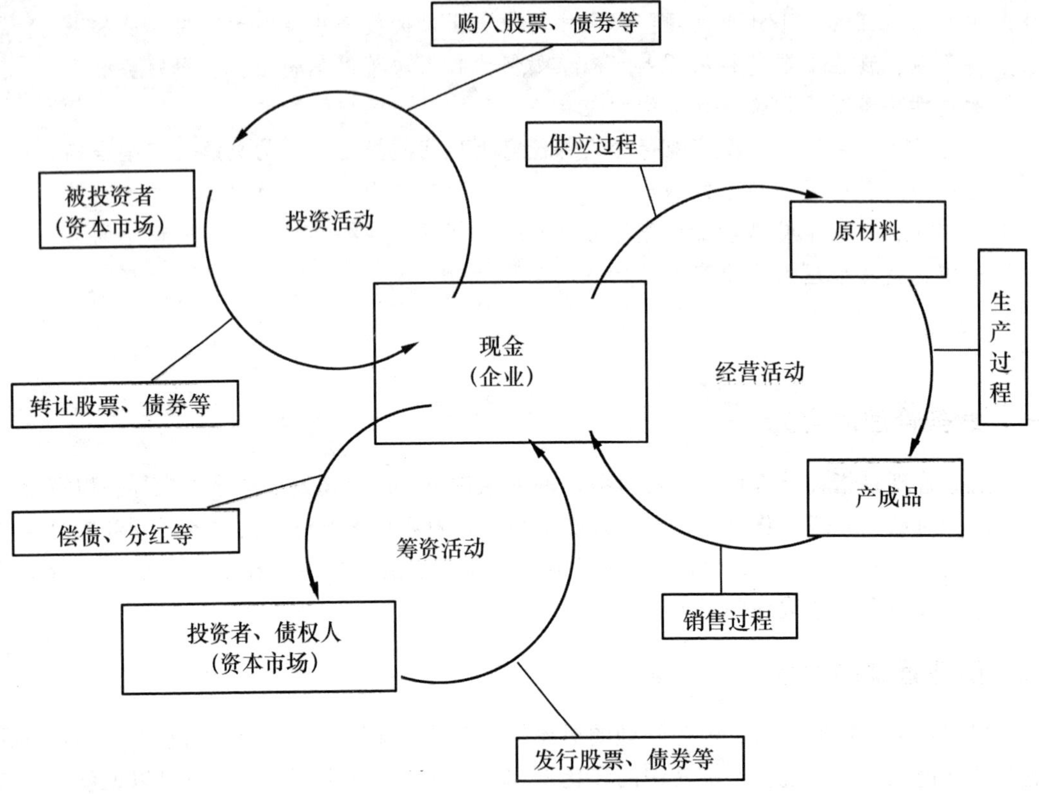

图1 以现金为核心的企业资金运动

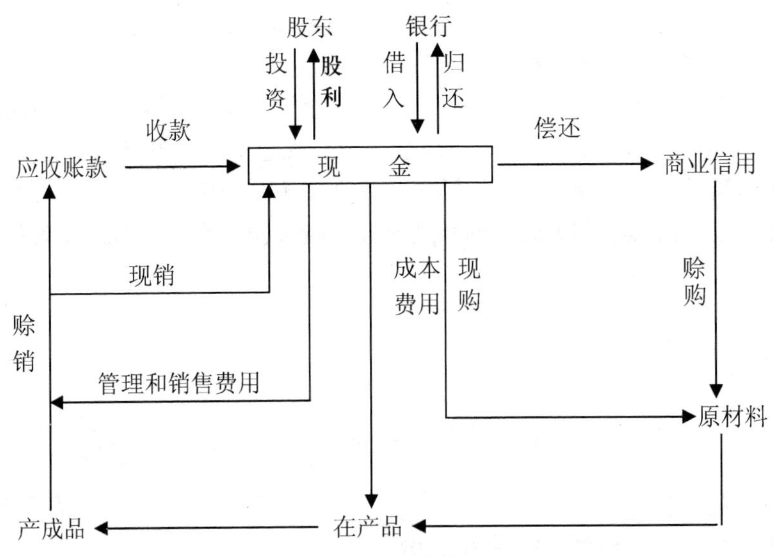

图2 现金短期循环的基本形式

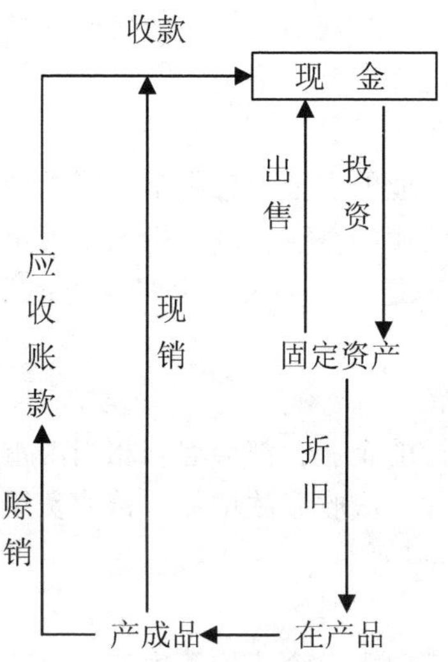

图3 现金长期循环的基本形式

长期循环有一个特点值得注意：折旧是现金的一种来源。

企业的利润是根据收入减全部费用计算的，而现金余额是现金收入减全部现金支出计算的。折旧不是本期的现金支出，但却是本期的费用。因此，每期的现金增加是利润与折旧之和。利润会使企业增加现金，折旧也会使现金增加，不过，折旧还同样使固定资产的价值减少。在企业不添置固定资产的情况下，只要亏损额不超过折旧额，企业的现金余额就不会减少。[1]

现金循环平衡的重要条件就是“时间上继起，空间上并存”，这也正是企业得以持续经营的可靠保证。保持现金循环的平衡对于企业资源结构的优化以及最终经营目标的实现具有重要的战略意义。对许多成功渡过生命周期中起步阶段的企业而言，其在成长及成熟阶段走向灭亡的根本原因就在于企业的现金流转不平衡。

（二）现金流转不平衡

如果企业的现金流出量与流入量相等，财务管理工作将变得相对容易得多，实际上这种情况极少出现。在一定时间段，不是收大于支，就是支大于收，这种现象在财务管理上称为现金流转不平衡。绝大多数企业一年中会多次遇到现金流出大于现金流入的情况。

现金流转不平衡的原因有企业内部的，如盈利、亏损或扩张等；也有企业外部的，如市场变化、经济兴衰、企业间竞争等。

1. 现金流转不平衡的内部原因[2]

现金流转不平衡的内部原因可以从以下几种状况来分析。

1.胡玉明.财务报表分析[M].大连：东北财经大学出版社，2008.

2.胡玉明.财务报表分析[M].大连：东北财经大学出版社，2008.

(1) 盈利企业的现金流转

盈利企业如果不打算扩充，其现金流转一般比较顺畅。但是，即使企业盈利，如果进行大规模扩充，也会使企业现金流转不平衡。

(2) 亏损企业的现金流转

从长期的观点看，亏损企业的现金流转是不可能维持的。从短期来看，又可分为两种情况：一种是亏损额小于折旧额的企业，由于折旧是现金的一种来源，所以在固定资产重置之前可以维持下去；另一种是亏损额大于折旧额的企业，如果不从外部及时补充现金，将很快破产。

(3) 扩充企业的现金流转

任何要迅速扩大经营规模的企业，都会遇到相当严重的现金短缺情况。不仅固定资产的投资要扩大，还有存货增加、应收账款增加、营业费用增加等，都会使现金流出扩大。

2. 现金流转不平衡的外部原因

(1) 市场的季节性变化

通常来讲，企业的生产部门力求全年均衡生产，以充分利用设备和人工，但销售总会有季节性变化。因此，企业往往在销售淡季现金不足，销售旺季过后积存过剩现金。企业的采购用现金流出有季节性变化，人工等费用开支也有季节性变化。财务管理人员要对这些变化事先有所准备，并留有适当余地。

(2) 经济波动

在经济收缩时，销售下降，进而生产和采购减少，整个短期循环中的资金减少了，企业有了过剩的现金。如果预知不景气的时间很长，推迟固定资产的重置，折旧积存的现金也会增加，这种财务状况给人以假象。随着销售额的进一步减少，大量的经营亏损很快会接踵而来，现金将被逐步销蚀掉。

在经济繁荣时，现金需求迅速扩大，积存的过剩现金很快被用尽，不仅扩充存货要大量投入现金，而且受繁荣时期乐观情绪的鼓舞，企业会对固定资产进行扩充性投资，并且往往要超过折旧。同时，经济过热必然造成利率上升，过度扩充的企业背负巨大的利息负担，会首先受到经济收缩的打击。

(3) 通货膨胀

通货膨胀会使企业遭受现金短缺的困难。由于原料价格上升，保持存货所需的现金增加；人工和其他费用的现金支付增加；售价提高使应收账款占用的资金也增加。企业唯一的希望是利润也会增加，否则，现金会越来越紧张。提高利润，不外乎增收节支。增加收入，受到市场竞争的限制。企业若不降低成本，就难以应付通货膨胀造成的财务困难。通货膨胀造成的现金流转不平衡，不能靠短期借款解决，因其不是季节性临时现金短缺，而是现金购买力被永久地“蚕食”了。

(4) 竞争

竞争会对企业的现金流转产生不利影响。但是，竞争往往是被迫的，企业经营者不得不采取方针。价格竞争会使企业立即减少现金流入。广告竞争会立即增加企业的现金流出。

企业财务管理的核心是研究资金运动规律并优化资源配置。从某种意义上讲，财务管理工作就是为了解决企业现金流转不平衡而存在的。财务管理工作通过控制和协调影响现金流转不平衡的因素而间接控制和改变企业现金流转不平衡的状况，从而实现各种资金形态在时间上不断继起、空间上同时并存的良好态势。财务管理人员的任务不仅是维持当前经营的现金收支动态平衡，而且要设法满足企业扩充的现金需要，并且力求使企业扩充的现金需求不超过扩充后新的现金流入；财务管理人员还需要注意和跟踪企业外部环境中的经济兴衰、市场变化、企业间竞争状况等因素来决定自身企业的各项财务决策和财务活动。

三、财务管理的内容

根据财务管理的含义，公司财务管理的内容主要包括财务活动和财务关系两方面的内容。

（一）财务活动

1. 筹资管理

筹资是指企业为了满足投资和用资的需要，筹措和集中所需资金的过程，是资金运动的起点。[1]

筹资管理的关键是决定各种资金来源在总资金中的比重，即确定资本结构，以使筹资风险和筹资成本相配合。筹资过程中需要考虑的因素有：

（1）确定筹资的总规模，以保证投资所需要的资金。

（2）通过筹资渠道、筹资方式或工具的选择，合理确定筹资结构，以降低筹资成本和风险。

2. 投资管理

企业取得资金后，必须将资金投入使用，以谋求最大的经济效益；否则，筹资就失去了目的和效用。企业投资可分为广义和狭义两种。广义的投资是指企业将筹集的资金投入使用的过程，包括企业内部使用资金的过程和对外投放资金的过程，是以收回现金并取得收益为目的的现金流出；狭义的投资仅指对外投资。

投资决策是企业财务决策中最为重要的一项决策。因为投资决策决定了企业资金的应用方向，从而决定了企业未来的收益状况。而恰恰是这种投资的未来回报决定了企业的价值。投资过程中需要考虑的因素有：

（1）投资规模。企业必须确定投资规模，以保证获得最佳的投资效益。

（2）投资方向和投资方式。通过投资方向和投资方式的选择来确定合理的投资结构。

（3）投资效益的评估和投资风险的控制。

3. 营运资金管理

企业在日常生产经营过程中，会发生一系列的资金收付。首先，企业要采购材料或商品，以便从事生产经营活动，同时，还要支付工资和其他经营费用；其次，当企业把产品或商品售出后，便可以取得收入，收回资金；第三，如果企业现有资金不能满足企业经营

1.中国注册会计师协会.财务成本管理[M].北京：中国财政经济出版社，2010.

的需要，还要采取短期借款方式来筹集所需资金。上述各方面都会产生企业资金的收付。

营运资金主要是为满足企业日常营业活动的需要而垫支的资金，营运资金的周转与生产周期具有一致性。在一定时期内，资金周转越快，资金的利用率就越高，就可能生产出更多的产品，取得更多的收入，获得更多的报酬。因此，如何加速资金周转、提高资金利用效果，是营运资金管理要考虑的内容。

4. 利润分配

企业通过投资（或资金营运活动）应当取得收入，并相应实现资金的增值。企业必须对取得的各种收入依据现行法规及规章作出分配，以全面实现财务目标。广义的利润分配是指对企业各种收入进行分割和分派的过程；狭义的利润分配仅指对利润尤其是净利润的分配。每个公司根据自己的具体情况确定最佳的股利政策，是财务决策的一项重要内容。利润分配过程中需要考虑的因素有：

（1）法律因素；

（2）股东利益；

（3）企业发展；

（4）股市行情。

上述财务管理活动的四个方面，不是互相割裂、互不相关的，而是互相联系、互相依存的。正是上述互相联系又有一定区别的四个方面，构成了完整的企业财务管理活动。

（二）财务关系[1]

1. 企业（经营者）与股东的财务关系

企业与股东的财务关系主要表现为财务方面的委托代理关系。股东将资金投入企业以后，有权力要求得到相应的回报，这也是股东选择一项投资行为的目的所在。为保证代理人的行为完全符合股东意志，就必须为监督和激励代理人行为而支付一定的代价，这些代价即为代理成本，它除了支付经理薪金以外，还包括一些激励措施和监督机制的实施成本。

2. 企业与债权人的财务关系

企业与债权人的财务关系是一种债权债务关系。借款合同一旦成为事实，资金到了企业，债权人就失去了控制权。企业可能不经债权人同意投资于比预期风险高的新项目；也可能未征得债权人的同意发行新债而致使旧债价值下降， 损害债权人的利益。

3. 企业与政府的财务关系

企业与政府的财务关系是依法纳税、依法经营。财务经理要准确地表达企业的经营行为和经营思想，很好地与政府部门沟通，从而处理好与政府部门的关系。

4. 企业与关联企业的财务关系

企业在生产经营过程中经常和供应商、销售商、消费者等发生财务关系。在正常情况下，伴随着财务关系的发生必然有相应的资金流动。搞好财务关系则可以加快资金的回笼速度，有利于企业再生产的进行。

1.中国注册会计师协会.财务成本管理[M].北京：中国财政经济出版社，2010.

为了便于比较和掌握，财务管理的内容可以表1进行概括和总结。

表1　财务管理的内容

财务活动	筹资管理	企业资金分类： (1)按投资者权益的不同可分为债务资金和所有者权益资金； (2)按企业占用时间长短可分为长期资金和短期资金。
	投资管理	投资分类： (1)对内投资和对外投资(对外投资主要有股权投资和债权投资)； (2)固定资产投资和营运资金投资。
	营运资金管理	净运营资金=流动资产-流动负债
	利润分配	制定合理的利润分配政策,可以缓解企业对资金需求的压力,降低企业筹资的资金成本,影响企业股价在市场上的走势,满足投资者对投资回报的要求。
财务关系	企业(经营者)与股东的财务关系	
	企业与债权人的财务关系	
	企业与政府的财务关系	
	企业与关联企业的财务关系	

四、财务管理的职能

财务管理的职能是财务管理工作所具有的功能，它随着经济发展和经营管理需要不断完善，归纳起来主要包括以下五个方面。

（一）财务预测

财务预测是根据财务活动的历史资料，考虑现实的要求和条件，对企业未来的财务活动和财务成果做出科学的预计和测算。

其工作内容包括：

(1) 明确预测目标；

(2) 搜集相关资料；

(3) 建立预测模型；

(4) 确定财务预测结果。

（二）财务决策

财务决策是指财务人员按照财务目标的总体要求，利用专门方法对各种备选方案进行比较分析，并从中选出最佳方案的过程。[1]在市场经济条件下，财务管理的核心是财务决策，财务预测是为财务决策服务的，财务决策的成功与否直接关系到企业的兴衰成败。

财务决策的工作步骤：

(1) 决定决策目标；

1.中国注册会计师协会.财务成本管理[M].北京：中国财政经济出版社，2010.

(2) 提出备选方案;

(3) 选择最佳方案。

(三) 财务预算

财务预算是指运用科学的技术手段和计算方法，对未来财务活动的内容及指标所进行的具体规划。财务预算是以财务决策确立的方案和财务预测提供的信息为基础编制的，是财务预测和财务决策的具体化，是控制财务活动的依据。

财务预算主要包括以下工作:

(1) 分析财务环境，确定预算目标;

(2) 协调财务能力，组织综合平衡;

(3) 选择预算方法，编制财务预算。

(四) 财务控制

财务控制是指在财务管理的过程中，利用有关信息和特定手段，对企业财务活动所施加的影响或进行的调节。实行财务控制是落实预算任务、保证预算实现的有效措施。

其主要工作内容包括:

(1) 制定控制标准，分级落实责任;

(2) 实施追加控制，及时调整误差;

(3) 分析执行情况，搞好考核奖惩。

(五) 财务分析

财务分析是根据核算资料，运用特定方法，对企业财务活动过程及其结果进行分析和评价的一项工作。通过财务分析，可以掌握各项财务计划的完成情况，评价财务状况，研究和掌握企业财务活动的规律性，改善企业管理，提高企业经济效益。

进行财务分析的一般程序是:

(1) 占有资料，掌握信息;

(2) 指标对比，揭露矛盾;

(3) 分析原因，明确责任;

(4) 提出措施，改进工作。

在上述五项职能中，财务预测是财务决策的基础，是编制财务预算的前提，是组织日常财务工作的必要条件。财务决策是财务管理方法中对企业前景影响最直接、最重要的方法。财务预算是全面预算的重要组成部分。财务控制是企业实现其生产目标的重要保证。财务分析主要有比较分析法、比率分析法、综合分析法等。

五、财务管理的体系结构

(一) 财务管理的发展

20世纪是财务管理大发展的世纪，财务管理经历了五次飞跃性的变化，被人们称为财务管理的五次发展浪潮，分别是：以筹集资金为核心的筹资管理理财阶段；以日常资金周转和内部控制为核心的资产管理理财阶段；以投资风险控制为核心的投资管理理财阶段；以应对通货膨胀为核心的通货膨胀理财阶段和适应全球经济市场一体化环境的国际经营理财阶段。

进入21世纪后，随着企业经营环境的变化和企业竞争的加剧，企业和企业家们的共识是：在当今社会，不懂得财务知识已经不能做一个经理人了。这是因为，现代企业生存和竞争的基本前提就是经济效益，而财务知识特别是财务管理和财务决策的原则和方法是企业能否取得经济效益的根本保证。现代经理人具备的财务知识和财务能力将决定他们管理企业的思考方式、工作方法和工作技能，并最终决定企业经营的成败。

财务管理是涉及现金、风险和价值的一种思考方式，经理人必须具备从财务的角度看问题的能力。随着资本市场的快速发展和新型金融工具的不断涌现，企业家们需要具备相应的财务知识迎接新环境带来的挑战，并且能够利用知识经济时代的契机，抓住机会，实现企业的价值增长。新环境要求经理人重新定义和理解诸如自由现金流量、财务绩效评价与激励、期权价值、市场效率、财务流程、管理技术和行业情况等财务问题，在此基础上，结合企业的环境和市场竞争状况，进行具体的现金流分析，评估企业的风险，判断投资的价值。

（二）财务管理的知识体系结构

本书以企业投资、筹资、营运资金、股利分配等理财循环为主线，以价值管理视角下的实体企业经营环境中的公司财务管理为主题，着重阐述促使公司价值增长的理论与方法，力图充分体现财务管理作为企业管理中价值管理的特色，着重于公司价值创造和价值管理的基本理财理论与方法，立足于我国企业理财实践，从财务思维方式的培养和财务管理技能的提高两方面帮助学生提升综合管理能力，为学生将来从事财务管理的实际工作或科学研究奠定良好的理论及方法基础。[1] 根据上述指导思想，本书共分为五篇12章，其中第一篇阐述财务管理的环境与目标；第二篇阐述财务管理的基础观念和理财工具，第三篇至第五篇分别阐述财务战略规划、财务决策活动和财务控制与绩效评估。将财务战略规划和财务绩效评估作为两个精深的专题进行专门讨论是本书的主要特色，同时本书也将财务战略规划和财务绩效评估分别作为所有财务活动和财务循环的起点和终点。这样的篇章结构安排遵循规划—决策—评估的基本管理逻辑，并试图体现公司财务管理学科的基本原理与方法。本书的知识体系结构可用图4来概括。

1.财政部会计资格评价中心.财务管理[M].北京：中国财政经济出版社，2010.

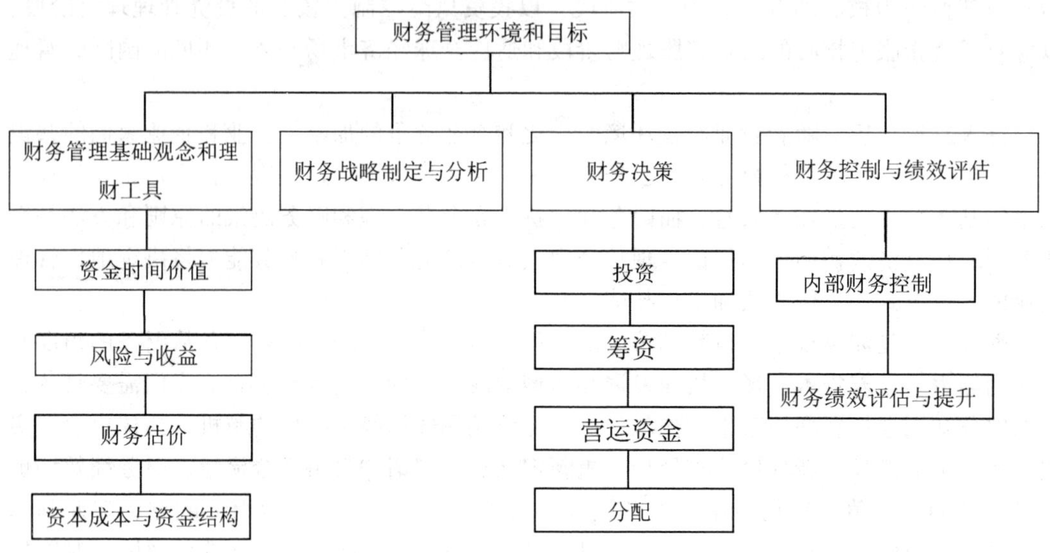

图4 财务管理的知识体系结构图

小　　结

企业财务管理是指企业生产经营过程中的资金运动及其所体现的财务关系。

财务活动是指资金的筹集、运用、耗费、收回和分配等一系列行为。其中资金的运用、耗费、收回又称为投资。筹资活动、投资活动和分配活动构成财务活动的基本内容。

财务关系主要包括：企业（经营者）与股东的财务关系；企业与债权人的财务关系；企业与政府的财务关系；企业与关联企业的财务关系。

财务管理是企业组织财务活动、处理财务关系的一项经济管理工作。其基本内容包括筹资管理、投资管理和利润（股利）分配管理。

财务管理工作环节（职能）是指财务管理的工作步骤和一般程序。其内容包括：财务预测、财务决策、财务预算、财务控制和财务分析等。财务预测是进行财务决策的基础，是财务管理的基础职能，是编制财务预算的前提。财务决策是企业财务管理的核心，其成功与否直接关系到企业的兴衰成败。财务预算是财务预测和财务决策的具体化，是财务控制和财务分析的依据，贯穿企业财务活动的全过程。实行财务控制是落实财务预算、保证预算实现的有效措施，也是责任绩效考评与奖惩的重要依据。通过财务分析，可以掌握企业财务预算的完成情况，评价财务状况，研究和掌握企业财务活动的规律，改善财务预测、财务决策、财务预算和财务控制，提高企业财务管理水平。

【关键词】

财务管理 (Financial Management)
现金流转 (Cash Conversion)
筹资管理 (Financing Management)
投资管理 (Investment Management)
营运资金管理 (Working Capital Management)
利润分配 (Profit Distribution)
财务预测 (Financial Forecast)
财务决策 (Financial Decision)
财务预算 (Financial Budget)
财务控制 (Financial Control)
财务分析 (Financial Analysis)

案例：巴林银行的倒闭——不重视资产负债表的代价[1]

关于资产负债表，巴林银行董事长波得·巴林曾经在1994年3月有过一段评语，认为资产负债表没有什么用，因为它的组成，在短期间内就可能发生重大的变化，因此，彼得·巴林说："若以为揭露更多资产负债表的数据，就能增加对一个集团的了解，那真是幼稚无知。"一年后，巴林银行倒闭。对资产负债表不重视的巴林董事长付出的代价之高，也着实没有人想象得到吧!

1763年，弗朗西斯·巴林爵士在伦敦创建了巴林银行，它是世界首家"商业银行"，既为客户提供资金和有关建议，自己也做买卖，当然它也得像其他商人一样承担买卖股票、土地或咖啡的风险。由于经营灵活变通、富于创新，巴林银行很快就在国际金融市场领域获得了巨大的成功。20世纪初，巴林银行荣幸地获得了一个特殊客户：英国皇室。由于巴林银行的卓越贡献，巴林家族先后获得了五个世袭的爵位。这可算得上一个世界纪录，从而奠定了巴林银行的显赫地位。

里森于1989年7月10日正式到巴林银行工作，这之前，他是摩根·斯坦利银行清算部的一名职员。进入巴林银行后，他很快争取到了到印尼分部工作的机会。由于他富有耐心和毅力，善于逻辑推理，能很快地解决以前未能解决的许多问题，工作有起色，因此，他被视为期货与期权结算方面的专家，伦敦总部对里森在印尼的工作相当满意，并允诺可以在海外给他安排一个合适的职务。1992年，巴林银行总部决定派他到巴林银行新加坡分行成立期货与期权交易部门，并出任总经理。

1.引自:《财务管理学》2009 国家级案例教材.pdf

无论做什么交易，错误都在所难免，但关键是看你怎样处理这些错误。在期货交易中更是如此。有人会将“买进”手势误为“卖出”手势，有人会在错误的价值购进合同，有人可能不够谨慎，有人可能本该购买六月份期货却买进了三月份的期货，等等。一旦失误，就会给银行造成损失，在出现这些错误之后，银行必须迅速妥善处理。如果错误无法挽回，唯一可行的办法就是将该项错误转入电脑中一个被称为“错误账户”的账户中，然后向银行总部报告。

里森于1992 年在新加坡任期货交易员时，巴林银行原本有一个账号为“99905”的“错误账号”，专门处理交易过程中因疏忽所造成的错误。这原是一个金融体系运作过程中的正常的错误账户。1992 年夏天，伦敦总部全面负责清算工作的哥顿·鲍塞给里森打了一个电话，要求里森另行设立一个“错误账户”，记录较小的错误，并自行在新加坡处理，以免麻烦伦敦的工作。于是里森马上找来了负责办公室清算的利塞尔，向她咨询是否可以另立一个档案。很快，利塞尔就在电脑里键入了一些命令，问他需要什么账号。在中国文化里，“8”，是一个非常吉利的数字，因此里森以此作为他的吉祥数字。由于账号必须是五位数，这样“88888”的错误账户便诞生了。

几周之后，伦敦总部又打来了电话，总部配置了新的电脑，要求新加坡分行还是按老规矩行事，所有的错误记录仍经由“99905”账户直接向伦敦报告。“88888”错误账户刚刚建立就搁置不用了，但它却成为一个真正的“错误账户”存于电脑之中。而且总部这时已经注意到新加坡分行出现的错误很多，但里森都巧妙地搪塞而过。这个被人忽略的账户，提供了里森日后制造假账的机会，如果当时取消这一账户，则巴林银行的历史可能会重写了。

悲剧发生的过程：1992 年7 月17日，里森手下一名加入巴林银行仅一星期的交易员多姆犯了一个错误：当客户（富士银行）要求买进20口日经指数期货合约时，此交易员误为卖出20口，这个错误在里森当天晚上进行清算工作时被发现。欲矫正此项错误，须买回40 口合约，表示按当日的收盘价计算，其损失为2 万英镑，并应报告伦敦总公司。但在种种考虑下，里森决定利用错误账户“88888”，承接了40口日经指数期货空头合约，以掩盖这个失误。然而，如此一来，里森所进行的交易便成了“业主交易”，使巴林银行在这个账户下，暴露在风险部位的情况。数天之后，更由于日经指数上升200点，此空头部位的损失便由2万英镑增为6万英镑了（注：里森当时年薪还不到5 万英镑）。此时里森更不敢将此失误向上呈报。另一个与多姆同出一辙的错误是里森的好友及委托执行人乔治犯的。乔治与妻子离婚了，整日沉沦在痛苦之中，并开始自暴自弃。里森喜欢他，因为乔治是他最好的朋友，也是最棒的交易员之一。但很快乔治开始出错了。里森示意他卖出的100份九月的期货全被他买进，价值高达800万英镑，而且好几份交易的凭证根本没有填写。如果乔治的错误泄露出去，里森不得不告别他已很如意的一切生活。将乔治出现的几次错误记入“88888”账号对里森来说是举手之劳。但至少有三个问题困扰着他：一是如何弥补这些错误；二是将错误记入“88888”账号后如何躲过伦敦总部月底的内部审计；三是 SIMEX每天都要他们追加保证金，他们会计算出新加坡分行每天赔进多少，“88888”账户也可以被显示在SIMEX大屏幕上。为了弥补手下员工的失误，里森将自己赚的佣金转入账户，但其前提当然是这些失误不能太大，所引起的损失金额也不是太大，但乔治造成的错误确实太大了。为了赚回足够的钱来补偿所有损失，里森承担了愈来愈大的风险。他当时从事大量跨式部位交易，因为当时日经指数稳定，里森从此交易中赚取期权权利金。若运气不好，日经指数变动剧烈，此交易将使巴林银行承受极大损失。里森在一段时日内做得还极顺手。到1993 年7月，他已将“88888”号账户亏损的600万英镑转为略有盈余。当时他的年薪为5万英镑，年终奖金则将近10万英镑。如果里森就此打住，那么，巴林银行的历史也会改变。

除了为交易员遮掩错误，另一个严重的失误是为了争取日经市场上最大的客户波尼弗伊。1993 年下半年，接连几天，每天市场价格破纪录地飞涨1 000 多点，用于清算记录的电脑屏幕故障频繁，无数笔的交易入账工作都积压起来。因为系统无法正常工作，交易记录都靠人力。等到发现各种错误时，里森在一天之内的损失已高达将近170 万美元。在无路可走的情况下，里森决定继续隐藏这些失误。

1994 年，里森对损失的金额已经麻木了，“88888”号账户的损失，由2 000万、3 000万英镑，到7 月时已达5 000万英镑。事实上，里森当时所做的许多交易，是在被市场走势牵着鼻子走，并非出于他对市场的预期如何，他已成为被其风险部位操纵的傀儡。他当时能想的，是哪一种方向的市场变动会使他反败为胜，能补足“88888”号账户中的亏损，便试着影响市场往那个方向变动。

从制度上看，巴林银行最根本的问题，在于交易与清算角色的混淆。里森在1992年去新加坡后，任职巴林银行新加坡期货交易部兼清算部经理。作为一名交易员，里森本来应有的工作是代巴林银行客户买卖衍生性商品并替巴林银行从事套利这两种工作，基本上是没有太大的风险。因为代客操作，风险由客户自己承担，交易员只是赚取佣金，而套利行为亦只赚取市场间的差价，例如里森利用新加坡及大阪市场极短时间内的不同价格，替巴林银行赚取利润。一般银行对其交易员给予持有一定额度的风险部位的许可，但为防止交易员在其所属银行暴露在过多的风险中，这种许可额度通常定得相当有限，而透过清算部门每天的结算工作，银行对其交易员和风险部位的情况也可予以有效了解并掌握。但不幸的是，里森却一人身兼交易与清算二职。事实上，在里森抵达新加坡前的一个星期，巴林银行内部曾有一个内部通讯，对此问题可能引起的大灾难提出关切。此关切却被忽略，以至于里森到职后，同时兼任交易与清算部门的工作。如果里森只负责清算部门，如同他本来被赋予的职责，那么他便没有必要、也没有机会为其他交易员的失误行为瞒天过海，也就不会造成最后不可收拾的局面。在损失达到5 000 万英镑时，巴林银行总部曾派人调查里森的账目。事实上，每天都有一张资产负债表，每天都有明显的记录可看出里森的问题。即使是月底，里森为掩盖问题所制造的假账，也应极易被发现——如果巴林银行真有严格的审查态度。里森假造花旗银行有5 000 万英镑存款，但这5 000万已被挪用来补偿“88888”号账户中的损失了。查了一个月的账，却没有人去查花旗银行的账目，以致没有人发现花旗银行账户中并没5 000 万英镑的存款。

另外，在1995 年1 月11 日，新加坡期货交易所的审计与税务部发函巴林银行，提出他们对维持“88888”号账户所需资金问题的一些疑虑，而且此时里森已须每天要求伦敦汇入1 000多万英镑，以支付其追加的保证金。事实上，从1993 年到1994年，巴林银行在SIMEX及日本市场投入的资金已超过11 000万英镑，超出了英格兰银行规定英国银行的海外总资金不应超过25%的限制。为此，巴林银行曾与英格兰银行进行多次会谈，在1994年5月，得到英格兰银行主管商业银行监察的高级官员之“默许”，但此默许并未留下任何证明文件，因为没有请示英格兰银行有关部门的最高负责人，违反了英格兰银行的内部规定。

最令人难以置信的是巴林在1994 年底发现资产负债表上显示5 000万英镑的差额后，仍然没有警惕到其内部控管的松散及疏忽。在发现问题至巴林银行倒闭的两个月间，有很多巴林银行的高级资深人员曾对此问题加以关切，更有巴林银行总部的审计部门正式加以调查。但是这些调查，都被里森极轻易地蒙混过去。里森对这段时期的描述为：“对于没有人来制止我的这件事，我觉得不可思议。伦敦的人应该知道我的数字都是假造的，这些人都应该知道我每天向伦敦总部要求的现金是不对的，但他们却仍旧支付这些钱。”

就金融伦理角度而言，如果对以上所有参与“巴林事件”的金融从业人员评分，都应给不及格的分数。尤其是巴林银行的许多高层管理者，完全不去深究可能存在的问题，而一味相信里森，并期待他为巴林银行套利赚钱。尤其具有讽刺意味的是，在巴林银行破产的2个月前——1994年12月，于纽约举行的一个巴林银行金融成果会议上，250名全世界各地的巴林银行工作者，还将里森当成巴林银行的英雄，对其报以长时间热烈的掌声。

1995 年1月18 日，日本神户发生大地震，其后数日东京日经指数大幅下跌，里森一方面遭受更大的损失，一方面购买更庞大数量的日经指数期货合约，希望日经指数会上涨到理想的价格范围。1月30日，里森以每天1 000万英镑的速度从伦敦获得资金，已买进了3 万口日经指数期货，并卖空日本政府债券。2月10 日，里森以新加坡期货交易所交易史上创纪录的数量，握有55 000 口日经期货及2万口日本政府债券合约。交易数量愈大，损失亦愈大。所有这些交易，均进入“88888”账户，账户上的交易以其兼任清查之职权予以隐瞒，但追加保证金所需的资金却是无法隐藏的。里森以各种借口继续转账。这种松散的程度，实在令人难以置信。2月中旬，巴林银行全部的股份资金只有47 000万英镑。

1995年2月23日，在巴林银行期货的最后一日，里森影响市场走向的努力彻底失败。日经股价收盘降至17 885点，而里森的日经期货多头风险部位已达6万余口合约；其日本政府债券在价格一路上扬之际，其空头风险部位亦已达26 000口合约。里森为巴林银行所带来的损失，在巴林银行的高级主管仍做着次日分红的美梦时，终于达到了86 000万英镑的高点，造成了世界上最老牌银行——巴林银行终结的命运。

第二节　财务管理环境与财务运行机制

学习提示

财务管理是在一定的环境中进行的。财务管理环境是指企业在财务管理过程中所面对的各种客观条件或影响因素。研究财务管理环境，有助于增强企业财务管理对环境的适应能力，实现财务管理的目标，提高财务管理的效率。本节在一般财务管理环境概述的基础上，着重分析财务管理的经济环境、法律环境和金融环境。

学习目标

* 理解研究财务管理环境的意义
* 理解财务管理环境中的经济环境、法律环境和金融环境
* 理解金融资产
* 掌握资金提供者和资金需求者
* 掌握金融中介机构
* 掌握金融市场类型
* 理解金融市场功能

主要内容

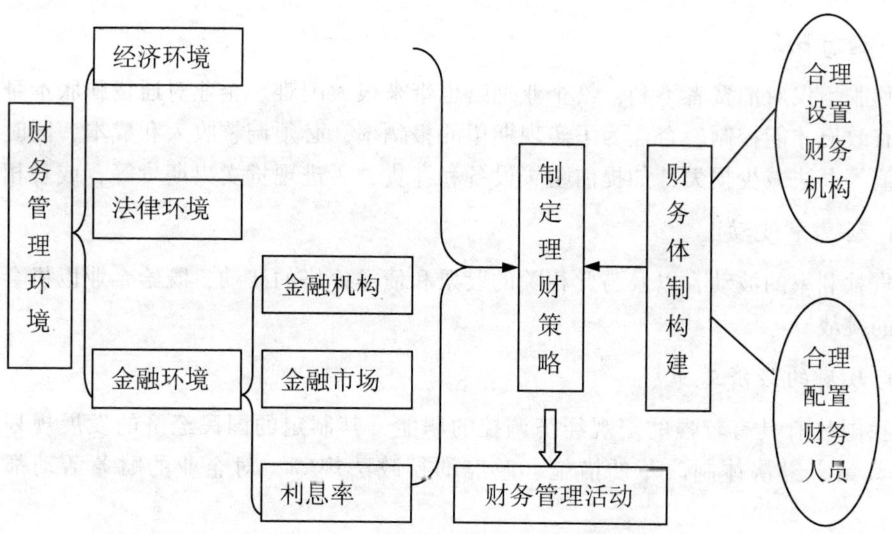

财务管理环境又称理财环境，是指对企业财务活动和财务管理产生影响作用的企业内外部各种条件的统称。

企业财务活动在相当大的程度上受理财环境的影响和制约。[1]只有在理财环境的各种因素作用之下实现财务活动的协调平衡，企业才能生存发展。研究理财环境，有助于正确地制定理财策略。

和其他任何管理工具一样，财务也是不能独立发挥作用的。只从财务角度作出决策的经理人也是不能胜任管理工作的。他们必须清楚地意识到他们所操纵的数字来源于在复杂的市场环境中真实的人进行的真实的生产和买卖过程。忽略了人和生产方面，与忽略了财务角度一样，都是致命的。财务管理的环境涉及的范围很广，其中最重要的是经济环境、法律环境和金融环境。

一、经济环境

财务管理的经济环境是指企业进行财务活动的宏观经济状况。

影响财务管理的经济环境因素主要有：经济周期、经济发展水平和经济政策。具体表现为：

（一）经济发展速度和波动

经济发展的速度对企业理财有重大影响。近几年，我国经济增长比较快，企业为了跟上这种发展并在其行业中维持它的地位，至少要有同样的增长速度。

经济发展的波动，即有时繁荣有时衰退，对企业理财有极大的影响。这种波动，最先影响的是企业销售额。

（二）通货膨胀

通货膨胀不仅对消费者不利，给企业理财也带来很大困难。企业对通货膨胀本身无能为力，只有政府才能控制。企业为了实现期望的报酬率，必须调整收入和成本，同时，使用套期保值等办法减少损失，如提前购买设备和存货，买进现货卖出期货等，或者相反。

（三）利息率波动

银行贷款利率的波动，以及与此相关的股票和债券价格的波动，既给企业以机会，也是对企业的挑战。

（四）政府的经济政策

由于我国政府具有较强的宏观经济调控的职能，其制定的国民经济的发展规划、国家的产业政策、经济体制改革的措施、政府的行政法规等，对企业的财务活动都有重

1.财政部会计资格评价中心.财务管理[M].北京：中国财政经济出版社，2010.

大影响。

（五）竞争

竞争广泛存在于市场经济之中，任何企业都不能回避。竞争是“商业战争”，综合体现了企业的全部实力和智慧，经济增长、通货膨胀、利息率波动带来的财务问题，以及企业的对策都会在竞争中体现出来。

二、法律环境

财务管理的法律环境是指企业和外部发生关系时所应遵守的各种法律、法规和规章。国家管理企业的经营活动和经济关系的手段包括行政手段、经济手段和法律手段三种。在市场经济条件下，越来越多的经济关系和经济活动的准则用法律的形式固定下来。

企业的理财活动，无论是筹资、投资还是利润分配，都要和企业外部发生经济关系。在处理这些经济关系时，应当遵守有关的法律规范。

影响财务管理环境的主要法律因素有企业组织法律规范、税收法律规范和财务法律规范等。

（一）企业组织法律规范

企业组织必须依法成立。组建不同的企业，要依照不同的法律规范。它们包括《中华人民共和国公司法》、《中华人民共和国全民所有制工业企业法》、《中华人民共和国外资企业法》、《中华人民共和国中外合资经营企业法》、《中华人民共和国中外合作经营企业法》、《中华人民共和国私营企业条例》、《中华人民共和国合伙企业法》等。这些法律规范既是企业组织法，又是企业的行为法。

（二）税收法律规范

任何企业都有法定的纳税义务。有关税收的立法分为三类：所得税的法规、流转税的法规、其他地方税的法规。

税负是企业的一种费用，会增加企业的现金流出，对企业理财有重要影响。企业无不希望在不违反税法的前提下减少税收负担。税负的减少，只能靠精心安排和筹划投资、筹资和利润分配的财务决策，而不允许在纳税行为已经发生时去偷税漏税。精通税法对财务人员有重要的意义。

（三）财务法律规范

企业财务法律规范包括《中华人民共和国会计法》、《企业会计准则》、《企业会计制度》、《企业财务会计报告条例》、《会计基础工作规范》和《会计档案管理办法》等。

除上述法律法规外，还包括与企业财务管理有关的其他经济法律法规以及各种证券法律规范、结算法律规范、合同法律规范等。财务人员要熟悉这些法律规范，在守法的前提下完成财务管理的职能，实现企业的财务目标。

三、金融环境

坚持把强调股东或公司财富而不是股价或公司的市价作为目标功能有一个好处，就是不需要任何关于金融市场效率或其他方面的假设。然而，令人遗憾的是股东或公司的财富很难衡量，这就使得人们很难建立评价企业成功或失败的明确标准。的确，目前存在着多种定价模型，这些定价模型试图衡量权益和公司的价值，但是这些模型却基本上都建立在大量的主观输入数据上面，而人们对这些输入数据可能还存在分歧。既然良好的目标功能的基本特点之一就是它能够具有明确的、清晰的衡量价值的机制，那么目标功能由强调股东或公司财富转向强调市场价格的好处也就显而易见了。在以强调市价为目标功能的情况下，每个企业成功或失败的衡量都很清晰。在此衡量标准下，一个成功的经营者可以提升公司的股票价格而失败的经营者则会使股价下跌。

当然，市场价格带来的麻烦就是，价格由金融市场所决定。假定金融市场达到有效率的程度，并且所利用的信息能够用于对未来现金流量和风险作出可以衡量的并且是无偏差的估计，那么市场价格将反映真实的价值。在这样的市场中，无论是衡量者还是被衡量者都会把市场价格作为判断公司成败最合适的标准而接受。

在这一点上，还有两个潜在的障碍。首先是信息是一种润滑剂，它能让市场变得有效率。如果信息被封锁、耽搁或是具有误导性，那么市场价格将会背离真实价值，即使市场其他方面仍旧是有效的。其次，不论在学术界还是在实践中，都有许多人认为即便信息的获取是畅通无阻的，市场仍不能达到有效率的状态。

公司传递给金融市场的信息是杂乱的，有时还会存在误导成分。产生于金融市场的市场价格也常常是错误的，这其中有市场失效的原因，还有错误信息的原因，目前还没有简便快捷的合理方案来解决这些问题。然而，从长期来看，人们必将采取措施提高信息的质量并且减少价格和价值的背离。

第一，提高信息的质量。尽管像证券交易委员会（SEC）这样的管理机构能够要求公司披露更多的信息，并且对提供有误导和欺诈信息的公司进行处罚，但是信息的质量不可能仅仅依靠信息披露法规而得到改善。特别是公司往往能够从他们向市场披露信息的时间和内容上享有既得的利益。因此，为了保持稳定，就需要有一个活跃的信息市场，在这个市场中由分析人员进行信息收集和传播的工作，从事对公司进行研究的分析人员不能受雇于该公司或是被该公司解雇。尽管分析人员可能会像公司一样犯错误，但他们却有更为强烈的动机去发掘关于公司的消极信息并且把这些信息传给他们的客户。

第二，让市场更有效率。正如不能通过立法来得到更好的信息披露状况一样，市场也不能通过法律变得更有效率。事实上，对于需要什么措施才能让市场更有效率这一问题还存在着广泛的不同意见。但目前至少存在着一些对更加有效的市场的必要（而非充分）条件。

首先，交易应该是花费较少和简单易行的。交易成本越高，实施交易越难，那么市场效率就有可能越低；其次，在这个市场中，至少会有一些投资者能够得到其所交易的股票的信息并且有办法按照该信息来进行交易；最后，对交易强加的各种限制，尽管是出于好意，也常常导致市场的无效率。例如，限制卖空可能看起来像个好的公共政策，但是却可能导致这样一种情况——关于股票的消极信息不能充足地反映到价格上来。

企业总是需要资金从事投资和经营活动。而资金的取得，除了自有资金外，主要从金融机构和金融市场取得。金融政策的变化必然影响企业的筹资、投资和资金运营活动。所以，金融环境是企业最为主要的环境因素。影响财务管理的主要金融环境因素有金融机构、金融市场和利息率等。

（一）金融机构

社会资金从资金供应者手中转移到资金需求者手中，大多要通过金融机构。

金融机构主要包括：银行金融机构和非银行金融机构。

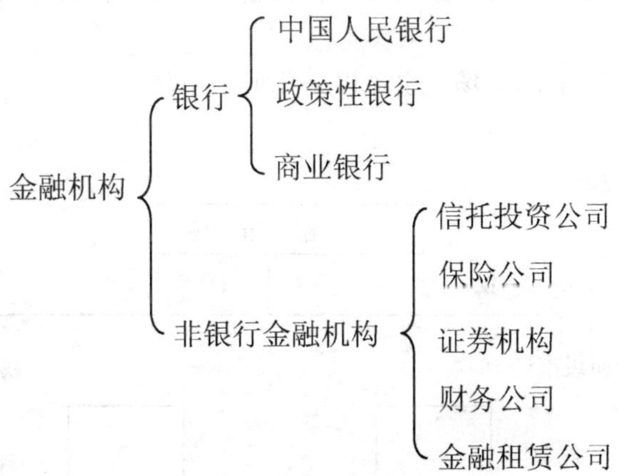

图5 金融机构

银行是指经营存款、放款、汇兑、储蓄等金融业务，承担信用中介的金融机构。[1]银行的主要职能是充当信用中介、充当企业之间的支付中介、提供信用工具、充当投资手段和充当国民经济的宏观调控手段。

非银行金融机构主要包括信托投资公司和租赁公司等。前者主要办理信托存款和信托投资业务，在国外发行债券和股票，办理国际租赁等业务。后者则介于金融机构与企业之间，它先筹集资金购买各种租赁物，然后出租给企业。

（二）金融市场

金融市场是指资金供应者和资金需求者双方通过信用工具融通资金的市场，即实现货币借贷和资金融通、办理各种票据和进行有价证券交易活动的市场。

金融市场是企业最为主要的环境因素。金融市场是企业投资和筹资的场所，企业通过金融市场使长短期资金互相转化，金融市场为企业理财提供有意义的信息。

金融市场的主要类型如图6所示。

1.谷祺，刘淑莲. 财务管理[M].大连：东北财经大学出版社，2007.

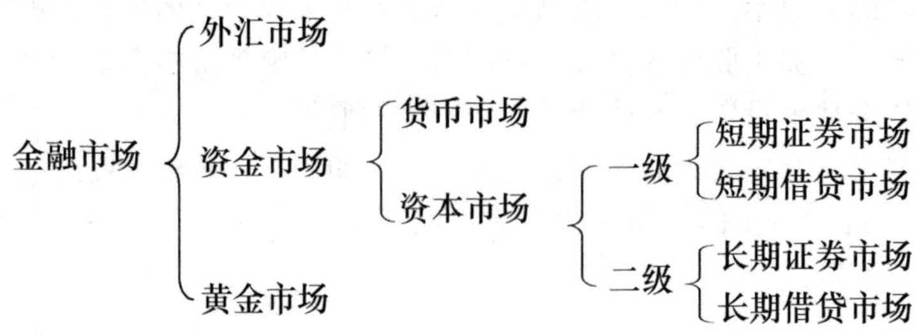

图6　金融市场主要类型

需要强调的是：

(1) 金融市场是以资金为交易对象的市场，在金融市场上，资金被当做一种“特殊商品”来交易。

(2) 金融市场可以是有形的市场，也可以是无形的市场。

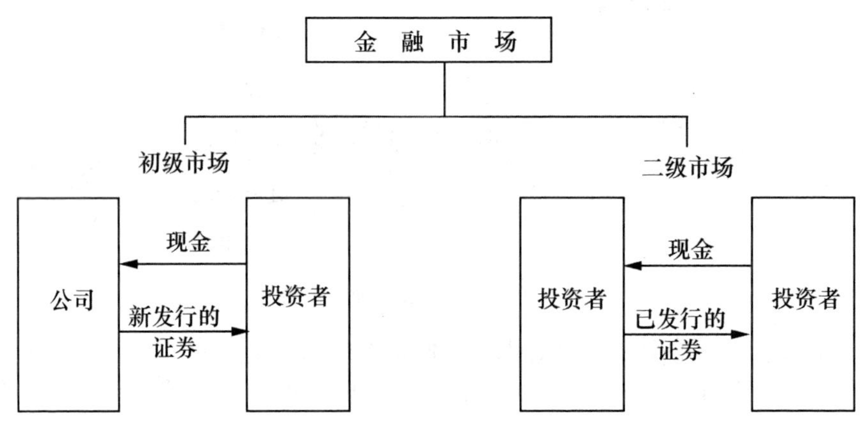

图7　金融市场的双重职能

金融市场对于商品经济的运行，具有充当金融中介、调节资金余缺的功能。从总体上看，建立金融市场，有利于广泛地积聚社会资金，有助于促进地区间的资金协作，有利于开展资金融通方面的竞争，提高资金使用效益，有利于国家控制信贷规模和调节货币流通。从企业财务管理角度来看，金融市场作为资金融通的场所，是企业向社会筹集资金必不可少的条件。财务管理人员必须熟悉金融市场的各种类型和管理规则，有效地利用金融市场来组织资金的筹措和进行资本投资等活动。

（三）利息率

利息率简称利率，是利息占本金的百分比指标，从资金的借贷关系看，利率是一定时期运用资金资源的交易价格。[1]资金作为一种特殊的商品，以利率为价格标准的融通，实

1.荆新，王化成，刘俊彦.财务管理学[M].北京：中国人民大学出版社，2009.

质上是资源通过利率实行的再分配，因此利率在资金分配及企业财务决策中起着重要作用。金融市场上利率是决定因素。我国的利率分为官方利率和市场利率。一般来说金融市场上资金资源的交易价格为：

利率=纯利率+通货膨胀补偿率+风险报酬率

纯利率是指无通货膨胀、无风险情况下的平均利率。纯利率的高低受平均利润率、资金供求关系和国家调节的影响。

由于通货膨胀使货币贬值，投资者的真实报酬下降，他们在把资金交给借款人时，他们会在纯利率的基础上再加上通货膨胀补偿率，以弥补通货膨胀造成的购买力损失。

风险报酬率包括违约风险报酬率、流动性风险报酬率和期限风险报酬率。其中，违约风险报酬率是指为了弥补因债务人无法按时还本付息而带来的风险，由债权人要求提高的利率；流动性风险报酬率是指为了弥补因债务人资产流动不好而带来的风险，由债权人要求提高的利率；期限风险报酬率是指为了弥补因偿债期长而带来的风险，由债权人要求提高的利率。

四、建立高效运营的财务体制

企业财务管理工作应侧重于财务管理的整体性、全局性、宏观性、战略性。因此，要确保公司财务运作的高效、有序，应致力于建立一个高效的公司财务运作机制，包括合埋设置财务机构和配置财务人员以及建立科学的企业财务管理机制。

（一）合理设置财务机构

财务部门是理财的职能部门，充分运用自身的专业技能开展理财活动是财务人员的职责。财务管理工作要顺利进行，一个重要的途径应是借助财务部门财务人员的理财活动，通过合理设置财务机构，配备高素质的财务人员，使其能更好地为公司财务管理工作服务。对不同规模、不同环境下的企业而言，其财务机构的设置不尽相同，必须充分体现因地制宜的原则。图8和图9分别是集权模式下和分权模式下两种典型的财务机构设置例图。

（二）合理配备财务管理人员

配备财务管理人员应本着“按岗位设置人员”的原则，既定的财务管理岗位要配备具有相应素质的人员。一般来讲，财务管理人员应具有的素质如下：

(1) 正直为人。财务管理人员首先必须是一个合格的公民，其次才是一个合格的财会专业人，必须保持良好的职业道德操守。

(2) 具备职业胜任能力。职业胜任能力是财务管理工作人员与其他员工的本质区别，财务管理人员必须保证自己的知识体系和操作技能胜任所担当的工作。

(3) 具备全局观。能够从发展的角度看待问题，具备战略性思维。

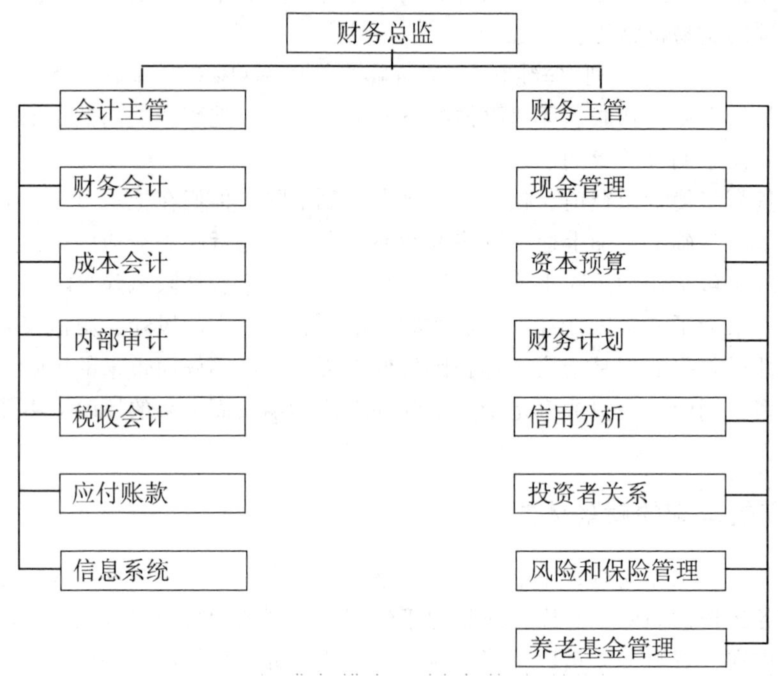

图8 集权模式下财务机构设置例图

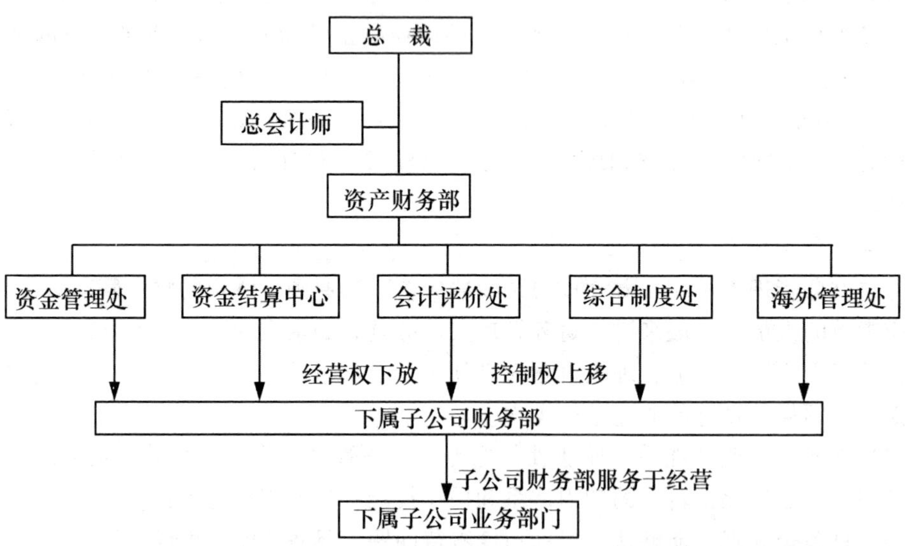

图9 分权模式下财务会计过程的简化图

（三）建立科学的财务管理机制

公司经营者要有效地理财，必须着力于在公司内部建立一套科学的公司财务管理机制。这一管理机制至少应包括公司财务决策机制、财务激励机制、财务约束机制和财务监管机制四个方面。

小　结

财务管理环境是指对企业财务活动和财务管理产生影响作用的企业内外部的各种条件，包括内部财务管理环境和外部财务管理环境。了解财务管理环境的目的在于使企业在规划财务行为时更加合理、有效，以提高企业财务活动对环境的适应能力和利用能力。影响企业外部财务环境最主要的有经济环境、财税环境、金融市场环境和法律环境。影响企业内部财务环境有销售环境、采购环境、生产环境等。良好的理财环境有助于财务管理活动的顺利开展。

企业财务管理工作应侧重于财务管理的整体性、全局性、宏观性、战略性。因此，要确保公司财务运作的高效、有序，应致力于建立一个高效的公司财务运作机制。

【关键词】

财务管理环境　(Financial Management Environment)

经济环境　(Economic Circumstances)

法律环境　(Legal Circumstances)

金融环境　(Financial Circumstances)

金融市场　(Financial Market)

财务体制　(Financial System)

案例：平煤集团朝川矿财务管理体制创新的探索[1]

随着经济体制改革的不断深入，我国的国有经济正在进行着一系列的战略性结构调整，兼并作为资本经营的核心内容正在发挥越来越重要的作用。然而，要想取得兼并成功并非易事。究其原因，除了兼并工作的前、中期缺乏科学的战略策划外，后期的整合策略更是一个至关重要的因素。我国的国有被兼并企业大都资产质量差、负债过重，财务管理工作的好坏关乎企业的生存和发展，并有可能对兼并企业产生重大影响。平煤集团朝川矿

1.引自：《财务管理学》2009 国家级案例教材.pdf

作为国有被兼并企业在改进和加强财务管理方面进行了有益的尝试。

第一，按照集约化经营的原则理顺财务管理体制，实现高效运转。

1998 年7 月，平煤集团实施了对河南省朝川矿务局的兼并，同时组建了平煤集团朝川矿。朝川矿务局之所以被兼并，除了产品结构不合理外，另一个重要原因就是对内部单位管理失控，多年来一直奉行“以包代管”的政策，财务部门管理资金的权力被肢解，造成资金的不合理占用，甚至严重的损失浪费。兼并前夕，朝川矿务局大部分单位都处于停产、半停产状态。朝川矿组建后，迅速实现了财务管理体制由粗放型向集约型的转变。首先是改革会计人员管理体制，提高了会计工作质量。朝川矿组建伊始，即制定下发了《平煤集团朝川矿财务管理暂行规定》，在原财务处基础上成立了财务科，财务科对矿属单位财会人员实行全员委派制，定期轮岗交流。这次改革采取了可行性较强的组织模式，把全矿会计人员的人事关系、工资关系等集中在财务科，切断了会计人员与被核算单位的依附关系。因此，他们都能站在企业的高度履行职责，对财务收支和其他经济活动进行会计监督。其次是集中管理货币资金，提高了资金使用效率。1998 年8 月，财务科归并了所属单位在外部银行、信用社的所有账号，成立了内部结算中心。内部结算中心引入商业银行的运行机制，在资金的统筹调剂、监督管理方面发挥了重要作用，基本上保证了生产启动中最低限度的资金需求。同时取消了矿属9个单位的一般纳税人资格，既减少了纳税环节，又避免了各单位间有偿服务的重复纳税。同资金管理相似，企业在成本管理上也采取了一些集中的措施，充分发挥了财务管理在企业成本管理中的优势。具体做法是矿属各单位有关成本费用方面的原始凭证由原来的自行处理改为矿财务科按统一标准、统一审核、统一入账，基层单位只凭费用划转单核算。虽然财务科较原财务处工作量增加了两倍，但监控效果非常明显。加上其他部门的共同努力，成本得到了有效控制。

第二，根据“由表及里，去伪存真”的原则核实大额债务，有效保全企业资产。

被兼并企业兼并前大多存在产品结构不合理和管理粗放的问题。产品结构不合理容易引起商务纠纷和销售秩序混乱，进而导致经营资金短缺，出现物资供应部门的高价赊欠物资和结算滞后形成的多头挂账问题，这些都为虚假债务的形成提供了温床。平煤集团对朝川矿务局的兼并采用的是承担债务整体接收的方式，朝川矿继承了原企业1.83亿元的债务，资产负债率高达142%。高债务给兼并工作的成功带来了许多不确定因素。朝川矿强化对接收员工的培训，继续重用原企业一批有敬业精神的管理人员，有效规避了因管理制度变更形成的文化冲突，在较短的时间内实现了两个企业文化的融合，为债务核实这项非常棘手工作的有序进行创造了条件。截至2000年元月，企业已清理出公款挂私人账、原已用产品抵偿未销账项、原已用债权磨账未销账项和物资未入库凭发票挂账等多种原因形成的不需支付的债务1 100余万元。对于朝川矿务局遗留的1 277万元拖欠税款，财务部门依照税法有关规定科学筹划，力争国家优惠政策。

第三，发挥自身优势，在全国率先实施全方位的债务重组战略，有效缓解了债务压力。被兼并企业兼并前一般信誉欠佳，偿债能力低下，甚至毫无偿债能力。因此，债权人并没有太高的期望值，针对这一特点，朝川矿充分利用了债权人的这种心理，解放思想，在全国国有企业中率先开展了对原有债务全方位的债务重组尝试。朝川矿组建后，广大员工牢记原企业的沉痛教训，倍加珍惜来之不易的企业恢复和发展的机会，面对因企业兼并蜂拥而至的催款人员，他们上下联动，以积极的建设性姿态同对方商议进行债务重组。矿主要领导和主管领导廉洁奉公，不收礼、不吃请，认真履行债务重组协议约定的还款义务。现在，债务重组已成为朝川矿一项经常性的工作。到2000年元月为止，全矿债务重组收入（含减少支出）已达1 350万元。债务重组维系了同债权人良好的合作关系，有效缓解了企业的债务压力。

第四，发挥财会专业技术优势，依法处理债务纠纷。传统的财务管理侧重于企业内部的管理，企业与债权人发生经济纠纷，一般只是委托律师和其他人员参与诉讼。现代财会人员不但熟悉本企业与债权人经济交往的历史，也熟悉国家的财经法律、法规，了解企业和其他经济组织资金运动的一般规律，对经济活动中存在的问题和可能出现的情况有独特的见解，这些都是律师等一般的代理人难以做到的。目前，朝川矿的生产能力已经超过原企业的历史最高水平，并扭转了因高投入形成的连续3年的亏损局面，企业员工收入大幅度上升，经济总量迅速增长，兼并企业制定的蓝图正在变成现实。在促成兼并工作获得成功的诸多因素中，创新型的财务管理无疑限制了现金流出导致企业经济利益的流失，提高了有限资本的使用效率，有效缓解了因高负债率阻塞融资渠道给企业带来的严重影响，规避了债务危机导致企业二次改制给企业和社会带来的负面效应，从而推动了整合工作的有序推进和生产经营的快速发展，为兼并的成功发挥了基础性的作用。

第三节 财务管理的目标

学习提示

目标是指导向和标准。没有明确的目标，就无法判断一项决策的优劣。财务管理的目标决定了它所采用的原则、程序和方法。因此，财务管理的目标是研究现代公司财务治理结构的起点。本节在对财务管理目标观点进行一般透视的基础上，着重阐述企业财务管理的目标、影响其目标实现的因素以及财务管理目标的协调。

学习目标

* 理解财务管理目标的概述
* 掌握企业财务管理目标的观点及评价
* 理解财务管理目标与财务管理内容的内在联系
* 掌握财务管理目标与经营者的协调
* 掌握财务管理目标与债权人的协调

主要内容

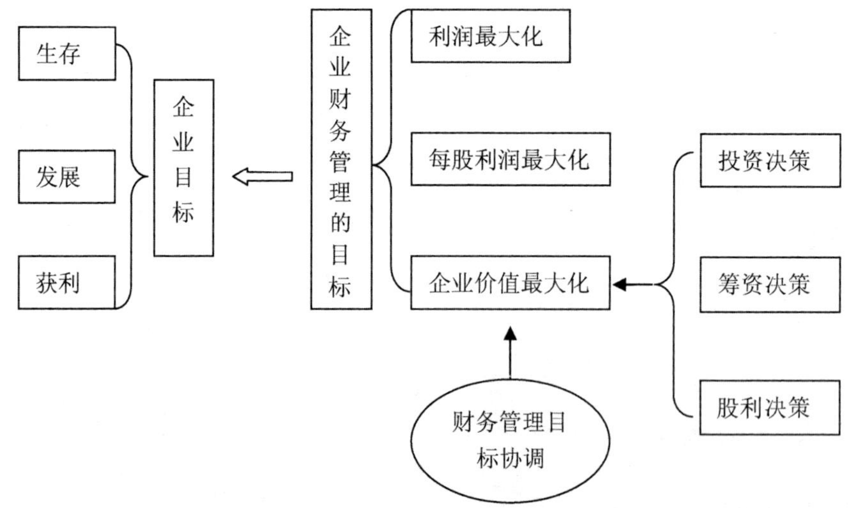

现代公司所做的每一个决定都有其财务上的含义，而任何一个对公司财务状况产生影响的决定就是这个公司的财务决策。从广义上来说，一个公司所做的任何事务都属于公司理财的范畴。无论是大的上市公司，还是小的私人企业，基本原则都一样。所有的企业都必须明智地用它们的资源进行投资，寻觅一个财务方面的最佳结合点。如果没有足够好的投资项目，就应当将现金返还给所有者。

一、企业的目标及其对财务管理的要求

财务管理是企业管理的一部分，是有关资金的获得和有效使用的管理工作。财务管理的目标取决于企业的总目标，并且受财务管理自身特点的制约。企业管理的目标可以概括为生存、发展和获利。

（一）生存

企业只有生存，才可以获利。企业在市场中生存下去的基本条件是以收抵支；另一个基本条件是到期偿债。力求保持以收抵支和偿还到期债务的能力，减少破产的风险，使企业能够长期、稳定地生存下去，是对财务管理的第一个要求。

（二）发展

企业的发展集中表现为扩大收入。筹集企业发展所需的资金，是对财务管理的第二个要求。

（三）获利

企业必须能够获利，才有存在的价值。通过合理、有效地使用资金使企业获利，是对财务管理的第三个要求。

综上所述，企业的目标是生存、发展和获利，企业的这个目标要求财务管理完成筹措资金并有效地投放和使用资金的任务。

二、企业财务管理目标的主要观点及其评价

财务管理目标是企业进行财务活动所要达到的根本目的，它决定着企业财务管理的基本方向。[1]根据现代企业财务管理理论和实践，最具代表性的财务管理目标有以下几种：

（一）利润最大化

利润是企业在一定期间内全部收入和全部费用的差额，它反映了企业当期经营活动中投入与产出对比的结果，在一定程度上体现了企业经营效益的高低。该观点认为：利润代表了企业新创造的财富，利润越多则说明企业的财富增加得越多，越接近企业的目标。

该观点存在的问题是：

1.荆新，王化成，刘俊彦.财务管理学［M］.北京：中国人民大学出版社，2009.

(1) 没有考虑资金的时间价值；

(2) 没有反映创造的利润与收入的资本之间的关系；

(3) 没有充分考虑风险因素；

(4) 片面追求利润最大化，可能导致企业的短期行为。

(二) 每股利润最大化

每股利润是企业净利润与普通股股数的比值。该观点认为：应当把企业的利润和股东投入的资本联系起来考察，用每股利润来概括企业的财务目标，以避免“利润最大化目标”的缺点。

这个观点的优点是：把企业实现的利润额同投入的股本数进行对比，能够说明企业的盈利水平，便于不同企业之间和同一企业不同期间的比较。这个观点的缺点是：仍然没有充分考虑每股盈余取得的时间性和风险性，不能避免企业的短期行为。

(三) 企业价值最大化

企业价值不是账面资产的总价值，而是企业全部财产的市场价值，它反映了企业潜在或预期的获利能力。只有被市场认可的企业价值才能被称为企业股东真正的可实现的财富，因此企业价值最大化也被称为股东财富最大化。该观点认为：股东财富最大化或企业价值最大化是企业财务管理的目标。企业的价值，在于它能给所有者带来未来报酬，包括获得股利和出售股权换取现金。如同商品的价值一样，企业的价值只有投入市场才能通过价格表现出来。

该观点的优点是：

(1) 充分考虑了资金的时间价值和投资的风险价值；

(2) 反映了对企业资产保值增值的要求；

(3) 有利于克服管理上的片面性和短期行为；

(4) 有利于社会资源的合理配置。

除了以上几种主要观点之外，还有诸如像每股市价最大化这样的观点。表2是对各种财务管理目标的简要评价和概括。

如果公司财务管理的目标是使公司价值最大化，那么我们可以随之得出结论：公司的价值一定与公司的三个财务决策相联系——即投资决策、融资决策和股利决策。这三个决策与公司价值之间的联系可以这样表述：公司的价值是该公司预期现金流量的现值，其中的贴现率是一个既反映公司投资项目风险又反映该项目融资结构的贴现率。投资者对未来现金流量的预测建立在目前已经可以观察到的现金流量及其未来的预期增长率之上，而它们相应地又取决于公司项目（即公司的投资决策）的质量和该项目再投资的收益（再投资利率）。融资决策通过贴现率来影响公司价值，同时，也通过预期现金流量潜在地影响公司价值。股利决策通过影响再融资而间接地影响公司价值。

要得到公司价值的确切计算公式，还必须考虑投资、融资和股利决策之间相互作用的影响，考虑股东和债权人、股东和公司管理层之间利益的冲突，加进这些因素，才可能对公司价值有一个全面的认识。公司价值与财务决策的关系可用图12来概括。

表2 各种有关财务管理目标的观点

类型	观点	优点	局限性
利润最大化	利润代表了企业新创造的价值；利润增加代表着企业财富的增加；利润越多代表企业新创造的财富越多。	利润作为企业经营成果的体现，很容易从企业财务报表上得到反映。	(1)利润是一个绝对数，难以反映投入产出关系； (2)没有考虑资金的时间价值； (3)没有充分考虑利润与所承担风险的关系； (4)可能造成经营行为的短期化。
每股利润最大化	将企业的利润与股东投入的股本联系起来。	考虑了投资额与利润的关系。	(1)没有考虑利润发生的时间； (2) 没有充分考虑利润与风险的关系； (3)可能造成企业经营行为短期化。
股东财富或企业价值最大化	财富不等同于当期收益的高低，而要以企业的长远利益来衡量。	考虑了资金的时间价值和风险价值，同时避免了企业经营行为短期化。	企业价值的衡量十分困难。
每股市价最大化	股票价格反映了市场对企业价值的客观评价，它是企业价值最大化的另一种表现。	每股市价容易从市场上获得。	(1)股票价格影响因素很多； (2)对于非上市企业，利用股价最大化就非常困难。

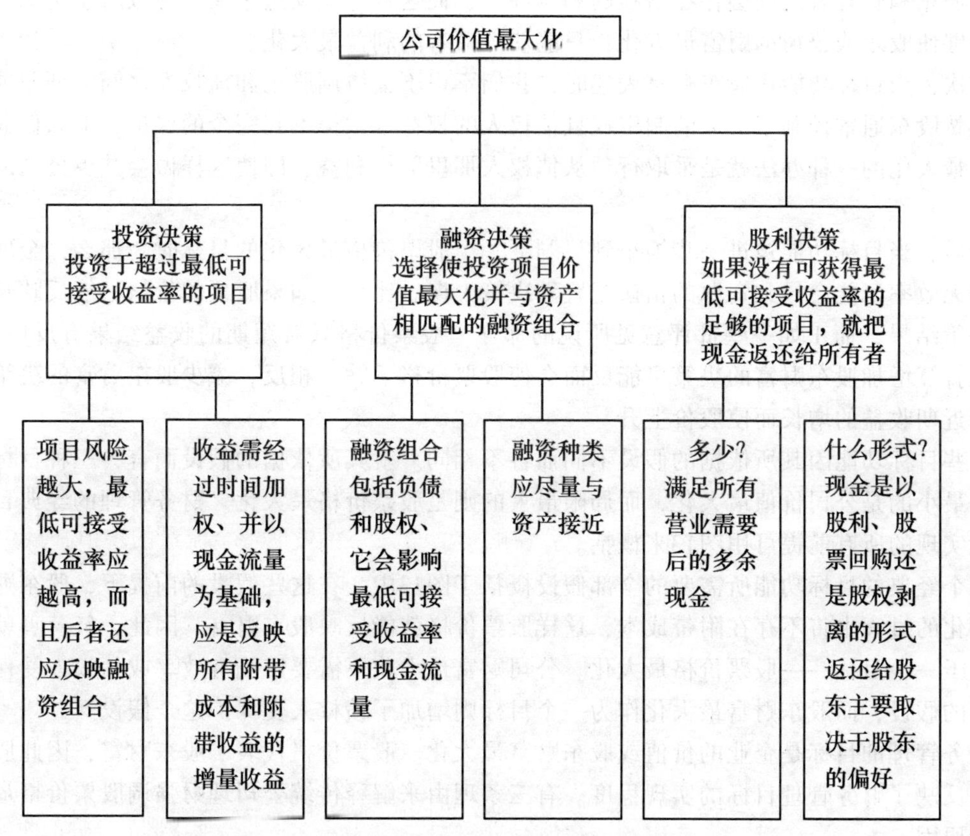

图12 公司价值与财务决策[1]

1.S.A.罗斯，L.W.韦斯特菲尔德，J.F.贾菲，等.公司理财[M].北京：机械工业出版社，2005.

公司理财最强有力的，同时也是最脆弱的一个方面，就是它始终如一地强调价值的最大化。基于这种强调，公司理财保持了自身的一致性和连贯性，同时也发展了许多有效的模型和理论，主要与以“正确”的方式制定投资、融资方案和股利决策有关。然而，有一点是值得讨论的，也就是所有这些结论都是以接受价值最大化作为唯一的目标功能为条件的，即使价值最大化是一个有缺陷的目标功能，但它能比其他的替代目标功能提供更多的保证，原因就在于它能够自我修正。

三、影响财务管理目标实现的因素

如果制定决策的唯一目标是使公司或股东的财富最大化，那么就有存在大量的社会附加成本的可能性，这一社会附加成本可能会抵消财富最大化目标带来的收益。如果这类成本与公司所创造的财富高度相关，那么为了顾及这些成本，公司理财的目标功能将可能不得不进行修正。不过，客观地说，即使运用了别的替代目标，仍有可能继续存在这类问题。

首先，当所有权和经营权相分离时，财富最大化的目标可能会面临一些障碍，这种情形在许多大型的上市企业中都存在。当管理者作为所有者（股东）的代理人而采取行动时，在股东和管理者之间会存在潜在的利益冲突，而这种冲突反过来又会导致所制定的决策不能够使股东或公司的财富最大化，只能使经营者的利益最大化。

其次，当目标功能用股东财富表述时，我们不得不去协调股东和债权人之间的利益冲突。既然股东通常控制了决策的制定权且债权人的权益常常得不到完全的保护，那么使股东财富最大化的一种办法就是采取行动从债权人那里取得利益，即使这样做会减少公司的财富。

最后，当目标功能被进一步缩小到只剩下一个股票价格最大化的目标时，那么，金融市场的无效率可能会导致资源的错误配置和决策失误。比如，如果股票的价格不能反映长期的决策结果，而正如一些批评意见所说的那样，股票价格只对短期的收益结果有反应，那么原打算增加股东财富的决策可能反而会使股票价格下跌。相反，减少股东财富的决策会因为近期收益的增长而使股价上升。

这些目标功能因其所依据的假设不同而各不相同。就其所依据的假设而言，三种目标中局限最小的是公司价值最大化，而局限最大的则是股票价格最大化。财务管理的经典目标功能实现的所有前提可用图13来概括。

这个经典的目标功能所需要的全部假设概括于图13中。在这些假设的前提下，股东财富最大化的过程中将不存在附带成本，这样股票价格就能反映股东财富。因此，经营者就能专注于一个目标——股票价格最大化。公司财富最大化不需要市场有效率或债权人受保护这类的假设，而股东财富最大化作为一个目标则增加了债权人受保护这个假设。

财务管理的目标是企业的价值或股东财富最大化。股票价格代表了股东财富，因此股价高低反映了财务管理目标的实现程度。有三条理由来解释传统公司理财强调股票价格最大化的原因。

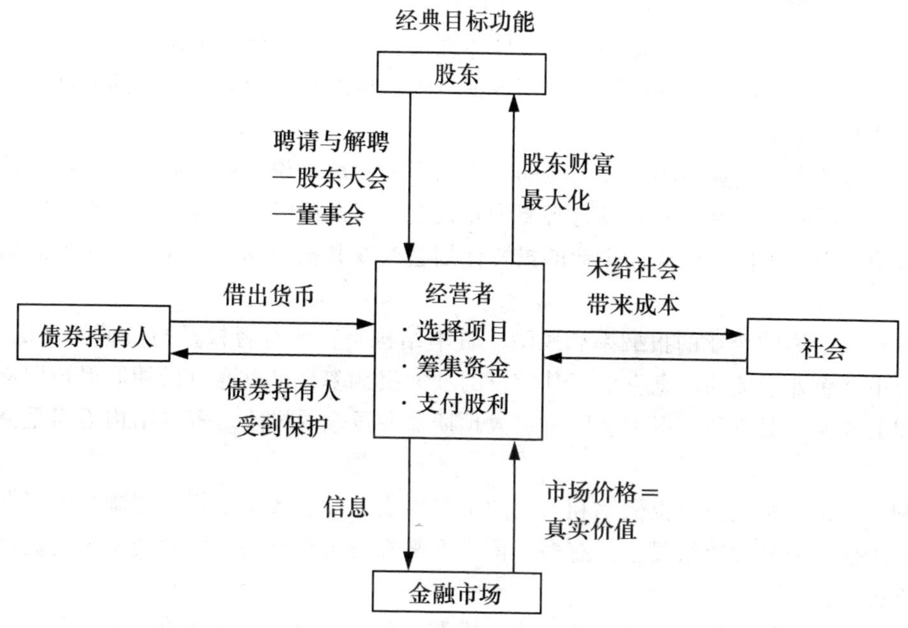

图13 财务管理的经典目标功能[1]

第一条就是股票价格在所有的衡量指标中是最具有观察性的指标，它能被用来判断一家上市公司的表现。与不经常更新的收益和销售额不同，股票价格不断地更新以反映来自该公司的最新消息。因此，管理者可以从市场的投资人那里获取对他们每一举措的即时反馈。市场对一家公司宣布它计划收购另一家公司所作出的反应就是一个很好的说明。尽管经营者把他们计划的每一次收购总是描绘成一幅乐观的图景，然而收购公司股票的价格却总是大幅度下跌，这意味着市场对经营者所发布的信息持怀疑态度。

第二条就是在一个理性的市场中，股票价格趋向于反映公司决策所带来的长期影响。与会计的衡量指标不同，例如收入或销售指标，再比如市场份额，这些指标只是着眼于公司决策对当前运作所产生的影响，而股票的价值则是公司前景与长期状况的函数。在一个理性的市场中，就投资者而言，股票的价格趋向于反映它本身的价值。即使在对价值的估计中股票价格出现了错误，但是有个问题却值得大家探讨，那就是对长期价值模糊的估计要好于对当前收入的精确计量。

第三条就是选择股票价格最大化作为一种目标功能可以让我们在以最好的方式选择项目并且进行融资的问题上能够作出明确的说明。

公司股价受外部环境和管理决策两方面因素的影响。从公司管理当局的可控因素看，股价的高低取决于企业的报酬率和风险，而企业的报酬率和风险又是由企业的投资项目、资本结构和股利政策决定的。因此，这五个因素影响企业的价值。财务管理正是通过投资

1.S.A.罗斯，L.W.韦斯特菲尔德，J.F.贾菲，等.公司理财[M].北京：机械工业出版社，2005.

决策、筹资决策和股利决策来提高报酬率，降低风险，实现其目标。

在风险相同的情况下，投资报酬率可以体现股东财富。任何决策都是面向未来的，并且会有或多或少的风险。财务决策不能不考虑风险，风险和冒险可望得到的额外报酬相称时，方案才是可取的。

投资项目是决定企业报酬率和风险的首要因素。一般来说，被企业采纳的投资项目都能增加企业的报酬，否则企业就没有必要为它投资。与此同时，任何项目都有风险，区别只在于风险的大小不同。因此，企业的投资计划会改变其报酬率和风险，并影响股票的价格。

资本结构会影响企业的报酬率和风险。资本结构是指所有者权益与负债的比例关系。一般情况下，企业借债的利息率低于其投资的预期报酬率，可以通过借债取得短期资金而提高公司的预期每股收益，但也会同时扩大预期每股盈余的风险。资本结构不当是公司破产的一个重要原因。

股利政策也是影响企业报酬率和风险的重要因素。股利政策是指公司赚得的当期盈余中，有多少作为股利发放给股东，有多少留存下来准备再投资用，以便使未来的盈余源泉可继续下去。

公司理财必须被视做一个统一的整体，或者说公司理财不是一些决策的简单集合。一般来说，投资决策都会影响融资决策，反之亦然；融资决策会影响股利决策，反之亦如此。尽管可能存在使这些决策互相独立的环境，但这种情况很少。如果某公司打算将问题割裂开来一个个解决是不可能真正解决这些问题的。例如，一个打算解决股利分配问题的公司，如果仅仅考虑对股利如何进行分配，那么它在处理这个问题的过程中就可能会影响其融资决策和投资决策。

四、财务管理目标的协调和财务关系的协调

在现代公司中，股东聘请经营者来替他们负责公司的日常运作，而这些经营者则从银行或债权人那里筹措资金以支持公司的运转，然后，股东再根据经营者反映的有关公司的信息作出反应，同时公司必须在一个较大的相互关联的社会环境中来运作和制定决策。企业在筹资、投资和分配等财务活动中必然要与各方面发生广泛的经济联系，从而产生与有关各方的经济利益关系，这种经济利益关系就是财务关系。

股东和债权人都为企业提供了财务资源，但是他们处在企业之外，只有经营者即管理当局在企业里直接从事财务管理工作。股东、经营者和债权人之间构成了企业最重要的财务关系。企业是所有者即股东的企业，财务管理的目标是指股东的目标。股东委托经营者代表他们管理企业，为实现他们的目标而努力，但经营者和股东的目标并不完全一致。债权人把资金借给企业，并不是为了“股东财富最大化”，他们与股东的目标也不一致。通过强调股东财富最大化，公司理财面临着以下几个风险：

第一，受雇替股东运作公司的经营者可能会有他们自己的利益所在，而这种利益可能会背离股东财富最大化的目标。

第二，股东能够通过剥夺公司贷款人和其他权益所有人的财产而增加自己的财富。

第三，在金融市场中，股东要对信息作出反应，但有时信息本身是错误的或杂乱的，而且股东所作出的反应也可能与信息本身不相符合。

第四，强调财富最大化的公司可能为社会制造了大量的成本，然而这些成本却不能在公司的收入中反映出来。

当我们往企业里再引入两类其他的利益群体时，这些利益的冲突就更加激化了。

第一，公司的雇员可能很少或者根本不关心股东财富的最大化，他们更加关注于提高工资、福利待遇和工作保障。在某些情况下，他们的利益可能会与股东财富最大化发生直接的冲突。

第二，企业的客户可能希望他们购买的产品或服务能够以较低的价格出售，以最大限度地满足他们的需要，但这样可能又会与股东所期望的发生冲突。

股东、经营者和债权人的冲突可以用图14来概括：

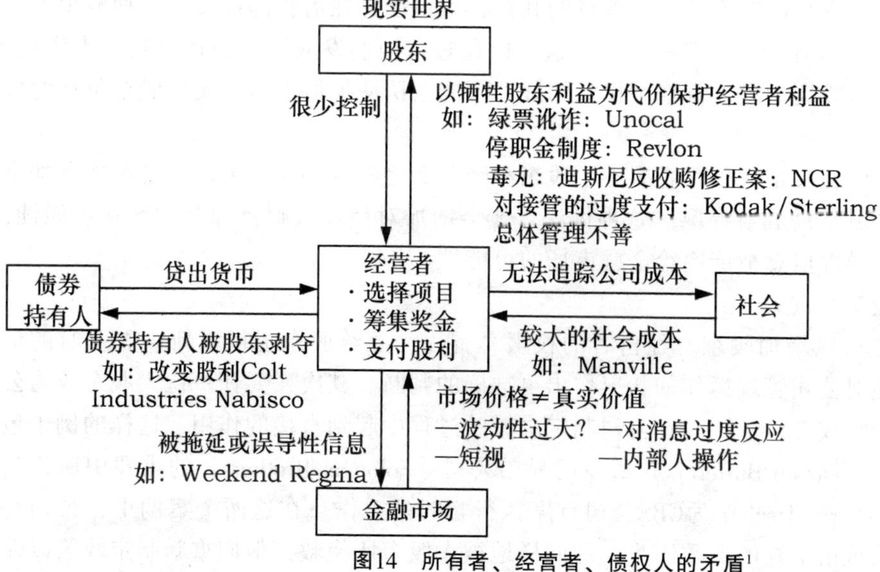

图14 所有者、经营者、债权人的矛盾[1]

公司必须协调这三方面的冲突，才能实现“股东财富最大化”的目标。

（一）所有者和经营者的矛盾与协调

所有者和经营者的主要矛盾表现为：经营者希望在提高企业价值和股东财富的同时，能更多地增加享受成本，经营者的目标是增加报酬、增加休闲时间和避免风险；所有者和股东希望以比较小的享受成本支出带来更多的企业价值或股东财富。

经营者的目标与股东不完全一致，经营者有可能为了自身的目标而背离股东的利益。这种背离表现在两个方面：

(1) 道德风险。经营者为了自己的目标，不是尽最大努力去实现企业财务管理的目标。

(2) 逆向选择。经营者为了自己的目标而背离股东的目标。

为了防止经营者背离股东的目标，一般有两种办法：

1.S.A.罗斯，L.W.韦斯特菲尔德，J.F.贾菲，等.公司理财[M].北京：机械工业出版社，2005.

(1) 监督。避免“道德风险”和“逆向选择”的出路是股东获取更多的信息，对经营者进行监督，在经营者背离股东目标时，减少其各种形式的报酬，甚至解雇他们。

(2) 激励。防止经营者背离股东目标的另一个出路是采用激励报酬计划，使经营者分享企业增加的财富，鼓励他们采取符合企业利益最大化的行动。激励可以减少经营者违背股东意愿的行为，但也不能解决全部问题。

通常，股东同时采取监督和激励两种办法来协调自己和经营者的目标。监督成本、激励成本和偏离股东目标的损失之间此消彼长，相互制约。股东要权衡轻重，力求找出能使三项之和最小的解决办法。

具体说来，可以通过填补两者利益之间的鸿沟或者增加股东对经营者的权力的办法缓和这种利益冲突。

(1) 让经营者像股东那样考虑问题

只要经营者拥有与股东不同的、独特的利益，就可能存在潜在的冲突。一种减少冲突的方式就是给予经营者一定的股权比例，这可以通过向他们发放股票或认股权证来实现。这样做，经营者从较高的股票价格中得到的好处可能会诱使他们去努力实现股票价格的最大化。

这种做法也存在不足，尽管它减少了股东和经营者之间的利益冲突。但这可能会加重在前面已强调的其他的利益冲突。这种做法可能会增加对债权人财富掠夺的潜在可能性，同时也加大了误导性信息被传递给金融市场的可能性。

(2) 增加股东的权力

有许多方法可以增加股东对经营者的权限。首先，要给股东提供更新、更及时的信息，以便他们能对公司管理运作的状况作出更准确的判断。其次，要让一位大股东成为公司在任管理层的组成部分，同时在公司制定决策的过程中起到直接的作用。这样的例子包括沃伦·巴菲特（Warren Buffett）在所罗门兄弟公司（Solomon Brothers）的重建中所担当的角色，还包括Larry Tisch作为CBS公司首席执行官时的工作。在这两个案例里，公司都曾经遇到了股票价格下跌的严重困难，却同样地被大股东所挽救，他们重新制定政策以保护并且增加股东财富。第三种方法就是培养更加积极的机构股东。他们在许多问题上都起着重要的作用，诸如董事会的构成，是否通过反收购修正案的问题，还有所有的管理政策。近几年来，机构投资者已经利用手中相当大的权力对经营者施压，使他们对股东的需要更加负责。其中最敢作敢为的投资者就是加利福尼亚政府雇员退休系统（CalPERS），它是美国最大的机构投资者之一。在这些主动积极的股东的推动下，第四种方法出现了，这就是使董事会对广大股东更负责任，它通过减少内部人员在董事会中的数量和使他们更加独立于首席执行官来实现。

(3) 收购的威胁

在20世纪80年代，许多收购的无节制状况引起了人们对这种行为所产生的消极后果的关注。在电影和书本里，这些参与收购的入侵者被描绘成“野蛮人”，而被收购的公司则被看做是不幸的“受害者”。尽管这种描述在一些案例中可能是真实的，但在多数情况下真实的情况却是这些被收购的公司应该被人收购。例如，一位名为Bhide的人在一项研究中发现，1985—1986年间恶意收购案中的目标公司通常比它的竞争对手具有更差的盈利能力，只能为股东提供较低的回报，研究还发现这些公司的经营者只拥有很少的其所在公司的股票。简而言之，管理糟糕的公司比管理良好的公司更有可能成为恶意收购的目标对象。

这个发现暗示收购是作为一种惩戒的机制来运作的，这使经营者不断受到检查，若不良经营会引致收购。通常，真正的收购威胁足以使公司重组其资产并且对股东的利益更加负责。因此，法律上试图管理和限制收购对股票价格产生的消极影响也就不足为奇了。与此有关的一个例子就是宾夕法尼亚的立法机关修订的《反收购法》，该法用于保护在本州建立的公司免于被恶意收购者所合并。1989年该法创立的时候得到了来自州商业公会的极大支持。Karpoff和Malatesta（1990）调查了该项法律对于宾夕法尼亚州的公司股票价格所造成的后果，他们发现股票价格下降了（在对市场趋势进行修正之后），而且在1989年10月13日也就是该法律的有关消息颁布的第一天，股票价格平均下降了1.58%。从颁布第一条新闻到向宾夕法尼亚州立法机关提出议案，整个期间这些公司累积的经市场调整的回报率为-6.90%。

如果不描述股东对该法律的反应，宾夕法尼亚反收购法的故事就不完整。那些受该法保护公司的机构投资者选择了跟法律对抗，他们对经营者表达了他们的不满并且威胁要抛售这些公司的股票。他们的威胁起作用了，因为多数公司选择了放弃这项法律的保护，这也从一个侧面说明了股东所拥有的权力。

(4) 股东权力的后果

当股东实施他们新发现的权力时，经营者对他们的利益就会变得更加关心和负责。如果这并不能消除与所有权和经营权相分离有关问题的话，那么至少也有助于缓解这类问题。

（二）所有者与债权人的矛盾与协调

当公司向债权人借入资金后，两者也形成一种委托代理关系。债权人把资金交给企业，其目标是到期时收回本金，并获得约定的利息收入；公司借款的目的是用它扩大经营，投入有风险的生产经营项目；所有者可能未征得现有债权人同意，而要求经营者发行新债券或举借新债，致使旧债券的价值降低。两者的目标并不一致，这是所有者与债权人的主要矛盾所在。债权人为了防止其利益被伤害，除了寻求立法保护，如破产时优先接管、优先于股东分配剩余财产等外，通常采取以下措施：

(1) 限制性举债。即在借款合同中加入某些限制性条款，如规定借款的用途、借款的担保条款和借款的信用条件等。

(2) 收回借债或不再借债。即当债权人发现公司有侵蚀其债权价值的意图时，采取收回债权和不给予公司增加放款的措施，从而来保护自身权益。

具体说来，这里有几种办法供债权人参考使用，这些办法至少能部分地防止这类行为所导致的损害。

(1) 合同的效果

债权人保护自己的最直接的办法就是在债券协议中签订合约，在所签订的合约中要专门注明禁止或者限制这类可能导致剥夺其财富的行为。许多债券协议都包含具有如下功能的合约：

第一，限制公司的投资政策。采纳比预想的项目具有更大风险的项目可能导致财富从债权人身上转移到股东那里。一些债券协议对于公司在哪里投资以及在新的投资项目中能冒多大风险都作了严格限制，并且专门赋予债权人在投资行为不符合他们利益的情况下行使否决该投资行为的权力。

第二，限制股利政策。通常来说，股利的增加能使股价上涨，但却使债券价格下跌，因为增加的股利把财富从债权人手中转移到股东手中。许多债券协议通过把股利支付与收益联系起来的办法来限制股利政策。

第三，限制额外的财务杠杆。一些债券协议要求公司在发行新的担保债券之前务必取得现有债权人的同意。这样做是为了保护现有担保债权人的利益。

尽管这些条约在保护债权人免遭一些弊端侵害的方面可能是有效的，但同时也会付出一定的代价。特别是公司可能由于债权人强加的这些限制而不得不放弃一些有利可图的机会，此外公司还不得不支付（直接或间接地）与这些限制相关联的法律上和监督上的成本。

（2）取得股权

既然产生股东和债权人之间利益冲突的主要原因在于他们的要求权在本质上的差别，那么能够减少利益冲突的另一种办法就是使债权人拥有该公司一定比例的股权。这可以采取在购买债券的同时购买公司股票的形式，或者通过对债务附加担保条件或使债券转化为股票来达到目的。在这两种情况下，那些认为股东以债权人利益为代价来牟取私利的债权人可能会变成股东，并且从股东对债权人的剥夺中分享利益。

综上所述，显然目前还存在着与财富最大化有关的问题，但其中的一些问题要以通过某些改变而得到解决。这些改变包括以下方面，如：经营者如何被雇佣或解雇、经营者如何得到补偿、债权人协议以及金融市场等。图15概括了其中的一些改变。

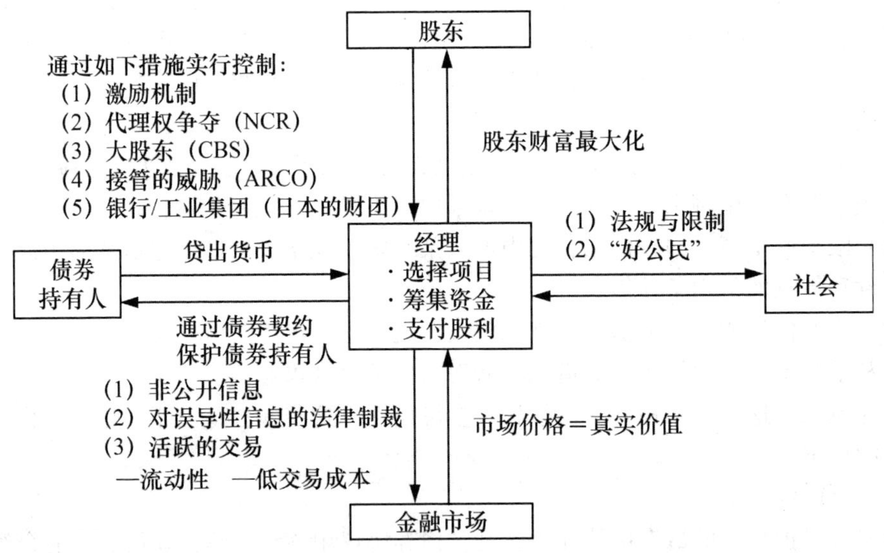

图15 财富最大化问题的部分解决方案[1]

1.S.A.罗斯，L.W.韦斯特菲尔德，J.F.贾菲，等.公司理财[M].北京：机械工业出版社，2005.

小　结

企业的目标是生存、发展和获利。企业财务管理的目标是经济效益最大化，它服从于企业的目标，但又有独立的意义。财务管理目标是企业财务管理工作（尤其是财务决策）所依据的最高准则，是企业财务活动所要达到的最终目标。财务管理目标主要有三种观点，即利润最大化、资本利润率（每股利润）最大化和企业价值最大化，每种观点各有优缺点。

公司法人治理结构是根据公司法律制度和公司章程设立的，目的在于划分有关各方面的权、责、利关系，形成相互制衡又相互联系的统一体。一般来说，公司的治理结构由决策机构、执行机构、监督机构三个方面构成。根据公司的治理结构和组织机构，公司的全部财务权被企业的所有者、经营者和财务部门三个层次瓜分，实行分层次的管理，不同层次的财务管理具有不同的财务职权。

财务关系是指企业组织财务活动所发生的企业与各方面的经济利益关系。其内容包括：

(1) 企业与国家行政管理者之间的财务关系；

(2) 企业与投资者之间的财务关系；

(3) 企业与债权人之间的财务关系；

(4) 企业与受资方之间的财务关系；

(5) 企业与债务人之间的财务关系；

(6) 企业内部各单位之间的财务关系；

(7) 企业与职工之间的财务关系。

在企业财务关系中最为重要的是所有者、经营者与债权人之间的关系，企业要协调好所有者与经营者、所有者与债权人之间的矛盾和利益关系。

【关键词】

利润最大化 (Profit Maximization)

每股利润最大化 (Maximization of Earning Per Share)

股东财富最大化 (Shareholders Wealth Maximization)

投资报酬率 (ROI:Return on Investment)

投资决策 (Investment Decisions)

筹资决策 (Financing Decisions)

股利决策 (Dividend Policy)

所有者 (Stockholder)

债权人 (Creditor)

案例：科龙集团的法人治理结构

1998 年12 月1日科龙集团获《亚洲货币》杂志颁发的“中国最佳管理公司”和“中国最佳投资关系”奖项，这是科龙继1997年后再次获此殊荣。科龙电器的年报在1998年香港管理专业协会最佳年报奖中获得优异奖。

广东科龙电器股份有限公司从1984年靠 9 万元起家，生产单一产品冰箱的乡镇小厂，成长为拥有万人，生产冰箱、空调和冷柜的现代化大型企业集团。生产和效益额以年均30%~40%的速度递增，逐步走上了集约化、规模化、国际化经营的发展道路。1997年，科龙集团实现销售65.89亿元，比1996年同期增长18%，实现利税11.17亿元，比1996年同期增长39%，保持了良好的发展势头。短短的 15 年时间，是什么推动科龙腾飞而起?

科龙公司之所以能取得今天的成绩，首先得益于顺德市“放水养鱼”的宽松政策及容桂镇政府的开明。作为科龙大股东的容桂镇政府遵循公司章程，除了行使股东权益外，始终保持不干预公司的日常经营管理，充分授予公司管理层自主经营的权力。科龙在重大投资决策或召开股东大会之际，也主动与大股东进行商量与沟通，相互保持融洽、积极和密切的合作关系。到境外上市，尤其是向国际化发展，科龙优化重大决策，建立有效内部控制，建立法人治理结构。一是建立高效、精简的董事会。科龙共设董事4名，董事会决策的范围在公司章程有明确规定，在作出决策时，着力强化董事的责任。董事对法律负责、对股东负责、对公司的长远发展负责。二是董事会决策充分体现民主，程序比较完善。对于重大投资决策，董事会把咨询机构的意见作为重要的参考依据。董事会下设三个非常设委员会，即企业发展战略委员会、投资委员会和审计委员会。发展战略委员会负责制定公司的长期策略，成员包括公司独立非执行董事霍杜芳女士、潘宁先生、陈福兴先生以及三名大学教授；投资委员会负责对公司的主要投资决策提供意见及进行评估，该委员会召集人为公司独立董事范佐华先生；审计委员会负责制定公司适当的审计制度，以及议定董事酬金，该委员会召集人为公司独立董事李国荣先生。值得一提的是，审计委员会和投资委员会的成员都由该会的召集人确定，具有极高的独立性和专业性。三个委员会的设立充分利用独立董事的作用，优化董事会决策，使董事会决策更程序化，更准确，更科学。科龙还通过建立公司内部监督制度， 发挥监事会的独立监察功能与内部审计作用，对公司经营和财务事务进行审计，降低财务及经营风险。 再次是不惜重金，利用社会中介机构力量，避免公司重大决策失误。科龙常设的法律顾问有：境外法律顾问丹敦浩国际律师事务所，境内法律顾问北京竞天律师事务所。生产技术由香港生产力促进局指导，广告、客户推广请麦肯光明，企业发展战略研究请华南理工大学、香港中文大学联合组成的专家组，管理发展请英国 BPSA，内部审计请安达信，财务顾问请 BNP 百富勤，企业公关请杰讯亚洲，企业文化请台湾艾肯企业策划公司。咨询顾问机构具有国际水平，能提供一流的专业服务。

……

经过20多年的改革开放和快速发展，中国社会的商品短缺状况基本结束，市场呈现买方市场形态；全球化浪潮，使家电业的国内竞争一步一步国际化。这都使企业不得不面临日趋恶劣的经营环境。后来，镇长徐铁峰亲自入主科龙，更使政企融为一家。由产权结构引发的一系列体制性矛盾———这些矛盾在短缺经济时代为快速发展所掩盖，很快就集中暴露出来。个人和小团体利益最大化、裙带关系、管理缺乏有效监控、成本居高不下等问题蜂拥而来。而在家电业以成本为王的价格战时代到来时，科龙在短暂的鼎盛之后迅即步入了调整期。2000 年、2001 年科龙连续两年出现亏损，戴上了ST 的帽子。引起了证券市场也引起了当地政府的极大震动。特别是对地方政府来说，如何拯救科龙成了一个十分棘手而又不可回避的问题。

……

1999 年10月召开的党的十五届四中全会明确指出，要从战略上调整国有经济布局，坚持有进有退，有所为有所不为，国有经济需要控制的行业和领域主要是涉及国家安全的行业、自然垄断性行业、提供重要公共产品和服务的行业以及支柱产业和高新技术产业中的重要骨干企业。在这样的精神鼓舞下，全国各地的国有企业、集体企业纷纷加快了产权改革的进程，许多地方政府都非常重视推动公有资本从一些竞争性行业的企业实现有序退出，鼓励合适的民营企业以及外商购买那些公有资本拟退出的企业。2003 年的十六届三中全会更加明确地提出，要完善国有资本有进有退、合理流动的机制，要建立归属清晰、权责明确、保护严格、流转顺畅的现代产权制度，可以说是对过去几年企业改革大方向的肯定和重申。正是在这样的大趋势下，2002 年初，一个民营企业——以顾雏军为董事长的顺德格林柯尔企业发展有限公司，受让了原由顺德市容桂镇政府实际持有的20.6%的科龙股份，成为科龙的最大单一股东。我们把科龙的这一股权重组行为称为“民营化重组”。2004 年，格林柯尔再次受让了由容桂镇政府实际持有的剩余约8%的科龙股份，从而为科龙的“民营化重组”画上了圆满的句号。我们把“民营化重组”后的科龙称为新科龙。

格林柯尔入主科龙，顾雏军掌控庞大的科龙机器，开始安排“嫡系部队”进入科龙，从生产到售后、从决策层到基层管理人员，几乎每个部门都有顾领导下的格林柯尔系的人马。在董事会方面，6 名执行董事中，除了担任副董事长的李振华原来的身份就是容桂镇官员外，其余的全部是具有格林柯尔背景的人。同样，本来用于制衡董事会的监事会，也形成了顾氏人马以多对少的控制局面。相反，虽然工商银行旗下顺德经济咨询公司持股高达6.92%，但在公司内根本找不到话语权。2005 年证监会对顾雏军及科龙电器调查结果表明，顾雏军等人涉嫌犯罪行为共有八类。报告称，顾雏军等人及格林柯尔系有关公司涉嫌侵占、挪用科龙电器财产累计发生额为34.85 亿元。

参考文献

[1]樊行健.财务分析[M].北京：清华大学出版社，2007.

[2]张涛.财务管理学[M].北京：经济科学出版社，2008.

[3]胡玉明.财务报表分析[M].大连：东北财经大学出版社，2008.

[4]中国注册会计师协会.财务成本管理[M].北京：中国财政经济出版社，2010.

[5]财政部会计资格评价中心.财务管理[M].北京:中国财政经济出版社,2010.

[6]引自:《财务管理学》2009 国家级案例教材.pdf

[7]谷祺,刘淑莲. 财务管理[M].大连:东北财经大学出版社,2007.

[8]荆新,王化成,刘俊彦.财务管理学[M].北京:中国人民大学出版社,2009.

[9]S.A.罗斯,L.W.韦斯特菲尔德,J.F.贾菲,等.公司理财[M].北京:机械工业出版社,2005.

Financial

第一篇 财务管理的基础观念和理财工具

Management

第一章　资金时间价值

学习提示

本章将要学习财务管理的基础价值观念之一——资金时间价值观念。资金时间价值观念是企业实施财务决策的基础。本章学习要求在理解资金时间价值含义的前提下，掌握资金时间价值的相关计算，并为以后内容的学习奠定基础。

学习目标

* 理解资金时间价值的基本概念与意义
* 理解年金的概念及其分类
* 掌握用于资金时间价值计算的时间轴的画法
* 掌握复利终值和现值的计算
* 掌握各类年金终值和现值的计算
* 掌握解决资金时间价值问题的思路并能解决具体问题
* 了解资金时间价值计算的其他特殊情况

主要内容

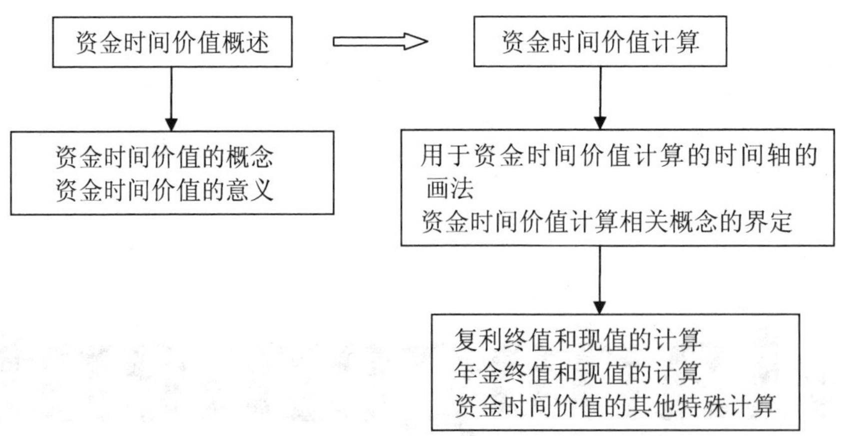

第一节 资金时间价值概述

资金时间价值是现代财务管理的价值观念之一，因其涉及企业的筹资、投资以及股利分配等所有理财活动，因而被称为企业理财的“第一原则”[1]。任何企业的财务活动都是在特定的时间和空间范围内进行的，资金时间价值观念为不同时点资金的换算搭建了桥梁。因此，企业的财务管理人员必须具备资金时间价值这一基础观念。

一、资金时间价值的概念

资金时间价值又称为货币时间价值（Time Value of Money），是指一定量的资金在不同时点上的价值增量。例如，假设你为了年末支付房租6 000元，现在要将一笔钱存入银行，这笔钱是否就是6 000元呢？如果银行的一年期存款利率为5%，则现在只需存入6 000/(1+5%）的钱就能够满足需要。与6 000元相比，两者的差额就是资金时间价值。资金之所以会产生时间价值，是因为现在收到的资金可以立即用于投资并取得预期收益。所以，资金的时间价值是资金经历一定时间的投资和再投资所增加的价值。

资金时间价值的一般表现形式从相对量角度来看，就是在不考虑风险和通货膨胀条件下的社会平均资本利润率，如果通货膨胀率很低的话，可视同政府债券利率；而从绝对量的角度看，则是使用货币的机会成本。一般来讲，资金时间价值常常用利率（相对量）来表示。由于利率的确定往往受资金的供求关系、通货膨胀、风险补偿等多方面因素的影响，所以在通常情况下，资金时间价值可以用无风险和通货膨胀条件下的国债利率来表示。

二、资金时间价值的意义

资金时间价值是财务管理中的一个重要理念。它揭示了资金在使用过程中随着时间的推移而发生的增值现象。为什么在财务决策中必须考虑时间价值？据测算，美国股票市场从1926年到1999年的74年间，年均市场报酬率为11.35%。按照资金时间价值的理念，这意味着1926年初投入股市的100元钱到1999年就变为$100\times(1+11.35\%)^{74}$元，即285 152元，足见资金时间价值的巨大威力。值得注意的是，这100元钱必须投资才会增值，而且需要持续或多或少的时间才会增值。

可见，在没有通货膨胀和风险的情况下，今天的1元钱比明天的1元钱更有价值。关于资金时间价值的本质，西方经济学认为是对投资者推迟消费的补偿。按照政治经济学的观点，资金时间价值被认为是社会资本运动产生的平均报酬在产业资本与金融资本中的分配。

1.下一章所要介绍的风险价值观念是企业理财的“第二原则”，资金时间价值与风险价值构成了财务管理的基础观念。

在企业的理财活动中，从证券理论价值的估算到投资项目的评价，从筹资成本的测算到股利分配，无处不体现着对资金时间价值理念的运用。因此，作为一名财务人员或企业的管理者，非常有必要对资金时间价值作深入了解。

第二节 资金时间价值的计算

通过对资金时间价值概念的介绍我们不难发现，不同时点上即使相同金额的资金也具有不同的价值。因此在财务管理的有关决策中，需要将不同时点上的资金通过一定的方法折算到同一时点上才具有可比性。在计算的过程中，折算时点与方法选择不同就会产生不同的结果。由于资金随时间的增值过程与利息的增值过程在数学上是相似的，因此在计算资金时间价值的过程中往往采用利息计算的有关方法。

一、用于资金时间价值计算的时间轴

在计算资金的时间价值时，首先要全面了解问题，即资金运动发生的时间以及流向。为了简单起见，不论资金运动的具体内容所涉及的价值指标实际上是时点指标还是时期指标，均假设按照期初或期末的时点指标来处理。资金运动时间轴可以直观、便捷地反映出每一笔资金发生在哪个时点上以及具体的方向如何。典型的时间轴如图1–1所示。

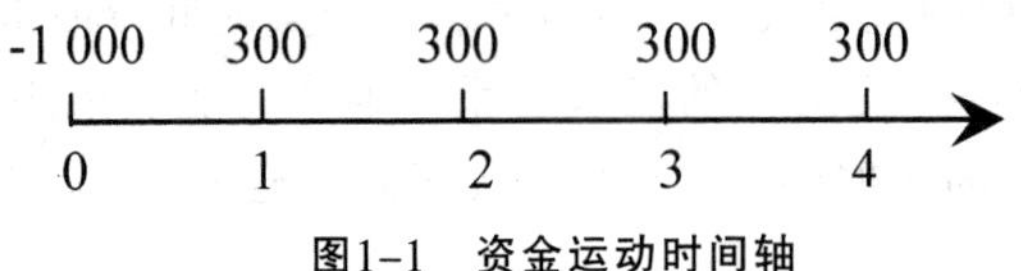

图1–1 资金运动时间轴

在图1–1中，横轴为时间轴，箭头所指的方向代表时间的增加，0至4代表各个时点。如果时间间隔为1年，则0代表第1年年初，1代表第1年年末，并且它与第2年年初重合，以此类推。一般而言，时点数比时期数多1，即如图1–1中，时期为4年，时点则为5个。时间轴上端的数据代表资金运动的情况，正数代表现金流入，负数代表现金流出。图1–1中，–1 000代表在0时刻有1 000的现金流出，其余时点均有300的现金流入。

作为资金时间价值计算时的辅助工具，资金运动时间轴对后续内容的学习很有帮助。

二、资金时间价值计算的相关概念

（一）终值与现值

在资金时间价值的计算中，资金时间价值折算时点的选择不同，会产生不同的价值：终值和现值。其中，终值（Future Value，以下简称F）是指当前的一笔资金在若干期后所具有的价值；现值（Present Value，以下简称P）则是指未来某一时点上一定数额的资金折合成的现在价值。

（二）单利与复利

在终值和现值的计算中，又有两种方法可供选择：一是单利计算法；二是复利计算法。两者的差别在于计息基础不同：单利的计息基础即本金，前期利息无需加入本金重复计算利息，因此单利计息的特点是各期的利息均相等；而复利要将本期利息计入本金来计算下期利息。财务管理的相关决策往往都是通过复利计息的，因为按复利计算能够充分体现资金时间价值的含义，更加准确。

（三）年金

在日常经济业务中，除了资金一次性收付的情况，还存在系列收付款项的情况。如果是等额、定期的系列收付款项，即一定时期内每相等的期间都收取（或支付）相等金额的款项，则称为年金（Annuity，以下简称A）。按照收付款项发生的时间不同，年金可分为普通年金、预付年金、递延年金和永续年金四类。

1. 普通年金（Ordinary Annuity）

普通年金又叫后付年金，指发生在各期期末的年金。这种年金在实际生活中最为常见，因此得名。如图1–2所示。

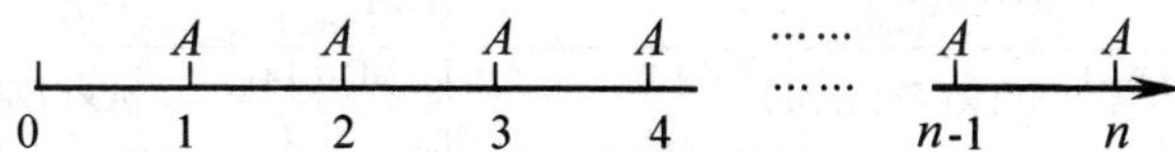

图1–2　普通年金示意图

2. 预付年金（Annuity Due）

预付年金是指在每期期初发生的年金，又叫即付年金、先付年金或期初年金。如图1–3所示。

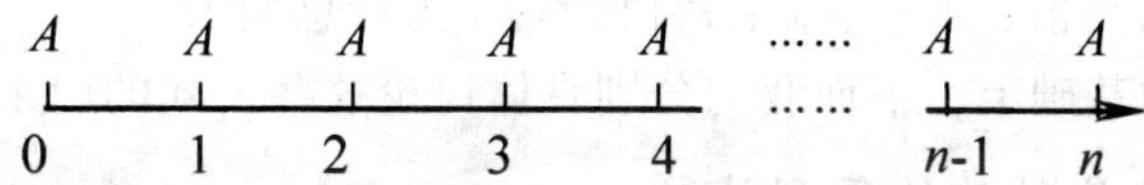

图1–3　预付年金示意图

3. 递延年金（Deferred Annuity）

递延年金，又叫延期年金，是指在最初m期没有收付款项的情况下，递延到第m+1期开始在后面n期内发生的年金。递延年金的支付形式如图1–4所示。

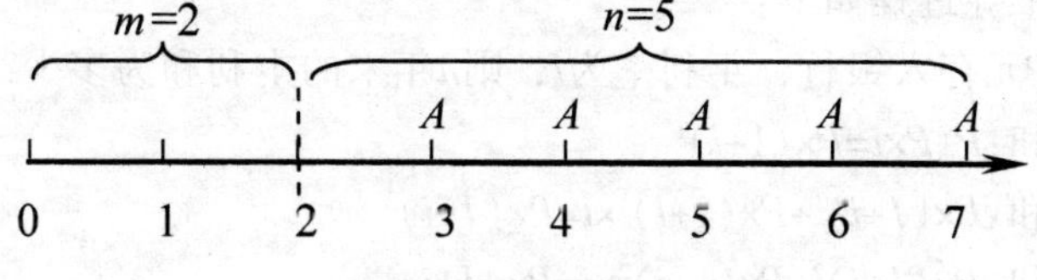

图1–4　递延年金示意图

由图 1-4 可知，前 2 期没有发生年金，称为递延期(用字母 m 表示)，从第 3 期开始则发生年金收支，称为连续收支期(用字母 n 表示)。

4. 永续年金 (Perpetual Annuity)

永续年金是指无限期定额支付的年金，即当期限$n\to\infty$时的普通年金。在实际生活中，并不存在无限期永远支付的永续年金，但可将持续时间较长的年金，例如优先股股利视为永续年金。永续年金的支付形式如图1-5所示。

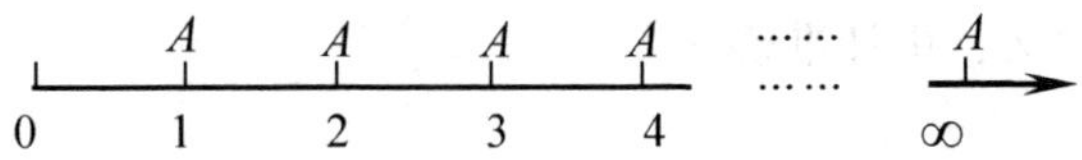

图1-5 永续年金示意图

三、资金时间价值的一般计算

资金时间价值的计算涉及大量的计算公式，现将相关计算公式汇总如表1-1所示。

表1-1 资金时间价值一般计算公式汇总表

	终值计算	现值计算
一次性收付款	$P\times(1+i)^n=P\times(F/P,i,n)$	$F\times\frac{1}{(1+i)^n}=F\times(P/F,i,n)$
普通年金	$A\times\frac{(1+i)^n-1}{i}=A\times(F/A,i,n)$	$A\times\frac{1-(1+i)^{-n}}{i}=A\times(F/A,i,n)$
预付年金	$A\times(F/A,i,n)\times(1+i)=A\times[(F/A,i,n+1)-1]$	$(1+i)\times A\times(P/A,i,n)=A\times[(P/A,i,n-1)+1]$
递延年金	$A\times\frac{(1+i)^n-1}{i}=A\times(F/A,i,n)$	$A\times[P/A,i,(n+m)-(P/A,i,m)]=A\times(P/A,i,n)\times(P/F,i,m)$
永续年金	—	$A\times\frac{1-(1+i)^{-n}}{i}\approx\frac{1}{i}$

表中所用到的符号含义如下：

P为现值；F为终值；A为年金；i为利率；n为计息期限。

在总结公式的基础上，下面我们分别具体讨论这些公式的由来及其应用。

(一) 一次性收付款的复利计算

1. 一次性收付款复利终值的计算

复利终值就是指经过若干期后包括本金和利息在内的未来值，又称本利和。复利终值的计算公式为：

$$F=P\times(1+i)^n$$

该公式的具体推导过程如下：

如将一笔资金P元存入银行，年利率为i，则n年末的本利和为多少?

第一年末本利和：$P+P\times i=P\times(1+i)^1$

第二年末本利和：$P\times(1+i)^1+P\times(1+i)^1\times i=P\times(1+i)^2$

第三年末本利和：$P\times(1+i)^2+P\times(1+i)^2\times i=P\times(1+i)^3$

依此类推，第n年末的本利和为$F=P\times(1+i)^n$

上式即复利终值的一般计算公式，其中，$(1+i)^n$叫复利终值系数，一般用（F/P，i，n）表示。由此可见，复利终值系数由i和n确定，为简化计算，在实际中，常将复利终值系数编成表（见附录1）以备查用。

【例题1-1】林宇将1 000元存入银行，年利率为5%，每年产生的利息继续存入本金，如此往复，5年后可以从银行取到多少钱？

解：$F=P\times(1+i)^n=1\,000\times(1+5\%)^5=1\,000\times(F/P,5\%,5)=1\,276.3$(元)

即林宇5年后可以从银行取得1 276.3元。

2. 一次性收付款复利现值的计算

复利现值指未来某时点上资金现在的价值，即未来的一笔钱折合到现在值多少钱。其计算公式为：

$$P=F\times\frac{1}{(1+i)^n}$$

上式中$\frac{1}{(1+i)^n}$为复利现值系数，一般用（$P/F,i,n$）表示，为简化计算，可编制复利现值系数表（见附录2）。

【例题1-2】已知银行存款利率为10%，林宇想于5年后从银行一次性提取1 000元用于还债，则现在需存入多少钱?

解：$P=F\times\frac{1}{(1+i)^n}=1\,000\times\frac{1}{(1+10\%)^5}=1\,000\times(P/F,10\%,5)=620.9$（元）

即林宇现在需要存入银行620.9元。

（二）年金的计算

按照年金的分类，下面分别介绍普通年金、预付年金、递延年金和永续年金终值及现值的计算。其中，普通年金终值及现值的计算是基础，其他形式年金的计算都可转化为普通年金的形式。

1. 普通年金终值的计算

普通年金的终值是一定时期内每期期末等额收付款项的复利终值之和。

普通年金终值的计算公式可按下列思路推导：

$$F=A(1+i)^0+A(1+i)^1+\cdots+A(1+i)^{n-2}+A(1+i)^{n-1} \quad ①$$

式①两边乘以（$1+i$）得式②

$$(1+i)F=A(1+i)^1+A(1+i)^2+\cdots+A(1+i)^{n-1}+A(1+i)^n \quad ②$$

式②-式①再化简得：

$$F=A\times\frac{(1+i)^n-1}{i} \quad ③$$

式③即普通年金终值的计算公式，其中$\frac{(1+i)^n-1}{i}$叫普通年金终值系数，由i，n两个因素决定，一般用（$F/A,i,n$）表示，为计算方便，年金终值系数编制成表（见附录3）。

【例题1-3】张力拟购房，开发商提出两种方案：一是5年后付120万元；另一方案是从现在起每年末付20万元，连续付5年，若目前的银行存款利率是5%，应如何付款？

解：两方案的资金流情况如图1–6所示。

方案一：

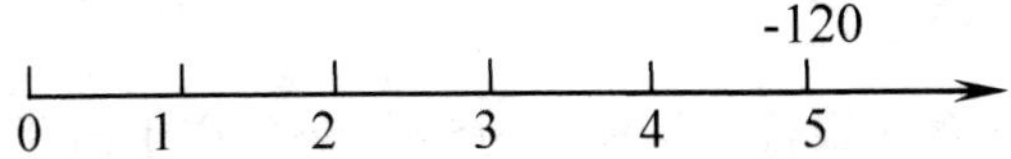

方案二：

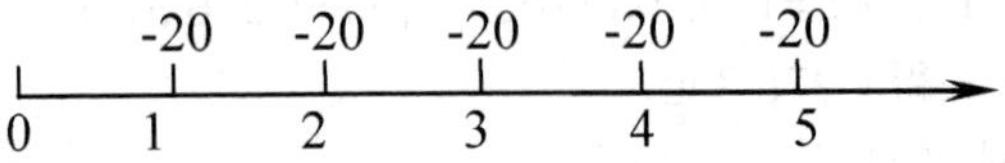

-20 -20 -20 -20 -20

0 1 2 3 4 5

图1–6　两方案的资金流示意图

为了便于两方案的比较，下面计算方案二数额为20万元的普通年金终值。

$F=20\times(F/A,5\%,5)=20\times5.525\,6=110.512$（万元）

因此，比较两方案的终值，应选择方案2。

2. 普通年金现值的计算

普通年金现值是指为了在每期期末取得相等金额的款项，现在需要一次性投入的金额，即一定期间内每期期末等额的系列收付款项的复利现值之和。普通年金现值的计算公式可按下列思路推导：

$$P=A(1+i)^{-1}+A(1+i)^{-2}+\cdots+A(1+i)^{-(n-1)}+A(1+i)^{-n} \quad ④$$

式④两边乘以（1+i）得：

$$(1+i)P=A(1+i)^{-1}+A(1+i)^{-2}+\cdots+A(1+i)^{-(n-1)} \quad ⑤$$

式④–式⑤并简化得：

$$P=A\times\frac{1-(1+i)^{-n}}{i}$$

上式中$\frac{1-(1+i)^{-n}}{i}$叫普通年金现值系数，或普通年金贴现系数，简写为$(P/A,i,n)$，为计算方便，普通年金现值系数编制成表（见附录4）。

【例题1–4】天宇公司拟增加一条自动化生产线，投资额为100 000元。该生产线可用10年，期满后预计残值为零。公司预测该生产线投产后，每年可增效益20 000元，若公司从商业银行一次性贷款100 000元，贷款利率为16%，用来建这条生产线，试评价该投资方案是否可行？

解：解决该问题的原理在于，预期未来现金流量的现值超过初始投资额，才有投资的价值，必要报酬率最低应是贷款利率。

$P=A\times(P/A,i,n)=20\,000\times(P/A,16\%,10)\approx20\,000\times4.833\,2=96\,664$（元）

可见由于10年收益的现值和小于贷款额，故此方案不可行。

3. 预付年金终值的计算

预付年金终值是指发生在各期期初的等额款项的复利终值之和。

预付年金终值计算公式可按下列思路推导：

$F=A(1+i)^{1}+A(1+i)^{2}+A(1+i)^{3}+\cdots+A(1+i)^{n}$

$=(1+i)\times[A+A(1+i)^1+A(1+i)^2+A(1+i)^3+\cdots+A(1+i)^{n-1}]$

$=A\times(F/A,i,n)\times(1+i)$　⑥

$=A\times\frac{(1+i)^{n+1}-1}{i}-1$

$=A\times[(F/A,i,n+1)-1]$　⑦

由式⑥知预付年金终值为相应时期内普通年金终值的（1+i）倍。

由式⑦知预付年金终值系数为［$(F/A,i,n+1)-1$］，它和普通年金终值系数$\frac{(1+i)^n-1}{i}$相比，期数增加1（即$n+1$），而系数减1，因此可利用普通年金终值系数表查得（$n+1$）期的值，减去1后得1元预付年金终值。

预付年金终值系数也可按照如图1-7所示的思路推导。总体来说是要将预付年金的形式变为普通年金的形式。因此，可以将期数为n期的预付年金的期数向后延伸一期（假设到第$n-1$期），并在第n期期末也假设有A的收付，这样便实现了n期预付年金向（$n+1$）期普通年金的形式转化。而两者终值的差额，即为A。同样符合上述预付年金终值系数和普通年金终值系数相比，期数增加1（即$n+1$），而系数减1的结论。

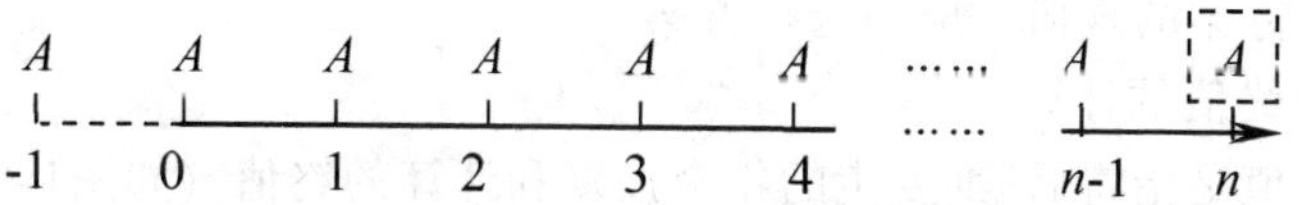

A　A　A　A　A　A　……　A　A

-1　0　1　2　3　4　……　n-1　n

图1-7　预付年金终值系数推导示意图

【例题1-5】张力每年年初存入银行1 000元，银行年存款利率为5%，则第10年末的本利和应为多少？

解：$F=1\ 000\times[(F/A,5\%,11)-1]=1\ 000\times(14.207-1)=13\ 207$（元）

4. 预付年金现值的计算

预付年金现值是指发生在各期期初的等额款项的复利现值之和。预付年金现值计算公式可按下列思路推导。

$P=A+A(1+i)^{-1}+A(1+i)^{-2}+A(1+i)^{-3}+\cdots+A(1+i)^{-(n-1)}$

$=(1+i)\times[A(1+i)^{-1}+A(1+i)^{-2}+A(1+i)^{-3}+\cdots+A(1+i)^{-n}]$

$=(1+i)\times A\times\frac{1-(1+i)-n}{i}$

$=(1+i)\times A\times(P/A,i,n)$　⑧

$=A\times\left[\frac{1-(1+i)-(n-1)}{i}+1\right]$　⑨

由式⑧知，预付年金现值为相应时期内普通年金现值的（1+i）倍。

由式⑨知，预付年金现值系数$\left[\frac{1-(1+i)-(n-1)}{i}+1\right]$和普通年金现值系数$\frac{1-(1+i)-n}{i}$相比，期数要减1（即$n-1$），而系数要加1，可利用“普通年金现值系数表”查得$(n-1)$期的值，然后加1，得出1元预付年金的现值。

预付年金现值系数的推导过程也可按照如图1–8所示的思路进行。如假设在时点0上没有A的收付，则n期预付年金即可转化为（n–1）期的普通年金，在计算其现值的基础上，加A，即可得到n期预付年金的现值。同样符合预付年金现值系数和普通年金现值系数相比，期数要减1（即n–1），而系数要加1的结论。

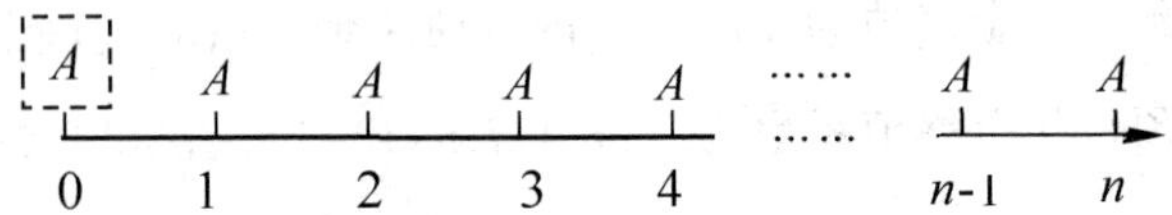

图1–8 预付年金终值系数推导示意图

【**例题1–6**】张力拟购房，开发商提出两种方案：一是现在一次性付80万元，另一方案是从现在起每年初付20万元，连续支付5年。若目前的银行存款利率是7%，应如何付款？

解：为了便于两方案的比较，下面计算方案二数额为20万元的预付年金现值。

$P=20\times(P/A,7\%,5)\times(1+7\%)=87.744$(万元)

或$=20+20\times(P/A,7\%,4)=87.744$(万元)

因此比较两方案的现值，应当选择方案一。

5. 递延年金终值的计算

递延年金终值是指将后n期发生的年金按复利计算的终值（如图1–9所示）。

由图1–9可知，递延年金的终值大小与递延期m无关，只与连续收支期n有关。因此，计算方法与普通年金终值相同。

$$F=A+A(1+i)^1+A(1+i)^2+A(1+i)^3+\cdots+A(1+i)^{n-1}$$

$$=A\times\frac{(1+i)^n-1}{i}$$

$$=A\times(F/A,i,n)$$

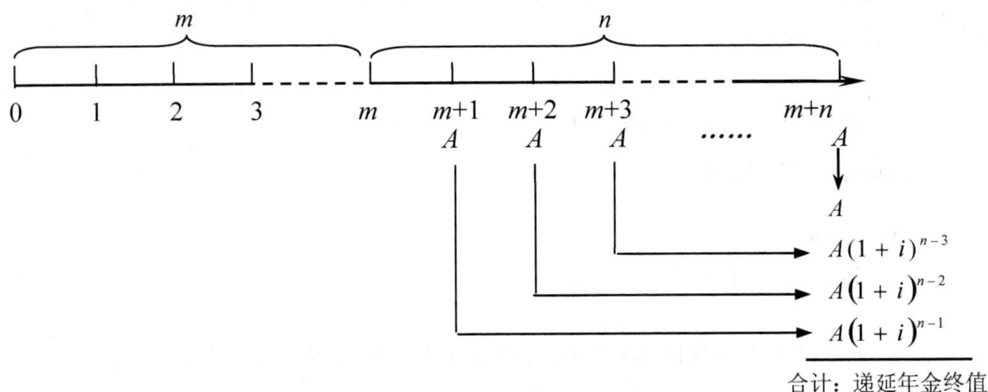

图1–9 递延年金终值示意图

6. 递延年金现值的计算

递延年金现值即将后n期年金贴现至第一期期初的现值。递延年金现值的计算方法有两种。

方法1：把递延年金视为n期普通年金，求出递延期末的现值，然后再将此现值调整到第一期期初（如图1–10所示）。

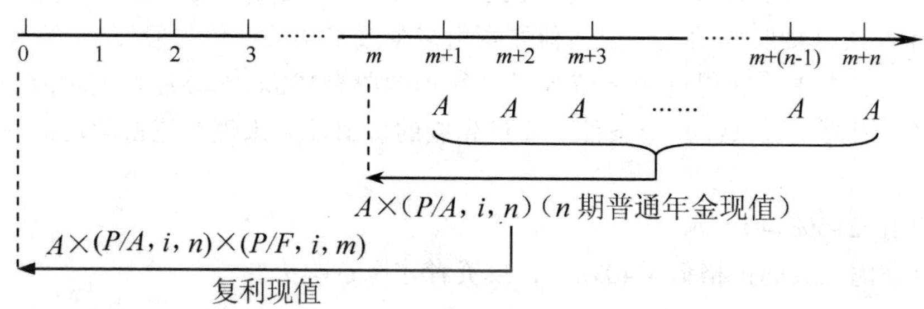

图1–10 递延年金现值计算方法1示意图

即先将后n期普通年金折算为第m期末的价值$A\times(P/A,i,n)$，再将第m期末的价值$A\times(P/A,i,n)$折算为第一期初的现值$A\times(P/A,i,n)\times(P/F,i,m)$。因此，递延年金现值$=A\times(P/A,i,n)\times(P/F,i,m)$。

方法2：假设递延期中也进行支付（如图1–11所示），先求出$(m+n)$期的年金现值$A\times[P/A,i,(n+m)]$，然后扣除实际并未支付的递延期(m)的年金现值$A\times(P/A,i,m)$，即可得最终结果。

因此，递延年金现值$=A\times[(P/A,i,n+m)-(P/A,i,m)]$

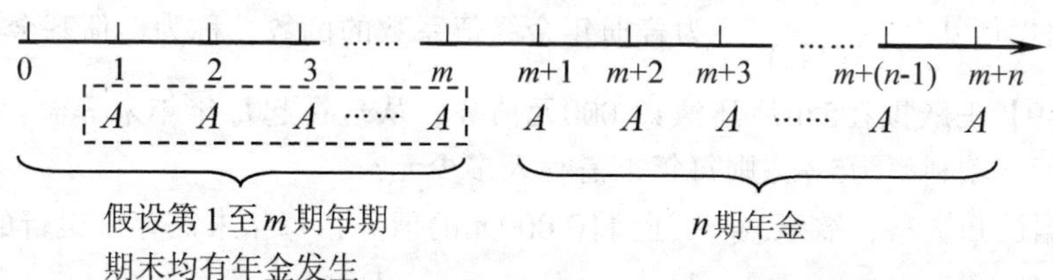

图1–11 递延年金现值计算方法2示意图

【例题1–7】科菲公司向银行借入一笔款项，银行贷款的年利率为8%，银行规定前10年不用还本付息，而从第11年至第20年每年末偿还本息10 000元，问这笔款项的现值为多少？

解：方法1：递延年金现值$=10\ 000\times(P/A,8\%,10)\times(P/F,8\%,10)$

$=10\ 000\times6.710\ 1\times0.463\ 2=31\ 081.18$（元）

方法2：递延年金现值$=10\ 000\times[(P/A,8\%,20)-(P/A,8\%,10)]$

$=10\ 000\times(9.818\ 1-6.710\ 1)=31\ 080$（元）

7. 永续年金的计算

永续年金没有终止的时间，所以不存在终值。永续年金的现值可通过普通年金的现值推导得出：

当$n\to\infty$时，$(1+i)^{-n}$的极限为零,因此有：

永续年金现值$=A\times\frac{1-(1+i)^{-n}}{i}\approx A\times\frac{1}{i}$

其中，$\frac{1}{i}$即永续年金现值系数。

【例题1-8】新兴公司的优先股面值为100元，年股息率为2%，投资者的时间价值为5%，对一个准备购买这种股票的人来说，他愿意出多少钱来购买此优先股？

解：购买优先股未来可获得的现金流入量是每年的股息100×2%=2元，而理论上讲优先股没有到期日，因此符合永续年金条件。而优先股的价值即未来现金流量的现值，计算如下。

优先股的价值=2÷5%=40（元）

因此，只有该优先股的价格低于40元时，投资者才愿意购买。

四、资金时间价值计算的特殊问题

（一）年偿债基金的计算

年偿债基金的计算是普通年金终值的逆运算，即已知普通年金的终值F，求年金A（在此叫年偿债基金）的计算过程。

由$F=A\times\frac{(1+i)^{n}-1}{i}$

得$A=F\times\frac{i}{(1+i)^{n}-1}$

式中A叫偿债基金，$\frac{i}{(1+i)^{n}-1}$为普通年金终值系数的倒数，称为偿债基金系数。

【例题1-9】王跃拟在5年后还清10 000元债务，从现在起每年年末等额存入银行一笔款项，设银行存款利率为5%，则每年末需存入多少元?

解：根据已知资料，欲于5年后还清10 000元的债务，每年末需存入银行的款项为：

$$A=F\times\frac{i}{(1+i)^{n}-1}=10\ 000\times\frac{1}{(F/A,5\%,5)}=10\ 000\times\frac{1}{5.5256}=1\ 809.76(\text{元})$$

（二）年投资回收额的计算

年投资回收额的计算是年金现值的逆运算，即已知年金现值P，求年金A（在此叫做年投资回收额）的计算过程。

由$P=A\times\frac{1-(1+i)^{-n}}{i}$　得知：$A=P\times\frac{i}{1-(1+i)^{-n}}$

上式中$\frac{i}{1-(1+i)^{-n}}$为普通年金现值系数的倒数，叫做投资回收系数或资本回收系数。

【例题1-10】假设洛克公司以12%的利率借得100万元，投资于某个寿命为10年的项目，每年至少应收回多少现金才是有利的?

解：$A=P\times\frac{i}{1-(1+i)^{-n}}$=1 000 000÷(P/A，12%，10)=1 000 000÷5.650 2=176 984.89（元）

因此，每年至少要回收现金176 984.89元，到期才能还清贷款本息。

（三）混合资金流问题

在现实中，完全符合年金形式的现金流属于特殊情况。对于不等额现金流的情况，应以上述复利计算和年金计算为基础，加以灵活处理。

【例题1–11】新天公司的一个基建项目投资1 000万元，每年年初投资200万元，五年投资完。第二年末追加流动资金的投资200万元；第三年末开始有流入量，第三年至第六年每年年末为300万元，第七年末为500万元。假设该企业的综合资本成本率为10%，则该项目是否可行？

解：该问题的资金流情况如图1–12所示。

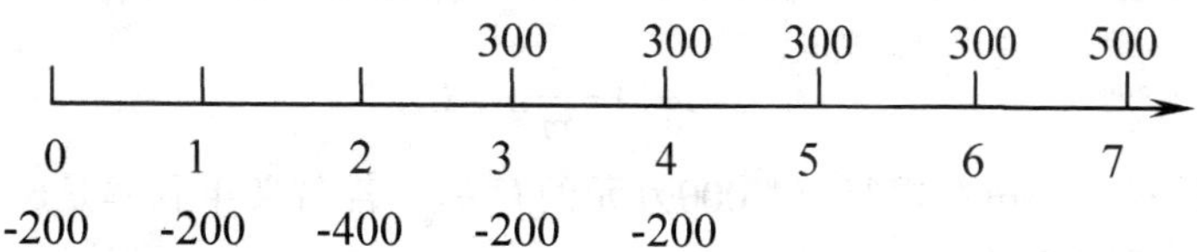

图1–12　例1–11资金流示意图

解决该问题的原理在于，预期未来现金流量的现值超过现金流出量的现值，才具有投资的价值，必要报酬率最低应是综合资本成本率。

对于本题的现金流情况可以作如下处理，将现金流出看做是200万元，期限为5期的预付年金，第二年年末追加流动资金的投资200万元单独计算；同样道理，将现金流入看做是300万元，期限为5期的普通年金，第七年末的另外200万元现金流入单独计算。

项目价值=[300×(P/A，10%，5)×(P/F，10%，2)+200×(P/F，10%，7)]–[200+200×(P/A，10%，4)+200×(P/F，10%，2)]=43.20(万元)

结论：现金流入的现值大于现金流出的现值，可以投资。

（四）复利频率问题

复利频率问题解决的是计息期小于一年的资金时间价值计算问题。上述终值和现值的计算期一般都是以年为单位。但在某些情况下，也会遇到计息期小于一年的情况，比如半年、一季度或一个月计息一次的情况。

1. 终值和一年内计息次数之间的关系

一年内计息次数越多，复利终值越大；反之，越小。若年利率为 i，一年内计息次数为m次，则第n年末的复利终值计算公式为：

$$FV_n=PV\times(1+i/m)^{m\times n}$$

式中：m代表每年复利次数

2. 现值和一年内贴现次数之间的关系

一年内贴现次数越多，现值越小；反之，越大。若年利率为i，一年内贴现m次，则复利现值计算公式为：

$$PV=FV_n\times 1/(1+i/m)^{m\times n}$$

【例题1-12】林宇按年利率12%将1 000元投资 2 年，则不同计息期，2年后的终值为何？

解：计息期是1年 $FV_2=1\ 000\times(1+0.12/1)^{1\times 2}=1\ 254.40$(元)

计息期是半年 $FV_2=1\ 000\times(1+0.12/2)^{2\times 2}=1\ 262.48$(元)

计息期是1个季度 $FV_2=1\ 000\times(1+0.12/4)^{4\times 2}=1\ 266.77$(元)

计息期是1个月 $FV_2=1\ 000\times(1+0.12/12)^{12\times 2}=1\ 269.73$(元)

计息期是1天 $FV_2=1\ 000\times(1+0.12/365)^{365\times 2}=1\ 271.20$(元)

3. 有效年利率

在上述情况中，一年内的计息频率对终值产生影响。事实上，一年内的计息频率影响了利率。设一年中复利次数为m，名义年利率为i，则有效年利率为：

$$I=\left(1+\frac{i}{m}\right)^m-1$$

【例题1-13】瑞亿公司在银行有1 000万元的存单。若名义年利率是6%，一个季度计息一次，则有效年利率是多少?

解：$I=(1+6\%/4)^4-1=1.061\ 4-1=6.14\%$

在一个季度计息一次的情况下，有效年利率为6.14%。

小　结

本章主要介绍了作为财务管理价值观念之一的资金时间价值观念。对于资金时间价值观念的理解和相关计算的掌握是学习财务管理的基础。资金时间价值是指一定量的资金在不同时点上的价值增量。在对这一概念理解的基础上，需要掌握一次性收付款的复利终值与现值的计算。在日常经济业务中，除了资金一次性收付的情况外，还存在系列收付款项的情况。如果是一定时期内每相等的期间都收取（或支付）相等金额的款项，则称为年金。对于年金的不同形式——普通年金、预付年金、递延年金及永续年金终值与现值的计算，同样是需要掌握的内容。在此基础上，需要掌握资金时间价值的特殊情况，即混合现金流和复利频率的计算问题。

【关键词】

资金时间价值（Time Value of Money）

单利（Simple Interest）

复利（Compound Interest）

折现率（Discount Rate）

年金（Annuity）
普通年金（Ordinary Annuity）
预付年金（Annuity Due）
递延年金（Deferred Annuity）
永续年金（Perpetual Annuity）
终值（Future Value）
现值（Present Value）
混合现金流量（Mixed Cash Flows）
名义利率（Nominal Rate）
有效年利率（Effective Annual Rate，EAR）

案例：美国田纳西镇巨额账单案例[1]

1994年的某天，美国田纳西镇的居民正在享受着平静的生活给他们带来的快乐，但这种平静马上被一张事先不知道的高达1260亿美元的巨额账单所打破。纽约的布鲁克林法院判决田纳西镇应向美国弗兰斯不动产公司支付这笔钱。最初，田纳西镇的居民以为这仅仅是一场误会，但当他们收到账单和法院的传票时，都惊呆了。他们的律师指出，若高级法院支持这一判决结果，为了偿还债务，田纳西镇居民的余生将苦不堪言。

田纳西镇居民遭遇的晴天霹雳源于1966年的一笔存款。弗兰斯不动产公司在田纳西镇银行（该镇居民均为该银行的股东）存入一笔6亿美元的存款，当年的存款协议要求银行每周按1%的利率复利付息，该银行由于高额的利息费用和其他经营不善的原因在第二年就破产倒闭了。1994年，弗兰斯不动产公司向纽约布鲁克林法院提起诉讼，要求田纳西镇居民赔偿其当年的存款本金及此后的利息。布鲁克林法院做出判决：从存款日到田纳西镇对该镇银行进行清算的7年中，这笔存款应按照原先存款协议每周1%的利率复利计息，而在银行清算后的21年中，每年按8.54%的复利计息。

思考题： 1 260亿美元的账单是如何算出的？该案例对你有何启发？

参考文献

[1]荆新，王化成，刘俊彦.财务管理学[M].北京：中国人民大学出版社，2009.

[2]严复海，张巧良.财务管理[M].北京：经济科学出版社，2008.

[3]中国注册会计师协会.注册会计师全国统一考试辅导教材——财务成本管理[M].北京：中国财政经济出版社，2010.

[4]谷祺，刘淑莲.财务管理[M].大连：东北财经大学出版社，2007.

[5]刘媛媛.财务管理专业英语[M].北京：机械工业出版社，2010.

1.案例来源：荆新，王化成，刘俊彦.财务管理学[M].北京：中国人民大学出版社，2009.

第二章　风险与收益

学习提示

本章将要学习作为财务管理基础价值观念之一的风险价值观念。在企业的财务决策中，风险观念也具有普遍意义。因此，理财人员必须理解风险的概念，并能够进行相应的计量。在进一步理解收益与风险的关系基础上，掌握资本资产定价模型的相关内容。

学习目标

* 理解风险的概念及其分类
* 理解收益的概念及其分类
* 掌握风险与收益的计量方法
* 掌握风险与收益的关系
* 掌握资本资产定价模型的相关内容

主要内容

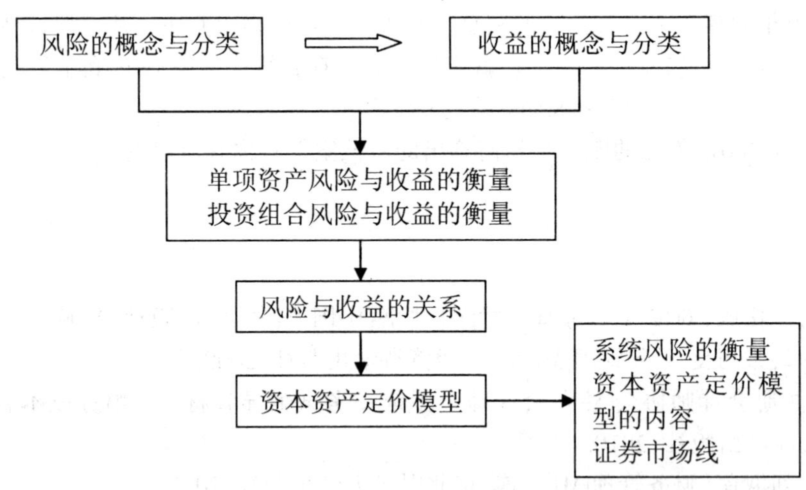

第一节　风险与收益的计量

一、风险的概念

企业的某一投资项目，如果只会产生肯定的收益，便认为该项目没有风险。若该项目取得的收益是不确定的，则认为存在风险。在现实中，任何方式的投资，其预期收益都会不同程度地存在不确定性，即便投资于政府债券，若考虑到通货膨胀的影响，其收益同样是存在不确定性的。从这个意义上讲，风险的存在具有普遍性。因此，在市场经济条件下，企业的经营不可避免地要面对风险。风险观念是现代企业财务管理的又一个重要理念。

风险是指在一定条件下和一定时期内，企业经营活动的实际收益与预期收益之间的差异程度，并且这种偏离程度越大，风险越大，反之则风险较小。对于风险的概念，需从以下几方面加以理解：

（一）风险具有客观性

例如，投资国库券的风险比投资股票的风险小，这就是说，特定投资方案的风险大小是客观的，而投资者是否去冒风险以及冒多大的风险，可由其风险偏好所决定。

（二）风险的大小随时间延续而变化，是“一定时期内”的风险

例如，对一个投资方案现金流量的测算，事先的预计可能不很准确，越接近完工则越准确。随时间延续，事件的不确定性在缩小，事件完成，其结果也就完全肯定了。因此，风险是“一定时期内”的风险。

（三）从决策角度讲，风险与不确定性是有区别的

当决策评价指标所有可能的结果及其概率分布已知时，属于风险型决策；如果决策评价指标可能的结果未知，或者概率分布未知，则属于不确定型决策。由于企业管理层在进行财务决策时，对未知的有关概率分布通常可以作出客观或主观估计，以便进行定量分析，因而可以将不确定型决策转化为风险型决策。因此，在企业财务管理中，对风险和不确定性并不作严格区分，谈到风险时，可能是风险，更可能是不确定性。

（四）风险的概念更加强调其对企业的负面影响

上述介绍表明风险是指企业经营活动的实际收益与预期收益之间的差异程度。在实际中，企业的利益相关者关注更多的是风险带来经济损失的可能性，也就是由于各种不确定因素造成实际收益小于预期收益的情形。

二、风险的种类

对于风险，我们可以从不同角度出发进行分类。按照风险能否分散，分为系统风险和非系统风险；按照风险的来源，分为经营风险和财务风险。

（一）系统风险与非系统风险

从个别投资主体的角度看，投资的总风险包括系统风险和非系统风险两大类：

1. 系统风险（Systematic Risk）

系统风险又叫市场风险、基本风险，是指那些影响所有公司的因素引起的风险。引起该种风险的起源与任何企业无关，该风险的影响程度也不是个别企业可控的，例如：通货膨胀、战争、国民经济的全面衰退、利率变动、外汇汇率变动等，这种风险不能通过有效的投资组合加以分散，因此，又叫做不可分散风险。例如，次贷危机爆发后，美国证券市场上的纳斯达克指数和道·琼斯指数全面下跌，对投资股票的人来讲，不论购买微软公司的股票、通用电气的股票或其他公司的股票，都要承担市场风险，只不过不同股票的价格的下跌程度不同而已。

2. 非系统风险（Unsystematic Risk）

非系统风险是指发生于个别公司的特有事件，比如，新产品研发失败、罢工、诉讼失败等所造成的风险，又叫公司特有风险。新产品研发失败、罢工、诉讼失败等不利事件的发生是随机的，可通过有效投资组合加以分散，即发生于一家或一类公司的不利事件可以被其他公司的有利事件所抵消，因此，这类风险又叫做可分散风险。

3. 系统风险和非系统风险的关系

系统风险和非系统风险的关系可用图 2-1 表示：

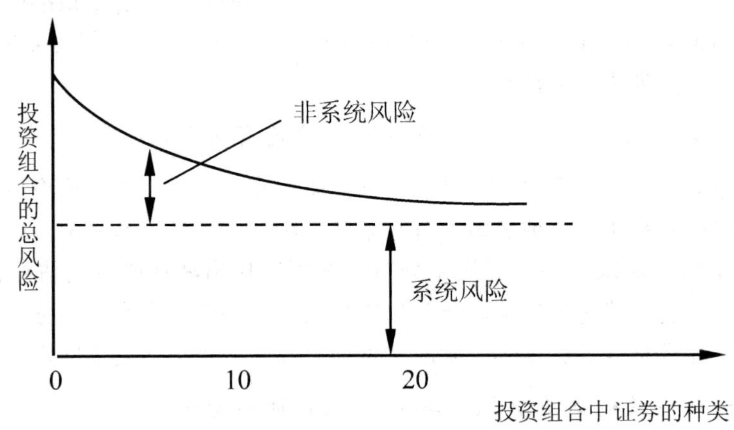

图2-1 系统风险与非系统风险的关系

从图 2-1 可以看出，投资组合的总风险随着证券种类的增加而逐渐降低，直到持有的有价证券达到一定数目[1]后，总风险的降低开始变得不明显。剩下的风险，是投资组合

1.经验值认为这一数目为持有有价证券 20 种以上。

的市场风险。此时，投资组合的风险与市场所有证券高度相关。影响投资组合的事件不再是单个公司的特有事件，而是整个经济的变化和主要的政治事件，比如利率、税法等的变化。由于公司特有风险或非系统风险可以通过分散投资来消除，所以证券市场不会为此风险给投资者以额外的收益补偿。

（二）经营风险与财务风险

对特定企业而言，企业的特定风险可分为经营风险和财务风险两类。

1. 经营风险（Business Risk）

经营风险是指由于生产经营方面的因素变动而导致企业收益的变动。造成经营风险的因素主要有两类：一类是企业的外部因素，比如战争、经济不景气等特定企业的不可控因素；另一类是企业自身的内部因素，包括生产经营方向、供产销条件、成本水平的变动等。企业面临的经营风险的大小可以用经营杠杆系数来衡量。

2. 财务风险（Financial Risk）

财务风险又叫筹资风险，是指由于负债经营到期还本付息的压力，而导致企业权益资本收益的不确定性甚至使企业陷入财务困境的风险。一般而言，当投资收益率大于借入资金利息率时，增加负债可提高企业的权益资本收益率；相反，当投资收益率小于借入资金利息率时，增加负债反而使权益资本收益率降低，甚至出现负收益。如果企业不能按时偿还到期债务，便会给企业带来破产的风险，即财务风险。因此，企业应适度负债，以减少财务风险而增加企业价值。企业财务风险的大小可以用财务杠杆系数来衡量。

本章主要讨论系统风险与非系统风险，至于经营风险和财务风险将在以后章节论述。

三、收益的含义与类型

收益一般是指初始投资的价值增量。收益一般可以用利润额或利润率来衡量，具体到不同的投资对象可以用固定资产投资项目的净现值、债券到期收益率或股票持有收益率等表示。为了便于分析，还有必要将其区分为三种不同的收益率。

（一）必要收益率

必要收益率是指投资者进行投资所要求得到的最低收益率，包括无风险利率和风险溢价两部分。其中，影响风险溢价的因素很多，包括经营风险、财务风险、流动性风险、外汇风险和国家风险等。

（二）预期收益率

预期收益率是投资者在下一时期所能获得的收益预期。在一个完善的资本市场中，所有投资的净现值都为零，所有的价格都为公平价格，此时预期收益率等于必要收益率。

（三）实际收益率

实际收益率是在特定时期实际获得的收益率，它是已经发生的，不可能通过某一次决策所能改变的收益率。由于风险普遍存在，实际收益率很少与预期收益率相等。而这两者的差异越大，说明风险越大，反之亦然。同样，实际收益率与必要收益率之间也没有必然的联系。

本章主要讨论单项资产及资产组合的预期收益与风险的衡量。

四、单项资产风险与收益的衡量

对于单项投资方案风险的大小，不同的人可能会有不同的评估结果，例如风险偏好者可能认为该项目的风险在可以承受的范围内，而风险厌恶者则可能认为该投资方案的风险过高因而放弃投资。有鉴于此，有必要对风险的大小进行较为客观的度量，以保证投资决策的科学有效性。因为风险的大小本身是客观的，不是由个人的态度所决定的，所以风险的大小能够较客观地度量。

任何一项投资方案的风险都与其预期收益的概率分布有关。因此，风险的衡量要使用概率统计的方法，从衡量投资收益的预期可能性入手。

（一）确定预期收益的概率分布

在经济生活中，某一事件在相同条件下可能发生也可能不发生，既可能出现这样的结果又可能出现那样的结果，这类事件称为随机事件，表明随机事件发生可能性大小的数值即概率。例如对于某项风险性投资，风险的存在决定了其实际收益结果的不确定性，可能盈利也可能亏损，其中盈利的概率为70%，亏损的概率为30%。所以要客观地衡量风险的大小，关键是要测定随机事件发生的概率。

概率的测定有两种：一种是客观概率，它是根据大量的历史实际数据推算出来的概率；另一种是主观概率，是在没有大量实际资料的情况下，人们根据有限资料和经验合理估计得到的。概率的取值范围在 0 到 1 之间。概率越大，表明随机事件发生的可能性越大。如果把所有可能的事件或结果都列出来，且每一事件都给予一定的概率，便构成了随机事件的概率分布。对于某一随机事件，所有可能结果的概率之和等于 1。

概率分布有两种类型：一种是离散型即不连续的概率分布，概率分布在特定的点上；另一种是连续型分布，即概率分布在连续两点之间的区间上。与离散型分布相比，连续型分布的概率是不可数的。

【例题2-1】新宇公司准备投资 100 万元用于新产品的研发，现有 A、B 两个产品可供选择。根据市场预测，三种不同市场状况下的预计年收益率概率分布如表 2-1 所示，投资决策就是要选取年收益率较高且风险较小的项目。

那么，在这种情况下，两个方案中哪一个风险较小？

表2-1　根据市场预测的预计年收益率

市场需求量	发生概率		年预期收益率	
	A 产品	B 产品	A 产品	B 产品
较大	0.1	0.3	30%	40%
一般	0.8	0.5	20%	20%
较小	0.1	0.2	10%	-10%

从表 2-1 可看出，对于 A 产品，市场需求量较大的概率为 0.1，其预期收益率为 30%；市场需求趋于一般的情况出现的概率为 0.8，而此时 A 产品预计收益率为 20%；市场需求量较小出现的概率为 0.1，A 产品预计收益率为 10%。而对于 B 产品，市场需求量较大的概率为 0.3，其预期收益为 40%；市场需求趋于一般的情况出现的概率为 0.5，其预计收益为 20%；市场需求量较小出现的概率为 0.2，此时会造成 B 产品亏损 10%。那么，对于上述情况，我们不能够直接对两产品的风险及收益进行衡量和比较，因此需要借助一定方法。

在实际工作中，为了更准确地确定风险的大小，一般要通过收益的期望值和标准差来衡量。

（二）计算收益率的期望值

随机变量的各个取值，以相应的概率为权数的加权平均数，叫做随机变量的期望值，反映随机变量取值的平均化。

收益率的期望值计算公式为：$\overline{R}=\sum_{i=1}^{n}R_iP_i$

式中：$\overline{R}$ 表示期望收益率；

R_i 表示第 i 种可能结果的收益率；

P_i 表示第 i 种可能结果的概率；

n 表示可能结果的个数。

上例中：$\overline{R}_A$=30%×0.1+20%×0.8+10%×0.1=20%

$\overline{R}_B$=40%×0.3+20%×0.5+(-10%)×0.2=20%

通过上述方法，对于两个含有风险因素的投资备选方案，计算出各自期望的投资收益率，把各种事先可以预计到的可能性都包括和考虑进来。如果以期望的投资收益率为基础，再进一步计算有关指标，借助这些指标对方案进行分析评价，则更接近和符合实际情况。通过上述计算可知，A、B 两产品的收益率的期望值均为 20%，但两者波动的范围有所不同，见图 2-2 所示。

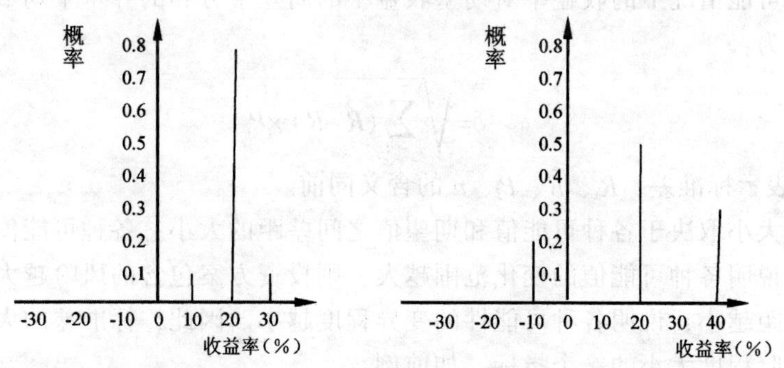

图2-2　A、B产品收益率的离散型分布

如前所述，根据统计学原理，如果随机变量只取有限个数值，就将该分布称为离散型分布。所以上述分布就是随机变量的离散型分布。实际上，经济状况可能在极度繁荣和极度衰退之间发生无数种可能的结果，如果对每一可能的经济情况都给予一个概率和收益率，将其绘制在坐标系内便形成连续型的概率分布图，如图 2–3 所示。

假设我们对每一可能的经济情况给予的概率与其对应的收益率呈现出如图 2–3 所示的情况，即曲线为对称的钟形，此种连续型的分布即为正态分布。虽然在现实中，并不是所有的问题都服从正态分布，但当总体样本很大时，都会趋于正态分布。

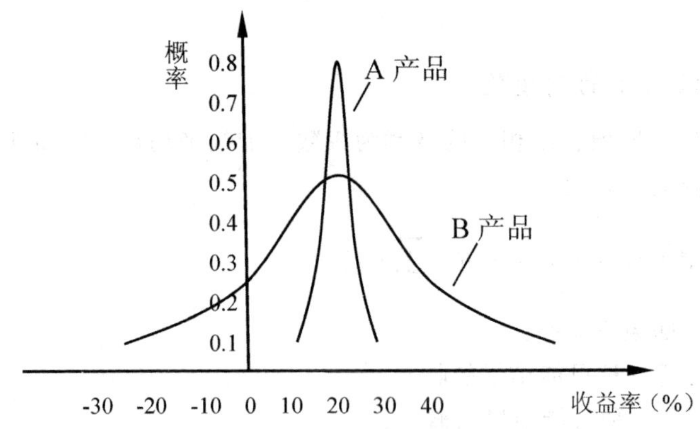

图2–3 A、B产品收益率的连续型分布

一般来说，概率分布越集中，实际收益率偏离预期收益率的可能性越小，风险越小。因此 A 产品的风险比 B 产品的要小。在统计学的理论中，表示随机变量的离散程度的指标有平均差、方差、标准差、全距、平均差系数和标准离差率，其中最常用的是标准差和标准离差率。

（三）标准差与标准离差率的计算

标准差是方差的平方根，它表示各种可能的收益率对期望收益率的平均离差程度。而方差是在各种可能情况下的收益率对期望收益率的离差平方和的算术平均数。由此标准差可用公式表示为：

$$\delta=\sqrt{\sum_{i=1}^{n}(R_i-\overline{R})^2\times P_i}$$

式中：δ 表示标准差；R_i、$\overline{R}$、P_i、n 的含义同前。

标准差的大小取决于各种可能值和期望值之间差距的大小。各种可能值和期望值的离差程度越大，说明各种可能值的变化范围越大，则投资方案包含的风险越大；反之，如果它们之间的差距越小，说明各种可能性的变异程度越小。因此，标准差的大小是衡量备选方案所包含风险程度大小的一个指标。如前例：

$$\delta_A=\sqrt{(30\%-20\%)^2\times0.1+(20\%-20\%)^2\times0.8+(0-20\%)^2\times0.1}=7.07\%$$

$$\delta_B=\sqrt{(40\%-20\%)^2\times0.3+(20\%-20\%)^2\times0.5+(-10\%-20\%)^2\times0.2}=17.32\%$$

由于 B 产品的标准差大于 A 产品的标准差，说明 B 产品的风险比 A 产品要大。

根据统计学的原理，在概率为正态分布的情况下，随机变量出现在期望值±1 个标准差范围内的概率为 68.26%，出现在期望值±2 个标准差范围内的概率为 95.48%，出现在期望值±3 个标准差范围内的概率为 99.74%，如图 2–4 所示。统计学上把“期望值±X 标准差”称为置信区间，把相应的概率称为置信概率。已知置信概率，可求出相应的置信区间，反之亦然。

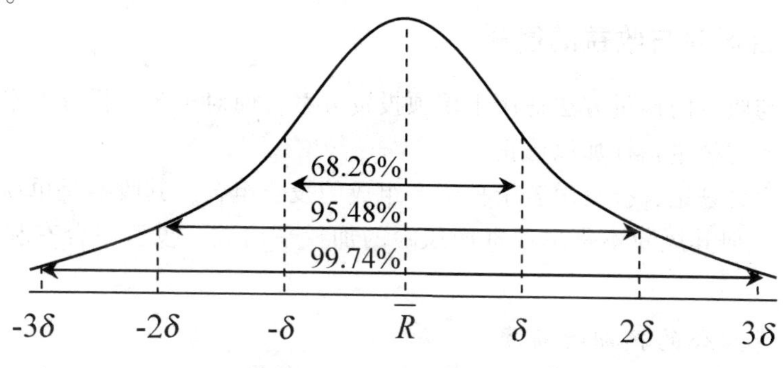

图2–4　正态分布的置信区间

上例中，A、B 产品预期收益的置信区间如表 2–2。

表2–2　A、B产品预期收益的置信区间

置信概率	A 产品预期收益的置信区间	B 产品预期收益的置信区间
99.74%	20%±3×7.07%	20%±3×17.32%
95.48%	20%±2×7.07%	20%±2×17.32%
68.26%	20%±1×7.07%	20%±1×17.32%

从表 2–2 可看出，A 产品的实际收益率有 68.26%的可能性是在 20%±1×7.07%的范围内，风险较小；而 B 产品的实际收益率有 68.26%的可能性是在 20%±1×17.32%的范围内，风险较大。

上述举例中各备选方案具有相同的期望收益率。若各备选方案的期望收益率相同，则标准差较大的方案所面临的风险较高，反之，标准差较小的方案所面临的风险较低。但从一般意义上来讲，各备选方案的期望收益率往往是不同的。当各备选方案的期望收益率不同时，则需用标准离差率（又叫离散系数、标准差系数）来衡量风险的大小，因为标准差反映了各变量值分布的绝对离散趋势，它本身受数列平均数大小的影响，而标准离差率则不受数列平均数的影响。标准离差率反映了变量值分布的相对离散趋势，标准离差率越大，说明风险越大。

标准离差率的计算公式为：

$$V_{\delta}=\frac{\delta}{\overline{R}}\times 100\%$$

式中：V_δ 为标准离差率。

A 产品　$V_\delta=\frac{7.07\%}{20\%}\times100\%=35.35\%$

B 产品　$V_\delta=\frac{17.32\%}{20\%}\times100\%=86.60\%$

B 产品的 V_δ 大于 A 产品的 V_δ，说明 B 产品的风险较 A 产品高。

五、投资组合风险与收益的衡量

上述风险与收益的衡量方法适用于单项投资方案，而对于多项投资方案组成的投资组合，则需要对上述衡量指标加以修正。

根据投资组合理论，投资由若干种资产组成的投资组合，其收益是单项资产期望收益的加权平均数，但其风险不是单项资产风险的加权平均数，投资组合有利于降低投资风险。

（一）投资组合的预期收益率

两种或两种以上的资产组成的投资组合，其预期收益率可以表示为：

$$r_p=\sum_{i=1}^{n} r_i W_i$$

式中：r_p 表示资产组合的预期收益率；

r_i 表示第 i 种资产的预期收益率；

W_i 表示第 i 种资产在投资总额中所占的比重；

n 表示组合中资产的总数。

（二）投资组合的风险计量

投资组合的标准差，并不是单个资产标准差的简单加权平均数。投资组合的风险不仅取决于组合内各资产的风险大小，还取决于各项资产之间的关系。因此，投资组合的风险不能用各组成资产标准差的简单加权平均数加以衡量，应使用以下公式：

$$\delta_p=\sqrt{\sum_{i=1}^{n}\sum_{j=1}^{n} W_i W_j \delta_{ij}}$$

其中：δ_p 表示组合的标准差；

n 表示组合中资产的总数；

W_i 表示第 i 种资产在投资总额中所占的比重；

W_j 表示第 j 种资产在投资总额中所占的比重；

δ_{ij} 表示第 i 种资产与第 j 种资产收益率的协方差。

可见，投资组合风险的衡量公式中引入了协方差。协方差的计算比较复杂，仅以两种资产组成的投资组合为例，协方差的计算公式为：

$$\delta_{ij}=\rho_{ij}\delta_i\delta_j$$

其中：ρ_{ij} 表示第 i 种资产与第 j 种资产收益率之间的相关系数；

δ_i 表示第 i 种资产的标准差；

δ_j 表示第 j 种资产的标准差。

可见，协方差（δ_{ij}）反映了两种资产之间收益率变化的方向和相关程度，它是一个绝对数。相关系数（ρ_{ij}）是反映两种资产收益率之间相关程度的相对数。相关系数 ρ_{ij} 总是在-1 至+1 之间取值。当相关系数为 1 时，第 i 种资产收益率的增长总是与第 j 种资产收益率的增长成比例，反之亦然；当相关系数为-1 时，第 i 种资产收益率的增长总是与第 j 种资产收益率的减少成比例，反之亦然；当相关系数为 0 时，两种资产收益率缺乏相关性，即收益率的变动是独立的，彼此无影响。一般而言，多数证券的收益率趋于同向变动，因此，两种证券之间的相关系数多在 0 至 1 之间。

由此，影响资产组合标准差的因素不仅有单个资产的标准差，还有资产之间的协方差。随着投资组合中资产个数的增加，协方差显得比方差（标准差）更重要。并且，经过充分组合后的投资组合的风险，只受到资产之间协方差的影响，而与各资产本身的方差（标准差）无关。

【例题2-2】 假设华泰公司投资 100 万元用于购买 A、B 两种股票，两者各占投资总额的 50%。华泰公司投资的 A、B 两种股票收益情况有表 2-3 所示的完全负相关和表 2-4 所示的完全正相关两种情况。则 A、B 股票各占 50%组成投资组合的收益率分别为图 2-5 及图 2-6 所示的结果。

表2-3　完全负相关的投资组合数据

方案	A 股票		B 股票		投资组合	
年度	收益	收益率	收益	收益率	收益	收益率
20×1	15	30%	-5	-10%	10	10%
20×2	-10	-20%	20	40%	10	10%
20×3	20	40%	-10	-20%	10	10%
20×4	-5	-10%	15	30%	10	10%
20×5	5	10%	5	10%	10	10%
平均数	5	10%	5	10%	10	10%

表2-4　完全正相关的投资组合数据

方案	A 股票		B 股票		投资组合	
年度	收益	收益率	收益	收益率	收益	收益率
20×1	15	30%	15	30%	30	30%
20×2	-10	-20%	-10	-20%	-20	-20%
20×3	20	40%	20	40%	40	40%
20×4	-5	-10%	-5	-10%	-10	-10%
20×5	5	10%	5	10%	10	10%
平均数	5	10%	5	10%	10	10%

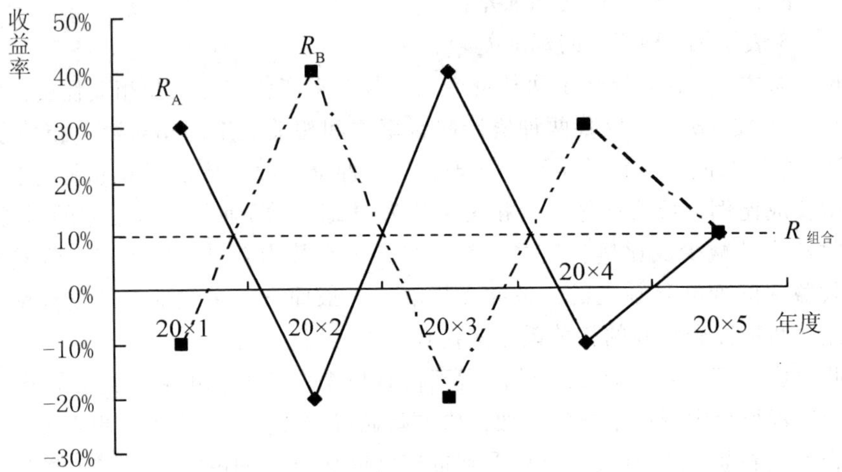

图2-5 完全负相关的投资组合收益率图示

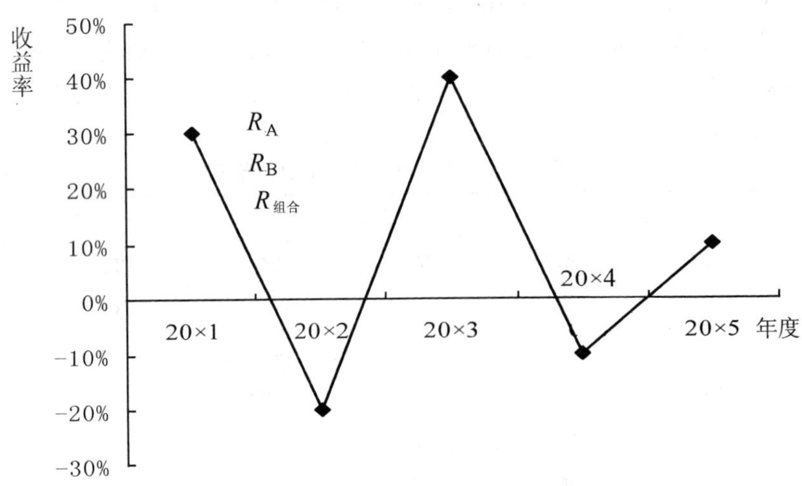

图2-6 完全正相关的投资组合收益率图示

图 2-5 说明，当股票收益完全负相关（ρ=-1）时，投资组合能够起到分散风险的作用；图 2-6 则说明，当股票收益完全正相关（ρ=1）时，投资组合完全不具有分散风险的功能。事实上，多数股票的收益都呈正相关关系，但非完全正相关，所以现实中的投资组合仍具有分散一定风险的作用，但不能完全消除风险。并且，若投资组合中包含的股票数目多于两只，通常情况下，投资组合的风险将随所包含的股票数量的增加而降低。由此，在证券市场上，根据资产组合标准差的计算原理，投资者可以通过不完全正相关的资产组合来降低投资风险。

【例题2-3】罗氏公司拟投资 A、B 两种证券，比例分别为 80%和 20%。A 证券的预期收益率为 10%，标准差为 15%；B 证券的预期收益率为 20%，标准差为 25%，A、B 两种证券预期的相关系数为 0.2。

则投资组合的预期收益率：

$$r_p=\sum_{i=1}^{n} r_i W_i=10\%\times80\%+20\%\times20\%=12\%$$

投资组合的标准差：

$$\delta_p=\sqrt{\sum_{i=1}^{n}\sum_{j=1}^{n} W_i W_j \delta_{ij}}$$

$$\delta_p=\sqrt{(0.8\times15\%)^2+(0.2\times25\%)^2+2\times0.8\times15\%\times0.2\times25\%\times0.2}=13.89\%$$

可见，投资组合的风险程度低于 A、B 两种证券各自的风险程度。

（三）对待风险的态度

通过使用概率统计的方法，我们将各投资方案的风险大小确定后，如何进行投资方案的选择，取决于人们对风险的偏好程度。如果你作为一个投资者，将用自己工资积攒的10 万元去投资，有两个项目可供选择：一个项目是投资短期国债，可获得 500 元的国债利息；另一个项目是投资股票，若被投资企业经营业绩好可将投资的 10 万元增值到 20万，若被投资企业经营失败则血本无归。如果预测股票投资成功与失败的概率各为 50%，则应如何进行投资？

一般的投资者都在回避风险，他们不愿意做只有一半成功机会的赌博。尤其是作为不分享经营成果的经营者，在冒风险成功时收益大多归于股东，冒风险失败时他们的声望下降，职业的前景受到威胁。在一般情况下，收益相同时人们会选择风险小的项目；风险相同时，人们会选择收益高的项目。问题在于，一般情况下，风险大，收益也高，应如何决策呢？这就要看收益是否高到值得去冒风险，以及投资人对风险的态度。

第二节　风险与收益的关系

风险之所以成为财务管理的重要理念，是因为企业投资者所要求的收益率是与风险紧密联系的，因此有必要研究风险与必要收益率之间的关系。不同的投资项目往往具有不同的风险与收益。投资者之所以没有将资本集中在购买国债等风险低的项目上，反而将很多资本集中于高风险的股票投资，就是因为高风险能够带来额外的预期收益。投资者因冒额外的风险而获得超过无风险收益的部分就是风险收益。

由此，投资者进行投资预计得到的总收益就包括风险收益和无风险收益两部分，即：

预期总收益率 R=无风险收益率 R_F+风险收益率 R_R

这种关系如图 2–7 所示。

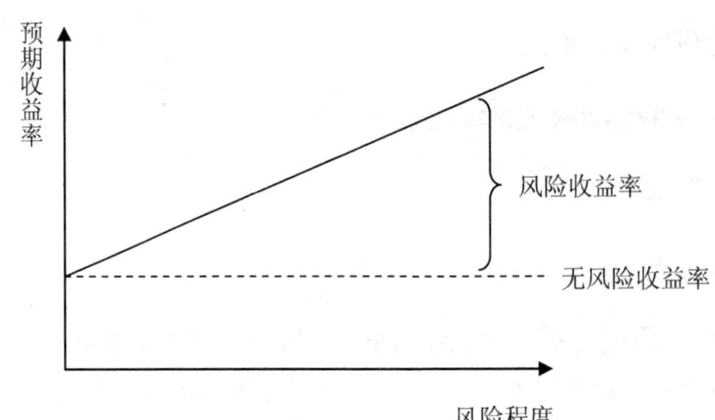

图2-7 投资预期收益率示意图

(1) 无风险收益率

预期收益率的起点是无风险收益率。一般来说，购买国库券等政府债券几乎没有风险，可以用短期国库券利率来表示无风险收益率。

(2) 风险收益率

风险与收益的基本关系是风险越大，要求的收益率越高，即风险收益率是风险程度的函数。设风险和风险收益率成正比，则有：

风险收益率（R_R）=风险收益斜率（b）×标准离差率（V_δ）

其中，风险收益斜率 b 的确定，有四种方法：

第一，通过对相关投资项目的总投资收益率和标准离差率，以及同期的无风险收益率的历史资料进行分析来确定。

【例题2-4】 某企业准备进行一项投资，根据以往资料得知，同类项目总收益率为12%，收益率的标准离差率为40%，无风险收益率为8%，则有：

$$b=\frac{R-R_F}{V_\delta}=\frac{12\%-8\%}{40\%}=10\%$$

第二，根据相关数据进行统计回归分析来确定。

第三，由企业组织专家定性评议而获得。在这种方法中，风险收益斜率主要取决于各企业对风险的回避态度，如果大家都愿意冒风险，风险收益斜率就小，否则，风险收益的斜率便较大。

第四，由国家有关部门组织专家确定。国家有关部门比如财政部、中央银行等组织专家，并根据各行业的条件和有关因素，确定各行业的风险收益系数，由国家定期公布。

综上所述，投资者若要得到较高的收益率，就需要承担较大的风险，反之，不愿意冒险的话则预期的收益率较低。投资者往往都希望能够冒较小的风险而获得较高的收益，但在非垄断的市场条件下，这种情况是不存在的。正是由于风险与收益之间存在“正相关”的关系，所以进行投资决策时，要追求较高收益的同时规避风险，也就是风险与收益的权衡过程。

第三节 资本资产定价模型

在投资组合中资产数目刚开始增加时，其风险分散作用相当显著，但随着资产数目不断增加，这种风险分散作用逐渐减弱。通过增加投资项目可以分散与减少投资风险，但所能消除的只是非系统风险，并不能消除系统风险。由此可见，投资风险中重要的是系统风险，投资者所能期望得到补偿的也是这种系统风险，他们不能期望对非系统风险有任何超额补偿。这就是资本资产定价模型的逻辑思想。资本资产定价模型解决的是如何衡量系统风险以及如何给风险定价这一问题。

一、系统风险的度量

度量系统风险的指标是β系数，被定义为某项资产预期收益率与市场组合之间的相关性。其计算公式如下：

$$\beta_i=\frac{\delta_{im}}{\delta^2_m}=\frac{\rho_{im}\delta_i\delta_m}{\delta^2_m}=\frac{\delta_i}{\delta_m}$$

式中：δ_{im}是第i种证券的收益与市场组合收益之间的协方差，等于该证券的标准差、市场组合的标准差及两者相关系数的乘积。

由此可见，一种证券的β系数大小取决于三个因素：该证券与整个市场的相关性、它自身的标准差以及整个市场的标准差。

β系数反映特定资产的预期收益率相对于市场组合收益率变动的敏感程度，即特定资产系统风险的大小。例如一项资产的β系数为0.5，表明其系统风险是市场组合系统风险的0.5，其预期收益率的变动程度将是证券市场收益变动的一半；如果一项资产的β系数为2，则证券市场收益变动将会引起该资产预期收益率两倍的变动。总之，某一项资产的β系数的大小反映了该资产预期收益率的变动与整个证券市场收益变动之间的相关关系，计算β系数就是确定该项资产与整个证券市场收益变动之间的相关性及其程度。

对投资组合来说，β系数就是组合中各项资产β系数的加权平均数。所以投资组合的系统风险会处于组合中系统风险大的资产与系统风险小的资产之间。

【例题2-5】天美公司投资由A、B、C三只股票组成的证券投资组合，A、B、C三只股票的β系数分别为1.5、0.8和0.4，三只股票在组合中所占的比重分别为20%、50%和30%，计算投资组合的β系数。

投资组合的β系数=1.5×20%+0.8×50%+0.4×30%=0.3+0.4+0.12=0.82

这表明，三只股票组成的投资组合的预期收益率的变动程度将是证券市场收益变动的82%。

二、资本资产定价模型与证券市场线

按照资本资产定价模型，单一证券的系统风险可以由β系数来衡量。用公式表示为：

$$R_i=R_F+\beta_i(R_M-R_F)$$

式中：R_i 表示第 i 种证券的预期收益率；

R_F 表示无风险收益率；

β_i 表示第 i 种证券的β系数；

R_M 表示包含了全部证券的投资组合的预期收益率。

在均衡状态下，(R_M-R_F)是投资者为补偿承担超过无风险收益的平均风险而要求的额外收益，即风险价格。

资本资产定价模型是以下列假设为前提的：

(1) 在市场上存在众多的投资者占有市场财富很小的份额，只能接受市场上形成的价格，因此市场处于完全竞争状态，任何投资者的买卖行为都不会对股票价格产生影响；

(2) 所有投资者都计划只在一个周期内持有资产，因此投资者都只关心投资计划期内的情况，而不考虑计划期以后的情况，并且投资者可以各备选组合的预期收益率和标准差为基础进行组合选择；

(3) 投资者只能交易公开交易的金融工具（如股票、债券等），而不把人力资源（教育）、私人企业（指负债和权益不公开交易的企业）、政府筹资等投资项目考虑在内；

(4) 所有投资者均可以无风险利率无限制地借入或贷出资金；

(5) 没有税金和交易成本，即市场环境不存在摩擦；

(6) 所有的投资者都是理性的，并且都能获得完整的信息；

(7) 所有的投资者都拥有相同的预期，即对所有资产收益的均值、方差和协方差等，投资者均有完全相同的主观估计；

(8) 所有资产的数量是给定的和固定不变的。

从上述假设条件看，资本资产定价模型是建立在市场处于完全理想状态基础之上的。如果市场不完善或者环境存在大量摩擦，该模型的适用性就要大打折扣。尽管如此，该模型还是以其科学的简单性和逻辑的合理性赢得了人们的支持。

【例题2-6】 A、B、C三只股票的β系数分别为0.5、1.0、2.0，无风险收益率为6%，同期市场上所有股票的平均收益率都为10%。则上述三种股票的必要收益率分别是多少？并判断当这些股票的收益率分别达到多少时，投资者才愿意投资购买？

A股票的必要收益率 $R_A=R_F+\beta_A(R_M-R_F)=6\%+0.5\times(10\%-6\%)=8\%$

B股票的必要收益率 $R_B=R_F+\beta_B(R_M-R_F)=6\%+1.0\times(10\%-6\%)=10\%$

C股票的必要收益率 $R_C=R_F+\beta_C(R_M-R_F)=6\%+2.0\times(10\%-6\%)=14\%$

所以，只有当A股票的预期收益率达到或超过8%，B股票的预期收益率达到或超过10%，C股票的预期收益率达到或超过14%时，投资者才愿意购买，否则不愿意购买。

资本资产定价模型反映的风险与收益之间的关系可由图形来表示，该图形又叫做证券市场线（Security Market Line，SML），如图2-8所示。

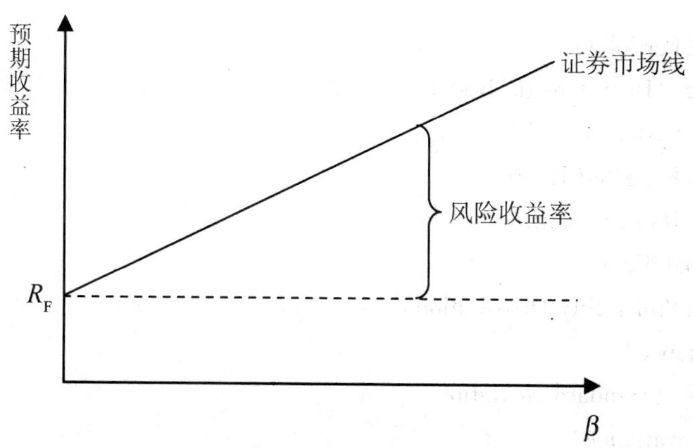

图2–8 证券市场线示意图

证券市场线的主要含义为：

（1）纵轴为投资者的预期收益率，横轴则是以β系数值表示的系统风险；

（2）无风险证券的β系数为0，所以证券市场线在纵轴的截距为R_F；

（3）证券市场线的斜率为（R_M–R_F），表示经济系统中投资者的风险厌恶程度。一般来说，投资者对风险的厌恶感越强，证券市场线的斜率越大，对风险资产所要求的风险补偿也越大，对风险资产预期的收益率也就越高。

可见，投资者的预期收益率不仅仅取决于市场风险，而且还取决于无风险利率（证券市场线的截距）和市场风险的补偿程度（证券市场线的斜率）。

小　结

在上一章介绍资金时间价值的基础上，本章主要介绍了财务管理的另一价值观念——风险价值观念。风险是指在一定条件下和一定时期内，企业经营活动的实际收益与预期收益之间的差异程度。衡量风险需要使用概率统计的方法，按照确定预期收益的概率分布、计算收益率的期望值、计算标准差与标准差系数的步骤衡量风险的大小。投资组合的收益是单项资产期望收益的加权平均数，但其风险不是单项资产风险的加权平均数。投资组合的风险不仅取决于组合内各资产的风险大小，还取决于各项资产之间的收益变动的相关程度。高风险往往会带来高收益，投资者进行投资预计得到的总收益就包括风险收益和无风险收益两部分。由于充分的投资组合可以分散非系统风险，因而投资者更关注系统风险带来的报酬。资本资产定价模型解决的就是如何衡量系统风险以及如何给风险定价的问题。

【关键词】

投资组合（Portfolio）
非系统风险（Unsystematic Risk）
系统风险（Systematic Risk）
期望收益（Expected Return）
随机变量（Random Varible）
概率（Probability）
概率分布（Probability Distribution）
方差（Variance）
标准离差率（Standard Deviation）
协方差（Covariance）
相关系数（Correlation Coefficient）
资本资产定价模型（Capital Asset Pricing Model，CAPM）
证券市场线（Security Market Line，SML）

案例：洛克公司证券选择案例

假设你是洛克公司的财务分析员，该公司目前正在进行一项投资分析工作，各投资备选方案的投资期都是1年，各方案的相关资料如下：

经济状态及其指标	概率	预期收益率				
		国库券	股票A	股票B	股票C	市场组合
萧条	0.1	8.0%	-22.0%	28.0%	10%	-13.0%
复苏	0.2	8.0%	-2.0%	14.7%	-10.0%	1.0%
正常	0.4	8.0%	20.0%	0	7.0%	15.0%
高涨	0.2	8.0%	35.0%	-10.0%	45.0%	29.0%
繁荣	0.1	8.0%	50.0%	-20.0%	30.0%	43.0%
R				1.7%	13.8%	15.0%
δ				13.4%	18.8%	15.3%
V_δ				788.2%	136.2%	102%
β				-0.86	0.68	

在上述各种预测资料中，股票A属于高科技产业，该公司经营电子产品；股票B属于采矿业，该公司主要从事金矿开采；股票C属于橡胶与塑料业，生产橡胶与塑料制品；另外一种指数基金，包括了公开交易的所有股票，代表市场平均收益率。根据上述资料，分析以下问题：

（1）为什么国库券的收益与经济状态无关？为什么股票A的收益率变动与经济状况变动同方向，而股票B的收益率变动与经济状况变动反方向？

（2）计算不同投资方案的期望收益率。

（3）作为财务分析人员，应该知道仅仅依靠期望收益率进行投资选择是不够的，还必须进行风险分析。衡量投资风险的一个重要指标是标准差，请计算不同投资方案的标准差。为了保证该指标在各备选方案之间的可比性，请继续计算出各方案的标准差系数。在此基础上将标准差系数与标准差进行比较，如果排序发生矛盾，应以哪一个标准为主？为什么？

（4）假设你准备设计一个投资组合，将100万元的资金分别投资于股票A和股票B，投资的比重相同，计算该投资组合的期望收益率以及标准差，比较投资组合风险与单独持有股票A或股票B的风险。

参考文献

[1]荆新，王化成，刘俊彦.财务管理学[M].北京：中国人民大学出版社，2009.

[2]严复海，张巧良.财务管理[M].北京：经济科学出版社，2008.

[3]中国注册会计师协会.注册会计师全国统一考试辅导教材——财务成本管理[M].北京：中国财政经济出版社，2010.

[4]谷祺，刘涉莲.财务管理[M]大连：东北财经大学出版社，2007.

[5]刘媛媛.财务管理专业英语[M].北京：机械工业出版社，2010.

第三章 财务估价

学习提示

财务估价是财务管理的核心问题，是对一项资产价值的估计。几乎在每一项财务决策中，都会涉及财务估价，因此，财务估价是企业理财人员应掌握的基本理论和方法。本章主要讲述有价证券的基本估价方法和企业价值评估的基本理论。

学习目标

* 理解财务估价的含义与范畴
* 掌握债券估价和股票估价的基本方法
* 掌握企业价值评估的基本思路

主要内容

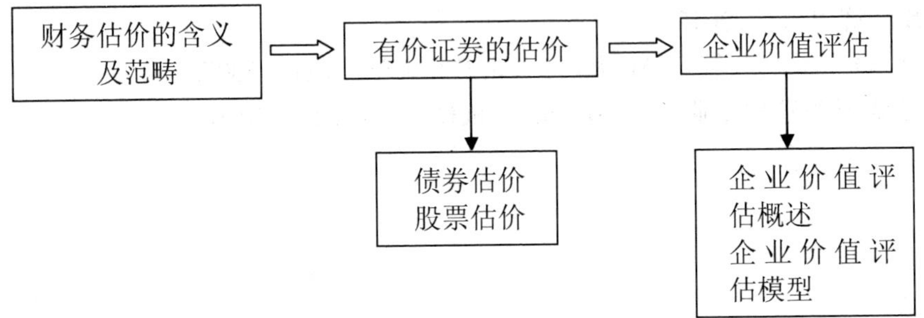

第一节 财务估价的含义及范畴

财务估价是指对一项资产价值的估计，它几乎涉及每一项财务决策，因而是财务管理的核心问题。所估定的价值是指资产的内在价值，或者称为经济价值，是指用适当的折现率计算的资产预期未来现金流量的现值。在财务估价中，资产的内在价值是一个重要的概念，它与账面价值、清算价值和市场价值既有联系又有区别，如表3-1所示。

表3-1 内在价值与账面价值、清算价值和市场价值的联系和区别

项目	区别与联系
内在价值	是指用适当的折现率计算的资产预期未来现金流量的现值。
账面价值	是指资产负债表上列示的资产价值。
市场价值	是指一项资产在交易市场上的价格，它是买卖双方竞价后产生的双方都能接受的价格。如果市场是有效的，内在价值与市场价值应当相等。
清算价值	是指企业清算时一项资产单独拍卖产生的价格。清算价值以将进行清算为假设情景，而内在价值以继续经营为假设情景，这是两者的主要区别。

实施财务估价的范畴可能涉及金融资产，也可能涉及实物资产，甚至可能是一个企业。其中，对金融资产的估价一般包括对债券、股票等有价证券的估价，往往应用于有价证券的投资评价；对实物资产的估价一般应用于对固定资产的投资评价；对企业价值的评估则是对企业的公平市场价值分析和衡量过程。

财务估价是针对一项资产价值的估计，所采用的基本方法是折现现金流量法，该方法涉及三个基本的财务观念：时间价值、风险价值和现金流量。其中的时间价值主要讨论现值的计算方法问题；风险价值主要讨论风险和报酬问题；现金流量问题在本章主要是讨论有价证券和企业本身的现金流量。时间价值、现金流量和风险价值这三个问题统一于折现现金流量模型中。

第二节 有价证券的估价

证券是指用以证明或设定权利所做成的书面证明，它表明证券持有者或第三方有权取得该证券拥有的特定权利，一般包括股票、债券、基金及衍生证券等。证券估价通常是采用折现现金流量法，对证券持有期间的现金流量按照一定的折现率所折算的现值，一般用于证券投资决策。本节主要介绍有价证券的两种主要形式——债券和股票的价值

估算方法。

一、债券估价

债券是发行者为筹集资金、向债权人发行的、在约定时间支付一定比例的利息、并在到期时偿还本金的一种有价证券。债券的构成要素首先包括面值，是指设定的债券票面金额，它代表发行人借入并且承诺于未来某一特定日期偿付给债券持有人的金额；第二个要素是票面利率，是指债券发行人预计一年内向投资者支付的利息占票面金额的比率，票面利率在债券发行期内可能是固定的，也可能是浮动的，还有可能为零（称作零息债券）；第三个要素是到期日，是指偿还本金的日期，一般情况下到期时间越长，风险越大，则票面利率就越高。

债券的价值是指发行者按照合同规定从现在至债券到期日所支付的款项的现值。典型债券是固定利率，每年计算并支付利息，到期归还本金。其持有期间的现金流如图 3-1 所示。

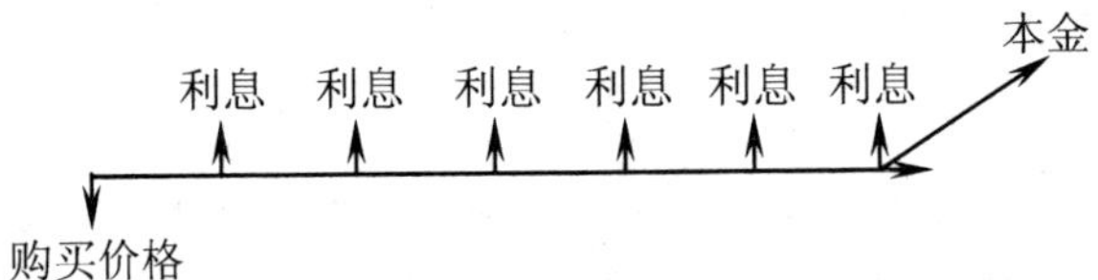

图3-1　典型债券持有期间的现金流示意图

债券估价一般用于债券投资决策，决策的原则为当债券价值高于购买价格时，可以购买，反之则不应购买。

（一）债券估价的基本模型

按照图 3-1 所示的情况，以及债券价值的定义，债券价值应等于未来各期利息收入的现值合计与未来到期本金或售价的现值之和。用公式表示为：

$$PV=\sum_{t=1}^{n}\frac{I_t}{(1+i)^t}+\frac{M}{(1+i)^n}$$

式中：PV 表示债券的价值；

I_t 表示各期的利息；

M 表示债券的面值或到期日支付额；

t 表示持有债券的期限；

n 表示债券到期的年限；

i 表示折现率，一般采用当时市场利率或投资人要求的必要报酬率。

若每年支付的利息相等，即票面利率不变的情况下，上述公式又可表示为：

$$PV=I\times(P/A,i,n)+M\times(P/F,i,n)$$

【例题3-1】华宇公司拟于 20×1 年 1 月 1 日发行面额为 1 000 元的债券，其票面利率为 8%，每年 1 月 1 日计算并支付一次利息，并于 5 年后的 12 月 31 日到期，同等风险投资的必要报酬率为 10%。

若发行价格为 950 元，你作为投资者是否愿意购买华宇公司发行的债券？

解： 债券的价值=1 000×8%(P/A,10%,5)+1 000×(P/F,10%,5)=924.16(元)

由于发行价格为 950 元高于债券的内在价值，作为投资者不应购买华宇公司发行的债券。

（二）债券估价的其他模型

1. 平息债券

平息债券是指利息在到期时间内平均支付的债券。支付的频率可能是一年一次、半年一次或每季度一次等。

$$PV=\sum_{t=1}^{mn}\frac{I/m}{(1+\frac{i}{m})^{t}}+\frac{M}{(1+\frac{i}{m})^{mn}}$$

式中：n 代表债券到期的年限；

i 代表折现率；

I 代表债券的年利息；

M 代表债券的面值或到期日支付额；

m 代表年付息次数。

【例题3-2】 华宇公司拟于 20×1 年 1 月 1 日发行面值为 1 000 元的债券，票面利率为 8%，每半年支付一次利息，5 年到期。同等风险投资的必要报酬率为 10%。若发行价格为 900 元，你作为投资者是否愿意购买华宇公司发行的债券？

解： 债券的价值=1 000×8%÷2×(P/A,5%,10)+1 000×(P/F,5%,10)≈922.77(元)

由于发行价格为 900 元，低于债券的内在价值，作为投资者应购买华宇公司发行的债券。

2. 纯贴现债券

纯贴现债券是指承诺在未来某一确定日期作某一单笔支付的债券。这种债券在到期日前购买人不能得到任何现金支付，因此也称作“零息债券”。在到期日一次还本付息债券，实际上也是一种纯贴现债券，只不过到期日不是按票面额支付而是按本利和作单笔支付。

【例题3-3】 金星公司拟于今年发行一面值 1 000 元的纯贴现债券，10 年期。假设同等风险投资的必要报酬率为 10%，则该债券的价值为多少元？

解： 债券价值=1 000×(P/F,10%,10)=385.5(元)

【例题3-4】 某一 5 年期国库券，面值为 1 000 元，票面利率为 12%，采用单利方式计息，到期时一次还本付息。假设同等风险投资的必要报酬率为 10%，若发行价格为 900 元，你作为投资者是否愿意购买？

解： 债券的价值=1 000×(1+12%×5)×(P/F,10%,5)=1 600×(P/F,10%,5)=993.44(元)

因发行价格低于债券价值，所以可以购买。

3. 永久债券

永久债券是指没有到期日，永不停止定期支付利息的债券。优先股是股份有限公司发行的具有一定优先权的股票，是一种特殊的权益形式。其特点之一表现为股息一般固定，因此具有债券的特性。可以说优先股实际上就属于永久债券。

【例题3-5】 裕兴公司发行的优先股，承诺每年支付优先股息 20 元。假设同等风险投资的必要报酬率为 10%，若发行价格为每股 180 元，你作为投资者是否愿意购买？

解：债券价值=20/10%=200(元)

因发行价格低于债券的价值，所以可以购买。

二、 股票估价

股票是股份公司发给股东的所有权凭证，是股东借以取得股利的一种有价证券。投资股票通常是为了在未来能够获得一定的现金流入。股票带给持有者的现金流包括两部分：各期的股利收入和出售时的售价。股票的内在价值由一系列的股利和将来出售股票时售价的现值所构成。股票的价格与其价值相区别，是指其在市场上的交易价格，分为开盘价、收盘价、最高价和最低价等。股票的价格会受到各种因素的影响而出现波动。

股票有两种基本类别，即普通股和优先股。其中普通股是最基本的一种股票形式，指股份有限公司依法发行的、具有表决权、股利不固定的一类股票。以下主要介绍普通股的估价。

（一）股票估价的基本模型

由于股票没有到期日，所以股票估价的时间界定取决于投资者持有股票的时间，一般可分为无限期持有和有限期持有两种情况。

1. 无限期持有的股票价值

对无限期持有的股票而言，持有期间的现金流入只有股利收入，所以股票的价值即各期的股利收入按照一定的折现率所折算的现值合计。

$$V=\frac{D_1}{(1+R_S)^1}+\frac{D_2}{(1+R_S)^2}+\frac{D_3}{(1+R_S)^3}+\cdots=\sum_{t=1}^{\infty}\frac{D_t}{(1+R_S)^t}$$

式中：V 表示股票的价值；

D_t 表示为第 t 年的股利；

R_S 表示折现率，一般采用资本成本率或投资的期望报酬率；

t 表示折现期数。

2. 有限期持有的股票价值

对有限期持有的股票而言，持有期间的现金流入包括股利收入和转让收入，所以股票的价值即各期的股利收入与转让收入按照一定的折现率所折算的现值合计，其形式与债券估价模型相似。

$$V=\sum_{t=1}^{n}\frac{D_t}{(1+R_S)^t}+\frac{P_n}{(1+R_S)^t}$$

式中：P_n 代表第 n 年的股票价格。

（二）股票估价的其他模型

1. 零成长股票的估价模型

零成长股票是指未来股利保持不变的股票，其股利的支付形成永续年金的形式，因此其价值的计算公式为：

$$V=\frac{D}{R_S}$$

2. 固定成长股的估价模型

固定成长股是指未来股利持续增长，且增长率保持不变的股票。其股利支付形式如图3–2所示。

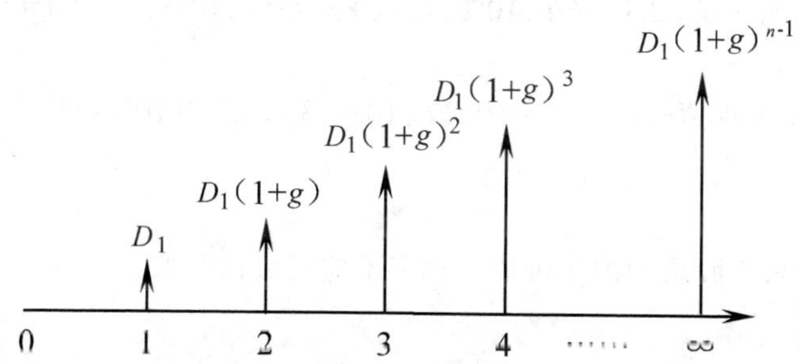

图3–2 固定成长股票的股利支付情况示意图

在这一情况下，股票价值的计算公式为：

$$V=\frac{D_1}{(1+R_S)^1}+\frac{D_1\times(1+g)}{(1+R_S)^2}+\cdots+\frac{D_1\times(1+g)^{n-1}}{(1+R_S)^n}$$

式中：g 代表固定的股利增长率

当 g 为常数，并且 $R_S>g$ 时，上式可以简化为：

$$V=\frac{D_0(1+g)}{R_S-g}=\frac{D_1}{R_S-g}$$

【例题3–6】投资于飞达公司的报酬率为16%，其股东大会研究决定的股利年增长率为10%，若今年发放的现金股利为每股2元，该股票的内在价值为多少元？

解：$V=2\times(1+10\%)/(16\%-10\%)=36.67$ 元

3. 非固定成长股

在现实中，有些公司的股利是不能保持固定的，会随着企业业绩的增长和企业的发展发生变化。例如在一段时间内股利能够高速增长，在此后的一段时间里保持固定的增长率。对于这样的情况，应采取分段计算的办法。

【例题3–7】林宇作为一个股票投资者拟购买天天公司的股票，他要求的最低投资报酬率为10%。预计天天公司未来3年股利将高速增长，成长率为20%。在此以后转为正常的增长，增长率为8%。公司最近支付的股利是2元，目前的股价为150元，林宇想通过计算该股票的价值来进行投资决策。

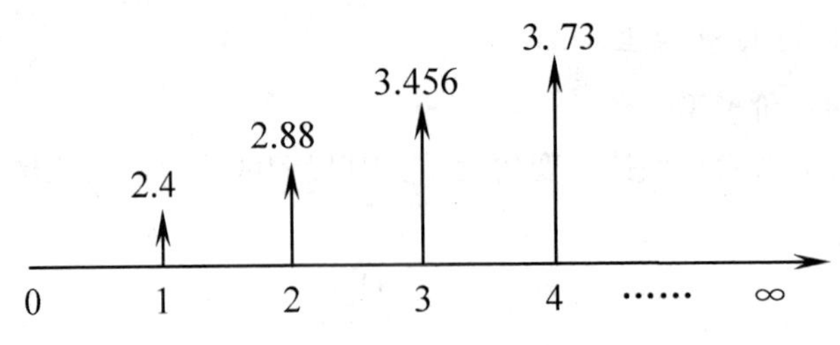

图3-3 天天公司的股利支付情况示意图

解：由于天天公司的股利在1~3年内为高速增长，增长率超过投资报酬率，因此需分别计算各期股利的现值。

1~3年的股利收入现值=2.4×(*P/F*,10%,1)+2.88×(*P/F*,10%,2)+3.456×(*P/F*,10%,3)=7.16(元)

4~∞年的股利收入现值=$D_4/(R_S-g)$×(*P/F*,10%,3)=3.73/(10%−8%)×(*P/F*,10%,3)=140.12(元)

V=147.28(元)

所以，目前股价高于股票的内在价值，林宇不应投资该股票。

第三节 企业价值的评估[1]

企业价值评估是财务管理的重要工具之一，是财务估价原理的一种应用形式，在实际中具有广泛的用途。

一、企业价值评估概述

(一) 企业价值评估的含义

企业价值评估简称价值评估，目的是分析和衡量企业或者企业内部的一个经营单位、分支机构的公平市场价值，并提供有关信息，以帮助投资人和管理当局改善决策。

对企业价值评估的含义需要注意的问题有以下方面：

首先，价值评估不是价值计算，它带有主观估计的成分，其结论必然会存在一定误差，不可能绝对正确。

其次，价值评估提供的是有关“公平市场价值”的信息。价值评估不否认市场的有效性，但是不承认市场的完善性。价值评估认为市场只在一定程度上有效，即并非完全有效。

第三，企业价值受到企业本身的状况和市场状况的影响，因此，企业价值评估的结论

1.本部分内容主要参考中国注册会计师协会.注册会计师全国统一考试辅导教材——财务成本管理[M].北京：中国财政经济出版社，2010.以及东奥会计在线 Http://www.dongao.com 的观点。

是一定时期内的评估结论，具有很强的时效性。

（二）企业价值评估的目的

总体来说，企业理财的目标是实现价值增值，企业价值评估是衡量价值是否得到增值的主要手段。从事企业价值评估的具体目的有如下三个方面：

首先，实施企业价值评估是进行投资管理的需要。企业在市场经济中作为投资主体的地位已经明确，但要保证投资行为的合理性，必须对企业的现时价值有一个正确的评估。评估的结果可以作为投资者与被投资单位投资谈判的重要依据。

其次，实施企业价值评估是进行企业价值管理的需要。企业价值评估在企业经营决策中的重要作用在于能够帮助管理当局有效改善经营决策。企业财务管理的目标是企业价值最大化，企业的各项经营决策是否可行，必须看这一决策是否有利于增加企业价值。价值评估可以用于投资分析、战略分析和以价值为基础的管理，可以帮助管理人员更好地了解公司的优势和劣势。事实上，建立在会计指标基础上的财务业绩并不等于公司的实际价值，企业的实际价值并不等于企业的账面价值。因此，企业管理者通过对企业价值的评估，了解企业的真实价值，作出科学的投资与融资决策，不断提高企业价值，增加股东的财富。

第三，实施企业价值评估是进行企业并购的需要。企业并购过程中，投资者已不满足于从重置成本角度了解在某一时点上目标企业的价值，更希望从企业现有经营能力角度或同类市场比较的角度了解目标企业的价值。这就需要有关股权价值的信息，甚至目标企业与本企业整合能够带来额外价值的信息。同时资本市场需要更多以评估整体获利能力为代表的企业价值评估。

（三）企业价值评估的对象

企业价值评估的一般对象是企业整体的经济价值。企业的整体价值可以分为实体价值和股权价值、持续经营价值和清算价值、少数股权价值和控股股权价值等类别。

1. 企业的整体价值

企业的整体价值观念应体现为四个方面：

首先，整体不是各部分的简单相加。企业整体能够具有价值，在于它可以为投资人带来现金流量。这些现金流量是所有资产联合起来运用的结果，而不是资产分别出售获得的现金流量。

第二，整体价值来源于要素的结合方式。企业资源的重组，即改变各要素之间的结合方式，可以改变企业的功能和效率。

第三，部分只有在整体中才能体现出其价值。一个部门被剥离出来，其功能会有别于它原来作为企业一部分时的功能和价值，剥离后的企业也会不同于原来的企业。

第四，整体价值只有在运行中才能体现出来。如果企业停止运营，整体功能随之丧失，不再具有整体价值，它就只剩下一堆存货、机器和厂房，此时企业的价值是这些财产的变现价值，即清算价值。

2. 企业的经济价值

经济价值是指一项资产的公平市场价值，通常用该资产所产生的未来现金流量的现值来计量。对于经济价值的正确理解，需要区分以下两组概念：

首先，需要区分会计价值与市场价值。会计价值是指企业的资产、负债和所有者权益的账面价值，而市场价值是某一项资产未来现金流量的现值。会计价值一般以历史成本为主要的计价依据，而市场价值以未来价格计价。

其次，需要区分现时市场价值与公平市场价值。现时市场价值指市场价格，实际上是现行市价。现时市场价值可能是公平的，也可能是不公平的。所谓“公平市场价值”是指在公平的交易中，熟悉情况的双方自愿进行资产交换或债务清偿的金额。

3. 企业整体经济价值的类别

企业价值评估的对象是企业的总体价值，下面，我们进一步明确是“哪一种”整体价值。

首先，我们需要区分实体价值与股权价值。

一般而言，实体价值与股权价值的关系可以用下列等式来表示：

企业实体价值=股权价值+债务价值

企业全部资产的总体价值，称为“企业实体价值”。

股权价值在这里不是所有者权益的会计价值（账面价值），而是股权的公平市场价值。债务价值也不是它们的会计价值（账面价值），而是债务的公平市场价值。

其次，我们需要区分继续经营价值与清算价值。

由营业所产生的未来现金流量的现值，称为持续经营价值（简称续营价值）；停止经营，出售资产所产生的现金流量，称为清算价值。一个企业的公平市场价值，应当是续营价值与清算价值中较高的一个。

第三，我们需要区分少数股权价值与控股权价值。

少数股权价值是现有管理和战略条件下，企业能够给股票投资人带来的现金流量现值；控股权价值是企业进行重组，改进管理和经营战略后，可以为投资人带来的未来现金流量的现值。二者的差额称为控股权溢价。

总之，在进行企业价值评估时，区分实体价值与股权价值、继续经营价值与清算价值、少数股权价值与控股权价值具有重要的意义。因为它们是不同的评估对象，有不同的用途，需要使用不同的方法进行评估。

（四）企业价值评估与项目价值评估的比较

企业价值评估和项目价值评估两者既有联系，又有区别。关于两者的联系与区别可以总结为以下几个方面。

企业价值评估和项目价值评估的联系：

（1）两者都可以给投资主体带来现金流量；

（2）现金流量都具有不确定性，都使用风险概念；

（3）现金流量都是陆续产生的，都使用现值概念。

企业价值评估和项目价值评估的区别：

(1) 投资项目的寿命是有限的，企业的寿命是无限的；

(2) 典型的项目投资有稳定的或下降的现金流，而企业投资通常将收益再投资并产生增长的现金流，它们的现金流分布有不同特征；

(3) 项目产生的现金流量属于投资人，而企业产生的现金流量仅在管理层决定分配它们时才流向股东。

二、企业价值评估模型

企业价值评估模型又称为定价模型，通常可以将大量的预测数据转换成企业的价值数据。在实务中企业价值评估的模型很多，经常使用的有现金流量折现模型和相对价值模型。其中，现金流量折现模型运用增量现金流量原则和时间价值原则，通过计算企业任何资产产生的未来现金流量的现值来确定企业价值。相对价值模型是运用一些基本的财务比率评估一家企业相对于另一家企业的价值。[1]

现金流量折现模型是理论最健全、企业价值评估中使用最广泛的模型。下面主要介绍现金流量折现模型的基本思想。

（一）现金流量折现模型的种类

任何资产都可以使用现金流量折现模型来估价，其价值的计算公式为：

$$资产价值=\sum_{t=1}^{n}\frac{现金流量_t}{(1+资本成本)^t}$$

决定价值高低的因素有三个：各期的预期现金流量（现金流量$_t$）、作为折现率的资本成本以及时间序列（n）。

其中，各期的预期现金流量（现金流量$_t$）一般有三种，即股利现金流量、股权现金流量和实体现金流量。由此对应了现金流量折现模型的三种分类，如表3–2所示。

表3–2　现金流量折现模型的种类

种类	计算公式	现金流量
股利现金流量模型	$股权价值=\sum_{t=1}^{\infty}\frac{股利现金流量_t}{(1+股权资本成本)^t}$	股利现金流量：是企业分配给股权投资人的现金流量
股权现金流量模型	$股权价值=\sum_{t=1}^{\infty}\frac{股权自由现金流量_t}{(1+股权资本成本)^t}$	股权自由现金流量：是一定期间企业可以提供给股权投资人的现金流量，它等于企业实体现金流量扣除对债权人支付后剩余的部分。即股权自由现金流量=实体现金流量–债务现金流量
实体现金流量模型	$实体价值=\sum_{t=1}^{\infty}\frac{实体自由现金流量_t}{(1+加权平均资本成本)^t}$ 股权价值=实体价值–净债务价值 $净债务价值=\sum_{t=1}^{\infty}\frac{偿还债务现金流量_t}{(1+等风险债务成本)^t}$	实体自由现金流量：是企业全部现金流量扣除成本费用和必要的投资后的剩余部分，它是企业一定期间可以提供给所有投资人（包括股权投资人和债权投资人）的税后现金流量。

1. 相对价值法是针对现金流量折现法在应用中难以解决的一些技术问题而产生的相对容易的估价方法，该方法的假设前提是存在一个支配企业市场价值的主要变量，对于市场价值与该变量的比值，各企业是类似的、可以比较的。

如果把股权现金流量全部作为股利分配，股利现金流量模型和股权现金流量模型相同。股权现金流量模型可以取代股利现金流量模型，避免对股利政策进行估计的麻烦。因此大多数的企业价值评估使用股权现金流量模型或实体现金流量模型。

（二）折现率与现金流量的匹配关系

资本成本是计算现金流量现值使用的折现率。折现率反映了现金流量包含风险的程度，风险越高则要求的折现率也越高。在企业价值评估的计算中，折现率应当与现金流量相匹配，如图 3-4 所示。针对上述企业价值评估模型，股权现金流量模型的折现率只能用股权资本成本，而实体现金流量模型的折现率只能用企业的加权平均资本成本。

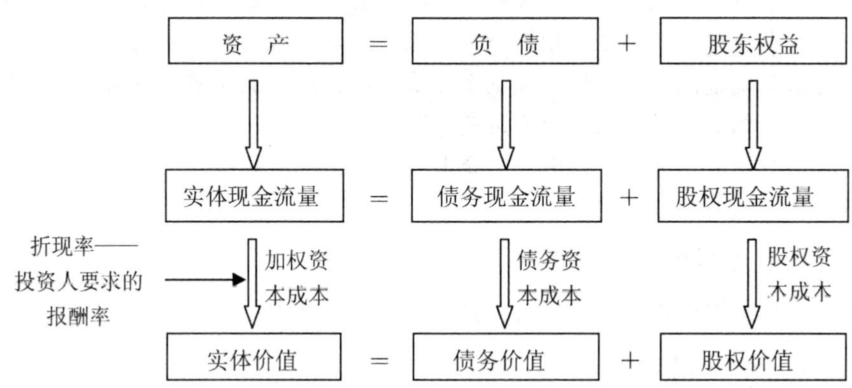

图3-4 折现率与现金流量的匹配关系图示

（三）现金流量的持续年数

时间序列（n）是指产生现金流量的时间，通常用年数来表示。从理论上讲，现金流量的持续年数应当等于资源的寿命。但现实中企业的寿命是不确定的，通常需要持续经营假设，假定企业将无限期地经营下去。对于企业价值评估的现金流量折现法需要预测无限期的现金流量，往往这种预测随着时间的延长而愈加不可靠。为了避免预测无限期的现金流量，大部分企业价值评估采取将预测时间分段的方法，如表 3-3 所示。

表3-3 对于企业无限期寿命的处理

两阶段	处 理
第一阶段	一个有限的、明确的预测时期，称为“详细预测期”，或称“预测期”。 需要对这一期间每年的现金流量进行详细预测，并根据现金流量折现模型计算其预测期价值。
第二阶段	预测期以后的无限时期，称为“后续期”，在此期间假设企业进入稳定状态。 判断企业进入稳定状态的主要标志： ①具有稳定的销售增长率，它大约等于宏观经济的名义增长率； ②企业有稳定的投资资本回报率，它与资本成本接近。可以用简便方法直接估计后续期价值。

在上述分段处理的基础上，企业的价值也分为两部分：

企业实体价值=预测期价值+后续期价值

其中，后续期价值的估价方法有很多，最常用的是现金流量折现的永续增长模型。

小　结

在上两章学习财务管理基本价值观念的基础上，本章主要介绍了财务估价的基本理论与方法。财务估价是指对一项资产价值的估计，它是财务管理的核心问题。所估定的价值是指资产的内在价值，是指用适当的折现率计算的资产预期未来现金流量的现值。因此，财务估价所采用的基本方法是折现现金流量法。该方法可以用于有价证券估价和企业价值的评估。有价证券的估价一般用于投资决策，本章主要介绍了债券及股票的估价方法。评估企业价值的目的是分析和衡量企业或者企业内部的一个经营单位、分支机构的公平市场价值，并提供有关信息，以帮助投资人和管理当局改善决策。在明确企业价值评估含义、目的、对象及其与项目评估的区分等理论问题的基础上，本章介绍了现金流量折现法的基本思想。

【关键词】

清算价值（Liquidation Value）

账面价值（Book Value）

市场价值（Market Value）

内在价值（Intrinsic Value）

估价方法（Valuation Approach）

折现现金流量法（Discounted Cash Flow Valuation）

债券（Bond）

股票（Share）

到期价值（Maturity Value）

到期日（Maturity）

到期时间（Term to Maturity）

案例：罗佳的证券投资决策

罗佳近几年一直热衷于股票投资。目前，他正在考虑购买同一行业的两家上市公司的股票，这两只股票除了股利支付政策不同外，其他条件均相同。两家公司年收益水平都是每股 3 元，A 公司的股利政策是所有盈余全部用于发放股利，B 公司的股利政策是所得的 1/2 用于发放股利，即每股支付 1.5 元股利。A 公司股票的市场价格为每股 15 元，两家公司的风险相同。

请你帮罗佳判断下列事项的正确性并进行说明：

(1) B公司的成长速度要快于A公司，因此其股票的市场价值应超过每股10元；

(2) 虽然B公司的成长速度快，但A公司现在的股利支付水平高于B公司，因此，A公司的股票市场价格应该较高；

(3) A公司的预期收益率和必要收益率都是20%，B公司的预期收益率会更高。

参考文献

[1]荆新，王化成，刘俊彦.财务管理学[M].北京：中国人民大学出版社，2009.

[2]中国注册会计师协会.注册会计师全国统一考试辅导教材——财务成本管理[M].北京：中国财政经济出版社，2010.

[3]谷祺，刘淑莲.财务管理[M].大连：东北财经大学出版社，2007.

[4]刘媛媛.财务管理专业英语[M].北京：机械工业出版社，2010.

第四章 资本成本与资金结构

学习提示

资本结构的决策是企业财务管理决策的基本内容之一，也是企业价值的重要影响因素。本章将要学习资本结构决策的基本因素——资本成本的相关理论及计算方法以及企业三大杠杆的基本原理，在此基础上以降低资本成本、提高企业价值为主线，学习最优资本结构的确定方法，此外还将讨论资金结构、资本结构及资产结构三者之间的关系。

学习目标

* 理解资本成本的概念及作用
* 掌握资本成本的相关计算
* 掌握企业三大杠杆原理
* 掌握最优资本结构的决策方法
* 掌握资金结构、资本结构及资产结构的关系

主要内容

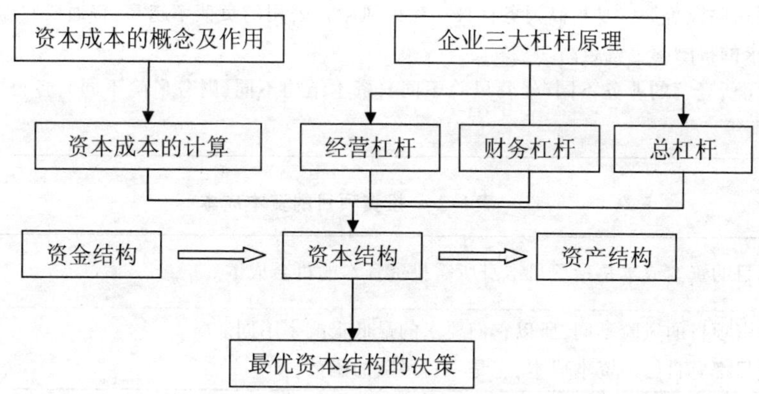

第一节 资本成本的概念与作用

一、资本成本的概念

资本成本是企业筹资决策的重要依据，是企业筹集和使用资本而承担的代价。这里的资本是指企业所筹集的长期资本，包括股权资本和长期债务资本。

站在资本提供者的角度，资本成本不是实际支付的成本，而是一种失去的收益，是将资本用于本项投资所放弃的其他投资机会的收益。因此，资本成本可以看做是投资资本的机会成本。资本成本也称为最低期望报酬率、投资项目的取舍率和最低可接受的报酬率。

对于资本成本概念的理解包括两个方面：一方面，资本成本与公司的筹资活动有关，它是公司募集和使用资金的成本，即筹资的成本；另一方面，资本成本与公司的投资活动有关，它是投资所要求的最低报酬率。这两个方面既有联系，也有区别。为了加以区分，我们称前者为公司的资本成本，后者为投资项目的资本成本。[1]下面我们通过列表来分析两者的区别与联系，见表 4-1、4-2 及 4-3。

表4-1 公司资本成本

含义	公司的资本成本，是指组成公司资本结构的各种资金来源的成本的组合，也就是各种资本要素成本的加权平均数。
影响因素	一个公司资本成本的高低，取决于三个因素： (1)无风险报酬率——是指无风险投资所要求的报酬率。 (2)经营风险溢价——是指由于公司未来前景的不确定性导致的要求投资报酬率增加的部分。 (3)财务风险溢价——是指高财务杠杆产生的风险。公司的负债率越高，普通股收益的变动性越大，股东要求的报酬率也就越高。 由于公司所经营的业务不同(经营风险不同)，资本结构不同(财务风险不同)，各公司的资本成本也不同。

表4-2 投资项目的资本成本

含义	投资项目的资本成本是指项目本身所需投资资本的机会成本。
影响因素	不同投资项目的风险不同，所以它们要求的最低报酬率不同。 每个项目都有自己的资本成本，它是项目风险的函数。

1.对于项目资本成本的应用主要体现在长期投资决策中，本章讨论的主要是公司的资本成本。

表4–3　公司资本成本和项目资本成本的关系

区别	* 公司资本成本是投资人针对整个公司要求的报酬率,或者说是投资者对企业全部资产要求的最低报酬率。 * 项目资本成本是公司投资于资本支出项目所要求的最低报酬率。
联系	* 如果公司新的投资项目的风险与企业现有资产平均风险相同,则项目资本成本等于公司资本成本; * 如果新的投资项目的风险高于企业现有资产的平均风险，则项目资本成本高于公司资本成本; * 如果新的投资项目的风险低于企业现有资产的平均风险，则项目资本成本低于公司资本成本。

二、资本成本的作用

资本成本不仅在企业筹资管理中是一个重要概念，而且还应用于企业的投资决策、营运资本管理以及企业业绩评价中。具体地讲，对资本成本进行分析，有以下几个方面的作用：

(1) 对资本成本进行分析是选择筹资方式的重要依据。总体来看，企业应以降低资本成本为出发点来实施筹资管理。首先，企业的筹资面临多种渠道和方式，不同的筹资方式其个别资本成本也不尽相同。只要能够比较不同方式下个别资本成本的大小，即可挑选出最低资本成本所对应的筹资渠道。其次，同样可以降低资本成本为思路来确立企业的资本结构。企业的资本结构是借入资本与自有资本的构成比例，这一最优比例一般可通过计算综合资本成本进行决策。第三，企业为了扩大生产规模而追加投资时，可以通过计算边际资本成本的大小来选择最佳的筹资方案。

(2) 资本成本的大小是评价各种投资项目是否可行的一个重要尺度。企业的筹资决定了投资的资金来源，因而投资收益率应以补偿资本成本为底线。具体而言，评价投资方案是否可行一般是将项目本身的投资收益率与其资本成本进行比较，如果投资项目的预期收益率大于资本成本，则此投资项目可行；反之，如果预期投资收益率小于资本成本，项目不可行。

(3) 资本成本也是衡量企业经营业绩的一项重要标准。资本成本是投资人要求的收益率，与企业实际的投资收益率相比即可评价企业的经营业绩。目前普遍认可的以价值为基础的业绩评价，其核心是对资本成本补偿的基础上实现经济增加值的提高。因此，对资本成本进行分析，可以使资金的使用者充分认识到使用资金的“有偿性”，可以促使其挖掘资金的潜力，提高资金的使用效益，从而实现企业的价值增值。

第二节 资本成本的计算

一、个别资本成本的计算

（一）个别资本成本的计算原理

在实际中，资本成本一般由筹资费用和用资费用两部分组成，这两类费用具有不同的来源和不同的特点。

1. 筹资费用

例如股票和债券的发行费、银行借款的手续费等。其特点是通常在投资开始时一次性支付，在使用过程中不再支付，跟使用资金的长短没有必然的联系。

2. 用资费用

例如债券的利息、支付给股东的股利等。其特点是在使用过程中支付，使用时间越长，支付的越多。

一般而言，资本成本计算的是资本成本率。其中，个别资本成本率是企业用资费用与有效筹资额的比率，其基本的计算公式为：

$$K=\frac{D}{P-f}$$

或者

$$K=\frac{D}{P(1-F)}$$

式中：K 表示资本成本率，通常以百分率表示；

D 表示用资费用额；

P 表示筹资额；

f 表示筹资费用额；

F 表示筹资费用率，即筹资费用额与筹资额的比率。

从各种资本来源的角度看，个别资本成本一般包括债务成本、留存收益成本和普通股成本等。其中，债务的利息允许从税前利润中扣除，具有抵减企业所得税的作用，因此在计算资本成本时需要考虑所得税因素。

（二）长期借款成本的测算

企业长期借款的成本可以按下列公式计算：

$$K_1=\frac{I_1(1-T)}{L(1-F_1)}$$

式中：K_1 表示长期借款的资本成本；

I_1 表示年利息费用；

L 表示借款本金；

T 表示所得税率；

F_l 表示筹资费用率。

如果长期借款利率在借款期内不变，则上式也可简化为如下形式：

$$K_l=\frac{R(1-T)}{1-F}$$

式中：R 表示长期借款的利率。

【例题4-1】新源公司取得三年期借款500万元用于办公楼的建造，借款的年利率为10%，每年付息一次，到期一次还本，筹资费用率为0.5%，企业所得税率为25%，则长期借款的资本成本是多少？

解：$K_l=\frac{500\times10\%\times(1-25\%)}{500\times(1-0.5\%)}=7.54\%$

（三）债券成本的测算

由于发行债券的筹资费用一般较高，因此发行债券的成本主要是债券的利息和发行费用。债券利息和长期借款利息的处理相同，以税后成本为计算依据。在不考虑资金时间价值的情况下，债券的资本成本可以下列公式来表示：

$$K_b=\frac{I_b(1-T)}{B(1-F_b)}$$

式中：K_b 表示债券成本；

I_b 表示债券年利息费用；

B 表示债券筹资额，按照发行价格确定，可能是等价、溢价或折价；

F_b 表示筹资费用率；

T 表示企业所得税率。

【例题4-2】新源公司发行总面值为500万元的10年期债券用于基建项目，票面利率为12%，发行费用率为5%，公司所得税率为25%，则该债券的资本成本是多少？

解：$K_b=\frac{500\times12\%\times(1-25\%)}{500\times(1-5\%)}=9.47\%$

值得注意的是，若债券为溢价或折价发行，上式中的实际筹资额 B 应按实际发行价格计算。

【例题4-3】接上例，总面值为500万元的债券，票面利率为12%，发行费用率为5%，所得税率为25%，假设：①溢价发行，发行价为600万元；②折价发行，发行价为400万元，分别计算其债券成本。

解：（1）溢价发行时的成本：

$$K_b=\frac{500\times12\%\times(1-25\%)}{600\times(1-5\%)}=7.89\%$$

（2）折价发行时的成本：

$$K_b=\frac{500\times12\%\times(1-25\%)}{400\times(1-5\%)}=11.84\%$$

（四）优先股成本的测算

优先股一般每期要支付固定股息，没有到期日，股息税后支付，没有抵税作用。从某种意义上说，优先股相当于每年支付利息的无限期债券，区别主要在于股息不具有抵税作用。其资本成本的计算公式如下：

$$K_P=\frac{D_P}{P_P(1-F_P)}$$

式中：K_p 表示优先股资本成本；

D_p 表示每期的优先股股利；

P_p 表示优先股的销售价格；

F_p 表示筹资费用率。

【例题4-4】新源公司发行面值100元的优先股，筹资费率为5%，股息率为10%，优先股按面值销售，则发行优先股的成本为多少？

解：$K_P=\frac{100\times10\%}{100\times(1-5\%)}=10.53\%$

（五）普通股成本的测算

计算资本成本的作用之一就是评价投资项目是否可行，从这个角度来看，资本成本实质上就是投资的必要报酬率。那么，普通股的资本成本也就是普通股投资的必要报酬率。对其计算的思路最为常用的有三种模型：股利增长模型、资本资产定价模型以及债券投资报酬率加股票投资风险报酬率模型。

其一，按照股利增长模型：

$$K_c=\frac{D_1}{P_0(1-F_c)}+g$$

式中：K_c 表示普通股成本；

D_1 表示预期年股利额；

P_0 表示普通股市价；

F_c 表示普通股筹资费用率；

g 表示普通股利年增长率。

对于非固定成长股，需要使用逐步测试结合内插法使得未来股利流出的现值等于筹资净额的贴现率即可。

【例题4-5】新源公司发行普通股共计800万元，预计第一年股利率为12%，以后每年增长3%，筹资费用率为6%，该普通股的成本为多少？

解：$K_c=\frac{800\times12\%}{800\times(1-6\%)}+3\%=15.77\%$

其二，资本资产定价模型

按照资本资产定价模型，普通股投资的必要报酬率等于无风险报酬率加上风险报酬率，可以测算资本成本率。其计算公式为：

$$K_c=R_f+\beta_i\times(R_m-R_f)$$

式中：R_f 表示无风险报酬率；

β_i 表示股票的 β 系数；

R_m 表示平均风险股票必要报酬率。

【例题4–6】已知当前的市场无风险报酬率为 10%，平均风险股票必要报酬率为 12%。新源公司普通股的 β 值为 1.2。该普通股的资本成本为多少？

解：K_c=10%+1.2×(12%–10%)=12.4%

其三，债券投资报酬率加股票投资风险报酬率模型

一般而言，从投资风险的角度讲，股票的投资风险高于债券，因此，测算股票的投资报酬率可以从债券投资报酬率加股票投资高于债券投资的风险报酬率这一思路入手，从而得到股票的资本成本。按照这一理论，普通股的资本成本为：

$$K_c=K_{dt}+RP_c$$

式中：K_{dt} 表示税后债务资本成本；

RP_c 表示股东比债权人承担更大风险所要求的风险溢价。

【例题4–7】新源公司已发行债券的投资报酬率为 8%。现准备发行一批股票，经该公司高管分析，该股票高于债券的投资风险报酬率为 6%，则该股票的必要报酬率即资本成本率为多少？

解：K_c=8%+6%=14%

（六）留存收益成本的测算

留存收益是从企业税后利润中划出的一部分，其所有权属于股东，实质上相当于股东对公司的追加投资。股东将留存收益留用于公司，是想获取未来投资报酬，因此，尽管留存收益属企业自有资金，但它的资本成本是股东失去向外投资的机会成本，因而与普通股成本的计算基本相同，只是不考虑筹资费用。留存收益成本的计算方法不止一种，按照股利增长模型法并假定收益以固定的年增长率递增的情况下，计算公式为：

$$K_s=\frac{D_1}{P_0}+g$$

式中：K_s 表示留存收益成本；

D_1 表示预期年股利额；

P_0 表示普通股市价；

g 表示普通股利年增长率。

（七）个别资本成本的比较

通过上述个别资本成本的测算可以得出如下结论：总体来说，由于负债利息具有抵减所得税的作用，所以权益资金个别资本成本大于负债资金的个别资本成本；而由于筹资费用的缘故，股票资本成本大于留存收益成本，债券资本成本大于借款资本成本。

二、综合资本成本的计算

综合资本成本是指一个企业全部长期资本的成本，通常是以各种长期资本的比例为权

重，对个别资本成本进行加权平均测算的，也称为加权平均资本成本。关于加权平均资本成本的有关内容，总结如表 4-4 所示。

表4-4　加权平均资本成本的相关内容

<table>
<tr><td>计算公式</td><td colspan="2">$K_W=\sum_{j=1}^{n}K_jW_j$
式中：K_W 表示加权平均资本成本；
K_j 表示第 j 种个别资本成本；
W_j 表示第 j 种个别资金占全部资金的比重(权数)。</td></tr>
<tr><td rowspan="3">加权方法</td><td>账面价值加权</td><td>根据企业资产负债表上显示的会计价值来衡量每种资本的比例。
缺点：账面结构反映的是历史的结构，不一定符合未来的状态；账面价值会歪曲资本成本，因为账面价值与市场价值有极大的差异。</td></tr>
<tr><td>实际市场价值加权</td><td>根据当前负债和权益的市场价值比例衡量每种资本的比例。
缺点：市场价值不断变动，负债和权益的比例也随之变动，计算出的加权平均资本成本数额也是转瞬即逝的。</td></tr>
<tr><td>目标资本结构加权</td><td>根据按市场价值计量的目标资本结构衡量每种资本要素的比例。
优点：这种方法可以选用平均市场价格，回避证券市场价格变动频繁的不便；可以适用于企业筹措新资金，而不像账面价值权数和实际市场价值权数那样只反映过去和现在的资本结构。</td></tr>
</table>

【例题4-8】新力公司账面反映的资金共 500 万元，其中借款 100 万元，应付长期债券 50 万元，普通股 250 万元，留存收益 100 万元，其成本分别为 6%、9%、12%、11%。该公司的加权平均资本成本为多少？

解： $K_W=6\%\times\frac{100}{500}+9\%\times\frac{50}{500}+12\%\times\frac{250}{500}+11\%\times\frac{100}{500}=10.3\%$

三、边际资本成本的计算

在一般情况下，随着企业经营规模的扩大，资金的规模也在不断增加。在现实中，企业往往无法以某一固定的资本成本筹措到无限的资金。当企业追加投资时，资本来源并非单一，加之同一种来源的资本会随筹资数额而变动，因此，即使企业保持原有的资本结构，仍有可能导致加权平均资本成本的上升。边际资本成本是指资金每增加一个单位而增加的成本，也是按加权平均法计算的追加筹资时的加权平均成本。

【例题4-9】利源公司拥有长期资本 800 万元，其中长期借款 80 万元，长期债券 240 万元，普通股 480 万元。由于扩大经营规模的需要，拟筹集新资金。经分析，认为筹集新资金后仍应保持目前的资本结构，即长期借款占 10%，长期债券占 30%，普通股占 60%，并测算出了随筹资的增加，各种资本成本的变化，如表 4-5 所示。

企业在追加筹资时，为了便于比较并选择不同规模范围内的筹资组合，可以通过下列步骤进行边际资本成本的测算。

表4-5　利源公司追加筹资测算资料表

资本种类	目标资本结构	新筹资额	资本成本
长期借款	10%	50 000 元内 50 000~150 000 元 150 000 元以上	3% 5% 8%
长期债券	30%	300 000 元内 300 000~600 000 元 600 000 元以上	10% 11% 12%
普通股	60%	450 000 元内 450 000~750 000 元 750 000 元以上	13% 14% 15%

（一）计算筹资突破点

因为花费一定的资本成本只能筹集到一定限度的资金，超过这一限度多筹集资金就要多花费资本成本，引起资本成本的变化，于是就把保持某资本成本的条件下可筹集到的资金总限度称为筹资突破点。

在筹资突破点范围内筹资，原来的资本成本不会改变；一旦筹资额超过筹资突破点，即使维持现有的资本结构，其资本成本也会增加。筹资突破点的计算公式为：

$$筹资突破点=\frac{可用某一特定成本率集到的某种资本金额}{该种资本在资本结构中所占的比重}$$

根据表 4-5，在花费 3%资本成本时取得的长期借款筹资限额为 50 000 元，其筹资突破点便为 50 000/10%=500 000 元；在花费 5%资本成本时，取得的长期借款筹资限额为 150 000 元，其筹资突破点则为 150 000/10%=1 500 000 元。

按此方法，资料中各种情况下的筹资突破点的计算结果如表 4-6 所示。

表4-6　利源公司筹资突破点测算表

资本种类	资本结构	新筹资额	资本成本	筹资突破点
长期借款	10%	50 000 元内 50 000~150 000 元 150 000 元以上	3% 5% 8%	500 000 元 1 500 000 元 —
长期债券	30%	300 000 元内 300 000~600 000 元 600 000 元以上	10% 11% 12%	1 000 000 元 2 000 000 元 —
普通股	60%	450 000 元内 450 000~750 000 元 750 000 元以上	13% 14% 15%	750 000 元 1 250 000 元 —

（二）计算边际资本成本

根据上一步计算出的筹资突破点，可以得到如下7组筹资总额范围：（1）50万元以内；（2）50万~75万元；（3）75万~100万元；（4）100万~125万元；（5）125万~150万元；（6）150万~200万元；（7）200万元以上。对以上7组筹资范围分别计算加权平均资本成本，即可得到各种筹资范围的综合资本成本。计算结果如表4–7所示。表4–7右侧计算得出的各综合资本成本，就是随着筹资量增加而增加的边际资本成本。

表4–7 利源公司边际资本成本规划表

筹资总额范围	资本种类	资本结构	资本成本	综合资本成本
500 000元内	长期借款	10%	3%	0.3%
	长期债券	30%	10%	3.0%
	普通股	60%	13%	7.8%
	综合资本成本计算值 11.1%			
500 000~750 000元	长期借款	10%	5%	0.5%
	长期债券	30%	10%	3.0%
	普通股	60%	13%	7.8%
	综合资本成本计算值 11.3%			
750 000~1 000 000元	长期借款	10%	5%	0.5%
	长期债券	30%	10%	3.0%
	普通股	60%	14%	8.4%
	综合资本成本计算值 11.9%			
1 000 000~1 250 000元	长期借款	10%	5%	0.5%
	长期债券	30%	11%	3.3%
	普通股	60%	14%	8.4%
	综合资本成本计算值 12.2%			
1 250 000元~1 500 000元	长期借款	10%	5%	0.5%
	长期债券	30%	11%	3.3%
	普通股	60%	15%	9.0%
	综合资本成本计算值 12.8%			
1 500 000元~2 000 000元	长期借款	10%	8%	0.8%
	长期债券	30%	11%	3.3%
	普通股	60%	15%	9.0%
	综合资本成本计算值 13.1%			
2 000 000元以上	长期借款	10%	8%	0.8%
	长期债券	30%	12%	3.6%
	普通股	60%	15%	9.0%
	综合资本成本计算值 13.4%			

第三节　企业的三大杠杆原理

在企业经营的过程中，会面临经营风险和财务风险这两大风险，企业的筹资活动同样会受到两大风险的双重影响。杠杆效应，是指企业因具有固定成本（包括固定经营成本和固定财务费用），在提高企业期望收益的同时也增加企业风险的现象。杠杆效应包括经营杠杆效应、财务杠杆效应和两者综合作用所形成的总杠杆效应。同自然界中的杠杆效应一样，杠杆的“支点”就是企业存在的固定成本。当某一财务变量以较小幅度变动时，带来另一相关财务变量较大幅度的变动。因此，杠杆效应具有放大盈利波动性的作用，从而影响企业的风险与收益。

一、经营杠杆

要了解经营杠杆原理，首先需要了解成本性态、边际贡献与息税前利润等相关专业术语的含义。

（一）成本性态

成本性态是指成本总额与业务量在数量上的依存关系。按照成本性态对成本进行分类，对于正确地进行财务决策有十分重要的意义。

按照成本性态，可以将全部成本划分为变动成本、固定成本和混合成本三类，其中，变动成本是指其总额随业务量成正比例变动的那部分成本。企业生产过程中的直接材料、直接人工等都属于变动成本。

固定成本是指其总额在一定时期和一定业务量范围内不随业务量发生任何变动的那部分成本。按直线法计提的折旧、办公费、管理人员的工资等都可以看做是固定成本。

有些成本虽然也随业务量的变动而变动，但不成比例变动，不能简单地归入变动成本或固定成本，这类成本就是混合成本。

这三类成本的特点详见表4–8。

表4–8　依据成本性态的成本分类及其特点

分类	特　点
变动成本	特定业务量范围内其变动成本总额随产量变动而成正比例变动,且单位变动成本不变。
固定成本	特定业务量范围内固定成本总额不变,且单位固定成本随业务量增加而降低。
混合成本	成本总额随业务量变动而变动,但不成比例关系。

（二）边际贡献及其计算

边际贡献是指销售收入减去变动成本之后的差额，这同样是一个十分有用的价值指标。其计算公式为：

边际贡献=销售收入-变动成本=(单价-单位变动成本)×销售量

用字母表示为：

$$M=P\times Q-V\times Q=(P-V)\times Q$$

式中：M 表示边际贡献；

P 表示单价；

V 表示单位变动成本；

Q 表示销售量。

（三）息税前利润及其计算

息税前利润是指企业支付利息和缴纳所得税之前的利润，其计算公式如下所示：

息税前利润=单价×销售量-单位变动成本×销售量-固定成本

$$EBIT=P\times Q-V\times Q-F=(P-V)Q-F$$

式中：$EBIT$ 表示息税前利润；

P 表示单价；

Q 表示销售量；

V 表示单位变动成本；

F 表示固定成本。

（四）经营风险

经营风险指企业因经营上的原因而导致利润变动的风险，是企业未使用债务时经营的内在风险。经营风险不仅因行业而异，而且即使所处的行业相同也差别很大。影响企业经营风险的因素主要有：市场需求的变动、售价的变动、投入要素价格的变动、调整价格的能力以及固定成本的比重等。在这些影响因素中，固定成本的比重对经营风险的影响尤为重要。

（五）经营杠杆的含义

如上所述，在经营风险的诸多影响因素中，固定成本的比重尤其值得关注。其原因是在一定的营业收入范围内，固定成本总额是不变的，随着营业收入的增加，单位固定成本就会降低，从而单位产品的利润提高，营业利润的增长率将大于营业收入的增长率；在相反的情况下，营业利润的下降率将大于营业收入的下降率。若企业不存在固定成本，则营业利润的变动率将与营业收入的变动率保持一致。这种在某一固定成本比重的作用下，由于营业收入一定程度的变动引起营业利润更大幅度变动的现象被称为经营杠杆效应。

在同等营业额下，固定成本比重高的企业，其经营杠杆程度高。因为在其他条件不变时，固定成本高的企业，销售量稍有变化，单位产品分摊的固定成本会随之变动，从而导致营业利润大幅度的变动。所以，经营杠杆高的企业，经营风险就大。

（六）经营杠杆的衡量

经营杠杆的大小由固定经营成本和营业利润共同决定。经营杠杆作用的大小一般用经营杠杆系数（Degree of Operational Leverage，DOL）表示，它是企业息税前利润变动率与销售量变动率之间的比率，计算公式为：

$$DOL=\frac{\Delta EBIT/EBIT}{\Delta Q/Q} \quad ①$$

式中：DOL 表示经营杠杆系数；

$EBIT$ 表示基期息税前利润；

Q 表示基期销售量；

Δ 表示增量。

为便于应用，公式①可通过销售额和成本的关系表达：

$$DOL=\frac{Q(P-V)}{Q(P-V)-F}=\frac{M}{EBIT}=\frac{\text{基期边际贡献}}{\text{基期息税前利润}}$$

其推导过程如下：

$$EBIT=Q(P-V)-F$$

$$\frac{\Delta EBIT}{\Delta Q}=P-V$$

$$DOL=\frac{\Delta EBIT/EBIT}{\Delta Q/Q}=\frac{Q}{EBIT}\times\frac{\Delta EBIT}{\Delta Q}=\frac{Q(P-V)}{Q(P-V)-F} \quad ②$$

公式②可用于计算单一产品的经营杠杆系数。如果是生产多类产品的企业，可用以下公式计算经营杠杆系数：

$$DOL=\frac{S-VC}{S-VC-F} \quad ③$$

式中：DOL 表示经营杠杆系数；

S 表示基期销售额；

VC 表示基期变动成本总额；

F 表示固定成本。

【例题4-10】光华公司生产单一产品，固定成本总额为 20 000 元，单位变动成本为 1.5 元，单位产品售价为 2 元，当企业销售量为 60 000 件、120 000 件、40 000 件时的经营杠杆系数如表 4-9 所示：

表4-9　光华公司经营杠杆系数表

产品单价	2 元	2 元	2 元
减:单位变动成本	1.5 元	1.5 元	1.5 元
单位边际贡献	0.5 元	0.5 元	0.5 元
固定成本	20 000 元	20 000 元	20 000 元
销售量	60 000 件	120 000 件	40 000 件
经营杠杆系数	3.0	1.5	∞

上述计算结果说明：

(1) *DOL* 值表明了固定成本不变时，销售额变动所引起利润变动的幅度。如 *DOL* 为3.0，说明销售量在60 000件时，销售额增长会引起利润3倍的增长。

(2) 在固定成本不变时，销售额越大，经营杠杆系数越小，企业经营风险就越小；反之，销售额越小，经营杠杆系数就越大，经营风险就越大。如销售量为60 000件时，*DOL* 为3.0，但销售量增加到120 000件时，*DOL* 变为1.5，说明随着销售量的增加而风险降低。

(3) 固定成本比例愈高，未来营业利润的变动幅度越大。如上例中，将固定成本上升20%，其他条件不变，则在销量为60 000件时的 *DOL* 为：

$$DOL=\frac{60\ 000\times(2-1.5)}{60\ 000\times(2-1.5)-20\ 000\times(1+20\%)}=5$$

可见，固定成本增大（由20 000元上升到24 000元），其经营杠杆系数也会相应由3.0提高到5.0，表明固定成本增大，引起企业经营风险增大。

(4) 当企业的销售额达到盈亏平衡点时，其经营杠杆系数趋向无穷大。如本例，销售量为40 000件时，企业盈亏平衡，*DOL* 趋向无穷大。这表明，企业如处于盈亏平衡状态，销售水平稍一偏离盈亏平衡点，便会引起利润的极大变化。

（七）经营杠杆系数的作用

计算经营杠杆系数，不仅可以衡量经营杠杆的大小，还可以有如下用途：

(1) 说明销售量变动对息税前利润变动的影响程度

其计算公式为：

$$息税前利润变动率=销售量变动率\times经营杠杆系数$$

经营杠杆系数的意义在于，在某一产销量水平上，经营杠杆系数越大，息税前利润的变动幅度就越大，从而经营风险也就越大。

(2) 预测息税前利润

其计算公式为：

$$预计息税前利润=基期利润\times(1+销售量变动率\times经营杠杆系数)$$

(3) 衡量企业的经营风险

衡量经营风险的方法有许多，经营杠杆系数只是其中的一种。一般来说，经营杠杆系数越大，经营风险就越大。

二、财务杠杆

（一）财务风险与财务杠杆的含义及关系

财务风险是指企业利用负债方式筹资时，增加了破产机会或普通股收益发生大幅度变动的风险，它是财务杠杆作用的结果。资本结构中负债比例越高，财务杠杆作用越大，财务风险也就越大。

不论企业实现的营业利润是多少，负债的利息和优先股的股利通常是固定不变的。当息税前利润增大时，每1元利润所负担的固定财务费用就会相对减少，这能给普通股股东带来更多的盈余；反之，当息税前利润减少时，每1元利润所负担的固定财务费用就会相对增加，从而大幅减少普通股的盈余。这种由于固定财务费用的存在而导致每股收益变动率大于息税前利润变动率的杠杆效应，称为财务杠杆。

（二）财务杠杆的衡量

财务杠杆作用的大小一般用财务杠杆系数（Degree of Financial Leverage，DFL）来表示。所谓财务杠杆系数是普通股每股收益的变动率，相当于息税前利润变动率的倍数。其计算公式为：

$$DFL=\frac{\Delta EPS/EPS}{\Delta EBIT/EBIT}$$

其中：$EPS=\frac{(EBIT-I)\times(1-T)-PD}{N}$

式中：DFL 表示财务杠杆系数；

EPS 表示每股收益；

I 表示负债的利息；

T 表示所得税的税率；

PD 表示优先股的股利；

N 表示发行在外的普通股股数。

为了便于应用，上述财务杠杆系数的计算公式可以做如下变形：

基期：$EPS=\frac{(EBIT-I)\times(1-T)-PD}{N}$ ①

预计期：$EPS_1=\frac{(EBIT_1-I)\times(1-T)-PD}{N}$ ②

②-①$=\triangle EPS=\frac{\triangle EBIT\times(1-T)}{N}$

所以可以导出在暂不存在优先股股息的情况下：

$\frac{\Delta EBIT}{\Delta Q}=\frac{\Delta EBIT(1-T)/N}{(EBIT-I)(1-T)/N}=\frac{\Delta EBIT}{EBIT-I}$

$DFL=\frac{\Delta EPS/ERS}{\Delta EBIT/EBIT}=\frac{\Delta EBIT}{EBIT-I}\times\frac{EBIT}{\Delta EBIT}=\frac{EBIT}{EBIT-I}$

$=\frac{\text{基期息税前利润}}{\text{基期息税前利润}-\text{基期利息}}$

若考虑优先股股息，则

$$DFL=\frac{EBIT}{EBIT-I-PD/(1-T)}$$

或者：

$$DFL=\frac{Q(P-V)-F}{EQ(P-V)-F-I-PD/(1-T)}$$

【例题4-11】 A、B、C为三家经营业务相同的公司，它们的有关情况如表4-10所示。

表4-10 各公司的融资方案 单位：元

时间	项目	A 公司	B 公司	C 公司
20×1 年	资本总额	2 000 000	2 000 000	2 000 000
	其中：普通股本	2 000 000	1 500 000	1 000 000
	普通股数	20 000	15 000	10 000
	负债(利率 8%)	0	500 000	1 000 000
	息税前利润(*EBIT*)	200 000	200 000	200 000
	减：债务利息	0	40 000	80 000
	税前利润	200 000	160 000	120 000
	减：所得税(25%)	50 000	40 000	30 000
	税后利润	150 000	120 000	90 000
	财务杠杆系数(*DFL*)	1	1.25	1.67
	每股盈余(*EPS*)	7.5	8.0	9.0
20×2 年	息税前利润增加	200 000	200 000	200 000
	减：债务利息	0	40 000	80 000
	税前利润	400 000	360 000	320 000
	所得税(25%)	100 000	90 000	80 000
	税后利润	300 000	270 000	240 000
	每股盈余	15.0	18.0	24.0
	每股盈余变动率	100%	125%	167%

由上述结果可以对财务杠杆作如下总结：

(1) 只要在企业的筹资方式中有固定性财务费用的债务或优先股，就会存在息税前利润的较小变动引起每股收益较大变动的财务杠杆效应；

(2) 财务杠杆系数表明息税前盈余增长引起的每股收益的增长幅度；

(3) 在资本总额、息税前盈余相同的情况下，负债比率越高，财务杠杆系数越大，财务风险越大；

(4) 负债比率是可以控制的，企业可以通过合理安排资本结构，适度负债，使财务杠杆利益抵消风险增大所带来的不利影响。

(三) 财务杠杆系数的作用

财务杠杆系数不仅可以直接用于衡量财务杠杆效应的大小，而且还具有如下的作用：

(1) 说明普通股每股盈余的变动幅度

其计算公式为：

普通股每股盈余变动率=息税前利润变动率×财务杠杆系数

(2) 预测普通股每股盈余

其计算公式为：

预计普通股每股盈余=基期普通股每股盈余×(1+息税前利润变动率×财务杠杆系数)

（3）衡量企业的财务风险

以上分析计算表明，财务杠杆系数的大小取决于企业固定财务费用的多少。企业借入资本越多，其固定财务费用也越多，财务杠杆系数就越大，普通股每股盈余因息税前利润变动而变动的幅度就越大；反之，则越小。较大的财务杠杆系数可以为企业带来较强的每股盈余扩张能力，但固定财务费用越多，其按期支付的可能性就越小，由此引发的财务风险就越大。如果企业对其所拥有的各项资产利用不当，所取得的收益率低于固定财务费用率，那么普通股股本的收益率就会低于企业的投资收益率或者出现资本亏损的情况。

三、总杠杆系数

（一）总杠杆效应及其衡量

在企业实际经营中，经营风险和财务风险共同存在，从而经营杠杆和财务杠杆两种效应共同影响着企业的经营。从上述分析可知，经营杠杆通过扩大销售量影响息税前利润，而财务杠杆通过扩大息税前利润影响每股盈余。如果两种杠杆共同起作用，那么销售量稍有变动就会使每股盈余产生更大的变动。经营杠杆与财务杠杆的综合作用，称为综合杠杆，或总杠杆。

总杠杆系数（Degree of Total Leverage，DTL）是衡量总杠杆效应的工具，其意义在于它估计销售量变动对每股盈余变动的影响，并且显示了经营杠杆和财务杠杆的关系，它是经营杠杆系数和财务杠杆系数的乘积，计算公式推导如下：

$$DTL=DOL\times DFL=\frac{\Delta EPS/EBIT}{\Delta Q/Q}\times\frac{\Delta EPS/EPS}{\Delta EBIT/EBIT}$$

$$=\frac{\Delta EPS/EPS}{\Delta Q/Q}=\frac{\text{每股盈余变动率}}{\text{销售量变动率}} \quad ①$$

为计算方便，将公式①推导，可得：

$$DTL=\frac{Q(P-V)}{Q(P-V)-F-I-PD/(1-T)} \quad ②$$

或者：$$DTL=\frac{EBIT+F}{EBIT-I-PD/(1-T)}$$

【例题4-12】光华公司生产小型金属预制件，销量为100 000件，产品单价为15元，单位变动成本为5元，固定成本总额为500 000元，负债的年利息额为100 000元，该企业未发行优先股。则：

$$DTL=\frac{100\ 000\times(15-5)}{100\ 000\times(15-5)-500\ 000-100\ 000}=2.5$$

或者：

$$DOL=\frac{100\ 000\times(15-5)}{100\ 000\times(15-5)-500\ 000}=2$$

$$DFL=\frac{100\ 000\times(15\ \ 5)\ 500\ 000}{100\ 000\times(15-5)-500\ 000-100\ 000}=1.25$$

$$DTL=DOL\times DFL=2\times1.25=2.5$$

总杠杆系数为 2.5，说明该企业的销售量增加 1 倍，会带来每股收益 2.5 倍的增加；销售量每减少 1/2，每股收益减少 2/5。

通过以上分析，我们可以得出如下相关的结论：

(1) 只要企业同时存在固定成本和固定的财务支出，就存在营业收入较小变动，每股收益较大变动的总杠杆效应；

(2) 从总杠杆系数中能够估计出营业收入变动对每股收益造成的影响；

(3) 从总杠杆系数可看到经营杠杆与财务杠杆之间的相互关系，即为了达到某一总杠杆系数，经营杠杆和财务杠杆可以有很多不同的组合；

(4) 在其他因素不变的情况下，总杠杆系数越大，总体风险越大，总杠杆系数越小，总体风险越小。

(二) 总杠杆系数的作用

总杠杆系数除了直接反映总杠杆效应的高低外，还具有如下作用：

(1) 说明普通股每股盈余的变动幅度

随着销售量的变动，普通股每股盈余的变动率可按下列公式计算：

普通股每股盈余变动率=销售量变动率×总杠杆系数

(2) 预测普通股每股盈余

其计算公式为：

预计普通股每股盈余=基期普通股每股盈余×(1+销售量变动率×总杠杆系数)

(3) 衡量企业的总体风险

总杠杆系数越大，企业每股盈余随销售量增长而扩张的能力就越强，但风险也随之越大。企业的风险越大，债权人和投资者要求的贷款利率和预期的投资收益率就越高。也就是说，过多地使用总杠杆的企业将必须为此付出较高的固定成本，而较高的固定成本支出反过来又在一定程度上抵消了普通股股东因企业发挥财务杠杆和经营杠杆的作用而获得的收益。此外，企业综合风险的增大还会引起公司股票市价的下跌。

在实际工作中，企业对经营杠杆和财务杠杆的运用，可以有各种不同的组合。例如某企业较多地使用了财务杠杆，为了达到或维持某种适度的总杠杆系数，就可以用比较低的经营杠杆系数来抵消财务杠杆系数较高的影响。反之，假如企业过多地发挥了经营杠杆的作用，就可通过减少使用财务杠杆来加以平衡。假设某公司正在考虑购买某项会极大地增加其固定成本开支的资产，为了抵消较高的经营杠杆系数的影响，公司可在其资本结构中减少债务资本或者优先股股本的比重，即通过降低财务杠杆系数来得到一个适宜的总杠杆系数。

第四节　资本结构

一、资本结构影响因素的定性分析

资本结构是企业长期债务与权益资本的构成比例。由于负债是一把双刃剑，一方面给企业带来抵税收益，另一方面增加财务风险。因此，企业的资本结构决策主要是权衡负债的收益与风险，确定合理的资本结构以实现企业价值的增值。

影响资本结构的因素很多，通常可将定性方面的因素分为宏观、中观和微观三个层面。

（一）宏观因素

资本结构理论认为，企业的筹资方式选择受到各国的筹资模式、国家经济发展水平、经济周期以及所得税率等外部环境因素的强烈影响。

各国的筹资模式有着较大的差别，可通过图 4.1 反映。企业资本结构的选择，必然受到所在国家融资模式选择的影响。[1]

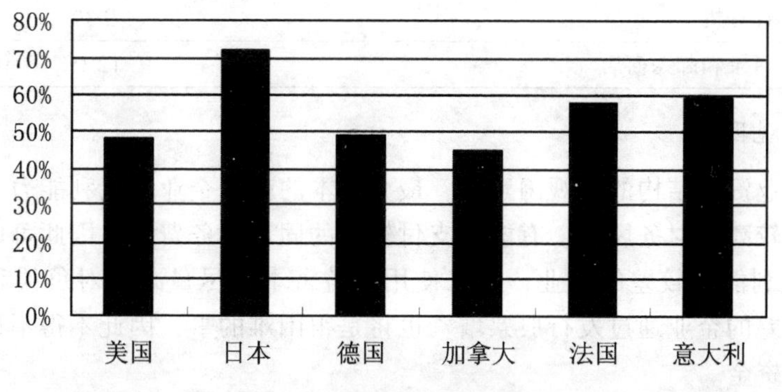

图4-1　各国的负债比例

据统计，在我国经济发达省份的企业往往有较高的财务杠杆，而经济欠发达地区的企业往往以权益资本融资为主。可见，经济发达程度也是影响企业资本结构的因素。

在市场经济条件下，任何国家的经济都不会长久增长，也不会长久衰退，而是在波动中向前发展。一般而言，在经济萧条的时期，企业常常陷入财务困境，此时采用“零负债”的资本结构不失为明智之举；而在经济增长时期，企业为了扩大经营，适度增加负债则是促进发展的有效策略。

所得税率对企业资本结构的影响，主要体现在负债的节税利益上。所得税的税率越

1.资料来源：S.A.罗斯，L.W.韦斯特菲尔德，J.F.贾菲，等.公司理财[M].北京：机械工业出版社，2005.

高，负债带来的节税利益越多；反之，在低税率的水平下，举债经营所获得的节税利益则不会特别明显。

（二）中观因素

行业特征是决定企业资本结构的中观因素。表4-11是美国非金融企业的资本结构行业分布，行业内企业的资本结构有着明显的趋同性，而行业间的资本结构则差别较大。[1]

表4-11　美国非金融企业的资本结构行业分布

行业分类	负债占资产市场价值的百分比
高杠杆行业	
建筑业	61.5%
旅馆和住房	55.5%
机场	40.8%
金属矿	36.2%
造纸	30.3%
低杠杆行业	
药物和化学制品	3.1%
电子	11.1%
生物制品	2.3%
计算机	9.3%
目录和邮购商店	12.1%

（三）微观因素

在决定企业资本结构的微观因素中，最为基本的就是企业的盈利能力。盈利能力强的企业可以承受较高的财务风险，有能力支付较多的固定财务费用，因此可以适度提高负债的比例；但盈利能力较差的企业，最好使用权益资本，尽量减少对负债利息的支出。但是，盈利能力差的企业通过发行股票增资也将是很困难的事，因此不得不通过提高债务利率来获得外部资金。

决定企业资本结构微观因素的另外方面就是企业管理层的风险偏好以及管理层对未来利率的预期。资本结构的权衡在很大程度上是对资本带来的收益与风险水平的权衡。即使存在处于同一行业、风险程度及盈利能力相同的两家企业，其资本结构的选择也会因管理层的风险偏好而呈现出不同的状况。偏好风险的管理者会倾向于负债融资，而厌恶风险的管理者则倾向于权益资本融资。

同样，如果企业管理层预期未来利率上升的可能性比较大，而目前的利率水平相对较低，那么他往往会选择长期负债的方式来筹集资金，这样可以在今后的若干年内将利率固定在较低的水平上。而管理层如果预期未来的利率水平会下降，则会采取相反的融资举措。

1.资料来源：S.A.罗斯，L.W.韦斯特菲尔德，J.F.贾菲，等.公司理财[M].北京：机械工业出版社，2005.

二、最优资本结构的决策方法

由于如何确定资本结构将影响企业的价值，因此企业的管理层在进行筹资决策时，应遵循企业价值最大化的理财目标，选择最优的资本结构。

企业拥有的各种稀缺资源是其生存发展的基础性要素，对其占有、使用要付出相应的代价，维持企业生存的财务资源当然也不例外。企业价值最大化的理财目标要求投入企业各种要素的全部成本，包括投入资本的相关成本必须最低。因此企业管理层在进行融资决策时，要以成本最小化——企业价值最大化作为衡量尺度来选择最优的负债—权益比。

最优资本结构的确定一直以来是理论界的研究热点，也是一个难点。从 MM 理论、权衡理论到优序融资理论，都无法为现实中的企业提供一个确定资本结构的规则。我们无法运用某个公式来准确测定一个企业的最优资本结构，只能借助有关方法推定一个相对较好的资本结构，以下将对有关方法进行介绍。

（一）息税前利润—每股收益分析法

息税前利润—每股收益分析法的分析思路是，判断资本结构是否最优，就应分析资本结构是否能够在不同的息税前利润水平下，通过增加每股收益来增加企业的价值，而能够使每股收益达到最大的资本结构就是企业应选择的最优资本结构。这种方法往往用于对企业的资本结构调整决策中，按照上述思路对被选方案和原方案进行比较，如果调整后的资本结构能够为企业带来每股收益的增加，则资本结构应当调整。这一思路可以为企业的筹资决策提供借鉴。

该方法涉及的财务指标有息税前利润和每股收益。其中，息税前利润是反映企业经营活动盈利能力的一项绝对量指标。考察企业的资本结构，不能脱离企业的盈利能力，因为负债的偿还能力是建立在未来企业盈利的基础上的。而每股收益则是在不考虑财务政策对收益影响的前提下，反映企业业务活动和财务活动的综合性指标。每股收益的高低，是决定企业市场价值高低的基础因素，而负债的财务杠杆效应也正是通过对每股收益的影响来体现的。

在息税前利润—每股收益分析法中，关键要计算每股收益无差别点。在每股收益无差别点上，不论采用何种资本结构，每股收益都是相等的。以 EPS_1 代表备选方案一的每股收益，以 EPS_2 代表备选方案二的每股收益，则有：

$$EPS_1=EPS_2$$

$$\frac{(\overline{EBIT}-I_1)(1-T)D_1}{N_1}=\frac{(\overline{EBIT}-I_2)(1-T)D_2}{N_2}$$

式中：$\overline{EBIT}$ 为息前税前利润；

I 为负债的利息；

T 为企业所得税率；

D 为优先股股利；

N 为流通在外的普通股股数。

下面，我们就通过息税前利润—每股收益分析法这一利用每股收益无差别点来进行资本结构决策的方法，分析资本结构与每股收益之间的关系，进行企业的资本结构决策。

【例题4-13】广元公司是经营化工设备的一家上市公司。为了更好地适应企业发展需要，公司计划扩大经营，对外融资 4 000 万元。公司目前的资本来源包括面值 1 元的普通股 1 000 万股和平均利率 10% 的 3 200 万元负债。公司预计的息税前利润为 1 600 万元。企业所得税的税率为 25%。

新增资金的来源有以下两个：

(1) 以 11%的利率发行债券；

(2) 以每股 20 元的价格发行普通股。

在不考虑财务风险的情况下，企业应选择哪种融资方式？

解：应用息税前利润—每股收益分析法：

$$\frac{(\overline{EBIT}-I_1)(1-T)D_1}{N_1}=\frac{(\overline{EBIT}-I_2)(1-T)D_2}{N_2}$$

$$\frac{(\overline{EBIT}-3\ 200\times10\%-4\ 000\times11\%)\times(1-25\%)}{1\ 000}=\frac{(\overline{EBIT}-3\ 200\times10\%)\times(1-25\%)}{1\ 000+4\ 000/20}$$

$$\frac{(\overline{EBIT}-320-440)\times(1-25\%)}{1\ 000}=\frac{(\overline{EBIT}-320)\times(1-25\%)}{1\ 200}$$

$\overline{EBIT}$=2 960 万元

此时的 EPS=1.65 万元

上述对每股收益无差别点的分析，如图 4.2 所示：

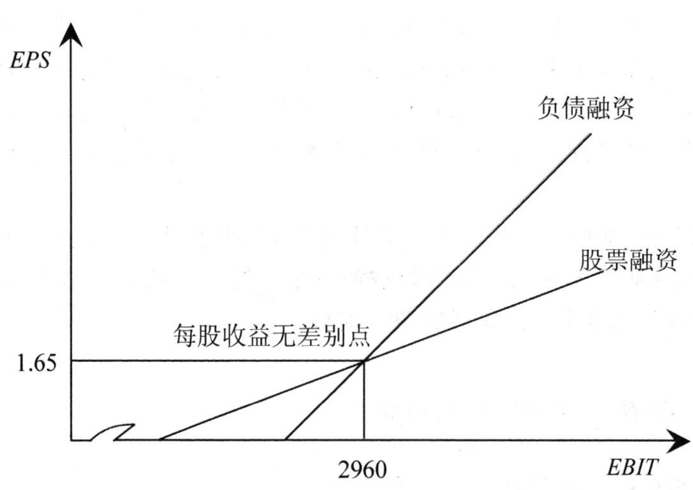

图4-2　息税前利润—每股收益分析法例

从图 4-2 可以看出，当息税前利润高于 2 960 万元（每股收益无差别点的息税前利润）时，运用负债筹资可获得较高的每股收益；当息税前利润低于 2 960 万元时，运用权益筹资可获得较高的每股收益。因公司的预计息税前利润为 1 600 万元，所以应采用发行股票的融资方式，将更有利于企业每股收益的提高。

（二）资本成本—企业价值分析法

企业最优资本结构的衡量标准就是能够使资本成本最低同时企业价值最大。从本质上看，资本结构—企业价值分析法就是按照这一思路，通过综合考虑资本成本与企业价值的关系来选择最优资本结构的方法。

与前一种方法相比，资本成本—企业价值分析法的不同之处在于，该方法认为企业只有在风险不变的情况下，每股收益的增长才能够使股价上升，进而提高企业的市场价值。而事实上往往随着每股收益的增长，风险也随之加大。如果每股收益的增长不足以弥补风险增长所需要的报酬，尽管每股收益增大，股价仍可能下降。所以最优资本结构应是能够使企业价值最大的资本结构，而不是使每股收益最大的资本结构。同时，企业价值最大时，资本成本也相应最低。

该方法依照上述思路，通过计算各备选方案的加权平均资本成本和企业价值，从中选择资本成本最低、企业价值最大的方案。

企业的价值 V 可以用下式表示：

$$V=B+S$$

式中：B 表示负债的市场价值；

S 表示权益的市场价值。

为了简化计算，假设债务的面值等于其市场价值。而股票的市场价值则依据下式计算：

$$S=\frac{(EBIT-I)\times(1-T)}{K_S}$$

普通股的成本 K_S 可采用资本资产定价模型来计算：

$$K_S=\overline{R}=R_F+\beta\times(\overline{R}_M-R_F)$$

企业的资本成本，采用加权平均资本成本来计算：

$$K_W=K_B\times W_B+K_S\times W_S$$
$$=I\times(1-T)\times\frac{B}{V}+K_S\times\frac{S}{V}$$

式中：K_W 表示加权平均资本成本；

K_B 表示债务资本成本；

W_B 表示债务资本在资本总额中的比重；

K_S 表示权益资本成本；

W_S 表示权益资本在资本总额中的比重。

【例题4–14】广元公司预期的息税前利润为 500 万元，资本全部由普通股资本构成，股票的账面价值为 2 000 万元，公司适用的所得税率为 25%。公司管理层认为目前企业的资本结构不够合理，拟采用发行债券回购股票的方法予以调整。目前市场上债务和权益资本的成本如表 4–12，则发行债券多少为好？

表4-12 债务与权益资本成本

债券的市场价值B/百万元	债券利率/%	股票的β系数	无风险利率R_F/%	股票市场组合的期望收益率$\overline{R}_M$/%	权益资本成本K_S/%
0	0	1.2	10	12	12.40
2	10	1.3	10	12	12.60
4	10	1.4	10	12	12.80
6	11	1.6	10	12	13.20
8	12	1.8	10	12	13.60
10	13	2.1	10	12	14.20

解：分析如表4-13及图4-3所示。

表4-13 公司价值与资本成本

债券的市场价值B/百万元	股票的市场价值S/百万元	公司的市场价值V/百万元	债券占全部资本的比重/%	股票占全部资本的比重/%	债券资本成本/%	权益资本成本/%	加权平均资本成本/%
0	30.24	30.24	0	100	0	12.40	12.40
2	28.57	30.57	6.54	93.46	7.5	12.60	12.27
4	26.95	30.95	12.92	87.08	7.5	12.80	12.12
6	24.66	30.66	19.57	80.43	8.25	13.20	12.23
8	22.28	30.28	26.42	73.58	9	13.60	12.38
10	19.54	29.54	33.85	66.15	9.75	14.20	12.69

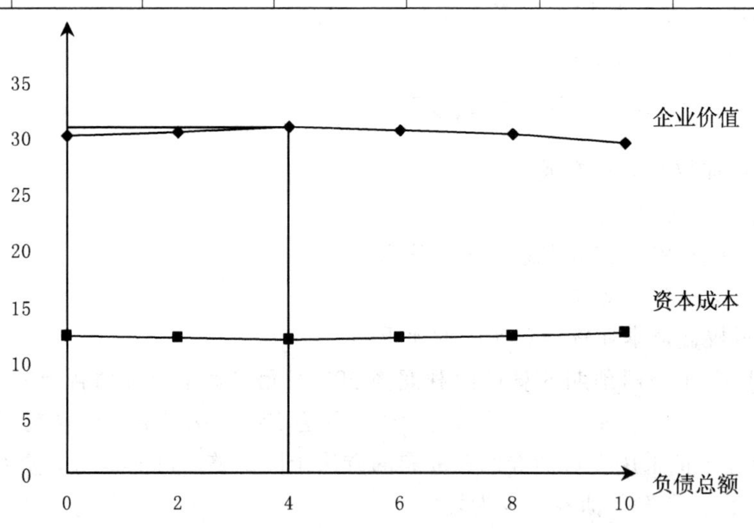

图4-3 企业价值与资本成本趋势图

从图 4–3 可以看出企业的价值与资本成本随负债总额增加的变化趋势：当企业全部资本都为权益资本时，企业的市场价值就是股票的市场价值；当权益资本的一部分逐渐被负债替代时，企业的价值首先呈现出上升趋势，资本成本随之下降；当负债总额增至 400 万元时，企业价值达到最大值，同时资本成本最低；随后，随着负债总额的继续增加，企业价值下降而加权平均资本成本上升。可见，负债总额为 400 万元的资本结构为公司最优资本结构。

上述两种方法是确定企业最优资本结构的定量分析方法。在实务中，企业的资本结构策划是一个综合考虑的过程，企业还应在定量分析的基础上考虑定性因素，结合企业的具体情况通过全面的分析来选择合适的资本结构。

第五节 资金结构、资本结构与资产结构

一、企业的资金结构

资金结构就是各种来源的资金在企业经营过程中相互依存、相互制约和不断运动所形成的一定比例关系的总和。资金结构表现为各种不同的数量与比例资金的搭配和排列。企业资金结构主要包括资金筹措结构和资金运用结构[1]，如图 4–4 所示。

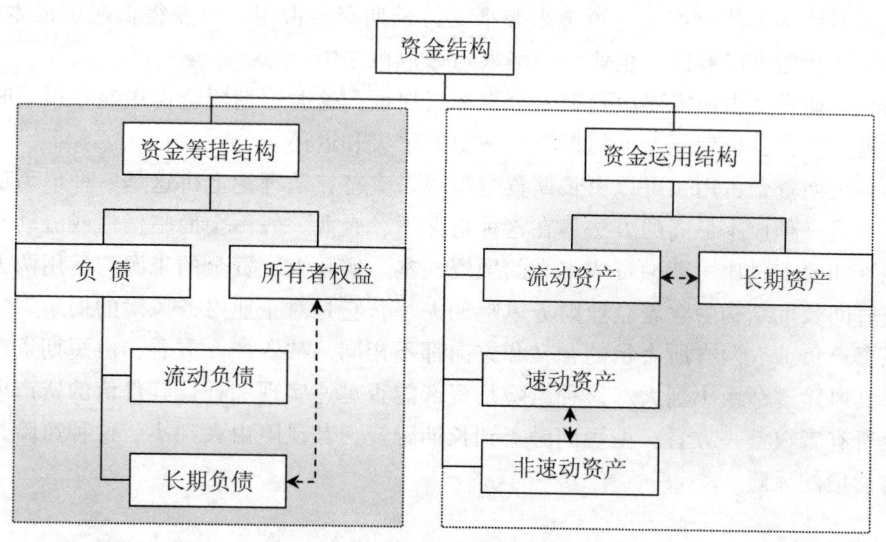

图4–4 资金结构的内容图

优化企业资金结构对于提高企业经济效益、避免财务风险将会起到积极的作用。其中，优化企业资金筹措结构主要就是正确处理企业各种资金来源之间的比例关系，以建立

1.这一观点参考了：耿孝恒.浅谈企业的资金结构[J].财经界，2009(6):56.

企业最佳的资金筹措结构。在企业资金筹措结构中最重要的是长期负债与所有者权益之间的比例关系，即资本结构。如上所述，衡量企业资本结构是否最佳主要有两条标准：一是使企业资金总成本最低；二是使企业价值最大。

资金运用结构是企业全部资金运用项目之间的比例关系，又称资产结构。它主要包括流动资产与长期资产之间的比例关系，流动资产内部速动资产与非速动资产以及各项目之间的比例关系，对外投资与生产经营用资产之间的比例关系等。在优化资金运用结构时应该主要考虑的因素有优先满足偿还债务的需要、满足企业生产经营的需要以及资产配置的合理性等。

二、 资本结构与资产结构的对应关系

资本结构与资产结构的对应关系一方面表现为资产与负债及所有者权益总量的相等，即取得的资金总以某种资产形态反映出来；另一方面，两者在结构方面表现出明显的对应关系。

从时间长度看，资产与负债及所有者权益各项目之间形成了一种内在的对应关系。从理论上讲，资产即资金的占用形式，按照流动性可划分为流动资产和非流动资产，负债及所有者权益即资金的来源形式，也具有到期时间长短的区分。它们之间的对称关系表现为：

(1) 长期资金占用需要由长期资金来源来保证，否则就会因以短期融资来支持长期资金占用而带来偿债压力，以至到期不能偿债，而陷入财务困境。当然，企业可以用不断地借新债还旧债的方法，用短期资金来源来支持长期资金占用，可获得低融资成本的好处。但是，一旦新债难以筹措，企业仍将陷入财务危机之中。

(2) 短期资金占用需要由短期资金来源来保证，这时短期资金占用能在很短时间实现转移摊销其价值，也就能保证短期资金来源的清欠和退还。

(3) 短期资金占用也可以由长期资金来源来支持，从理论上讲这是一种最为稳妥的方法，但也是一种成本最高的方法。在这种情况下，企业一般不会面临偿债或流动压力，但长期融资却要支付比短期融资成本高的融资成本。实际上，资金的来源与运用两方这种流动性或时间长度结构隐含着企业财务风险的大小，它是对企业财务风险的揭示。这种风险表现在资产负债表两方所表示的含义和方向都不相同。从资产一方看，由短期资产到长期资产，其风险逐渐由小到大，这种风险是资产能否迅速实现和补偿其价值的资产风险；从负债及所有者权益一方看，由短期融资到长期融资，其风险由大到小，这种风险是到期能否及时偿债的风险。

小　　结

本章首先介绍了资本成本的概念与作用，资本成本是指投资资本的机会成本。关于资

本成本的计算又分为个别资本成本、综合资本成本及边际资本成本这些不同的内容。筹资活动可能给企业的收益带来变动，这种变动的风险称为筹资风险，筹资风险受到经营风险和财务风险的双重影响。杠杆效应与风险的关系是企业资本结构决策的基本因素之一。杠杆效应是指企业因具有固定成本，在提高企业期望收益的同时也增加企业风险的现象。本章介绍了与经营风险相对应的经营杠杆，与财务风险相对应的财务杠杆，以及两者综合作用所形成的总杠杆。在此基础上，以提升企业价值、降低资本成本为主要思路，本章介绍了最优资本结构的确定方法，主要有息税前利润—每股收益分析法以及资本成本—企业价值分析法两种定量分析的方法，以及宏观、中观及微观层面的定性分析方法。事实上，企业资金结构就是各种资金在社会再生产过程中相互依存、相互制约和不断运动所形成的一定比例关系的总和，其中包含的资本结构与资产结构具有对应的关系。

【关键词】

资本成本（Cost of Capital）
加权平均资本成本（Weighted Average Cost of Capital， WACC）
所有者权益（Owner's Equity）
普通股（Common Stock）
银行借款（Bank Debt）
优先股（Preferred Stock）
息税前利润（Earnings before Interest and Taxes， EBIT）
每股盈余（Earnings per Share， EPS）
经营杠杆（Operating Leverage）
经营杠杆系数（Degree of Operating Leverage， DOL）
财务杠杆（Financial Leverage）
财务杠杆系数（Degree of Financial Leverage， DFL）
总杠杆（Total Leverage）
总杠杆系数（Degree of Total Leverage，DTL）
资本结构（Capital Structure）
融资结构（Financial Structure）
最优资本结构（Optimal Capital Structure）
目标资本结构（Desired or Target Capital Structure）

案例：华宇药业资本结构优化案例

我国医药行业自 1978 年以来以年均 16.6%的速度增长，因此医药行业的竞争相当激烈，而且在部分市场还存在不正当竞争，所以，在此竞争中企业必须合理安排资金，培育自己的核心竞争力，才能在竞争中不致被淘汰。

华宇药业股份有限公司（以下简称华宇公司）成立于 2009 年。其注册资本为 1 000 万元，经营范围主要是：化学原料药、化学制剂药、抗生素、生化制品、物流配送及相关咨询服务。公司自成立以来虽无亏损现象发生，但经营业绩一般，与同行业比较盈利能力较低。因此，为了在激烈的竞争中不致被淘汰，公司必须不断挖掘自身的潜力，扩大市场份额，提高企业价值。

华宇公司自建立以来一直无长期债务，其资金全部由普通股资本组成，股票账面价值为 1 000 万元，2010 年公司息税前盈余为 300 万元，目前适用的企业所得税率为 25%，无风险报酬率为 8%，平均风险股票必要报酬率为 15%，股票 β 系数为 1。

但随着公司的发展，公司的财务总监认为公司目前的资本结构不合理，于是向总经理提出改善公司目前的资本结构的建议。但总经理不同意。他认为目前公司的资本结构没有什么不妥之处。而财务总监认为公司应改善目前的资本结构，可通过发行债券购回部分股票，寻找加权平均资本成本最低的最佳资本结构。

思考：确定最优资本结构的意义何在？应按照什么样的思路来确定最优资本结构？

参考文献

[1]荆新，王化成，刘俊彦.财务管理学[M].北京：中国人民大学出版社，2009.

[2]严复海，张巧良.财务管理[M].北京：经济科学出版社，2008.

[3]中国注册会计师协会.注册会计师全国统一考试辅导教材——财务成本管理[M].北京：中国财政经济出版社，2010.

[4]谷祺，刘淑莲. 财务管理[M].大连：东北财经大学出版社，2007.

[5]刘媛媛.财务管理专业英语[M].北京：机械工业出版社，2010.

[6]S.A.罗斯，L.W.韦斯特菲尔德，J.F.贾菲，等.公司理财[M].北京：机械工业出版社，2005.

Financial

第二篇 财务战略与预算管理

Management

第五章　财务战略

学习提示

企业财务战略管理是以企业财务战略为对象的管理活动，是企业战略制定直至实施全过程的管理。其制定与实施程度正确与否直接关系到企业的成败。本章主要讲述财务战略的定义及特征，财务战略的构成及其选择。使学生掌握企业不同发展阶段财务战略的制定和实施，对财务战略在财务管理中的重要性和相关性有基本的认知。

学习目标

* 理解财务战略的基本概念和内容
* 了解财务战略的种类
* 掌握财务战略的制定方法
* 掌握财务战略分析工具
* 运用本章理论进行财务战略的实例应用

学习内容

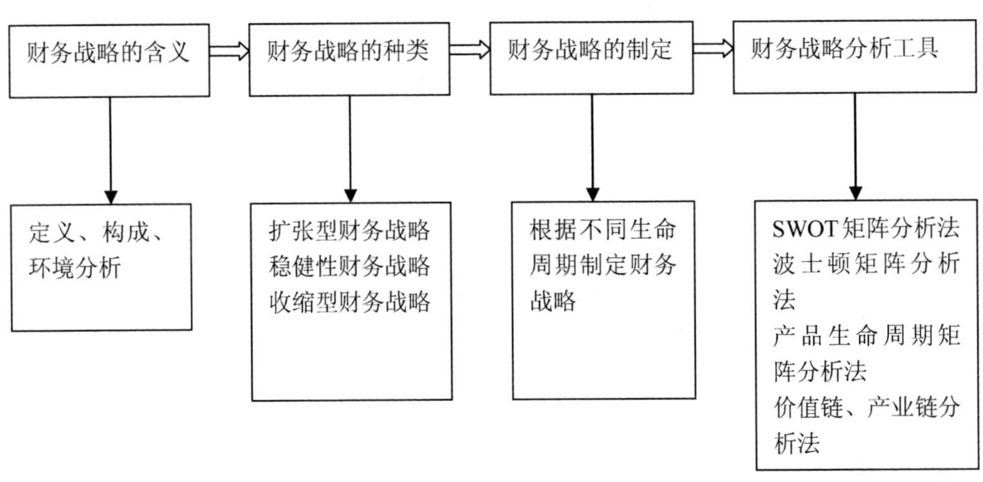

第一节　财务战略的概念及意义

一、财务战略的定义及内涵

一些观点认为，财务管理作为企业的一种职能管理，只是企业管理的一部分，因此只具有战术的性质，而不具备战略特征。但是随着企业规模的不断扩大、全球竞争的日益加剧，以及相关理论的不断完善，人们逐渐认识到必须把财务管理提高到战略的高度才能使企业财务管理快速适应瞬息万变的理财环境，并为企业长远发展提供资金营运决策依据，于是，财务战略应运而生，同时作为企业战略管理的一部分发挥着它独特的作用。财务战略是在企业战略统筹下，以战略环境分析为基础，运用财务战略管理的分析工具，确认企业的竞争地位，对财务活动的决策与选择、实施与控制、计量与评价等进行全局性、长远性和创造性的谋划，最终实现企业长期盈利能力的管理过程。其内容主要涵盖以下几点：

（一）以追求企业长期盈利能力为目标

当财务管理提高到战略的高度时，其目标也从均衡资金流、增加利润等短期目标提高到追求企业长期盈利能力的长远目标。长期盈利能力是指企业持续获取现金流的能力，也是企业不断发展的前提。它指明了企业财务战略管理的总体发展方向，明确了财务战略管理的具体行为准则，因此有效界定了财务战略管理方案选择的边界，排除了偏离企业战略目标以及财务目标的战略选择，使企业的人、财、物等资源得到合理配置，整体经营活动得到有效指导。

（二）以战略环境分析为前提

为了适应复杂的环境，企业应在总体战略的指导下，制定与之相适宜的财务战略。而为了实现企业财务战略管理目标，就必须考虑企业未来的发展，在具备风险防范意识的基础上，首先应对企业内外战略环境进行分析。其中，内部环境分析主要包括：企业内部资金流动和积累、企业的财务结构和状况等。外部环境分析主要包括：企业从外部筹集资金和投资活动的可能性与影响因素；企业与其他机构之间的资金往来关系或者资金市场的状况等。

（三）以提升企业竞争力为核心

核心竞争力决定着一个企业能否长期获得竞争优势，是企业特有的、能够经得起时间考验的、具有延展性并且是竞争对手难以模仿的技术或能力。在财务战略管理中，企业必须考虑到在有限的资源下，哪些活动能够提升企业竞争力，利用哪些资源能够形成企业的核心竞争力，进而通过较高的资源驾驭能力，在不断提高资金使用效率和效果的基础上，实现企业持续竞争优势。

（四）以财务战略决策的选择、实施与控制、计量与评价为内容

企业财务战略的选择，决定着企业如何进行财务资源配置，影响着企业理财活动的实施与效果，并从一个方面决定能否实现长期盈利能力。财务战略的制定、实施、控制与评价建立在企业不断创造价值这一财务战略目标的基础上。这一完整的过程应当从企业发展全局出发，与企业总体财务战略相匹配，并与其他职能相适应。

二、财务战略的基本构成

企业财务战略的基本构成如表5–1所示。

表5–1 财务战略子战略核心内容详表

构成因素	核心内容
筹资战略	选择有利的渠道和方法，力求降低资金成本，提高借入资金的使用效果
投资战略	长期经营阶段如何分配资金，发掘市场发展最具有潜力的产品；同时发挥资金效益，合理运用流动资金
利润分配战略	根据市场金融状况和企业财务状况确定分配政策，处理好集体利益和个人利益、短期利益和长期利益的关系，这关系到企业的荣辱兴衰
财务结构战略	结合企业经营状况，拟定有利于企业长远发展的资本结构，并在安全性、灵活性和有效性中寻求最佳结合点

三、财务战略的环境分析

企业财务战略的主要任务是在充分认识现有资金市场的基础上，根据企业财务状况综合考虑企业的投资方向，选择有效的融资方式和融资渠道，全面保证资金需求量，以最佳的资金利用效果来促进企业发展战略目标的实现，因此首先必须对战略环境进行分析。如何结合企业特点有效筛选出对自身发展有利的因素、避开不利因素成为财务战略管理的起点，也成为财务战略成功与否的决定因素之一。同时，不同行业、不同生命周期的企业对内外环境的依赖程度不同，因此战略环境分析的侧重点也有所不同。

企业需要分析的内外部财务环境如图5–1所示。

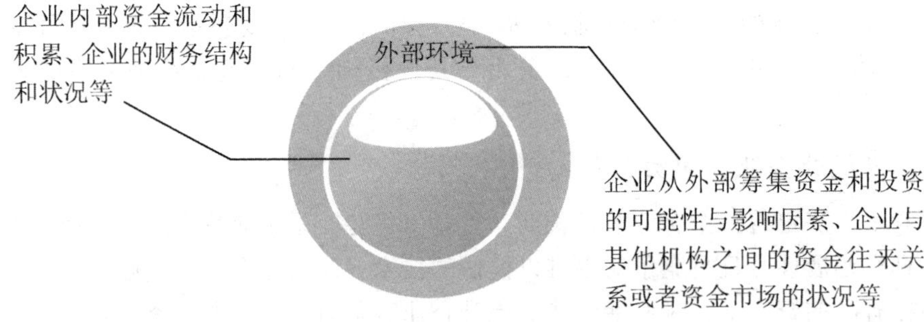

图5–1 企业内外财务战略环境分析图

第二节　财务战略的种类

企业财务战略的选择，决定着财务资源配置的取向和模式，影响着企业理财行为的效果和效率。企业财务战略的选择必须从未来长远发展出发，综合考虑企业生命周期、总体战略、发展方向以及增长方式等，并及时根据实际情况进行调整，以保证企业的核心竞争力。

企业按照“负债、收益、分配”可将企业总体战略划分为：扩张型财务战略、稳健型财务战略和收缩型财务战略。

一、扩张型财务战略

（一）扩张型财务战略的含义和特征

扩张型财务战略是以实现企业资产规模的快速扩张为日的的一种财务战略。为了实施这种财务战略，企业往往需要将绝大部分乃至全部利润留存，同时大量地进行外部筹资，弥补内部积累相对于企业扩张需要的不足。扩张型财务战略一般会表现出“高负债、高收益、少分配”的特征。

扩张性财务战略企业具体特征如表5–2所示。

表5–2　扩张型财务战略具体特征表

特征	具体说明
增长速度快	* 企业增长速度往往快于行业平均发展速度 * 不仅有绝对市场份额的增加,更有市场相对份额的增加
利润水平高	* 往往利润水平大大超过社会平均利润率 * 此时往往形成规模经济,从而降低成本,获得超额利润
创新能力强	* 企业的发展依靠创新,创新主要体现在新产品、新工艺、新技术上
适应能力强	* 通过创造新的事物或对事物的需求,适应外部环境,实现自身发展
现金流一般	* 企业库存增加,销售扩大,应收账款增多,导致现金周转速度慢 * 企业需要大量投资,留存收益几乎全部用来投资,现金流一般或匮乏

（二）扩张型财务战略的优缺点

扩张型财务战略的优缺点如表5–3所示。

表5-3 扩张型财务战略优缺点对比分析表

企业生命周期	优点	缺点	应对措施
发展初期	* 通过发展提升自身价值 * 增加市场份额和绝对财富 * 员工的荣耀与企业自身发展动力	* 可能导致企业为追求短期利润的盲目发展与投资,破坏企业资源平衡 * 员工的经常加班可能导致不满情绪	在作每一个战略决策之前,重新审视和分析内外环境,判断财务战略与总体战略的吻合度
发展中期	* 通过不断的变革来创造更高的生产经营效率与效益 * 获得过去不能获得的崭新机会,避免企业组织的老化,使企业充满生机与活力	企业发展过快很可能导致企业综合素质下降,主要表现在组织结构、人员、设备等的不相匹配与协调,内部管理混乱	设立一个战略管理的临时性机构,负责统筹和管理扩张后企业内部各部门、人员之间的协调,在各方面的因素都融合在一起之后,再撤销该机构
发展后期	保持企业竞争优势,努力实现核心竞争力	企业管理者可能过多注重投资结构、收益率、市场占有率、企业组织结构等问题,从而忽视产品的服务和质量,重视宏观发展而忽视微观问题	正确而全面地理解扩张型财务战略,意识到企业的战略态势是企业战略体系中的一个部分,在实施过程中通盘考虑

(三) 扩张型财务战略的适用条件

企业采用扩张型财务战略必须具备以下条件:

(1) 企业必须分析战略规划期内宏观经济形势以及产业经济情况。只有企业经济形势向好，并且产品或服务市场供大于求，企业才有扩张的可能性。

(2) 企业必须有良好的资源获取能力。扩张型财务战略往往需要较多的资源投入，因此企业必须具备从内外部获取资源的能力。

(3) 企业必须有较强的整合能力。扩张型财务战略往往伴随着企业规模的快速扩张，因此就需要对企业的组织结构、企业原有文化以及企业员工进行整合才能产生 1+1>2 的财务效应。

二、稳健型财务战略

(一) 稳健型财务战略的含义和特征

稳健型财务战略，是以实现企业财务业绩的稳定增长和资产规模的平稳扩张为目的的一种财务战略。实施稳健型财务战略的企业，一般将尽可能优化现有资源的配置和提高使用效率及效益作为首要任务，将利润积累作为实现企业资产规模扩张的基本资金来源。为了防止过重的利息负担，这类企业对利用负债实现企业资产规模和经营规模的扩张往往持十分谨慎的态度。所以，实施稳健型财务战略企业的一般财务特征是“适度负债、中度收益、适度分配”。

实施稳健型财务战略企业的具体特征如表 5-4 所示。

表5-4　稳健型财务战略企业的具体特征表

特征	具体说明
经营目标基本不变	* 企业认同过去的经营业绩或成果，并决定在未来一段时间内继续以此为目标，继续保持市场领先地位或保持相对市场占有率
利润水平基本保持	* 企业战略规划期内所追求的经营业绩按比例缓慢增加 * 市场占有率、产销规模或总体利润水平保持现状或略有增加，巩固现有竞争地位
创新能力缺乏	* 企业准备以现有的产品或服务继续服务于社会

（二）稳健型财务战略的优缺点

稳健型财务战略的优缺点如表 5-5 所示。

表5-5　稳健型财务战略优缺点对比分析表

企业生命周期	优点	缺点	应对措施
发展初期	企业基本维持原有产品或市场领域，避免了开发新产品、新工艺等带来的巨大资金投入、激烈的竞争抗衡以及研发失败等风险，因此经营风险相对较小	一旦企业产品或服务的市场需求、竞争格局发生变化，企业将会陷入困境	利用现有生产设备、品牌以及销售渠道等有选择地实施一体化投资战略，以降低企业因原来产品、服务需求等发生变化造成的不良影响
发展中期	能够有效避免因经营领域改变或战略调整造成的资源分配困难	对于特定细分市场的稳定型财务战略，如果对细分市场把握不够准确，企业可能会陷入困境，风险较大	充分分析企业内外财务环境，根据实际资源情况，选择若干个细分市场，经过一段时间发展后做进一步筛选工作
发展后期	由于已完成迅速发展的阶段，因此能够看到因发展过快而导致的潜在危机，避免资源的巨大浪费	企业风险意识减弱，甚至形成害怕风险、回避风险的文化，大大降低了企业对风险的敏感性、适应性和冒风险的勇气	有意识地培养企业员工风险意识以及创新能力，努力打造新的企业文化，使整个企业处于能够不断进取的环境当中

（三）稳健型财务战略的适用条件

企业采用稳健型财务战略必须具备以下条件：

(1) 企业外部环境相对稳定，包括宏观经济环境稳定；企业在所在行业的市场占有率相对稳定；技术更新速度较慢；消费者需求变动较为稳定；产品处于稳定期；新产品研发难以取得成功；企业处于垄断或寡头垄断，没有或只有很少竞争对手。

(2) 企业内部资金不足；研发能力较差；人力资源存在缺陷；企业处于衰退阶段，但资源丰富，或虽然资源不丰富，但在某个特定细分市场上有独特优势。

三、收缩型财务战略

（一）收缩型财务战略的定义及特点

收缩型财务战略，是以预防出现财务危机和求得生存及新的发展为目的的一种财务战略。实施防御收缩型财务战略，一般将尽可能减少现金流出和尽可能增加现金流入作为首要任务，通过采取削减分部和精简机构等措施，盘活存量资产，节约成本支出，集中一切资源用于企业的主导业务，以增强企业主导业务的市场竞争力。由于这类企业多在以往的发展过程中曾经遭遇挫折，也很可能曾经实施过扩张的财务战略，因而历史上所形成的负债包袱和当前经营上所面临的困难就成为迫使其采取防御收缩型财务战略的两个重要原因。“低负债、低收益、高分配”是实施这种财务战略企业的基本财务特征（表5-6）。

表5-6 收缩型财务战略具体特征表

特征	具体说明
规模缩小	* 企业对现有产品和市场实行收缩、调整或撤退战略 * 企业规模呈现缩小态势，同时，利润率、投资回报率等指标也有明显下降
支出减少	* 企业通过削减机构、精简部门、暂时性的裁员或轮休等措施严格控制现金支出
短期行为	* 企业实行收缩型财务战略往往只作为一个调整战略，其根本目的并不在于长期减少现金支出，缩减规模，而是为以后发展积蓄能量

（二）收缩型财务战略的优缺点

收缩型财务战略的优缺点如表5-7所示。

表5-7 收缩型财务战略优缺点对比分析表

企业生命周期	优点	缺点
发展初期	能够帮助企业在外部环境不利或前期财务战略失败的情况下，尽量减少现金支出，帮助企业渡过难关	盲目地实施收缩型财务战略，可能会错过新的投资机会，不利于企业的转型，扼杀有前途的业务和市场
发展中期	能在企业经营不善的情况下最大限度降低损失	大量的裁员、人员轮休以及降低工资可能会导致员工不满情绪增长，士气下降
发展后期	通过前、中期剥离不良资产，减少现金流出，帮助企业重新实现资产的优化组合，逐渐将重点转移到新的发展点上	实施程度难以把握，因为在此期间如果仅一味实施收缩型财务战略，没有把握新的发展机会，后期很可能导致企业的破产

（三）收缩型财务战略的适用情形

企业采用收缩型财务战略主要有以下几种情形：

（1）适应型财务战略，是指当企业外部环境恶化或者企业所处行业进入衰退期时，企业销量下降，利润也开始下降，但短期内无法转型，现金流相对富余，企业所采取的一种顺应当前经营环境的财务战略。实施这种财务战略，必须努力控制成本费用支出，实施严格的预算管理，减少一些长期股权投资项目。

(2) 调整型财务战略，是指企业在现有经营领域无法保持原有的产销规模和市场占有率，通过减少资产、加速回收资产等措施缩小产销规模，等遇到更好的时机时，对原有业务领域压缩投资，控制成本，节省的资金用于企业新的获利项目。

(3) 放弃型财务战略，是指企业的一个或几个部门或项目完全无法实现盈利时可以采取转让、出卖或停止经营等手段，这里的部门可以指企业的某个经营单位、生产线、事业部或者某个项目。

当转让、出卖时企业管理人员应该说服买主，认识到购买企业所获得的技术资源或资产能给对方增加利润。企业在放弃型财务战略实施过程中通常会遇到一些阻力，包括结构上或经济上的阻力、企业战略上的阻力、管理上的阻力等，克服这些阻力，可以采用以下方法：在高层管理者中，形成“考虑放弃”的氛围；改进工资奖金制度，使之不与放弃制度相冲突；妥善处理管理者与员工的出路问题。

第三节 财务战略的制定方法

不同发展阶段的企业，财务战略的选择不同。为了保持企业原有的市场收益能力和企业理财活动的效率，企业应根据其不同的发展阶段，选择不同的财务战略，同时为了有效地实施财务战略，必须辅之以相应的策略。

一、初创期企业的财务战略

(一) 初创期企业财务战略基本构成

初创期企业财务战略的指导思想为如何实现企业有限资源的合理配置，使企业能够生存下去。初创期企业财务战略的核心内容如表 5-8 所示。

表5-8 初创期企业财务战略构成表

构成因素	核心内容
筹资战略	* 保持良好的资本结构 * 根据未来的偿债能力，选择可接受的融资方式 * 防止企业因无法偿还到期债务而陷入财务危机 * 该时期企业融资渠道较少，往往通过留存收益提供发展所需资金 * 该时期企业可通过招募股东或从银行贷款募集新的长期资金，但此时资信水平低，往往难以获得资金支持，因此企业还可以选择风险投资、融资租赁方式
投资战略	* 主攻某一顾客群、某一地区市场或专注于某一专项服务，意图提高品牌价值、增加主要业务的销售量，提高市场占有率 * 筹集的资金多用于新产品的研发、市场推广、工艺设计等 * 为企业发展进行原始资本积累
利润分配战略	* 该时期企业收益低且不稳定，留存收益基本用于投资，一般不分配利润

(二) 初创期财务战略实施原则

初创期企业在对内外环境进行分析、把握企业总体战略、根据企业自身特点制定相应投融资以及利润分配战略后，应考虑如何将战略落到实处，即战略的实施问题。总的来说，初创期企业财务战略实施应遵循以下原则。

(1) 全方位落实财务战略意图，要让企业所有者、管理者甚至员工充分认同所要实施的财务战略意图，愿意为此付诸行动。

(2) 制定财务战略实施计划。首先，在企业发展规划的基础上，制订未来三年的资本支出项目计划；其次，针对资本支出计划，确定企业的融资规划，包括融资时间、融资方式、融资金额等。

(3) 财务战略的实施必须符合财务管理原则，要发挥对企业经营的支持、参谋与协调作用，并且能够保证生产导向与市场导向等战略重点的落实。

(三) 初创期企业财务风险

初创期企业财务风险主要包括高经营风险和低财务风险。高经营风险主要是指产品研发、市场推广不成功、市场竞争激烈等导致的企业无法生存下去的风险，低财务风险主要是指初创期企业由于资信水平低、资产抵押能力有限等原因，无法获得负债融资，只能依靠投资者的原始资本、风险投资以及少量留存收益，因此导致企业因无法偿还到期债务而面临破产的风险较小。

(四) 风险投资者

由于企业初创期融资渠道比较少，企业可以选择创业投资，即风险投资。广义的风险投资泛指一切具有高风险、高收益的投资；狭义的风险投资是指以高新技术为基础，生产与经营技术密集型产品的投资。

风险投资者既是企业的投资者，又是企业的经营者。他们一般情况下不会将全部风险资本一次性注入风险企业，而是根据企业的发展情况分期分批注入资金。风险投资者第一次向企业注入资金后，便开始参与企业的经营管理，不仅参与企业长期或短期的发展规划、企业生产目标的测定、企业营销方案的建立，还会积极参与企业的资本运营，为企业追加投资或创造资金渠道出谋划策，甚至参与企业重要人员的雇佣、解聘。

二、成长期企业的财务战略

(一) 成长期企业财务战略基本构成

进入成长期的企业，在经历了一段时期的积累后已经形成初步规模，积累了一定留存收益，拥有了自己的员工队伍，具备了一定的竞争优势。处于这个阶段的企业往往以“利润最大化”为财务管理目标，采取“高负债、高资本扩张、低收益、少现金分红”的快速扩张型财务战略。但是很多企业没有跳出“利润最大化”的圈子，导致企业盲目扩张生产经营规模，制定了不符合企业成长阶段特点的财务战略手段，最终导致企业在业务和财务上的双重失败。成长期企业财务战略构成如表 5-9 所示。

表5-9　成长期企业财务战略构成表

构成因素	核心内容
筹资战略	* 企业资信水平不断提高,资本市场正好为成长期企业融资提供了有力条件。企业通常能贷到数额大、成本低、附有优惠条件的贷款,负债筹资不仅能为企业带来财务杠杆效应,还能防止净资产收益率和每股收益的稀释。
投资战略	* 企业宜采取一体化的投资战略,通过纵向一体化延长企业价值链或横向一体化扩大企业的规模,不断降低企业成本,实现规模经济。 * 企业可适度增大营销投入,以维持现有的市场地位,提升品牌知名度。 * 企业的快速成长离不开大量的人才,因此必须将人力资本投资纳入企业的投资战略体系当中,并且作为该阶段重点投资项目。 * 当企业现金储备充足时,还可以将现金转化为有价证券或对外股权投资,以获得投资收益,实现资本的保值增值。
利润分配战略	* 企业股利分配政策应该在保证企业未来成长的资金支持前提下,制定固定股利增长政策。但由于该政策下的股利只升不降,在公司资金需求大增或者出现经营状况不好、暂时困难的情况下,仍执行该政策必将侵蚀公司的留存收益,影响公司后续发展,因此不宜被长期采用。也可以采用定期支付少量现金股利,同时辅以送股、转股政策,以缓解财务压力。

(二) 再投资项目

成长期企业在经历了一个阶段发展之后，逐渐有了现金盈余，具备了一定的投资能力，因此就涉及了再投资问题。企业可以选择扩充现有生产能力，也可以选择投资新项目。在特定情况下，大型再投资项目往往用于扩充生产能力，而中小型再投资项目则是站在战略调整角度进行的试探性投资，其投资风险一般比大型再投资项目大。因此对于不同的再投资项目应选择不同的决策审批流程，大型再投资项目可能会选择分权制的审批或备案制，而中小项目可能需要采用灵活的项目资本供应方式或干脆采用直接决策制。

三、成熟期企业的财务战略

企业经历成长期后进入成熟期，这时企业开始进入回报期，由于产品市场份额稳定，企业盈利水平将保持相对稳定的状态，现金流充足且流转顺畅，企业财务状态比较稳定，人力资源充足，研发能力增强。在该时期，很多企业容易犯“大企业病”，各部门之间出现相互推诿现象，创新意识受到抑制，应变能力开始变差。很多企业开始寻找新的经济增长点，在维持原有业务的同时向其他行业或领域拓展，通过扩大经营范围，缓解竞争压力，降低经营成本，分散经营风险，增强综合竞争优势。此时多采用多元均衡性财务战略。财务战略一般表现为“低负债、高收益、中分配”的特征。成熟期企业财务战略如表5-10所示。

表5-10 成熟期企业财务战略构成表

构成因素	核心内容
筹资战略	* 适时引入股权资金,增强企业资金实力,也可吸引战略型投资者加盟,优化股权结构 * 成熟期企业销量稳定、利润稳定、现金流稳定,可以考虑通过上市发行股票方式募集资金,增强企业信贷融资能力,为实现规模扩张提供有效手段 * 由于此时盈余水平较高,现金流充足,可适当增加债务规模,发挥财务杠杆效应
投资战略	* 基于核心竞争力的多元化投资 * 企业多元化经营战略包括同心多元化、水平多元化和综合多元化,不同战略要求企业的资金投向也不尽相同。在决策前要考虑企业目前闲置生产能力,不可盲目进入其他领域
利润分配战略	* 多采用固定股利政策,丰厚的现金股利也有利于向外界传递企业向好的状态,有利于企业树立良好的形象,从而吸引更多的投资者

四、衰退期企业的财务战略

企业处于衰退期阶段时，销量和利润急剧下降、呈现负增长态势；产品、设备及工艺老化；企业思想僵化、创新意识严重匮乏；内部闲置的人力资源也不断增加，员工流动率增大；财务状况逐渐变坏。面对如此状况，企业一方面要考虑扩张和发展，另一方面也要考虑调整和缩减规模。因此可以采取先退后进或者先进后退的价值转移防御型战略。财务战略一般表现为“高负债、低收益、少分配”的特征。衰退期企业财务战略如表5-11所示。

表5-11 衰退期企业财务战略构成表

构成因素	核心内容
筹资战略	* 企业应尽量避免负债融资,以降低因无法偿还到期债务而带来的破产风险。对新增投资项目,在内部留存收益无法满足的情况下,要考虑融资成本,必须保持合理的资本结构,不能盲目扩大融资规模 * 通过产权变革,吸纳新资金,为企业注入新鲜血液,帮助企业成功转型
投资战略	* 企业应合理安排投资、谨慎进行资本运作 * 企业往往通过业务收缩、资产重组或被接管、兼并等形式进行投资与资本运作活动,尽量减少现金支出,盘活存量资产 * 谨慎选择新的投资机会以及增长点,逐渐将业务重点转移到新项目上,加强无形资产的积累
利润分配战略	* 企业应采用低正常股利加额外股利政策。衰退期初期企业虽然销售收入下降、利润减少,但是仍有大量自由现金流。进行战略转移的企业往往不能向股东大量发放现金股利,因此可以采用低正常股利以维持现有股东,如果战略转移成功,盈余出现大幅增加,则可以发放额外股利,额外股利信息的传递有助于公司股价的上扬,增强投资者的信心

第四节　财务战略分析工具

企业财务战略的主要分析决策工具包括SWOT矩阵分析法、波士顿增长—占有率矩阵法、产品生命周期矩阵分析法、价值链和产业链分析法等。

一、SWOT矩阵分析法

SWOT矩阵分析法即：优势—劣势—机会—威胁矩阵分析法，该方法是帮助管理者制定如下四类战略的重要匹配工具：SO战略、WO战略、ST战略、WT战略。SO战略是一种以发挥企业内部优势而利用企业外部机会的战略。所有的管理者都希望所在企业可以根据企业自身所特有的优势去利用外部环境所提供的机会。通常情况下，企业会首先采用WO、ST或WT战略而到达能够采用SO战略的状况。当企业存在重大劣势时，它将努力回避这些威胁以集中精力利用机会。

二、波士顿增长—占有率矩阵法

波士顿矩阵法（Boston Consulting Group Matrix）用于描述企业各分部产品在市场份额和产业增长速度方面的差别。BCG矩阵用于考察各分部对其他分部的相对市场份额地位和产业增长速度，从而使各部门来管理其业务组合。BCG矩阵的横轴代表相对市场份额地位，纵轴是以销售额增长百分比代表的产业增长率，此时出现四个区域：第一区域称为"明星"，此区域中的战略经营业务（SBU）位于高增长行业中，拥有较高的相对市场占有率。因为同时具有市场竞争实力和扩展机会，所以有可以为企业提供长期的利润增长的可能性。第二区域称为"问号"，此区域内的SBU具有较低的相对市场份额和较弱的竞争能力，但它们所依托的行业是增长的行业，因此为企业提供了长期获利和发展的机会。如果能够得到适当的帮助，注入大量的资金，"问号"就可以转变成"明星"。管理者必须首先确定哪一个"问号"有可能转变成"明星"。第三个区域称为"现金牛"，此区域中的SBU尽管处于低增长率行业，但占有的相对市场份额较高。这种状况可以使SBU保持高利润，能够产生大量的正现金流量。第四区域称为"瘦狗"，此区域中的SBU处于低增长行业，同时市场份额也低。它们所在的行业没有吸引力，本身又缺乏竞争能力，对企业的贡献不大，虽然也能带来正现金流量，但利润很低或亏损。

三、产品生命周期矩阵分析法

这种方法是根据企业各项业务所处的产品/市场生命周期阶段和业务的大致竞争地位决定战略类型的方法。该方法对企业制定投资战略具有如下的指导作用：

(1) 对处于引进阶段的盈利业务一般采取迅速扩大规模和提高差异化程度的投资发展战略。

(2) 对发展阶段的盈利业务还应争取使其具有成本优势。

(3) 处于成熟阶段的盈利业务有能力将市场上其他竞争对手驱赶出去，因此还能在该产业中继续经营下去但不宜过多投资发展。

(4) 处于衰退阶段的盈利业务虽然通过集中于某个细分市场在目前尚可盈利，但由于市场在逐渐消失，所以仍应及早做好撤退的打算。

(5) 处于发展阶段和成熟阶段的“问号”业务有两个出路：一是在盈利业务的资金支持下提高竞争地位而成为盈利业务；二是通过紧缩或退出战略，将转移出来的资金用于支持处于发展阶段的盈利业务或发展新的业务。

(6) 处于引进和发展阶段的亏损业务尚有提高市场竞争地位的可能，只是需要追加大量的资金。

(7) 处于成熟和衰退阶段的亏损业务多数只有撤资退出这一条出路。

四、价值链和产业链分析法

1985 年波特在其对企业内部分析的《竞争优势》一书中重点讨论了企业如何扬长避短、增强自身竞争力，并提出了一个有效且独特的分析工具——价值链（Value Chain）。波特认为价值链是诊断竞争优势并且寻求改善企业素质的基本工具。价值链把企业运作的各种活动划分为产品设计、生产、营销和运送等独特领域，通过对价值链的影响，这些企业活动的范畴也就是竞争范畴，会对竞争优势产生举足轻重的交互关系，最终能够提升竞争优势。公司的价值链，也可以和上游供销商、下游买主的价值链相连，构成一个产业的价值链，这样可以把价值链充分、有效地串联，这对竞争力的增强颇具意义。产业链的本质是用于描述一个具有某种内在联系的产业群。产业群中存在着大量的上下游关系，上游和下游之间相互交换，上游环节向下游环节输送产品（可以是有形的物质产品，也可以是技术或服务等特殊商品），下游环节向上游环节反馈信息和价值。一条产业链上的所有环节共处在一个产业生态系统之中，如果有一个环节（如技术）发生了变化，则会导致其他环节发生连锁反应。产业链的整合往往蕴涵着新的机会和空间，产业链的类型包括：“研发—生产—营销”型产业链、“原材料—制造—批发—零售—消费”型产业链和关联产业链。

小　结

财务战略是站在财务的角度对企业总体发展战略所作的描述，是企业未来活动的行为指南，对企业的各项具体财务工作、计划等具有普遍的权威的指导作用。作为一个优秀的财务管理者应站在企业的高度，把有利于企业发展的方法、策略应用到实际生产经营中的各个环节，从而实现企业的价值最大化。

【关键词】

财务战略（Financial Strategy）
财务布局（Financial Layout）
企业生命周期（Business Life Cycle）

案例：诺基亚的中国财务战略实施案例

中国作为诺基亚全球最大的单一市场，供应全球 1/5 手机产量，也是诺基亚全球子公司最多、投资最多的地区，诺基亚的财务管理体系也随着其全球运营体系一起延伸到中国。这些被移植到中国的财务管理体系包括其会计核算体系、资金管理体系、经营管理与控制体系（预算与业绩评价）和风险管理体系。诺基亚的中国财务战略管理主要包括以下三个方面的内容：第一，是其中国区的财务战略目标的确立；第二，是其财务管理的体系结构与系统战略；第三，是其财务管理体系建立的实施战略。

第一个战略内容主要确定诺基亚中国区的财务战略目标；第二个战略内容决定了诺基亚中国区将采取与诺基亚全球相同的财务管理概念和系统；第三个战略内容的实施完美实现了这个想法，而这些将帮助它最终达到中国财务战略的目标。那么，它的中国财务战略有什么值得借鉴之处呢？诺基亚中国战略的目标是追求这个巨大的市场中的高份额和生产加工环境下的低成本，它的财务战略核心是建立一套与其全球一致的财务管理体系，它的成功之处在于它的整个实施策略和步骤。

一、 四条线的完善财务管理体系架构

第一条线是会计信息系统。这个信息系统由 ERP 担当，可以使全球信息实时集中，便于决策信息的搜集和整理，便于掌握各项业务和产品的状况，便于监控各个公司的运用情况。这是个提供信息的服务平台，系统与数据库是非常主要的，稳定的会计政策和执行的准则是基础，标准化的编码可以使其自动化程度更高，因此，为企业降低成本带来了途径。在这种安排下的会计处理人员将不需要复杂的判断和知识，只要按照指导手册和业务人员的信息就可以进行标准化的账务处理，在此情况下，会计人员完全可以共享和外包服务。

实际上，财务管理的最基础工作和赖以发挥的前提是有一个好的信息系统支撑，包括软件系统与网络、人力配置（会计人员和 ERP 维护人员等）、会计规范、会计要素编码与流程。看似非常基础的一件事情，真正能做好的企业很少。由于信息不及时、准确而带来的决策失误、管理不善、竞争力下降的例子比比皆是。这也是为什么诺基亚财务健康的根本理由，也体现在它财务管理延伸和搭建的第一个环节。

第二条线是财务控制系统。这个系统主要由人构成，由大大小小的很多层次的财务经理构成，诺基亚公司的财务经理数量恐怕是全球大企业中比例最高的，这体现了诺基亚的资源投向哲学，在公司管理最重要的地方投入大量的人力，诺基亚财务管理的健康也有赖

于其对财务管理的重视，仅仅财务经理数量这一条就是最好的体现，诺基亚从上到下的整个管理政令的贯彻和企业经营的掌控都是靠这个庞大的财务经理网络来实现的。在诺基亚，财务经理体系的关键作用不是监控与创造企业价值，而是确保整个集团所有公司与总部的战略一致。一个庞大的公司应对竞争如此灵活，就是因为其整体感，所有公司的目标与策略是与总部完全一致和统一的。同时，诺基亚也赋予了财务经理在同样业务级别上的最高监管权力。对财务经理的培养和不断培训是确保财务经理体系有效发挥作用的基础工作，因此，财务经理需要在不同业务岗位轮岗以使其体验不同的业务特点与问题所在。在各个国家的轮岗以接受不同文化和培养交流与合作能力，都是其财务战略实施过程中非常重要的措施。

第三条线是资金管理系统。这个系统是由一系列资金管理政策构成的，诺基亚有非常明确的资金管理思路和具体执行的标准和方法，这些包括：

(1) 外汇交易风险控制。每个公司每周通过外汇风险揭示的工具，预测自己公司的未来外汇风险和已经采取的套期保值等风险屏蔽措施。财务中心监督子公司的外汇风险规避工作并将仍然暴露在外的部分由总部统一采取风险规避措施来协助子公司降低外汇风险。

(2) 融资与资金流动性管理。诺基亚的每一个子公司都要以周为单位预测未来 1 个月和 12 个月的资金流情况，每周预测，滚动更新。诺基亚财务中心为子公司提供低成本的融资，同时，也帮助有富余资金的子公司委托贷款给其他公司，并担保风险。

(3) 结算管理。诺基亚全球使用诺基亚银行清算系统 BankLink（NBL）和本地集中清账系统 Netting（CDN）。在像中国内地这样外汇管制的地区，本地企业之间要先清算，以减少外汇收付的烦琐程序，然后再参与全球 BankLink 清算。

(4) 银行关系。结算中心负责与银行谈判，以最低的成本获得最好的结算服务和融资服务，甚至是为企业量身定做的服务。

(5) 客户信用管理。制定信用政策和提供技术支持，确保子公司在经营中理解每一桩业务的客户和利益，在此基础上才能做交易以及按照政策和经验进行赊销，而且要避免违法行为（如参与洗钱活动等）。

(6) 应收账款贴现。负责协助子公司对应收账款进行转卖，在可以接受的成本的情况下，将应收账款出售，诺基亚要以低成本来规避风险。

上面这一系列的政策将用来作为各个公司财务工作的指南，并遵守相关的流程和标准，定期汇报执行情况，这使得诺基亚的资金流转非常高效，风险低，完全体现了以股东价值为目标的思想。

第四条线是风险控制系统。这个系统主要是针对商务、法律、财务和财产风险而制定的，也是财务监控的范围。由于诺基亚公司控制企业经营的风险出发点非常明确——为股东创造最大价值，因此，根据股东价值模型：股东价值=公司利润/公司风险，即利润越高，股东价值越大；风险越大，股东价值越小。如果企业管理者进行了很好的风险管理和控制，风险可以转化为成本，那么，在这种情况下，股东价值=公司利润。基于此，诺基亚的风险管理目标就是：通过减少纯粹风险的成本来使股东的商业价值最大化；通过风险管理，确保企业在任何情况下都能将经营继续下去。为实现这个目标，诺基亚确立了清晰的风险管理理念："公司有责任采取有效的风险管理措施（作为核心管理能力之一）支持公司完成其价值目标。"由于风险管理并不是一个独立的程序或者行动，而是融于日常的商业交易和管理实践活动中的，因此，诺基亚公司在其《风险管理政策》中清楚地描述了风险与风险管理措施应用于实际工作的指导方针，具体原则如下：

(1) 通常采用最基本的、系统的方法管理来自商业交易活动、支持平台和运作流程中的各种风险。

(2) 风险管理是诺基亚公司的管理层和所有员工的基本责任，包括对自己职责和经营范围内可预见的风险有责任（并且是作为风险管理的第一责任人）提醒他人和管理层注意。

(3) 积极地预见和管理风险，在机会中获取直接的利益并管理潜在的危险。

二、明确的中国财务管理战略目标

诺基亚的中国财务管理目标由下面一些要点组成：能够完全领悟诺基亚全球财务管理政策，并将总部的指示贯彻到底，配合总部财务管理，协调一致发展，发挥集团财务资源的最大效率，充分发挥财务管理职能，保证本地业务的健康发展，妥善安排本地经营目标策略，合理避税，避免风险，制定合理的转让价格。这些目标的制定，关注于两个方面：一是集团利益，长远利益；二是本地利益，分配利益。因此，诺基亚可以耐心且细致地进行整体布局，深入扩展或者叫克隆成熟的财务管理模式到中国，形成全球一体化的财务管理模式和统一的战略。

思考：诺基亚的中国财务战略的成功之处是什么？

参考文献

[1]易发久，白沙.财务解码——总经理3堂财务必修课[M].北京：电子工业出版社，2009.

[2]汤谷良.财务管理案例[M].北京：北京大学出版社，2007.

第六章 全面预算管理

学习提示

通过本章学习掌握全面预算管理活动，即预算管理的内容、预算管理的模式、编制程序和方法以及预算差异分析和调整，理解预算管理是公司战略实施的保障，是一种整合性管理系统，更是财务管理的基本工具和一种制度安排。

学习目标

* 掌握全面预算管理活动
* 掌握预算管理的内容
* 掌握预算管理的模式
* 掌握编制预算的程序和方法
* 理解预算差异分析和调整
* 理解预算管理的含义和意义

主要内容

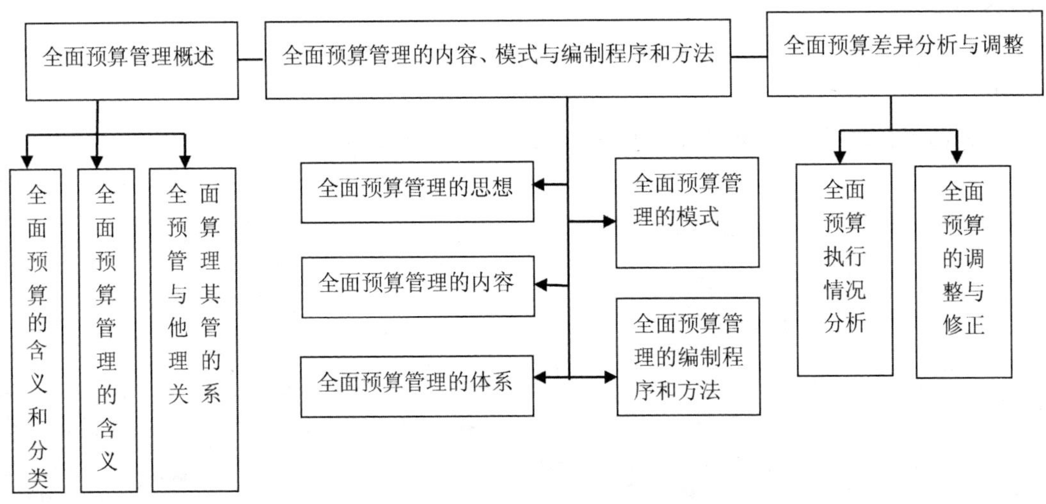

第一节　全面预算管理概述

一、全面预算的概念

（一）全面预算的含义

预算是关于企业在一定的时期内（一般为一年或一个既定的期间内）经营、财务、投资等价值流相关的总体计划，是公司整体战略发展目标和年度计划的细化，它包括业务方面的预算（如收入预算、采购预算、费用预算等）和财务方面的预算（如资金预算、利润预算、现金流量表预算、资产负债表预算等）。

全面预算是指企业为了实现预定期内的战略规划和经营目标，按照一定程序编制、审查、批准的，企业在预定期内经营活动的总体安排。它是企业在对历史的运营结果和对未来进行充分分析、论证的基础上，对未来的经营活动进行的量化表述；是围绕企业战略规划和经营目标，对预算期内资金取得和投放、各项收入和支出、经营成果与分配等资金运动所作的统筹安排。

从其本质来看，全面预算是确保企业实现预定期内的战略规划和经营目标的有效方法和重要的管理工具。

从其表现形式来看，全面预算就是企业按照特定的方法和程序编制的，规范和约束企业预定期内所有经营活动的，一个个具体而详尽的经营活动、投资活动、筹资活动的运营计划。

（二）全面预算的分类

全面预算按不同的标准，有如下分类。

（1）全面预算按其涉及的预算期分为长期预算和短期预算。长期预算包括销售预算和资本支出预算，有时还包括长期资金筹措预算和研究与开发预算。短期预算是指年度预算，或者更短时间的季度或月度预算，如直接材料预算、现金预算等。

（2）全面预算按其涉及的内容分为总预算和专门预算。总预算是指利润表预算和资产负债表预算，它们反映企业的总体状况，是各种专门预算的综合。专门预算是指其他反映企业某一方面经济活动的预算。

（3）全面预算按其涉及的业务活动领域分为销售预算、生产预算和财务预算。前两个预算统称为业务预算，用于计划企业的基本经济业务。财务预算是关于资金筹措和使用的预算，包括短期的现金收支预算和信贷预算，以及长期的资本支出预算和长期资金筹措预算。

（三）全面预算应注意的问题

全面预算中应注意以下问题。

（1）全面预算是企业重要的管理工具，与企业的战略管理、绩效管理紧密结合。许多企业的全面预算没有完全从管理全局出发，与考核、业务驱动、资源配置等相关的管理活动的关联度不够，未能充分发挥预算对管理决策、业务活动的支持、指导作用。

(2) 配套管理制度和措施不完善，如缺乏公正严格的考核与奖罚体系、有效的激励措施与制度创新、科学合理的控制指标体系等。

(3) 信息系统不完善，信息管理工具落后，导致对各种信息缺乏充分掌握和分析论证，使预算编制与执行及时性、准确性降低，直接影响了整个预算方案的有效性和可执行性。

(4) 预算编制方法与流程尚需完善，编制基础和预算审核环节有待加强。

二、 全面预算管理的含义

全面预算管理从本质上来说是一种对企业未来的管理，是在预算的基础上实施的企业全面管理。它是从上到下，全员参与的，全流程、全方位的企业管理手段。通过全面预算，企业的管理层可以制定企业的发展目标，确定企业发展的战略方针和日常经营方针。而科学的全面预算管理方案是以财务数量指标为体现方式， 是企业实现其经营目标的整体经营方案和企业管理的一种模式。

(1) 全面预算管理是一种公司整体规划和动态控制的管理方法，是对公司整体经营活动的一系列量化的计划安排。

(2) 全面预算管理的推行将为公司各下属单位确定具体可行的努力目标，同时也建立了必须共同遵守的行为规范。

(3) 全面预算管理是执行战略过程中进行管理监控的基准和参照，也是企业业绩评价的基础和比较对象。

(4) 全面预算管理的过程就是企业目标分解、控制和实现的过程。

三、全面预算管理在企业中的作用

全面预算管理在企业中的作用包括以下几点。

(1) 经过对企业运营的规划、分析和数量化的系统编制，使得企业目标得以具体化。

(2) 为控制绩效评估及信息反馈提供标准，企业就可以从人治转变为管理机制治理。

(3) 各部门的沟通可以减少各单位操作中的隔阂，同时要明确各部门责任分工。

(4) 规划编制可以协调企业资源，使企业达到资源最优化配置，并通过预算分析调整达到利润最大化。

(5) 预算管理为企业考核、奖励、激励员工提供了依据。

四、全面预算管理与其他管理的关系

(一) 全面预算与企业预测

预测是对市场趋势的理性预期，而预算就是基于预测提出的对策性方案、计划的数量表述，它是对未来收入、现金流量和财务状况进行的预测量化。全面预算与企业预测的关系如图 6–1 所示。

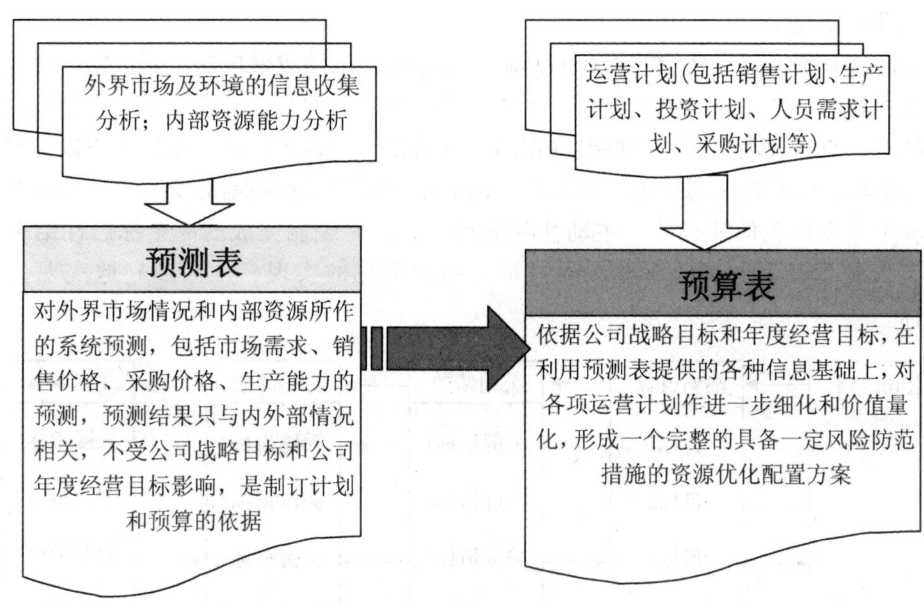

图6-1 全面预算与企业预测关系图

（二）全面预算与企业战略

通过进行有效的全面预算，公司战略以及年度经营计划可以得到具体落实，因此全面预算是公司战略规划重要的组成部分；通过全面预算，各部门对经营目标有了统一的认识，产生战略协同效应；通过预算实施、分析差距、反馈调整，公司就能够不断强化自身特有的竞争优势，保证企业战略的顺利实施和达到战略目标。

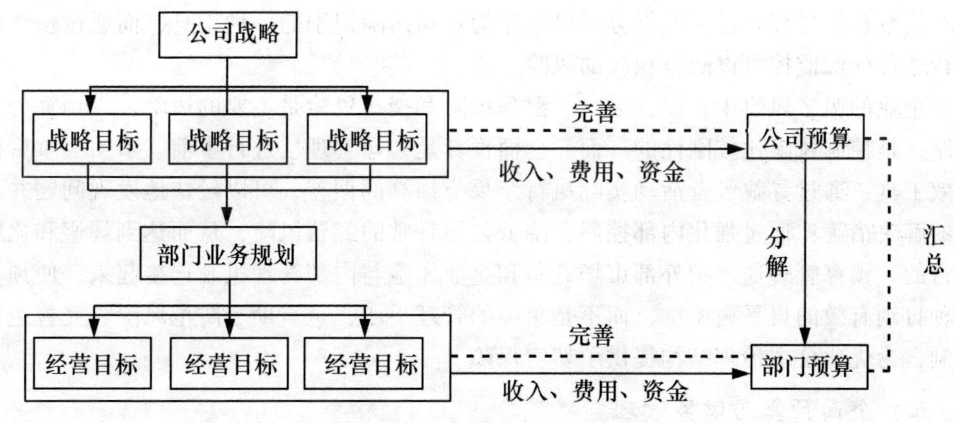

图6-2 全面预算与企业战略关系图

（三）全面预算与绩效管理

在公司中，预算是绩效管理的基础，是公司各部门绩效考核的比较的参数；预算的实现又需要通过绩效管理进行调整与控制，缺乏相应绩效考核的预算会造成实际的经营结果与战略目标相脱钩。

全面预算是公司实施绩效管理的基础，是进行员工绩效考核的主要依据。通过将预算与绩效管理相结合，公司对部门和员工的考核可以真正做到“有章可循，有法可依”。

另外，预算管理还有一个重要的作用——激励。因为预算是全体员工积极参与和精心规划的结果，而不是公司管理层的命令，因此通过扩大预算编制的参与面，在预算管理的全过程中激发员工的积极性、主动性和能动性。预算编制完成的一个标志性结果，就是确立各方的责任以及绩效目标，通过员工绩效目标的实现，从而顺利地实现企业的经营目标。

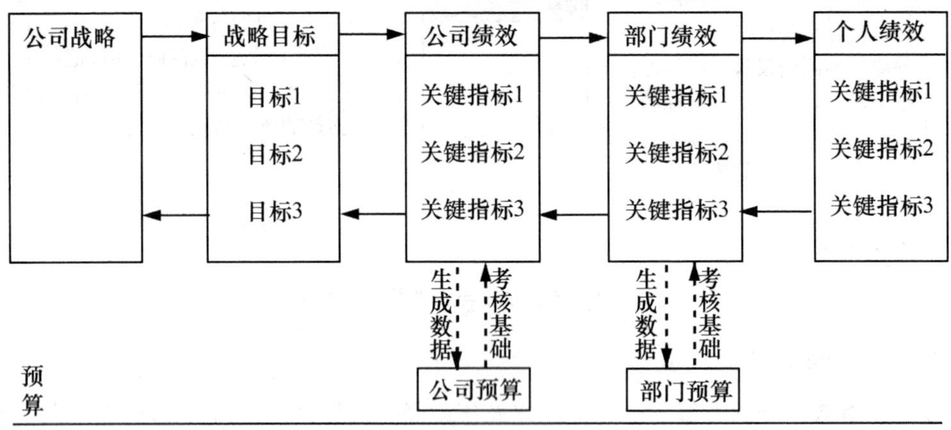

图6-3 全面预算与绩效管理关系图

（四）全面预算与风险控制

在执行预算过程中进行数据分析可以作为公司风险识别的一种工具，而通过预算编制和执行过程中的监控可以防范相应的风险。

在企业的诸多风险中，运营风险、财务风险和授权风险是主要的风险，以预算为中心的控制，是控制风险比较刚性的一面。全面预算是公司管理层进行事前、事中、事后监控的有效工具，通过寻找经营活动实际执行结果与预算的偏差，可以较快地发现问题并采取相应的解决措施；通过强化内部控制，降低公司日常的经营风险，从而达到规避和化解风险的目的。预算管理通过把外部市场竞争和企业风险与内部管理机制连接起来，使预算成为一种自动有效的自平衡系统，而不是单纯的管理手段，这有助于防范风险、完善企业管理机制，为优化公司治理结构提供了切实保障。

（五）全面预算与财务管理

预算包括财务计划，但不仅仅是财务计划；全面预算管理体系中的任何过程都与财务运营、财务控制以及财务协调紧密相连，财务管理在预算管理体系中起着举足轻重的作用。

（六）全面预算与资源分配

由于企业资源的稀缺性，企业管理者必须慎重地权衡现在和将来可以调配的资源，并决定不同的部门可以使用的资源种类和资源数量，以应对外部变化以及权利的下放和授权；资源分配的原则当然是针对企业战略目标进行的最优化配置。因此，通过预算企业资源的优化配置被数字化，这是预算的“刚性”一面。

（七）全面预算与其他相关业务管理

全面预算管理是企业运营管理的重要组成部分，它与企业中其他相关业务管理如生产管理、销售管理、采购管理等的共同作用构成了企业管理。

第二节　全面预算管理的内容

一、全面预算管理的思想

（1）全面预算管理是一种集系统化、战略化、人本化理念为一体的现代企业管理模式。

（2）全面预算管理是一套系统的方法，它通过合理分配人力、物力和财力等资源协助企业实现战略目标，监控战略目标实施进度，控制费用支出，并预测资产负债、现金流量和会计利润等等（图 6-4）。

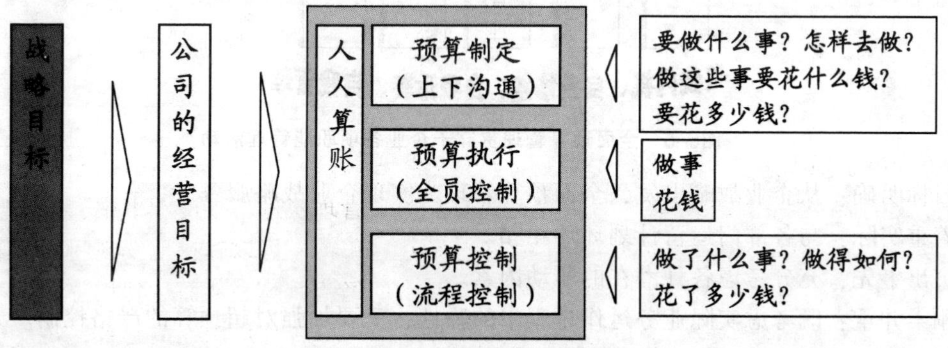

图6-4　全面预算管理思想

（3）全面预算管理将企业战略转化成相应的行动计划和指标（图 6-5），驱动业务和组织活动，致力于提高企业的绩效。

（4）全面预算管理贯穿于企业各项职能管理活动中（图 6-6），通过事前、事中、事后的全过程控制促使企业管理精细化。

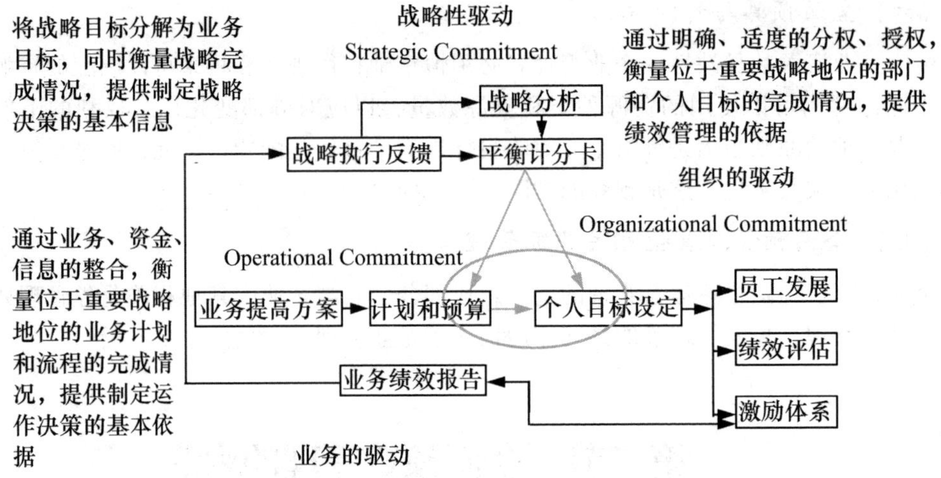

图6-5 全面预算管理对企业战略的转化

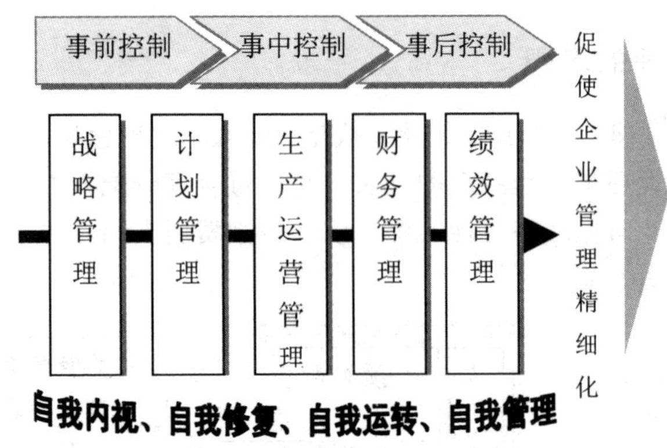

图6-6 全面预算管理贯穿于企业各项职能管理活动

目标明确：从企业战略出发，全面预算管理为实现企业战略服务。

着重实际：与各部门运营计划环环相扣。

突出事先：充分考虑各种潜在的驱动因素。

刚柔并重：既考虑实际业务运作过程中的弹性，又要加强对超预算的严格控制。

及时调整：考虑环境变化情况，及时调整预算，加强企业应变能力。

联系考核：对全面预算管理的各个工作环节（启动、编制、审批、执行、评估）提出有针对性的预算工作质量考核指标。

二、全面预算管理的内容

全面预算是由一系列预算按照其经济内容及相互关系有序排列组合的有机整体，各项预算前后衔接，按照先销售预算、经营预算，后报表预算的流程进行，并按照公司各部门承担经济业务的类型及其责任权限，编制不同形式的预算，形成一个完整的预算体系。从其内容上看，主要包括经营预算、长期投资预算、筹资预算、财务预算四大部分，如图6-7所示。

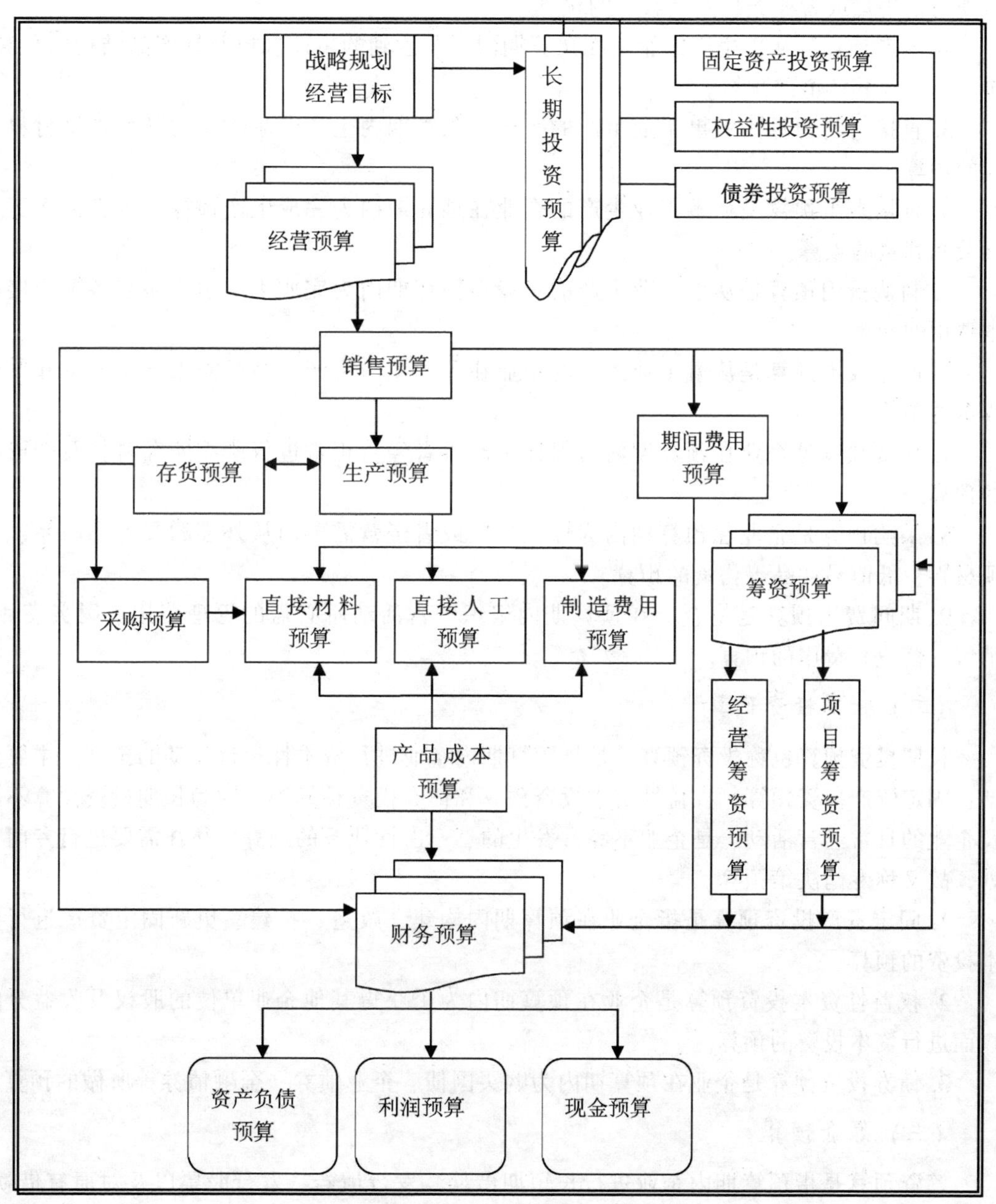

图6-7　全面预算管理的内容

（一）经营预算

经营预算是指预算期内与企业日常业务直接相关的、具有实质性生产经营活动的预算。经营预算主要包括：销售（营业）预算、生产预算、直接材料预算、直接人工预算、制造费用预算、产品成本预算、采购预算、存货预算、期间费用预算等。

1. 销售（营业）预算是预算期内预算执行部门销售各种产品或者提供各种劳务可能实现的销售量或者业务量及其收入的预算。

2. 生产预算是从事生产的企业在预算期内所要达到的生产规模及其产品结构的预算，包括产量及其产值的预算。

3. 直接材料预算是从事工业生产的企业在预算期内生产产品所需的各种直接材料消耗的预算。

4. 直接人工预算是从事工业生产的企业在预算期内为完成生产预算所需直接人工工资及福利费的预算。

5. 制造费用预算是从事工业生产的企业在预算期内为完成生产预算所需各种间接成本费用的预算。

6. 产品成本预算是从事工业生产的企业在预算期内生产产品所需生产总成本和单位成本的预算。

7. 存货预算是企业在预算期内为保证生产或者经营正常进行所需库存材料及产成品的预算。

8. 采购预算是企业在预算期内为保证生产或者经营需要而从外部购买各类商品、各项材料、低值易耗品等物资的预算。

9. 期间费用预算是指企业在预算期内组织经营活动所必需的管理费用、财务费用、销售（营业）费用的预算。

（二）长期投资预算

长期投资预算也称投资预算，是指预算期内企业进行资本性投资活动的预算。主要包括：固定资产投资预算、权益性资本投资预算和债券投资预算等。因为长期投资预算不涉及企业的日常经营活动，是企业不经常发生的、一次性业务的预算，往往需要进行专门策划，故又称专门决策预算。

1. 固定资产投资预算是指企业在预算期内构建、改造、扩建、更新固定资产进行资本投资的预算。

2. 权益性资本投资预算是企业在预算期内为了获得其他企业单位的股权及收益分配权而进行资本投资的预算。

3. 债券投资预算是企业在预算期内为购买国债、企业债券、金融债券等所做的预算。

（三）筹资预算

筹资预算是指预算期内企业进行长短期借款、发行债券、发行股票以及对原有借款、债券还本付息的预算。它主要包括经营筹资预算和项目筹资预算。

1. 经营筹资预算是预算期内企业日常生产经营活动的资金筹集和偿还活动的预算，主要反映企业在预算期内新增短期借款、短期融资以及对原有短期借款、融资还本付息情况。

2. 项目筹资预算是预算期内企业有关长期投资项目所需资金的筹措的预算，主要反映企业在预算期内新增长期借款、发行债券、发行股票以及对原有长期借款、债券等还本付息情况。

（四）财务预算

财务预算是指预算期内企业有关现金收支、经营成果和财务状况的各种预算。主要包括现金预算、利润预算、资产负债预算等。

1. 现金预算是反映预算期内各预算部门、预算项目、现金收支的预算，它是对经营预算、长期投资预算、筹资预算和财务预算中的现金收支项目及数额进行综合平衡与汇总的结果。

2. 利润预算是反映企业预算期内经营成果的预算，是预算期内有关收入预算、成本预算、费用预算共同作用的结果。

3. 资产负债预算是按照资产负债表的内容和格式编制的，综合反映企业在预算期初、期末财务状况的预算。

企业各项预算之间，前后衔接、相辅相成、环环相扣，存在着明显的钩稽关系，形成一个完整的、科学的、系统的、牵一发而动全身的全面预算体系。

三、全面预算管理体系

（一）全面预算管理体系的含义

全面预算管理体系如图 6-8 所示。

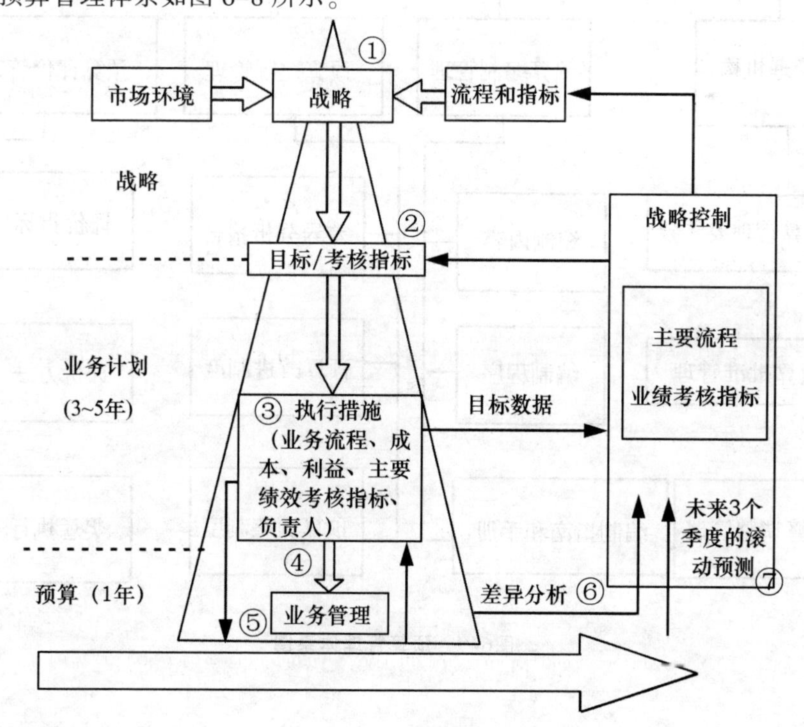

图6-8 全面预算管理体系

（1）根据市场环境和内部的能力制定公司战略；

（2）将战略细化为目标和考核指标；

（3）为实现战略目标和考核指标确认必须执行措施，包括业务流程、相应的成本费用、主要的负责部门；

（4）根据确认的执行措施编制预算；

（5）执行；

（6）将确认的主要的行动及相应的业绩考核指标作为目标数据，并与前述制定的战略目标和考核指标进行对比修正；

（7）对预算执行情况按月进行检查，并将目标数据和实践数据进行差异分析，找到问题的原因从而加以改进。

（二）全面预算管理体系的内容

全面预算管理体系是最终实现对公司业务流、资金流、信息流、人力资源的整合与分配的体系，如图 6–9 所示。

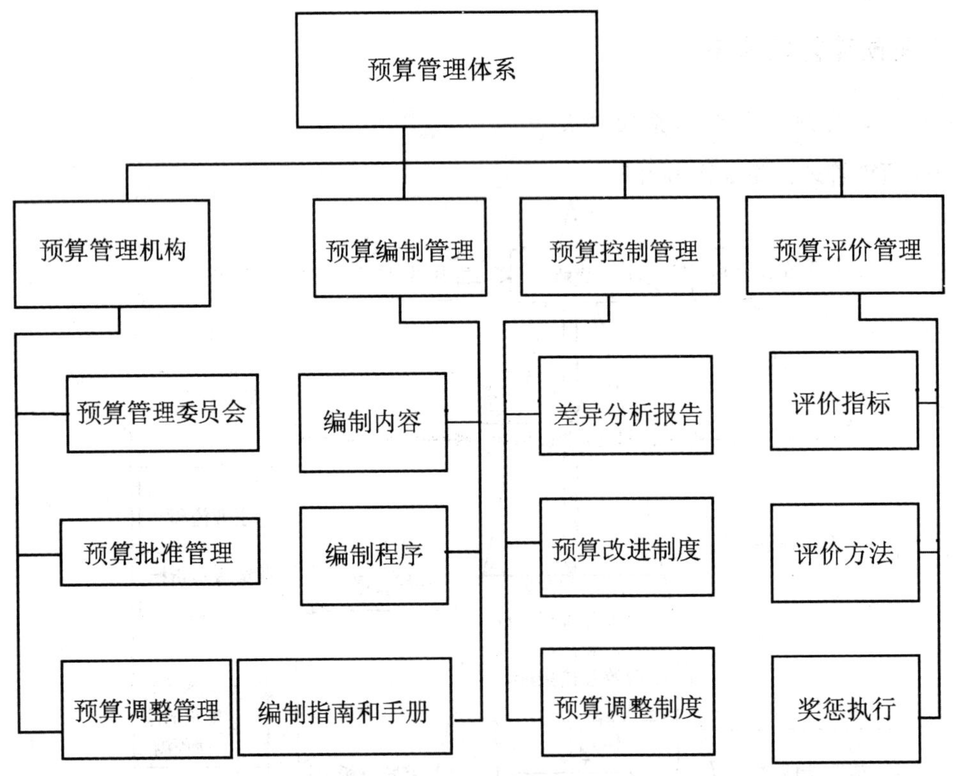

图6–9　预算管理体系图

1. 内容体系

全面预算是从各业务预算入手，业务预算只反映某一方面业务的具体情况，但它们最终又都以货币形式集中反映在财务预算中。所以，业务预算又称分预算，它们是编制财务预算的基础；财务预算又称为总预算，它们是各项业务预算的综合结果。

2. 组织体系

预算管理组织机构是各项预算管理职能的执行主体，预算管理机制运作的顺利与否，取决于预算管理组织机构设置和运作的有效性。预算管理组织机构主要包括决策机构、编制机构、监控与协调机构和反馈组织机构四个方面。

3. 程序体系

从预算的制订过程分析，其程序有三种：自上而下式、自下而上式、上下结合式。它们分别适合不同的企业环境和管理体制，并各具优缺点。

4. 方法体系

全面预算的编制，从不同角度来说有不同编制方法，主要有固定预算和弹性预算、增量预算和零基预算、定期预算和滚动预算、确定预算和概率预算等。

5. 监控体系

为保证预算目标的实现，预算控制必须渗透到企业的各个业务过程、各个经营环节，覆盖企业所有的部门和岗位。既有事后的监控措施，又有事前、事中的监控手段；既有约束手段，又有激励方法。

6. 考评体系

预算考评是指对预算执行的最终结果进行评价与考核。评价以发现问题为突破口，即通过评价来发现预算管理中出现的问题。预算的考核是针对预算执行主体而言的，以落实责任主体的管理责任为中心。

第三节　全面预算管理的模式

一、全面预算管理的几种模式

从企业所处行业特点和发展阶段出发，针对不同的管理重点和需要选择不同的预算管理模式或组合预算管理模式，如图 6-10 所示。

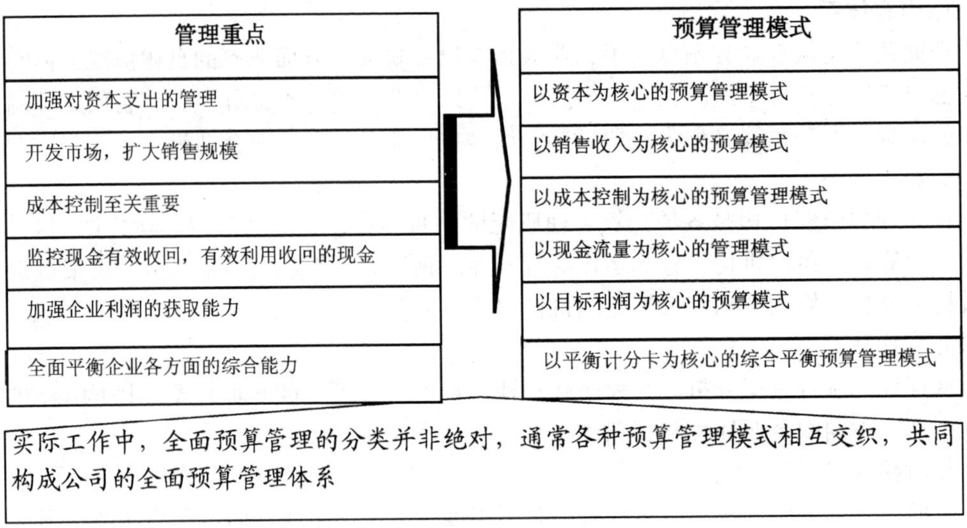

管理重点	预算管理模式
加强对资本支出的管理	以资本为核心的预算管理模式
开发市场，扩大销售规模	以销售收入为核心的预算模式
成本控制至关重要	以成本控制为核心的预算管理模式
监控现金有效收回，有效利用收回的现金	以现金流量为核心的管理模式
加强企业利润的获取能力	以目标利润为核心的预算模式
全面平衡企业各方面的综合能力	以平衡计分卡为核心的综合平衡预算管理模式

实际工作中，全面预算管理的分类并非绝对，通常各种预算管理模式相互交织，共同构成公司的全面预算管理体系

图6-10 全面预算管理的几种模式

二、不同生命周期的预算管理模式

（一）初创期：以资本预算为主的预算管理模式

处在初创期的企业除了要进行大量的资本投资外，还需要进行研究与开发、市场调研等方面的投资。但是，如此大量的资金投入在初创期并不能产生效益，而且此时现金流入微乎其微，企业资金缺口较大。因此，初创期的企业面临的最大问题就是资金不足，但初创期企业的融资资信与融资能力非常有限，从而使企业生存面临着较大的投资风险和筹资风险。因此，为应对企业资金不足，净现金流量为负的情况，加强资本预算就成为这一时期企业管理的重点。

（二）发展期：以销售预算为主的预算管理模式

在发展期，尽管产品逐渐为市场所接受，但仍面临着较大的经营风险，这一时期由于大量市场营销费用的投入，以及对流动资产的大量投入，企业的净现金流量仍处在入不敷出的境地，企业依旧面临着由于净现金流量为负值而产生的财务风险。产生这些风险的原因在于此时企业管理重点不在财务而在市场营销，企业努力通过市场营销来拓展市场和提高市场占有率，预算的重点是促进营销战略的全面落实，以取得企业持续竞争优势。因此，以销售为导向是发展期预算的主要特征。

（三）成熟期：以成本预算为主的预算管理模式

成熟期的企业以稳定为特征。一方面市场增长减缓，但市场占有率相对较高、较稳定；一方面，由于大量销售和较低的资本支出，现金流量为正数，且保持较高的稳定性。虽然企业的现金收入和经营活动达到了最佳状态， 由于市场在这时已达到饱和状态，靠扩大销售量来获取利润已非常困难，降低成本就成为企业管理的首要任务。因此，成本导向是成熟期预算的主要特征。

（四）衰退期：以现金流量预算为主的预算管理模式

如果企业主导产品开始衰退，而新的核心能力又没有形成，则意味着企业衰退期的到来。衰退期的企业一般都要收缩规模，逐步退出所在行业，具体表现为减少直至取消科研投入，减少广告支出，压缩促销费用，减少产品种类，提高产品价格等。这一时期的主要财务特征是大量应收账款收回，而未来的经营方向和潜在的投资项目均未确定，从而产生大量的净现金流量，如何有效利用这部分现金、采取何种退出战略是这一时期企业管理的重点。因此，这一时期企业应采取以现金流量为核心的预算管理模式。

综上所述，虽然在企业生命周期的每个阶段预算管理的侧重点不同，但进行预算管理的目标最终都是为了延长企业的生命周期，创造持续竞争优势。

三、全面预算管理模式的具体应用

不同企业在开展全面预算管理的过程中可以根据自身所处的发展阶段和管理需要选择不同的预算管理模式或几种预算管理模式的组合。通常企业可以选择以下六种预算管理模式：

（一）以销售为起点的预算管理模式

以销售为起点的预算管理模式是现代市场经济条件下采用最为普遍的一种预算管理模式。

1. 编制方法

（1）企业根据市场销售预测，参考企业预算期间的目标利润，采用科学的方法，合理地确定预算期间企业的销售指标。

（2）各部门在销售预测的基础上，编制采购、生产、库存和成本费用预算。

（3）财务部门根据这些预算，结合所掌握的各种信息，在销售预算、成本费用预算等预算的基础上，编制利润预算，确定企业预定期内可望获取的利润。

2. 指标特点

以销售收入为主导指标，以利润和现金回收为辅助指标。

3. 优点

适应市场状况，比较符合实际，能够实现以销定产。

4. 缺点

可能出现产品过度开发，对成本管理重视不够的情况。

（二）以利润为起点的预算管理模式

以利润为起点的预算管理模式是将目标利润设定为重要的年度经营目标的企业所采用的一种预算管理模式，如图 6-11 所示：

1. 编制方法

以目标利润为起点，分别编制企业收入预算、成本预算，并进行反复平衡，直至实现目标利润。

(1) 以适当的方法确定目标利润。

A. 以行业数据（行业先进数据、行业平均数、行业中主要竞争对手数）为参考确定目标利润；

B. 以历史数据（上年数据、前三年平均数据、历史上先进数据）为参考确定目标利润。

(2) 以市场需求为起点编制销售预算。

(3) 以内部管理改善为起点编制成本费用预算。

(4) 以寻求潜在获利机会为基础编制投资预算。

(5) 以寻求现金收支平衡为目标编制筹资预算和现金预算。

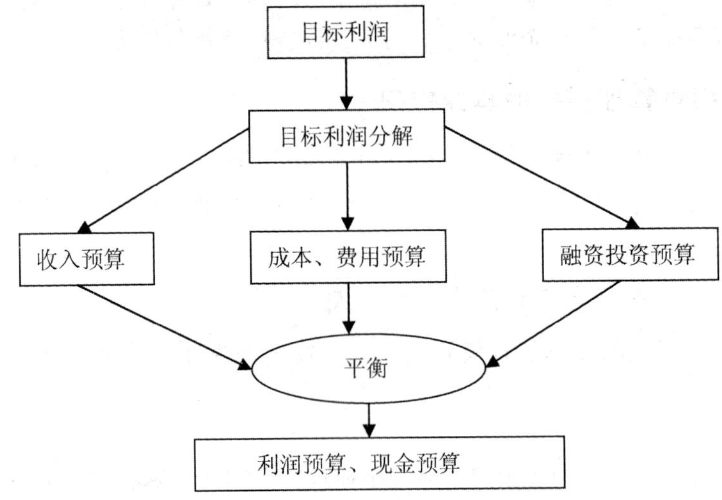

图6-11 以利润为起点的预算管理模式

2. 指标特点

以利润为主导考核指标，以销售收入和成本为辅助考核指标。

3. 优点

有利于提高利润，改善管理，降低成本。

4. 缺点

易导致企业的短期行为，风险过高，可能产生虚假利润。

(三) 以成本为起点的预算管理模式

以成本为起点的预算管理模式是现代企业为适应低成本竞争而采用的一种预算管理模式，如图 6-12 所示，它以成本降低作为预算编制的出发点。

1. 编制方法

(1) 以市场竞争为原则确定目标成本。

(2) 将目标成本按照项目和责任中心进行分解，平衡后得到成本预算。

(3) 以市场需求为起点编制收入预算。

(4) 根据收入预算和成本预算等编制利润预算。

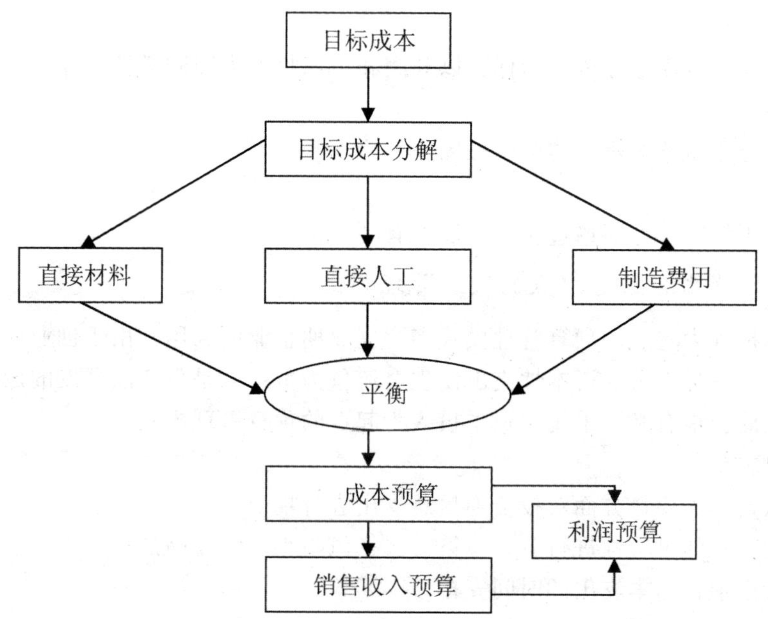

图6-12 以成本为起点的预算管理模式

2. 指标特点

以成本为主导考核指标，以收入和利润为辅助考核指标。

3. 优点

有利于降低成本，增加利润，提高企业竞争能力。

4. 缺点

只注重成本降低，可能忽略新产品的开发，对企业的长期发展不利。

（四）以现金为起点的预算管理模式

以现金为起点的预算管理模式体现“现金为王”原则，多为现金比较紧张的企业所采用。

1. 编制方法

以现金收支平衡为起点，分别编制各种收入预算和支出预算，基本内容包括现金收入预算、现金支出预算和二者的平衡预算。

(1) 资金管理部门根据各预算单位的责任范围，下达现金预算应包括的内容和格式。预算的内容至少应包括有关现金收入和支出的金额和时间，预算的详细程度视管理的需要而定。

(2) 各责任单位根据资金管理部门的要求和自身的实际情况，编制相应的现金流量预算并向上级报出，逐级汇总。

(3) 预算管理部门将各责任单位编制的现金流量预算进行汇总，按照“量入为出”的原则进行统筹安排，并将预算的调整数与各责任单位进行协商。

2. 指标特点

以现金净流量为主导考核指标，以利润和销售收入为辅助考核指标。

3. 优点

有利于避免财务危机，防范财务风险。

4. 缺点

可能过于保守，因而错过企业发展的有利时机。

（五）以资本投入为起点的预算管理模式

以资本投入为起点的预算管理模式多为创业期企业所采用，由于创业期企业面临的经营风险很大：一是大量的资本性支出使现金流量为负；二是新产品开发的成败有很大的不确定性，因此，很有必要采用以资本投入为起点的预算管理模式。

1. 编制方法

(1) 从资本需要量方面对投资项目总支出进行规划。

(2) 对项目的可行性进行分析决策，选择风险小、收益高的项目。

(3) 考虑项目资本支出的时间安排。

(4) 研究筹资方式，制定筹资预算。

2. 指标特点

以投资的净现值为主导考核指标，以现金收支平衡为辅助考核指标。

3. 优点

贯彻"量入为出"的原则，追求企业高速发展。

4. 缺点

可能会产生盲目投资行为，造成浪费。

（六）综合平衡预算管理模式

综合平衡预算管理模式是以平衡计分卡、战略地图等理论为基础并将其引入全面预算管理的一种预算管理模式。

1. 编制方法

以财务指标中的盈利指标（如股东权益报酬率）为起点编制预算，其编制程序如下：

(1) 分析企业的内外部环境和关键成功因素，确定企业的战略地图和目标。

(2) 利用平衡计分卡，分别从财务、顾客、内部经营过程、学习与创新四个方面确定各责任单位的相关考核指标和目标值。

(3) 各责任单位制定行动方案和预算。

2. 指标特点

考核时不是单独考核某一项指标，而是对四类指标进行综合考核。

3. 优点

能够综合考虑影响企业发展的各个方面，促使企业从长期、战略的方面考虑问题。

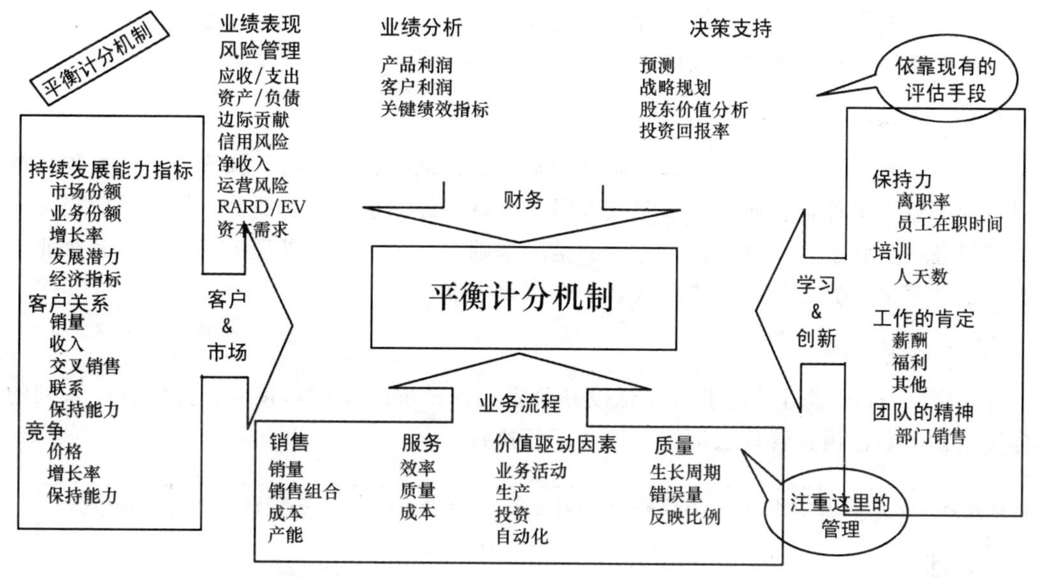

图6-13　平衡计分卡

4. 缺点

编制过程比较复杂，仍需其他预算模式的配合。

第四节　预算的编制程序与方法

一、预算的编制程序

企业编制预算，一般应按照“上下结合、分级编制、逐级汇总”的程序进行，如图6-14所示。

（一）下达目标

企业董事会或总裁办公会根据企业发展战略和预算期经济形势的初步预测，在决策的基础上提出下一年度企业财务预算目标，包括销售目标、成本费用目标、利润目标和现金流量目标，并确定财务预算编制的政策，由预算管理层下达各部门。

（二）编制上报

各部门按照预算管理层下达的财务预算目标和政策，结合自身特点以及预测的执行条件，提出详细的本部门财务预算方案上报企业财务管理部门。

（三）审查平衡

企业财务管理部门对各部门上报的财务预算方案进行审查、汇总，提出综合平衡的建议。在审查、平衡过程中，预算管理层应当进行充分协调，对发现的问题提出初步调整的意见，并反馈给各有关部门予以修正。

（四）审议批准

企业财务管理部门在各部门修正调整的基础上，编制出企业财务预算方案，报预算管理层讨论。对于不符合企业发展战略或者财务预算目标的事项，企业预算管理层应当责成有关部门进一步修正、调整。在讨论、调整的基础上，企业财务管理部门正式编制企业年度财务预算草案，提交董事会或总裁办公会审议批准。

（五）下达执行

企业财务管理部门对董事会或总裁办公室会议批准的年度总预算，分解成一系列的指标体系，由财务预算管理层逐级下达各部门执行。

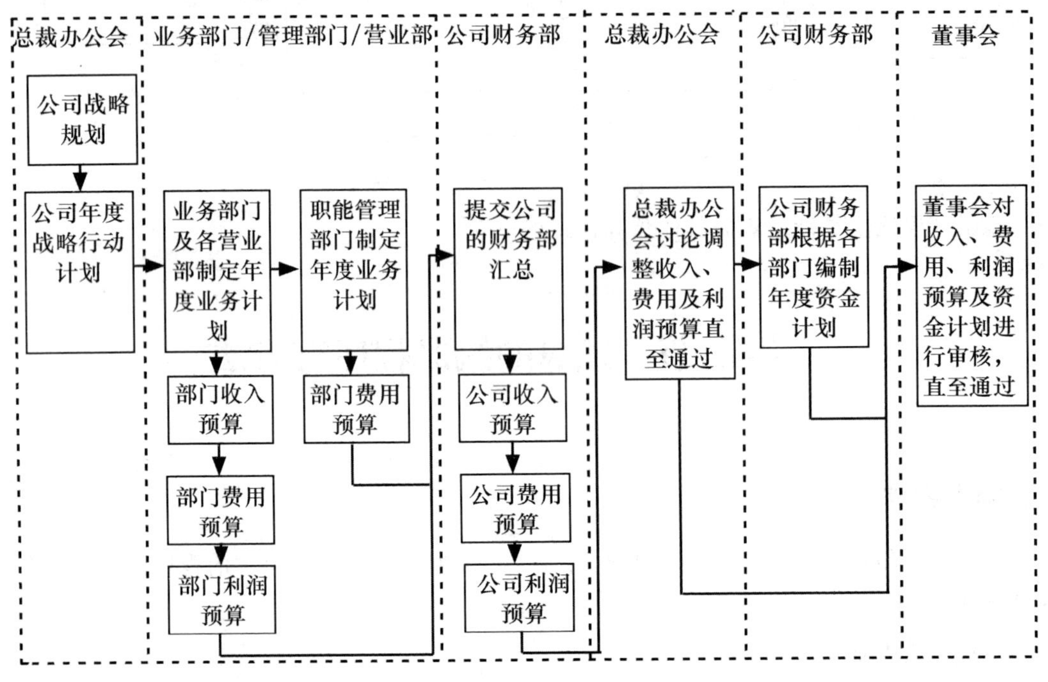

图6-14 年度预算编制的基本流程

二、预算的编制方法

（一）固定预算的编制

固定预算编制是指按照固定的业务量、定期并参照往年的预算编制而编制的一种传统的方法。它根据预算内正常的、可实现的某一业务量水平编制的预算，一般适用于固定费用或者数额比较稳定的预算项目。表 6-1 是收入、成本和利润固定预算编制示例。

表6-1 收入、成本和利润固定预算编制示例 （单位：元）

	项目	固定预算	实际发生	差异
某公司在计划期内预计销售产品 2 000 件，单价为 100 元，产品单位变动成本为 70 元，固定成本总额为 25 000 元，实际销售 2 100 件，追加固定成本 7 000 元	销售收入	200 000	210 000	+10 000
	单价	100	100	0
	变动成本	140 000	147 000	+7 000
	单位变动成本	70	70	0
	边际贡献	60 000	63 000	+3 000
	单位边际贡献	30	30	0
	固定成本	25 000	32 000	+7 000
	利润	35 000	31 000	–4 000

（二）弹性预算的编制

弹性预算是和固定预算相反的一种预算编制方法，顾名思义，它是基于弹性的业务量编制预算的一种方法，例如可以设定乐观的业务量、悲观的业务量以及介于两者之间的业务量。表 6–2 是利用弹性预算编制方法编制收入、成本和利润预算的一个例子。

收入、成本和利润弹性预算示例见表 6–2。

表6–2 收入、成本和利润弹性预算示例 （单位：元）

某公司在计划期内预计销售产品2 000件，单价为100元，产品单位变动成本为70元，固定成本总额为25 000元				
业务量	1 600	1 800	2 000	2 200
销售收入	160 000	180 000	200 000	220 000
售价	100	100	100	100
变动成本	112 000	126 000	140 000	154 000
单位变动成本	70	70	70	70
边际贡献	48 000	54 000	60 000	66 000
单位边际贡献	30	30	30	30
固定成本	25 000	25 000	25 000	25 000
利润	23 000	19 000	35 000	41 000

（三）增量预算的编制

增量预算，是以历史发生数为基础，考虑预算年度业务量的变化而编制的预算。

某项预算指标=基期实际指标×(1+x%)

或:某项预算指标=基期实际指标×(1−x%)

【例 6–1】某公司销售部门 2010 年实际支出印刷费 10 000 元，考虑 2011 年业务量增加 15%和节约 8%的因素，则 2011 年印刷费预算为：

10 000 元×(1+15%)×(1−8%)=10 580(元)

(四) 零基预算的编制

零基预算是和增量预算编制方法相反的一种预算编制方法，它是指在编制预算时，对预算支出均以零为基础，从实际需要出发，逐项审核各项费用开支的必要性、合理性及数额大小，从而确定预算的一种预算编制方法。

【例 6–2】零基预算法在工程项目成本费用控制中的应用

表 6–3 以工程项目的成本费用为例，介绍了零基预算的编制方法。

表6–3 零基预算的编制方法

预算编制依据	1.工程承包合同;2.施工图纸;3.施工技术组织方案;4.项目部组织机构和人员编制;5.项目部工资及薪金政策;6.现场临时设施布置及平面图;7.劳务合同、机械租赁合同等;8.当地劳务、材料、工具租赁、设备租赁等价格调研信息;9.当地行业管理规章。
预算编制方法	1.根据施工图纸,认真做出分部分项实物工程量清单(注意:不能简单套用标书中的工程量),并以此为基础作出工、料、机的分析,其计算依据应该根据企业定额,或参照有关的劳动定额和材料消耗定额。
	2.根据工、料、机的分析和有关价格信息、劳务合同等分别计算出直接人工费、材料费、机械费等分项成本费用。(注:对于施工技术措施费项目则应依据合同工期和网络进度计划、施工技术组织方案等详细计算编制。施工组织措施费则应根据网络进度计划和有关资料进行合理计算和预计)。
	3.临时设施费用应根据现场平面布置,以实际发生额计算。
	4.项目管理费用中的人工费用应根据人员编制、薪酬政策以及计划施工工期计算;其他必须支出的费用则应根据现场的实际情况进行合理预计。

“项目施工预算”编制完成后，通过复核、审查、论证、审批等环节，最终形成项目部的成本计划，作为项目部带有一定刚性的文件下达，指导施工全过程，考核项目的实际成本。

综上所述，鉴于工程项目的特殊性，运用零基预算法编制“项目施工预算”对成本费用进行控制，贴近实际，可比性强，再附以科学合理的成本指标，有利于挖掘降低成本的潜力，有利于调动各类施工人员的生产积极性，有利于项目成本的过程控制，有利于及时进行成本效益分析。

(五) 定期预算的编制

定期预算是指以 1 个固定的期间（如年度）为预算编制周期的一种预算编制方法，也是一种比较传统的预算编制方法。

例如：服务类的一些经常性政府采购支出项目，如会议费、小车三费、印刷费等的预算采用定期预算，一般会在年初甚至前几个月完成预算，这个会计年度以后的日子就不会再进行关于这部分的预算工作，直到下一年度才会重新编制定期预算，即使预算后期发生各种变化也不会调整。

（六）滚动预算的编制

1. 滚动预算的含义

滚动预算是和固定预算相反的一种预算编制方法，它是为了使预算周期始终保持一个固定的期间而连续进行预算编制的方法。这种预算方法可以保持预算管理的连续性和完整性。其特点是：每过去一个期间（年度或季度或月份）便及时补充一个期间的预算。滚动预算是对定期预算的改进。

滚动预算的编制如图 6-15 所示。

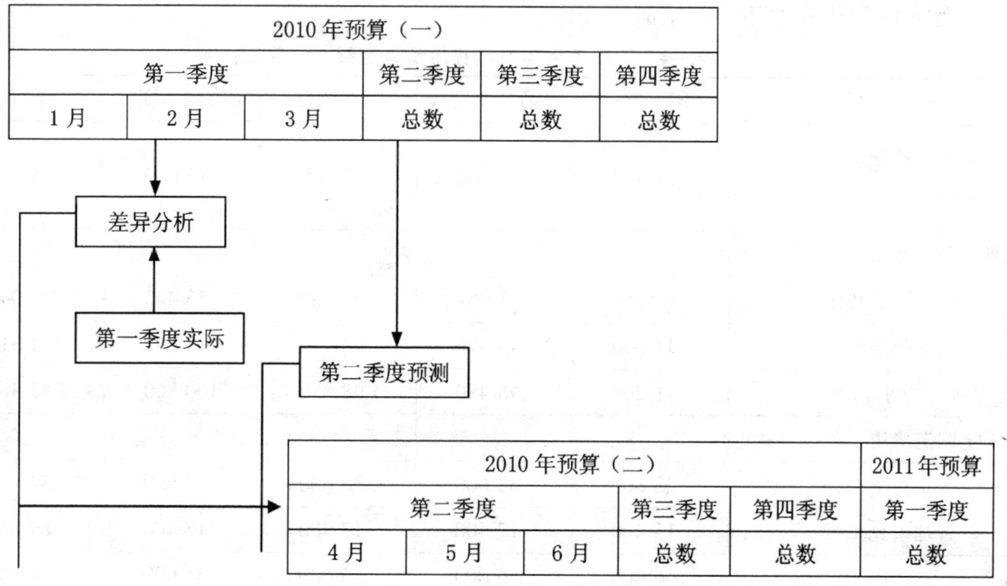

图6-15 滚动预算的编制

2. 滚动预算的优点和缺点

优点：

(1) 保持预算的完整性、持续性，从动态预算中把握企业的未来。

(2) 能使各级管理人员始终对未来十二个月的生产经营活动有所考虑和规划，从而有利于生产经营稳定而有序地进行。

(3) 由于预算不断修整，使预算与实际情况更相适应，有利于充分发挥预算的指导控制作用。

缺点：

(1) 预算的自动延伸工作，如果是手工而非信息系统完成，工作会比较耗时。

(2) 要让管理人员确信不断调整过程的效益是值得的。

【例 6-3】某公司甲车间采用滚动预算方法编制制造费用预算。已知 2010 年分季度的制造费用预算如表 6–4（其中间接材料费用忽略不计）。

2010 年 3 月 31 日公司在编制 2010 年第二季度—2011 年第一季度滚动预算时，发现未来的四个季度将出现以下情况：

（1）间接人工费用预算工时分配率将上涨 50%；

（2）原设备租赁合同到期，公司新签订的租赁合同中设备年租金将降低 20%；

（3）预计直接人工总工时见“2010 年第二季度—2011 年第一季度制造费用预算”表。假定水电与维修费用预算工时分配率等其他条件不变。

要求：（1）以直接人工工时为分配标准，计算下一滚动期间的如下指标：

①间接人工费用预算工时分配率；

解：间接人工费用预算工时分配率=(213 048/48 420)×(1+50%)=6.6(元/小时)

②水电与维修费用预算工时分配率；

表6–4　2010年全年制造费用预算金额　　单位：元

项　目	第一季度	第二季度	第三季度	第四季度	合　计
直接人工预算总工时（小时）	11 400	12 060	12 360	12 600	48 420
变动制造费用					
间接人工费用	50 160	53 064	54 384	55 440	213 048
水电与维修费用	41 040	43 416	44 496	45 360	174 312
小　计	91 200	96 480	98 880	100 800	387 360
固定制造费用					
设备租金	38 600	38 600	38 600	38 600	154 400
管理人员工资	17 400	17 400	17 400	17 400	69 600
小　计	56 000	56 000	56 000	56 000	224 000
制造费用合计	147 200	152 480	154 880	156 800	611 360

解：水电与维修费用预算工时分配率=174 312/48 420=3.6（元/小时）

（2）根据有关资料计算下一滚动期间的如下指标：

①间接人工费用总预算额；

解：间接人工费用总预算额=48 420×6.6=319 572（元）

②每季度设备租金预算额；

解：每季度设备租金预算额=38 600×(1–20%)=30 880（元）

（3）根据以上计算等得出滚动预算下的制造费用表（表 6–5）：

表6-5 2010年第二季度—2011年第一季度制造费用预算 金额单位：元

项 目	2010年度 第二季度	第三季度	第四季度	2011 年度 第一季度	合 计
直接人工预算总工时(小时)	12 100	（略）	（略）	11 720	48 420
变动制造费用					
间接人工费用	A=79 860	（略）	（略）	B=77 352	（略）
水电与维修费用	C=43 560	（略）	（略）	D=42 192	（略）
小 计	（略）	（略）	（略）	（略）	493 884
固定制造费用					
设备租金	E=30 880	（略）	（略）	（略）	（略）
管理人员工资	F=17 400	（略）	（略）	（略）	（略）
小 计	（略）	（略）	（略）	（略）	（略）
制造费用合计	171 700	（略）	（略）	（略）	687 004

（七）确定预算的编制

确定预算是指在编制预算时，直接预测该项预算的期望值，它是一种传统的、常用的预算编制方法。

（八）概率预算的编制

概率预算是和确定预算相反的一种预算编制方法，它指在编制预算时，根据有关预算指标的概率计算期望值，据以确定预算指标的方法。

期望值=∑某种状态下的预算指标水平×该种状态下的概率

营业额期望值的计算见表 6-6。

表6-6 营业额期望的计算

营业状态	营业额	概率	营业额期望值
最好	9 000	0.1	900
较好	7 000	0.4	2 800
一般	5 000	0.3	1 500
较差	2 000	0.2	400
合计		1	5 600

（九）预算编制方法比较

企业在编制预算时，通常会根据不同预算项目的特点选择一种或多种合适的预算编制方法，表 6-7 对八种预算方法进行了比较。

表6-7 预算编制方法比较

方法	适用范围	应用说明
固定预算	适用于固定成本费用预算的编制	固定成本费用的划分
弹性预算	适用于变动成本费用预算的编制	变动成本费用的划分，对于某些选择性固定成本费用预算也可以考虑用这种方法编制
增量预算	适用于影响因素简单和以前年度基本合理的预算指标编制	合理使用增量法，可以减少预算编制的工作量，但应详细说明增减变动的原因
零基预算	适用于与以前年度可能存在不合理或变化比较大的预算指标编制	使用周期不宜过短，否则会增加工作量
定期预算	适用于固定资产、部门费用、咨询费、保险费、广告费等预算的编制	合理使用定期预算，可以减少预算的工作量
滚动预算	适用于定期预算以外的指标预算的编制	通常按季度滚动，每季度第三个月中旬着手滚动预算工作
确定预算	适用于预算期稳定的预算指标编制	合理使用此方法，可以减少预算编制工作量
概率预算	适用于预算期变化大的预算指标的编制，也适用于长期预算的编制	运用加权平均法计算期望值

第五节 预算差异分析与调整

一、预算执行情况分析

预算管理层、办公室及财务管理部门对预算的执行情况按月度、季度进行分析，着重分析利润预算、资本性支出预算、现金流量预算的完成情况，对当期实际发生数与预算数之间存在的差异，不论是有利还是不利，都要认真分析其成因，而且要写明拟采取的改进措施。预算分析的重点是差异的原因及应采取的措施。预算差异分析流程如图 6-16 所示。

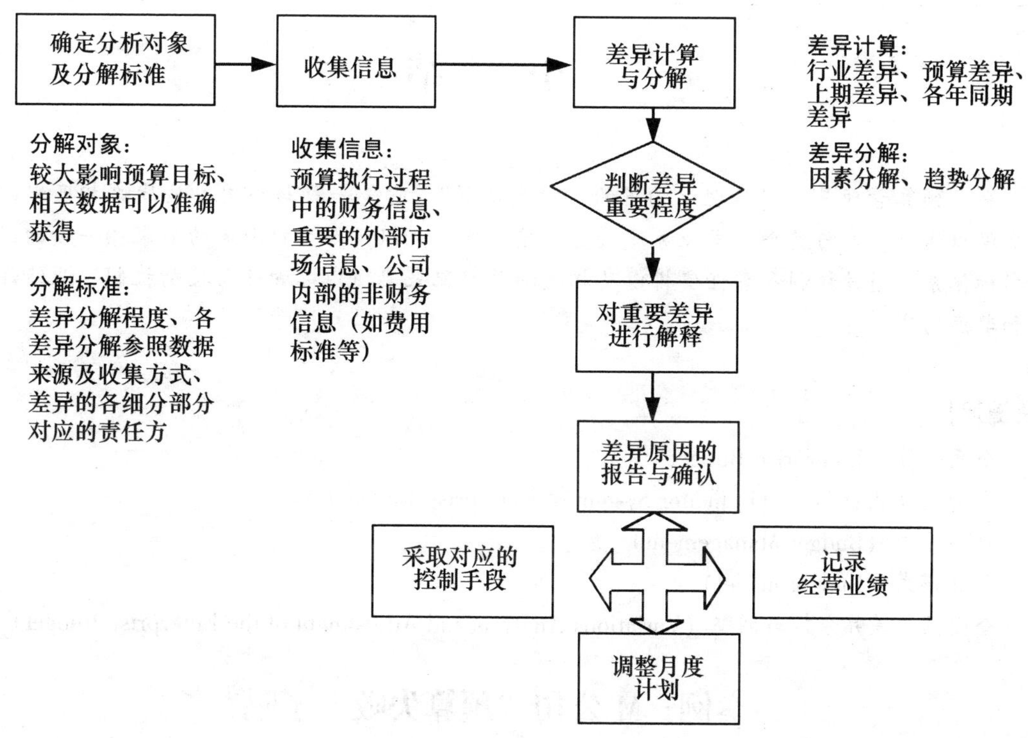

图6-16　预算差异分析流程图

二、预算调整与修正

（一）调整经营活动，采取相应的预算控制方式

结合公司为消除不利差异所作的调整，由预算部门对初始编定的后续月度预算进行调整，以保证在完成年度预算的目标下，月度预算能够及时反映经营活动的变化，以便于实施控制与考核。调整后的预算报预算管理层审批，涉及年度预算目标的项目，报董事会审批。

（二）调整后续月度/季度的经营预算

由内部可控因素引起的不利预算差异，应由对应的责任部门调整其经营活动，采取措施消除差异产生的原因，并尽可能在后续月度内消化已形成的预算差异，相应地，预算控制部门对上述责任部门的经营活动要加强预算控制力度。

（三）记录责任部门的经营业绩

已形成的差异将根据其成因的性质记入对应责任部门的业绩，同时后续月度的考核指标也要随月度预算的调整进行相应的修正，以利于责任部门消除不利差异。

小　　结

全面预算管理是公司治理结构下的“游戏规则”，它是一种与公司发展战略相匹配的战略保障体系，是与整个公司业务流、资金流、信息流以及人力资源流的要求相一致的经营指标体系，通过权利和责任安排以及相关利益分配来实现内部管理与控制机制、业绩评价和奖惩的体系。

【关键词】

全面预算（Enterprise Budget）

全面预算指标体系（Indicator System of Enterprise Budget）

预算管理（Budget Management）

预算模式（Budget model）

全面预算差异分析与调整（Variations Analysis and Adjustment of the Enterprise Budget）

案例：M 公司“预算失败”了吗？

M 公司是一家国有控股公司，主要从事仓储和运输业务。2009 年公司进行了资产整合后，制定了 2010 年度预算，预计 2010 年主营业务收入 2 300 万元，经营目标为全年盈亏平衡。2010 年年底，公司实现主营业务收入 2 310 万元，但利润总额为–980 万元，预算失败。

一、M 公司主要预算指标完成情况

（一）主营业务收入结构与预算存在很大差异

表6–8　主营业务收入项目分析表　单位：万元

业务代码		实际完成额 M	预算额 N	差异率(M–N)/N	综合差异率
盈利	1	121	480	–75%	–29%
	2	49	80	–39%	
	3	146	100	46%	
	4	364	300	21%	
持平	5	530	60	783%	39%
	6	220	480	–54%	
亏损	7	880	800	10%	10%
合计		2 310	2 300	0%	0%

（二）利润表减项严重超出预算

表6-9 M公司简易利润表 单位：万元

报表项目	实际数	预算数
一、主营业务收入	2 310	2 300
减：营业成本、费用及税金	2 064	1 310
二、主营业务利润	246	9 900
减：管理费用、财务费用	1 310	0
三、营业利润	–1 064	0
加：投资收益	0	0
补贴收入	0	0
营业外收入	0	0
减：营业外支出	82	0
加：以前年度损益调整	166	0
四、利润总额	–980	0
减：所得税	0	0
五、净利润	–980	0

二、影响预算完成的利润表减项分析

（一）营业成本及营业费用

主营业务成本、营业费用及税金比预算增加了754万元，导致营业成本、营业费用增加的原因来自两方面：

（1）M公司原有两个营销部，2009年公司六名业务人员相继调离，迫使企业将两个营销部合并。重组后营销部工作略显混乱，部分市场业务流失。

（2）由于公司仓储与运输代理业务之间具有一定的相关性，运输代理业务的流失，导致部分与运输业务相关的仓储业务也随之搁浅。

（二）管理费用和财务费用

管理费用和财务费用超出预算支出320万元，主要是因为两方面的原因：

（1）由于2008年资产重组情况比较复杂，财务人员根据当时资料匡算的固定资产折旧额与实际情况有一定出入，导致2009年固定资产折旧较预算增加139万元。

（2）公司原计划将人员大幅精简，但未能实施，导致实际人工比预算增加一倍，人工成本增加 80 万元。

（三）营业外支出

2008 年 5 月，M 公司与 N 企业发生债务纠纷，协调不成，N 企业于当年年底向法院提起诉讼。由于有关诉讼事宜由专人负责，财务部对诉讼进程情况不了解，所以在 2009 年度预算中也未对此可能带来的资金支出情况进行预计。2009 年 5 月，法院作出判决，M 公司败诉，需向 N 企业赔款 52 万元，并承担全部诉讼及相关费用 30 万元。仅此一项 M 公司预算外共计支出 82 万元。

讨论：假如你是 M 公司 CFO，是这些年公司预算管理的推动者和主要操盘手。在董事会讨论 2010 年预算管理工作时，包括董事长在内的几位董事看到 2009 年“预算失败”，提出了终止公司 2010 年预算编制与管理工作的主张。根据上述资料，在董事会上你会就 2009 年公司预算结局和 2010 年应该继续预算管理如何进行“申辩”？

参考文献

[1] 张长胜.企业全面预算管理[M].北京:北京大学出版社,2007.

[2] 吴昌秀.企业全面预算管理[M].北京:机械工业出版社,2010.

Financial

第三篇 财务决策

Management

第七章　项目投资

学习提示

本章以工业制造企业为例，对企业固定资产项目投资管理和决策（以下简称项目投资决策）的基本理论和方法作了系统的阐述和分析。

学习目标

* 理解项目投资及其决策的基本概念和内容
* 理解项目投资决策的过程及基本要求
* 掌握项目投资现金流量的概念、构成内容及其估算
* 掌握项目投资决策的基本原理和基本方法
* 理解项目投资决策中的风险问题和风险调整的基本方法
* 运用本章理论进行项目投资决策的实例应用（包括项目可行性研究报告的撰写）

主要内容

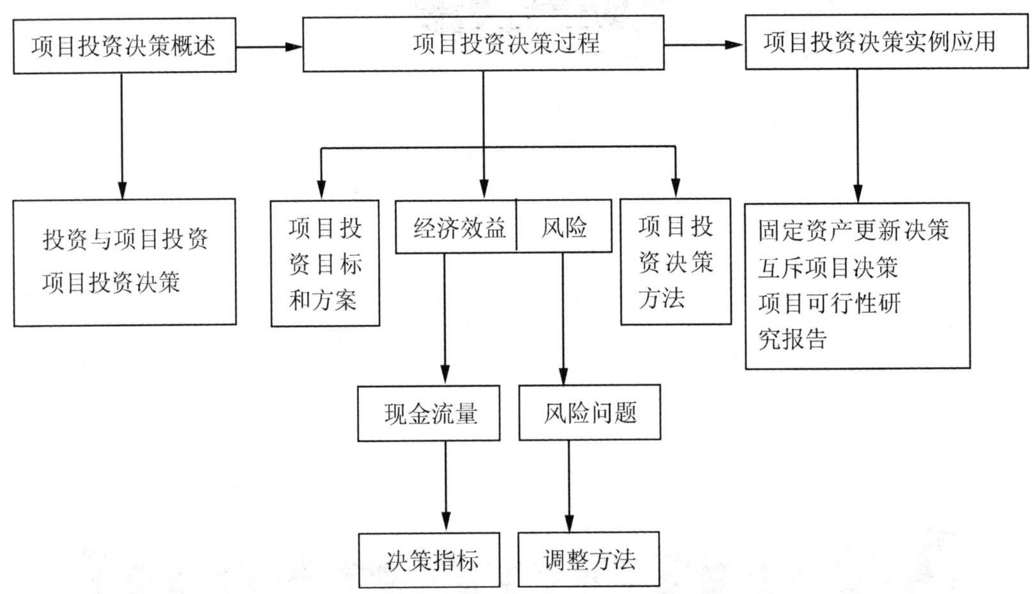

第一节 项目投资概述

一、项目投资的含义及其特点

（一）项目投资的含义

这里指一种以特定项目为对象，直接与新建项目或更新改造项目有关的长期投资行为。

项目投资的对象简称项目，它是用于界定投资客体范围的概念，如工业企业投资项目、新建项目和更新改造项目。新建项目又可分为单纯固定资产投资项目和完整工业投资项目。

从企业项目投资的角度看，其直接投资主体是企业本身。

（二）项目投资的特点

项目投资的特点包括以下方面。

(1) 影响时间长；

(2) 投资数额多，投资期限较长；

(3) 不经常发生；

(4) 变现能力差，风险大。

二、项目计算期的构成和资金投入方式

（一）项目计算期的构成

项目计算期是指投资项目从投资建设开始到最终清理结束整个过程的全部时间，即该项目的有效持续时间。完整的项目计算期包括建设期和生产经营期。其中建设期（计作 s）的第一年初（计作第 0 年）称为建设起点；建设期的最后一年末（第 s 年）称为投产日；项目计算期的最后一年末（记作第 n 年）称为终结点；从投产日到终结点之间的时间间隔称为生产经营期（计作 p）；生产经营期包括试产期和达产期（完全达到设计生产能力的期限）。项目计算期、建设期和生产经营期之间的关系为：$n=s+p$。

（二）原始总投资、投资总额和资金投入方式

原始总投资是反映项目所需现实资金的价值指标。从项目投资的角度看，原始总投资等于企业为使项目完全达到设计生产能力、开展正常经营而投入的全部现实资金。

投资总额是反映项目投资总体规模的价值指标，它等于原始总投资与建设期资本化利息之和。其中建设期资本化利息是指在建设期发生的与构建项目所需的固定资产、无形资产等长期资产有关的借款利息。

从时间特征上看，投资主体将原始总投资注入具体项目的投入方式包括一次投入和分次投入两种形式。一次投入方式是指投资行为集中一次发生在项目计算期第一个年度的年初或年末；如果投资行为涉及两个或两个以上年度，或虽然只涉及一个年度但同时在该年的年初或年末发生，则属于分次投入方式。

三、项目投资决策分析的基本框架

项目投资决策分析的基本框架：目标—方案—收益与风险分析—决策（具体可见第六节“项目可行性分析报告”）。

（一）项目投资的目标

项目投资计划可以出于各种不同的原因。根据其不同，投资项目分为以下五类：

(1) 新产品或现有产品的改进；

(2) 设备或厂房的更换；

(3) 研究和开发；

(4) 勘探；

(5) 其他（例如安全性或污染控制设施）。

（二）项目投资的方案

就企业项目投资的具体目标提出解决方案，如资金来源及融资方案、技术方案、建设条件、项目实施进度等。

（三）收益与风险分析

（四）决策

第二节 项目投资决策的基础知识：现金流量

一、现金流量的含义

所谓现金流量，在投资决策中是指一个项目引起的企业现金支出和现金收入增加的数量。“现金”是广义现金，包括各种货币资金，也包括项目需要投入企业拥有的非货币资源的变现价值。现金流量包括现金流入量、现金流出量和现金净流量三个概念。

现金流入量是指一个方案所引起的企业现金收入的增加额，主要包括：营业现金流入、残值收入、收回的流动资金等。

现金流出量是指一个方案引起的企业现金支出的增加额，主要包括：涉及购买资产和使之正常运行所必需的直接现金流出、项目寿命期内的现金流出等。

现金净流量（NCF）是指一定期间内现金流入量和现金流出量的差额。

二、有关现金流量的基本假设

为便于确定现金流量的具体内容，简化现金流量的计算过程，特作以下假设。

（一）投资项目的类型假设

假设投资项目只包括单纯固定资产投资项目、完整工业投资项目和更新改造投资项目三种类型。这些项目又可进一步分为不考虑所得税因素和考虑所得税因素的项目。

（二）财务可行性分析假设

假设投资决策是从企业投资者的立场出发，投资决策者确定现金流量就是为了进行项目财务可行性研究，该项目已经具有国民经济可行性和技术可行性。

（三）全投资假设

假设在确定项目的现金流量时，只考虑全部投资的运动情况，而不具体区分自有资金和借入资金等具体形式的现金流量，即使实际存在借入资金也将其作为自有资金对待。

（四）建设期投入全部资金假设

不论项目的原始总投资是一次投入还是分次投入，除个别情况外，假设它们都是在建设期内投入的。

（五）经营期与折旧年限一致假设

假设项目主要固定资产的折旧年限或使用年限与经营期相同。

（六）时点指标假设

为便于利用资金时间价值的形式，不论现金流量具体内容所涉及的价值指标实际上是时点指标还是时期指标，均假设按照年初或年末的时点指标处理。其中，假设投资在建设期内有关年度的年初或年末发生，流动资金在建设期末发生，经营期内各年的收入、成本、折旧、摊销、利润、税金等项目的确认均在年末发生，项目最终报废或清理均发生在终结点（但更新改造项目除外）。

（七）确定性假设

假设与项目现金流量有关的价格、产销量、成本水平、所得税率等因素均为已知常数。

三、现金流量的基本估算

项目运行全过程的税后现金流主要构成包括：项目初期的现金流、项目运行期间的现金流和项目期末的现金流等。

（一）项目初期的现金流

项目初期的现金流包括以下方面：

(1) 资产购置费（包括运输费及安装费）；

(2) 追加的非费用性支出（例如营运资本投资）；

(3) 增加的其他相关税后费用（例如培训费）；
(4) 相关机会成本；
(5) 在更新决策中，与旧设备出售有关的税后现金流入。

（二）项目运行期间的现金流

项目运行期间的现金流包括以下方面：
(1) 增加净收入（扣除费用的增加额）；
(2) 人工及原材料费用的节省；
(3) 与项目实施相关的间接费用的增加额；
(4) 项目实施后增加的折旧费所带来的节税额。

即使新项目以债务方式融资，也不考虑利息费用（因为债务融资因素已体现在公司对新项目所要求的收益率中）。

（三）项目期末的现金流

项目期末的现金流包括以下几方面：
(1) 项目终止时的税后残值；
(2) 与项目终止有关的现金流出；
(3) 期初投入的非费用性支出的回收（例如营运资本回收）。

估计投资方案每期的 NCF，会涉及很多变量，需要企业有关部门共同参与。

在确定方案的相关现金流量时应遵循的最基本原则：只有增量现金流量才是与项目相关的现金流量。所谓增量现金流量，是指接受或拒绝某个投资方案时，企业总现金流量因此发生的变动。

判断哪些支出会引起企业总现金流量的变动时应注意的问题：区分相关成本和非相关成本；不要忽视机会成本；要考虑投资方案对公司其他部门的影响；要考虑净营运资金的影响。

四、现金净流量与利润

利润是按照权责发生制确定的，而现金净流量是根据收付实现制确定的，二者既有联系又有区别。

（一）区别

在投资决策中，用现金净流量而不用会计利润来衡量项目价值。现金净流量比会计利润更能客观反映投资的收益，而且在运用贴现分析技术时，几乎不得不采用现金净流量的观念。在投资分析中，现金流量状况比盈亏状况更重要。

（二）联系

整个投资有效年限内，利润总计与现金净流量总计是相等的，所以，现金净流量可取代利润作为评价净收益的指标；利润在各年的分布受折旧方法、存货计价方法、间接费用分配方法、成本计算方法等人为因素的影响，可以保证评价的客观性。

第三节 项目投资决策的一般方法

一、项目投资评价指标的含义及其分类

（一）含义

项目投资评价指标是指用于衡量和比较投资项目可行性、以便据以进行方案决策的定量化标准与尺度，是由一系列综合反映投资效益、投入产出关系的量化指标构成的。主要有投资利润率、静态投资回收期、净现值、净现值率、获利指数、内部收益率等6项指标。

（二）分类

1. 按评价指标是否考虑资金时间价值分类，可分为非折现评价指标和折现评价指标。非折现指标是指在计算过程中不考虑资金时间价值因素的指标，又称为静态指标，包括：投资利润率和静态投资回收期。折现评价指标在计算过程中必须充分考虑和利用资金时间价值，又成为动态指标，包括：净现值、净现值率、获利指数和内部收益率。

2. 按评价指标性质不同分类，可分为一定范围内越大越好的正指标和越小越好的反指标两类。投资利润率、净现值、净现值率、获利指数和内部收益率属于正指标；静态投资回收期属于反指标。

3. 按评价指标数量特征分类，可分为绝对量指标和相对量指标。前者包括以时间为计量单位的静态投资回收期和以价值量为计量单位的净现值指标；后者除获利指数用指数形式表现外，大多为百分比指标。

4. 按评价指标在决策中所处地位的重要性分类，可分为主要指标、次要指标和辅助指标。净现值、内部收益率等为主要指标；静态投资回收期为次要指标；投资利润率为辅助指标。

5. 按评价指标计算的难易程度分类，可分为简单指标和复杂指标。投资利润率、静态投资回收期、净现值率和获利指数为简单指标；净现值和内部收益率为复杂指标。

二、静态指标

（一）静态投资回收期

静态投资回收期又叫全部投资回收期，简称回收期，是指以投资项目经营净现金流量抵偿原始总投资所需要的全部时间。该指标以年为单位，包括以下两种形式：包括建设期的投资回收期（记作“PP”）和不包括建设期的投资回收期（记作“PP′”）。显然，在建设期为 s 时，只要计算出其中一种形式，就可以很方便地推算出另外一种形式。

(1) 如果一项长期投资决策方案满足以下特殊条件，即：投资均集中发生在建设期

内，投产后前若干年（假设为 m 年）每年经营净现金流量相等，且有以下关系成立：

$m\times$投产后前 m 年每年相等的净现金流量（NCF）≥原始总投资：

则可按以下简化公式直接求出不包括建设期的投资回收期

$$\text{不包括建设期的投资回收期}=\frac{\text{原始投资额}}{\text{投产前后若干年每年相等的现金净流量}}$$

即 $$PP'=\frac{I}{NCF_{(s+1)\sim(s+m)}}=\frac{\left|\sum_{t=0}^{s}NCF_t\right|}{NCF_{(s+1)\sim(s+m)}}$$

式中：I 为原始总投资，$I=\left|\sum_{t=0}^{s}NCF_t\right|$；

$NCF_{(s+1)\sim(s+m)}$为投产后 1~m 年每年相等的净现金流量。

m 必须满足以下关系：

$$m\cdot NCF_{(s+1)\sim(s+m)}\geq I \text{ 或 } \left|\sum_{t=0}^{s}NCF_t\right|$$

在计算出不包括建设期的投资回收期 PP' 的基础上，将其与建设期 s 代入下式，即可求得包括建设期的回收期:

包括建设期的投资回收期（PP）=不包括建设期的投资回收期（PP'）+建设期（s）

（2）不论在什么情况下，都可以通过列表计算“累计净现金流量”的方式，来确定包括建设期的投资回收期，这就是所谓确定静态投资回收期的一般方法。

该法的原理是：按照回收期的定义，包括建设期的投资回收期 PP 满足以下关系式，即：

$$\sum_{t=0}^{PP}NCF_t=0$$

这表明在现金流量表的“累计净现金流量”一栏中，包括建设期的投资回收期（PP）恰好是累计净现金流量的年限。在计算时，无非有两种可能：

第一，在“累计净现金流量”栏上可以直接找到零，那么读出零所在列的 t 值即为所求的包括建设期的投资回收期 PP。否则应按第二种情况处理。

第二，由于无法在“累计净现金流量”栏上找到零，可按下式计算包括建设期的投资回收期（PP）：

$$\text{包括建设期的投资回收期（}PP\text{）}=m'+\frac{\left|\sum_{t=0}^{s}NCF_t\right|}{NCF_{(m'+1)}}$$

式中：m'为净现金流量由负变正的前一年，即现金流量表的“累计净现金流量”栏中最后一项负值所对应的年数；$\left|\sum_{t=0}^{m'}NCF_t\right|$为第 m'年末尚未回收的投资额；$NCF_{(m'+1)}$ 为第$(m'+1)$年的净现金流量。

综上所述，静态投资回收期是个非折现的绝对量反指标。在评价方案可行性时，包括建设期的回收期比不包括建设期的回收期用途更广泛。各投资方案的投资回收期确定以后，进行决策的标准是，投资回收期最短的方案为最佳方案。因为投资回收期越短，投资风险越小。从这一角度看，还应将各方案的静态投资回收期与基准投资回收期对比，只有投资回收期小于或等于基准投资回收期的方案才是可行方案，否则为不可行方案。

静态投资回收期能够直观地反映原始总投资的返本期限，便于理解，计算也不难，是应用较为广泛的传统评价指标，但由于它没有考虑资金时间价值因素，又不考虑回收期满后继续发生的现金流量的变化情况，故存在一定弊端。

（二）投资利润率

投资利润率又称投资报酬率（记作 ROI），是指达产期正常年度利润或年均利润占投资总额的百分比。其公式为：

$$投资利润率=\frac{年平均利润额}{投资总额}$$

或 $$ROI=\frac{P（或P'）}{I'}$$

式中：P 为一个正常达产年份的利润总额；P' 为经营期内全部利润除以经营年数的平均数；I' 为投资总额。

投资利润率的决策标准是：投资项目的投资利润率越高越好，低于无风险投资利润率的方案为不可行方案。

投资利润率指标的优点是简单、明了、易于掌握，且该指标不受建设期的长短、投资的方式、回收额的有无以及净现金流量的大小等条件的影响，能够说明各投资方案的收益水平。该指标的缺点有三：第一，没有考虑资金时间价值影响，不能正确反映建设期长短及投资方式不同对项目的影响；第二，该指标的分子分母时间特征不一致（分子是时期指标，分母是时点指标），因而在计算口径上可比性较差；第三，该指标的计算无法直接利用净现金流量信息。

三、动态指标

（一）净现值

净现值是指在项目计算期内，按行业基准收益率或其他设定折现率计算的，各年净现金流量现值的代数和，记作 NPV。在原始投资均于建设期投入、经营期内不再追加投资时，也可将净现值表述为项目投产后各年报酬（不含流动资金投资的 NCF）的现值合计与投资现值合计之间的差额。但后一说法没有指出有关现值是按什么折现率计算的。

净现值的基本公式是：

$$净现值(NPV)=\sum_{t=0}^{n}NCF_t(P/F,\ i_c,t)$$

式中：i_c 为该项目的行业基准折现率；$(P/F,\ i_c,t)$ 为第 t 年、折现率为 i_c 的复利折现系数。

投资项目净现值的计算包括以下步骤：

(1) 计算投资项目每年的净现金流量；

(2) 选用适当的折现率，将投资项目各年的折现系数通过查表确定下来；

(3) 将各年净现金流量乘以相应的折现系数求出现值；

(4) 汇总各年的净现金流量现值，得出投资项目的净现值。

由于项目各年的净现金流量 NCF_t (t=0，1，…，n) 属于系列款项，所以当项目的全部投资均于建设期投入，经营期不再追加投资，投产后的经营净现金流量表现为普通年金或递延年金的形式时，就可视以下不同情况分别按不同的简化公式计算净现值指标：

(1) 当全部投资在建设起点一次投入，建设期为零，投产后 1~n 年每年净现金流量相等时，投产后的净现金流量表现为普通年金形式，简化公式为：

净现值=-原始投资+投产后每年相等的净现金流量×年金现值系数

(2) 当全部投资在建设起点一次投入，建设期为零，投产后每年经营净现金流量（不含回收额）相等，但终结点第 n 年有回收额 R_n（如残值）时，可按两种方法求净现值。

方法一：将 1~(n-1)年每年相等的经营净现金流量视为普通年金，第 n 年净现金流量视为第 n 年终值。公式如下：

$$NPV=NCF_0+NCF_{1\sim(n-1)}\cdot(P/A,i_c,n-1)+NCF_n\cdot(P/F,i_c,n)$$

方法二：将 1~n 年每年相等的经营净现金流量按普通年金处理，第 n 年发生的回收额单独作为该年终值。公式如下：

$$NPV=NCF_0+NCF_{1\sim n}\cdot(P/A,i_c,n)+R_n\cdot(P/F,i_c,n)$$

(3) 若建设期为 s，全部投资在建设起点一次投入，投产后 (s+1)~n 年每年净现金流量相等，则后者具有递延年金的形式，其现值之和可按递延年金现值求得。公式如下：

$$NPV=NCF_0+NCF_{(s+1)\sim n}\cdot[(P/A,i_c,n)-(P/A,i_c,s)]$$

或 $=NCF_0+NCF_{(s+1)\sim n}\cdot(P/A,i_c,n)\cdot(P/F,i_c,s)$

(4) 若建设期为 s，全部投资在建设期内分次投入，投产后(s+1)~ n 年每年净现金流量相等，则公式如下：

$$NPV=NCF_0+NCF_1\cdot(P/F,i_c,1)+\cdots+NCF_s\cdot(P/F,i_c,s)+NCF_{(s+1)\sim n}\cdot[(P/A,i_c,n)-(P/A,i_c,s)]$$

应当指出的是，在项目评价中，正确地选择折现率至关重要，它直接影响项目评价的结论。在实务中，一般有以下几种方法确定项目的折现率：

(1) 已投资项目的资金成本作为折现率。

(2) 已投资项目的机会成本作为折现率。

(3) 根据不同阶段采用不同的折现率。在计算项目建设期净现金流量现值时，以贷款的实际利率作为折现率；在计算项目经营期净现金流量时，以全社会资金平均收益率作为折现率。

(4) 以行业平均资金收益率作为项目折现率。

净现值是折现的绝对值正指标，采用净现值法的决策标准是：如果投资方案的净现值大于或等于零，该方案为可行方案；如果投资方案的净现值小于零，该方案为不可行方案；如果几个投资方案的投资额相同，且净现值均大于零，那么净现值最大的方案为最优方案。

净现值法的优点有三：

一是考虑了资金时间价值，增强了投资经济性的评价；

二是考虑了项目计算期的全部净现金流量，体现了流动性与收益性的统一；

三是考虑了投资风险性，因为折现率的大小与风险大小有关，风险越大，折现率就越高。

净现值法的缺点也是明显的：

一是不能从动态的角度直接反映投资项目的实际收益率水平，当各项目投资额不等时仅用净现值法无法确定投资方案的优劣；

二是净现金流量的测量和折现率的确定比较困难，而它们的正确性对计算净现值有着重要影响；

三是净现值法计算麻烦，且较难理解和掌握。

（二）净现值率

净现值率是指投资项目的净现值占原始投资现值总和的百分比指标（记作 NPVR）。计算公式为：

$$净现值率=\frac{投资项目净现值}{原始投资现值}\times 100\%$$

$$NPVR=\frac{NPV}{\left|\sum_{t=0}^{s} NCF_t\cdot(1+i_c)^{-t}\right|}\times 100\%$$

净现值率是一个折现的相对量评价指标，其优点在于可以从动态的角度反映项目投资的资金投入与净产出之间的关系，比其他动态相对数指标更容易计算；其缺点与净现值指标相似，同样无法直接反映投资项目的实际收益率。

（三）获利指数

获利指数又称为现值指数（记作 PI）。是指投产后按行业基准收益率或设定折现率折算的各年净现金流量的现值合计与原始投资的现值合计之比，公式为：

$$获利指数（PI）=\frac{\sum_{t=s+1}^{n} NCF_t\cdot(P/F,i_c,t)}{\left|\sum_{t=s+1}^{n} NCF_t\cdot(P/F,i_c,t)\right|}$$

式中：$\sum_{t=s+1}^{n} NCF_t\cdot(P/F,i_c,t)$为投产后各年净现金流量的现值合计。

当原始投资在建设期内全部投入时，获利指数与净现值率有如下关系：

获利指数$(PI)=1+$净现值率$(NPVR)$

获利指数也是一个折现的相对量评价指标，利用这一指标进行投资项目决策的标准是：如果投资方案的获利指数大于或等于 1，该方案为可行方案；如果投资方案的获利指数小于 1，该方案为不可行方案；如果几个方案的获利指数均大于 1，那么获利指数越大，投资方案越好。但在采用获利指数法进行互斥方案的选择时，其正确的选择原则不是选择获利指数最大的方案，而是选择在保证获利指数大于 1 的条件下，使追加投资所得的追加收入最大化的方案。

获利指数法的优缺点与净现值法基本相同，但有一重要区别是，获利指数法可从动态的角度反映投资项目的资金投入与总产出之间的关系，可以弥补净现值法在投资额不同方案之间不能比较的缺陷，使投资方案之间可直接用获利指数进行对比。其缺点是除了无法直接反映投资项目的实际收益率外，计算起来比净现值率指标复杂，计算口径也不一致。因此，在实务中通常并不要求直接计算获利指数，如果需要考核这个指标，可在求得净现值率的基础上推算出来。

（四）内部收益率

内部收益率又叫内含报酬率，即指项目投资实际可望达到的报酬率，也可将其定义为能使投资项目的净现值等于零时的折现率（记作 IRR）。显然，内部收益率 IRR 满足下列等式：

$$\sum_{t=0}^{n} NCF_t \cdot (P/F, IRR, t) = 0$$

当项目满足以下特殊条件时，可按简便算法求得内部收益率。

A 全部投资均于建设起点一次投入，建设期为零，即建设起点第 0 期净现金流量等于原始投资的负值（$NCF_0=-I$）；

B 投产后每年净现金流量相等，即第 1 至第 n 期每期净现金流量取得了普通年金的形式（$NCF_1=NCF_2=\cdots=NCF_n$）。

内部收益率 IRR 可按下式确定：

$$(P/A, IRR, n)=\frac{I}{NCF}$$

式中：I 为在建设起点一次投入的原始投资；

$(P/A, IRR, n)$为以 IRR 为设定折现率，n 期的年金现值系数；

NCF 为投产后 1~n 年每年相等的净现金流量。

具体计算程序如下：

（1）计算年金现值系数

$$\text{年金现值系数}(C)=\frac{\text{原始投资额}}{\text{年均净现金流量}}$$

即 $(P/A, IRR, n)=\dfrac{I}{NCF}$

（2）根据计算出来的年金现值系数 C，查 n 年的年金现值系数表；

（3）若在系数表上恰好能找到等于上述数值 C 的年金现值系数（$P/A, r_m, n$），则该系数所对应的折现率 r_m 即为所求的内部收益率 IRR；

（4）若在系数表上找不到事先计算出来的系数值 C，则可利用系数表上同期略大及略小于该数值的两个临界值 C_m 和 C_{m+1} 及相对应的两个折现率 r_m 和 r_{m+1}，应用内插法计算近似的内部收益率。即，如果以下关系成立：

$(P/A, r_m, n) = C_m > C$

$(P/A, r_{m+1}, n) = C_{m+1} < C$

就可按下列公式计算内部收益率 IRR：

$$IRR = r_m + \frac{C_m - C}{C_m - C_{m+1}} \cdot (r_{m+1} - r_m)$$

为缩小误差，按照有关规定，r_{m+1} 与 r_m 之间的差不得大于 5%。

若项目的净现金流量不属于上述特殊情况，无法应用简便算法，必须按定义采用逐次测试逼近法，计算能使净现值等于零的折现率，即内部收益率 IRR。具体步骤如下：

（1）自己先行设定一个折现率 r_1，代入有关计算净现值的公式，求出按 r_1 为折现率的净现值 NPV_1，并进行下面的判断。

（2）若净现值 $NPV_1=0$，则内部收益率 $IRR=r_1$，计算结束；若净现值 $NPV_1>0$，则内部收益率 $IRR>r_1$，应重新设定 $r_2>r_1$，再将 r_2 代入有关计算净现值的公式，求出净现值 NPV_2，继续进行下一轮的判断；若净现值 $NPV_1<0$，则内部收益率 $IRR<r_1$，应重新设定，再将 r_2 代入有关计算净现值的公式，求出 r_2 为折现率的净现值 NPV_2，继续进行下一轮的判断。

（3）经过逐次测试判断，有可能找到内部收益率 IRR。每一轮判断的原则相同。若设 r_j 为第 j 次测试的折现率，NPV_j 为按 r_j 计算的净现值，则有：

当 $NPV_j>0$ 时，$IRR>r_j$，继续测试；

当 $NPV_j<0$ 时，$IRR<r_j$，继续测试；

当 $NPV_j=0$ 时，$IRR=r_j$，测试完成。

（4）若经过有限次测试，已无法利用有关资金时间价值系数表，仍未求得内部收益率 IRR，则可利用最为接近零的两个净现值正负临界值 NPV_m 和 NPV_{m+1} 及相应的折现率 r_m 和 r_{m+1}，应用内插法计算近似的内部收益率。即，如果以下关系成立：

$NPV_m>0$

$NPV_{m+1}<0$

$r_m<r_{m+1}$

$r_{m+1}-r_m<5\%$

就可按下列公式计算内部收益率 IRR：

$$内部收益率=低折现率+\frac{低折现率计算的净现值（即正数）}{两个折现率计算的净现值之差}\times 高低两个折现率之差$$

$$IRR=r_m+\frac{NPV_m-0}{NPV_m-NPV_{m+1}}\times(r_{m+1}-r_m)$$

内部收益率是个折现的相对量正指标，采用这一指标的决策标准是将所测算的各方案的内部收益率与其资金成本对比，如果方案的内部收益率大于其资金成本，该方案为可行方案；如果投资方案的内部收益率小于其资金成本，为不可行方案。如果几个投资方案的内部收益率都大于其资金成本，且各方案的投资额相同，那么内部收益率与其资金成本之间差异最大的方案最好；若几个方案的内部收益率均大于其资金成本，但各方案的原始投资额不等，其决策标准是："投资额×（内部收益率-资金成本）"最大的方案为最优方案。

内部收益率法的优点是非常注重资金时间价值，能从动态的角度直接反映投资项目的实际收益水平，且不受行业基准收益率高低的影响，比较客观。但该指标的计算过程十分麻烦，当经营期大量追加投资时，又有可能导致多个 *IRR* 出现，或偏高或偏低，缺乏实际意义。

（五）各指标之间的关系

净现值 *NPV*、净现值率 *NPVR*、获利指数 *PI* 和内部收益率 *IRR* 指标之间存在以下数量关系，即：

当 $NPV>0$ 时，$NPVR>0$，$PI>1$，$IRR>I_c$

当 $NPV=0$ 时，$NPVR=0$，$PI=1$，$IRR=I_c$

当 $NPV<0$ 时，$NPVR<0$，$PI<1$，$IRR<I_c$

此外，净现值率 *NPVR* 的计算需要在已知净现值 *NPV* 的基础上进行，内部收益率 *IRR* 在计算时也需要利用净现值 *NPV* 的计算技巧或形式。这些指标都会受到建设期的长短、投资方式以及各年净现金流量的数量特征的影响。所不同的是 *NPV* 为绝对量指标，其余的为相对量指标，计算净现值 *NPV*、净现值率 *NPVR* 和获利指数 *PI* 所依据的折现率都是事先已知的 I_c，而内部收益率 *IRR* 的计算本身与 I_c 的高低无关。

四、指标的评价

（一）项目投资评价指标及分类

项目投资评价指标指用于衡量和比较项目可行性以便据以进行方案决策的定量化标准与尺度，是由一系列综合反映投资效益、投入产出关系的量化指标构成的。

项目投资评价指标一般分为两类：贴现指标（即考虑了时间价值因素的指标）和非贴现指标（即没有考虑时间价值因素的指标）。

根据评价指标的类别，项目投资评价方法也分为贴现的分析评价方法和非贴现的分析评价方法两种。

（二）贴现的分析评价方法

贴现的分析评价方法是指考虑时间价值的分析评价方法，也被称为贴现现金流量分析技术。

1.净现值法

这种方法使用净现值作为评价方案优劣的标准。净现值（*NPV*）指特定方案未来现金流入的现值与未来现金流出的现值之间的差额或者是各期净流量的现值之和。

可见，净现值的经济意义是投资方案的贴现后净收益；净现值法具有广泛的通用性：$NPV\geqslant0$，方案可接受；$NPV<0$，应予放弃。净现值法应用的主要问题是确定贴现率。

净现值法的主要缺点是不能在几个独立方案之间评价优劣，但这个缺点在中小企业看来就几乎不存在了。因为中小企业很少会有对几个独立的项目同时投资，主要是对互斥方案作评价。而在互斥方案中，净现值高的项目当然是最优选择。所以在中小企业的投资决策中，一般说来，净现值法的优点能充分发挥而其缺点刚好未能显现。

2.现值指数法

是针对净现值法的缺点提出来的，它能够对独立方案的投资效益进行排序，内含报酬率法具有现值指数法同样的优点，而且它还能大约地指出投资项目的实际报酬率是多少，其缺点是计算比较复杂。 这种方法使用现值指数作为评价方案的指标。现值指数（PI）是未来现金流入现值与现金流出现值的比值，亦称现值比率、获利指数、贴现后收益—成本比率等。

（三）非贴现的分析评价方法

非贴现的方法不考虑时间价值，把不同时间的货币收支看成等效的。这些方法在选择方案时起辅助作用。

1. 回收期法

回收期是指投资引起的现金流入累计到与投资额相等所需要的时间，代表收回投资所需要的年限。回收年限越短，方案越有利。目前回收期法主要用来测定方案的流动性而非盈利性。回收期法通俗易懂，能大致反映投资回收速度，而且计算简便。但是这种方法有两个缺陷：第一，它忽略了回收期后的收益，容易造成严重的退缩不前。因为许多对企业的长期生存至关重要的较大型投资项目，并非在开始几年内就能带来收益，实际上，资本投资的全部目的在于创造利润，而不只是为了保本。第二，由于决策者以回收期作参数，往往会导致企业优先考虑急功近利的项目，导致放弃较长回收期的方案。

2. 会计收益率法

以会计收益率作为评价投资的参数，计算简便，应用范围很广。会计收益率=年均净收益/原始投资额。它在计算时，使用会计报表上的数据以及普通会计收益和成本观念。这种方法要求企业事先确定要达到的必要会计收益率，在进行决策时，高于必要会计收益率的方案可以入选，在多个互斥方案中则选用会计收益率最高者。

第四节 项目投资决策分析应用举例

一、单一的独立投资项目的财务可行性评价

【例 7-1】某公司拟投产一新产品，需要购置一套专用设备，预计价款为 900 000 元，追加流动资金 145 822 元。公司的会计政策与税法规定相同，设备按 5 年折旧，采用直线法计提，净残值率为零。该新产品预计销售单价 20 元/件，单位变动成本 12 元/件，每年增加固定付现成本 500 000 元。该公司所得税率为 40%；投资的最低报酬率为 10%。要求：计算净现值为零的销售量水平（计算结果保留整数）。

解： (1) 预计未来现金流入量的现值应等于流出量的现值
=设备投资+垫支流动资金
=900 000+145 822
=1 045 822 (元)
(2) 收回的流动资金现值
=1 045 822×(*P/F*,10%,5)
=1 045 822×0.620 9
=90 541
(3) 每年需要的现金流量 (固定资产投资摊销额)
=(1 045 822-90 541)/(*P/A* ,10%,5)
=955 281/3.790 8
=252 000(元)
(4) 每年税后利润
=252 000-(900 000/5)
=252 000-180 000
=72 000(元)
(5) 每年税前利润
=72 000/(1-0.4)
=120 000(元)
(6) 销售量
=(500 000+180 000+120 000)/(20-12)
=100 000(件)

二、多个互斥方案的比较和优选

(一) 固定资产更新决策

【例 7-2】 某企业有一台原始价值为 80 000 元，已使用 5 年，估计还可使用 5 年的旧设备，目前已提折旧 40 000 元，假定使用期已满无残值，如果现在出售可得价款 20 000 元，使用该设备每年可获收入 100 000 元，每年的付现成本为 60 000 元。现准备用一台高新技术设备来代替这台旧设备，新设备的购置成本为 120 000，估计可使用 5 年，期满有残值 20 000 元，使用新设备后每年可获收入 160 000 元，每年付现成本为 80 000 元。假定该企业的资本成本为 6%，所得税率为 33%，新旧设备均用平均年限法计提折旧。问该企业应继续使用旧设备还是对其进行更新？

分析： 本例是一个互斥选择投资问题。在本例中，一个方案是继续使用旧设备，另一个方案是出售旧设备而购置新设备。为此，我们用净现值法来分析两个方案的净现值差异。

解： 1. 继续使用旧设备的净现值

（1）每年需提折旧：

(80 000–40 000)÷5=8 000(元)

（2）每年净利润：

[100 000–(60 000+8 000)]×(1–33%)=21 440(元)

（3）每年现金净流量：

21 440+8 000=29 440(元)

（4）继续使用旧设备的净现值：

29 440×(*P/A*,6%,5)=29 440×4.212=124 001. 28(元)

2. 出售旧设备而购置新设备的净现值。

（1）新增投资：

120 000–20 000=100 000(元)

（2）每年需提折旧：

(120 000–20 000)÷5=20 000(元)

（3）每年净利润：

[160 000–(80 000+20 000)]×(1–33%)=40 200(元)

（4）每年净现金流量：

40 200+20 000=60 200(元)

（5）出售旧设备而购置新设备的净现值：

60 200×(*P/A*,6%,5)+20 000×(*P/F*,6%,5)+(80 000–40 000–20 000)×33%–100 000

=60 200×4.212+20 000×0.747+6 600–100 000

=175 102.4(元)

①由于出售旧设备而发生了20 000元的营业外收入，使当年的所得税减少6 600元，从而增大了当年的净现金流量。

②由于出售旧设备而购置新设备的净现值175 102.4远大于继续使用旧设备的净现值124 001.28元，故应进行设备更新。

（二）投资开发时机决策

大多数自然资源的储量有限，由于不断开采，价格随储量的下降而上升。在这种情况下，由于价格的不断上升，早开发的收入少，而晚开发的收入多，但根据资本的时间价值原理，晚开发的收入，其现值不一定比早开发的收入现值多，为此必须进行相应的开发时机决策。

【例7-3】某企业拥有一座稀有矿藏，这种矿产品的价格在不断上升。根据预测，五年后价格将上升50%，因此，该企业需要进行现在开发还是五年后开发的互斥投资决策。据分析，如果现在开发，其初始固定资产投资为100万元，其流动资产投资为50万元，其单位售价为1万元，付现成本为800万元；如果五年后开发，其初始固定资产投资为120万元，其流动资产投资为60万元，其单位售价为1.5万元，付现成本为1 000万元。假设该企业的资本成本为6%，所得税率为33%，其建设期均为1年，所形成的固定资产均无残值，从第二年开始投产，投产后五年开采完毕，每年产销量为 2 000 吨。

解： 1. 计算现在开发的净现值

（1）每年应提折旧：

100÷5=20(万元)

（2）投产后每年的净利润：

[2 000×1-(800+20)]×(1-33%)=790.6(万元)

（3）投产后每年的现金净流量:

790.6+20=810.6(万元)

（4）现在开发的净现值：

810.6×(*P/A*,6%,5)×(*P/F*,6%,1)+50×(*P/F*,6%,6)-100-50

=810.6×4.212×0.943+50×0.705-100-50

=3 104.89(万元)

2. 计算五年后开发的净现值

（1）每年应提折旧：

120÷5=24(万元)

（2）投资后每年的净利润：

[20 000×1.5-(1 000+24)]×(1-33%)=1 323.92(万元)

（3）投产后每年的现金净流量：

1 323.92+24=1 347.92(万元)

（4）五年后开发的净现值

1 347.92×(*P/A*,6%,6)×(*P/F*,6%,5)+60×(*P/F*,6%,11)-(120+60)×(*P/F*,6%,5)

=1 347.92×4.212×0.747+60×0.527-180×0.747

=4 138.21(万元)

由于五年后开发的净现值为 4 138.21 万元，大于现在开发的净现值 3 104.89 万元，因此，应五年后开采。

（三）投资期决策

项目从开始投资到投入生产所需的时间，称为投资期。一般来说，在项目投资期中，如集中施工力量，交叉作业，加班加点可以缩短投资期，使项目提前竣工，提早投入生产，产生现金流量，但采取上述措施往往需要增大投资额。这里，存在着一个互斥选择投资决策问题。

【例 7-4】 某企业正在进行一个项目投资，正常投资期为 3 年，每年投资 500 万元，第 4~18 年每年现金净流量为 300 万元；如果把投资期缩短为 2 年，每年需投资 800 万元，竣工投产后的项目寿命和每年现金净流量不变。假定该企业的资本成本为 6%，项目寿命终结时有 5%的净残值，两个方案均需垫支 600 万元流动资金。问应否缩短投资期？

解： 1. 计算正常投资的净现值

300×(*P/A*,6%,15)×(*P/F*,6%,3)+500×3×5%×(*P/F*,6%,18)+600×(*P/F*,6%,18)-[500+

500×(P/A,6%,2)+600×(P/F,6%,3)]

=300×9.712×0.840+75×0.350+600×0.350-[500+500×1. 833+600×0.840]

=763.17(万元)

2. 计算缩短投资期的净现值

300×(P/A,6%,15)×(P/F,6%,2)+800×2×5%×(P/F,6%,17)+600×(P/F,6%,17)-[800+800×(P/F,6%,1)+600×(P/F,6%,2)]

=300×9.712×0.890+80×0.371+600×0.371-[800+800×0.943+600×0.890]

=756.98(万元)

由于正常投资的净现值为 763.17 万元，大于缩短投资期的净现值 756.98 万元，故不应缩短投资期。

第五节 项目投资的风险分析

一、风险与项目投资决策

在存在风险的前提下，我们无法预先得知一个新项目实际发生的现金流量，但可以估计项目可能发生的结果及其结果发生的概率。投资项目的风险就是其实际现金流量与预期现金流量的差异性。

从概率角度看，风险就是预期未来现金流的离散程度。

二、 项目投资的风险分析方法

(一) 风险调整贴现率法

1. 风险调整贴现率法的基本原理

风险调整贴现率法的基本原理是：对于高风险的项目，采用较高的贴现率去计算净现值，然后根据净现值法的规则来选择方案。风险调整贴现率法的最大问题是风险调整贴现率的确定。其确定方案很多，比较有代表性的方法是用风险报酬斜率来调整贴现率。

2. 风险调整贴现率的确定

风险调整贴现率是指根据风险的大小确定的、包括了风险因素的贴现率。其计算公式为：

$$K=i+b\times Q$$

式中：K 为风险调整贴现率

i 为无风险贴现率

b 为风险报酬斜率

Q 为风险程度

3. 风险调整贴现率法的计算步骤为：

(1) 计算方案各年的现金流入量的期望值（E）；

(2) 计算方案各年现金流入的标准差（d）；

(3) 计算方案现金流入总的离散程度，即综合标准差（D）；

(4) 计算方案各年的综合风险程度，即综合变化系数（Q）；

(5) 确定风险报酬斜率（b）；

(6) 根据公式：$K=i+bQ$ 确定项目的风险调整贴现率；

(7) 以“风险调整贴现率”为贴现率计算方案的净现值，并根据净现值法的规则来选择方案。

应当注意的是，如果方案只有一年不确定的现金流入，在计算风险调整贴现率时，就不必计算综合标准差（D）和综合变化系数（Q）。

4. 风险调整贴现率法的优缺点

风险调整贴现率法的特点是比较符合逻辑，容易理解，企业可以根据自己对风险的偏好来确定风险调整贴现率，因此在实际的项目投资决策中被广泛采用。但是，风险调整贴现率法在贴现过程中的计算较为复杂，并且把风险价值和时间价值混在一起，人为地假定风险随时间的延长而增大，这并不一定符合实际。

（二）约当系数法

1. 约当系数法的基本原理

先用一个约当系数（α_1）把有风险的现金收支调整为无风险的现金收支，然后用无风险的贴现率去计算净现值，以便用净现值法的规则判断投资项目的可取程度。有时又称肯定当量法。计算方法为：

$$NPV=\sum_{t=0}^{n}\frac{\alpha_t CFAT_t}{(1+i)^t}$$

式中：α_t 为 t 年现金流量的约当系数，它的取值在 0 至 1 之间；

i 为无风险的贴现率；

$CFAT$ 为税后现金流量。

2. 约当系数的确定

约当系数 α_t 是指不肯定的一元现金流量期望值，相当于使投资者满意的肯定的金额，它可以把各年不肯定的现金流量换算成肯定的现金流量。其计算公式为：

$$\alpha_t=\frac{\text{肯定的现金流量}}{\text{不肯定的现金流量期望值}}$$

约当系数的确定：

(1) 根据变化系数和约当系数之间的对照关系换算；

(2) 根据风险报酬率和无风险报酬率之间的函数关系换算，换算公式为：

$$\alpha_t=\frac{(1+i)^t}{(1+K)^t}$$

(3) 由经验丰富的分析人员主观判断。

应当注意的是，约当系数法也可以和内含报酬率法结合使用。

3. 约当系数法的特点及评价

约当系数法是通过调整净现值公式的分子来考虑项目投资的风险，其计算简单；约当系数法克服了风险调整贴现率法夸大远期风险的缺点，可以根据各年不同的风险程度，分别采用不同的约当系数，但如何确定约当系数是最大的困难所在。

风险调整贴现率法和约当系数法，都是投资风险分析的方法。两者主要的区别是：约当系数法是用调整净现值公式中的分子的办法来考虑风险；风险调整贴现率法是用调整净现值公式中分母的办法来考虑风险。

小　结

工业制造企业固定资产项目投资的财务可行性评价可以通过估计该投资项目的净现值或其他相关决策指标（如投资回收期、现值指数、内含报酬率等）及应用净现值准则进行评估。计算这些指标要求的两个基本输入变量为：（1）项目寿命期内产生的预期现金流量序列；（2）能反映预期现金流量风险的恰当的折现率。折现率是一个比率，项目的未来现金流需要照此比率折现以便能够与投资成本的现值进行比较。

净现值准则和内含报酬率准则是很好的投资决策方法，因为它们调整了投资项目预期现金流量的时间性和风险，并且还可以评估投资项目创造价值的潜力。

风险调整贴现率法和约当系数法是解决项目投资中涉及的风险因素评估的两种方法，但现实中应更注意随着投资项目的运作和施行随时关注项目的实际风险情况以调整对项目的评价。

【关键词】

项目投资决策（Project Investment Decision）
净现金流量（NCF: Net Cash Flow）
资本预算（Capital Budgeting）
投资回收期（PP: Payback Period）
净现值（NPV: Net Present Value）
净现值率（NPVR: Net Present Value Rate）
现值指数（PI: Present Value Index）
内含报酬率（IRR: Internal Rate of Return）
折现率（Discount Rate）
项目投资风险（Project Investment Risks）

案例：内含报酬率法与净现值法的比较[1]

W 公司是一个经济实力较强的生产加工企业，产品适销对路，并占据了主要销售市场，经济效益连年上涨。基于市场的需求，公司计划扩大经营规模，决定再上生产项目。经多方调研、汇总、筛选，公司只能投资于短期项目 A 和长期项目 B 中的一个项目。其投资额为 250 万元，资金成本为 10%，两个项目的期望未来现金流量见下表。

短期项目A 和长期项目B 的期望未来现金流量表（单位：万元）

年份	0	1	2	3	4	5	6
项目 A	−250	100	100	75	75	50	25
项目 B	−250	50	50	75	100	100	125

思考题：

1. 根据 W 公司的案情资料，分别计算两个项目的内含报酬率，进行项目投资的初步决策。

2. 根据 W 公司的案情资料，分别计算两个项目的净现值，进行项目投资的初步决策。

3. 在什么情况下，内含报酬率法和净现值法可能得到不同的结论？

4. 内含报酬率法和净现值法，哪种决策规则较优？

1.引自：《财务管理学》2009 国家级案例教材.pdf

第八章　筹资管理

学习提示

企业筹集资金是资金运动的起点，它会影响乃至决定资金运动的规模及效果。本章主要对企业筹资的含义与分类、筹资渠道与方式、筹资原则和资金需要量预测作了系统的阐述和分析。

学习目标

* 理解企业筹资的基本概念、分类和基本原则
* 掌握企业资金需要量的预测（特别是销售百分比法）
* 掌握企业权益性筹资方式和负债筹资方式
* 掌握资本成本的计算方法
* 掌握经营杠杆、财务杠杆和复合杠杆
* 运用本章理论进行最优资本结构的确定

主要内容

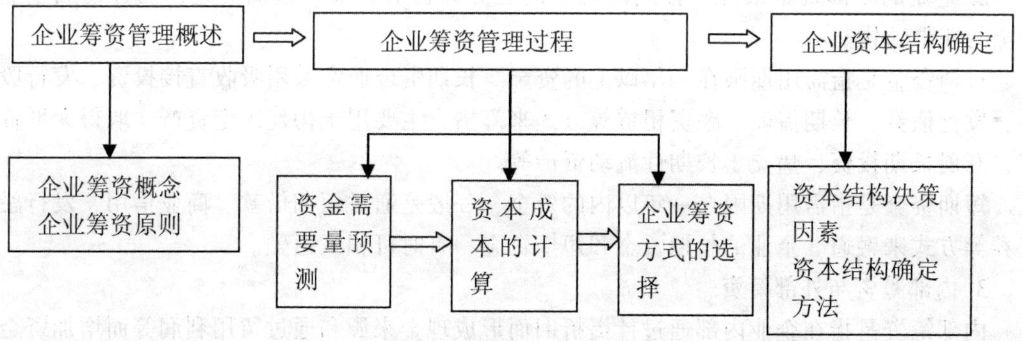

第一节 企业筹资概述

一、企业筹资的概念和分类

（一）企业筹资的概念

企业筹资是指企业根据其生产经营、对外投资和调整资本结构的需要，通过筹资渠道和资金市场，运用筹资方式，经济有效地筹措和集中资金。

（二）企业筹资的分类

由于企业筹资的具体来源、方式、期限等不同，形成不同的类型。通常有以下几种：

1. 企业的全部资金来源，按资金权益性质的不同区分为自有资金与借入资金，二者构成企业资金的比例结构。

自有资金亦称自有资本或权益资本，是企业依法筹集并长期拥有、自主调配运用的资金来源。根据我国财务制度，其内容包括实收资本、资本公积、盈余公积和未分配利润。

借入资金亦称借入资本或债务资本，是企业依法筹措并依约使用、按期偿还的资金来源。借入资金包括各种债券、应付债券、应付票据等。借入资金有的可按规定转化为自有资金，如可转化为股票的公司债券。

2. 企业的全部资金来源，按期限的不同区分为长期资金和短期资金，两者构成企业资金的期限结构。

长期资金是指需用期限在一年以上的资金。长期资金通常采用吸收直接投资、发行股票、发行债券、长期借款、融资租赁等方式来筹措，主要用于构建固定资产、取得无形资产、开展长期投资、垫支于长期性流动资产等。

短期资金是指需用期限在一年以内的资金，一般是通过短期借款、商业信用、发行融资券等方式来融通。企业的长期资金和短期资金，有时可相互通融。

3. 内部筹资与外部筹资

内部筹资是指在企业内部通过计提折旧而形成现金来源和通过留用利润等而增加资金来源。其中计提折旧并不增加企业的资金规模，只是资金的形态转化，为企业增加现金来源，其数量的多寡由企业的折旧资产规模和折旧政策所决定；留用利润则增加企业的资金总量，其数量由企业可分配利润和利润分配政策（或股利政策）决定，由于它是在企业内部“自然地”形成的，一般无需花费筹资费用。

外部筹资是指在企业内部筹资不能满足需要时，向企业外部筹集形成资金来源。企业外部筹资通常需花费筹资费用，如发行股票、债券需支付发行成本，取得借款需支付一定的手续费等。

4. 企业的筹资活动按其是否以金融机构为媒介，可分为直接筹资与间接筹资。

直接筹资是指企业不经过银行等金融机构，用直接与资金供应者协商借贷或发行股票、债券等办法筹集资金。

间接筹资是指企业借助银行或非银行金融机构而进行的筹资活动，比如银行借款、融资租赁等。

二、企业筹资的基本原则

（一）规模适当原则

不同时期企业的资金并不是一个常数，通过认真分析科研、生产、经营状况，采用一定的方法，预测资金的需要数量，合理确定筹资规模。

（二）筹措及时原则

遵循资金时间价值的原理和计算方法，根据资金的具体情况，合理安排资金的筹集时间，适时获取所需资金。

（三）来源合理原则

资金的来源渠道和资金市场为企业提供了资金的源泉和筹资场所，它反映资金的分布状况和供求关系，决定着筹资的难易程度。不同来源的资金，对企业的收益和成本有不同影响。因此，企业应认真研究资金来源渠道和资金市场，合理选择资金来源。

（四）方式经济原则

在确定筹资数量、筹资时间、资金来源的基础上，需要对各种筹资方式进行分析、对比，选择经济、可行的筹资方式。

三、影响筹资决策的主要因素

影响筹资决策的主要因素有：(1) 资金需要量；(2) 资本成本；(3) 财务风险；(4) 资本结构。

第二节 企业资金需要量的预测

一、定性预测法

（一）定性预测法的概念

定性预测法是指利用直观的资料，依靠个人的经验和主观分析判断能力，预测未来资金需要量的方法。

（二）定性预测过程

首先由熟悉财务情况和生产经营情况的专家，根据过去所积累的经验，进行分析判断，提出预测的初步意见；然后，通过召开座谈会或发出各种表格等形式，对上述预测的初步意见进行修正补充。这样经过一次或几次以后，得出预测的最终结果。

（三）定性预测法的优点

在企业缺乏完备、准确的历史资料的情况下采用这种方法是十分有用的。

（四）定性预测法的缺点

它不能揭示资金需要量与有关因素之间的数量关系。例如，预测资金需要量应和企业生产经营规模相联系。生产规模扩大，销售数量增加，会引起资金需要量增加；反之，则会使资金需要量减少。

二、定量预测法

（一）高低点法

假定资金需要量与营业业务量之间存在线性关系，建立数学模型：

$$y=a+bx$$

式中：y 为资金需要量；

a 为不变资金；

b 为单位业务量所需要的变动资金；

x 为业务量。

首先根据历史有关资料，以某一时期内的最高点营业业务量所对应的资金需要量和最低点营业业务量所对应的资金需要量之差，除以最高点营业业务量和最低点营业业务量之差，计算出单位业务量所需要的变动资金 b，然后用最高点或最低点的数据计算出不变资金 a，以此预测资金需要量。

（二）回归分析法

1. 线性回归分析法的计算原理

假定资金需要量与营业业务量之间存在线性关系，建立数学模型，然后根据历史有关资料，用回归直线方程确定参数，预测资金需要量的方法。其预测模型为：

$$y=a+bx$$

式中：y 为资金需要量；

a 为不变资金；

b 为单位业务量所需要的变动资金；

x 为业务量。

其中：不变资金是指一定的营业规模内，不随业务量增减的资金，主要包括为维持营业而需要的最低数额的现金、原材料的保险储备、必要的成品或商品储备以及固定资产占用的资金。变动资金是指随业务量变动而同比例变动的资金，一般包括在最低储备以外的现金、存货、应收账款等所占用的资金。

运用预测模型，在利用历史资料确定 a，b 数值的条件下，即可预测一定业务量所需要的资金数量 y。

【例 8–1】某企业 1994 年至 1998 年的产销数量和资金需要数量详见表 8–1。假定 1999 年预计产销数量为 78 000 件。试预测 1999 年的资金需要总量。

表 8–1 某企业产销量与资金需要量表

年度	产销量(x)(万件)	资金需要量(y)(万元)
1994	6.0	500
1995	5.5	475
1996	5.0	450
1997	6.5	520
1998	7.0	550

2. 线性回归分析法的预测过程

(1) 根据表 8–1 的资料，计算整理出表 8–2 的数据。

表 8–2 回归直线方程数据计算表

年度	产销量 x(万件)	资金需要量 y(万元)	xy	x^2
1994	6.0	500	3 000	36
1995	5.5	475	2 612.5	30.25
1996	5.0	450	2 250	25
1997	6.5	520	3 380	42.25
1998	7.0	550	3 850	49
n=5	Σx=30	Σy=2 495	Σxy=15 092.5	Σx^2=182.5

(2) 将表 8–2 的数据代入下列联立方程组。

$\Sigma y=na+b\Sigma x$

$\Sigma xy=\Sigma x+b\Sigma x^2$

得：$2\ 495=5a+30b$

$15\ 092.5=30+182.5b$

求得：$a=2\ 050\ 000$

$b=49$

(3) 将 a=2 050 000，b=49 代入 $y=a+bx$

$y=2\ 050\ 000x+49$

(4) 将 1999 年预计产销量 78 000 件代入上式，求得资金需要量。

2 050 000+49×78 000=5 872 000（元）

3. 运用线性回归法必须注意的几个问题

（1）资金需要量与营业业务量之间线性关系的假定应符合实际情况；

（2）确定 a，b 数值，应利用预测年度前连续若干年的历史资料，一般要有三年以上的资料；

（3）应考虑价格等因素的变动情况。

（三）销售百分比法

1. 销售百分比法的基本依据

销售百分比法是根据销售与资产负债表和利润表项目之间的比例关系，预测各项目短期资金需要量的方法。

2. 销售百分比法的优点

能为财务管理提供短期预计的财务报表，以适应外部筹资的需要，且易于使用。

3. 销售百分比法的缺点

倘若有关固定比率的假定失实，据以进行预测就会形成错误的结果。因此，在有关因素发生变动的情况下，必须相应地进行调整。

4. 运用销售百分比法，一般是借助预计利润表和预计资产负债表。通过预计利润表预测企业留用利润这种内部资金来源的增加额；通过预计资产负债表预测企业资金需要总额和外部筹资的增加额。

（1）预计利润表

预计利润表是运用销售百分比法的原理预测留用利润的一种报表。预计利润表与实际利润表的内容、格式相同。通过提供预计利润表，可预测留用利润这种内部筹资的数额，也可为预计资产负债表预测外部筹资数额提供依据。

【例 8-2】某企业 1998 年实际利润表及有关项目与销售的百分比，详见表 8-3。试预计 1999 年利润表并预测留用利润。

表8-3　1998年实际利润表　单位：万元

项目	金额	占销售收入的百分比(%)
销售收入	1 500	100.0
减：销售成本	1 140	76.0
销售费用	6	0.4
销售利润	354	23.6
减：管理费用	306	20.4
财务费用	3	0.2
税前利润	45	3.0
减：所得税	18	
税后利润	27	

注：假定该企业所得税率为 40%。

若该企业 1999 年预计销售收入为 1 800 万元，则 1999 年预计利润表测算结果详见表 8-4。

表8-4 1999 年预计利润表 单位：万元

项目	金额	占销售收入的百分比(%)	1999 年预计数
销售收入	1 500	100.0	1 800
减：销售成本	1 140	76.0	1 368
销售费用	6	0.4	7.2
销售利润	354	23.6	424.8
减：管理费用	306	20.4	367.2
财务费用	3	0.2	3.6
税前利润	45	3.0	54
减：所得税	18		21.6
税后利润	27		32.4

若该企业税后利润的留用比例为 50%，则 1999 年预计留用利润额为 16.2 万元。

预计损益表法的主要步骤概要归纳如下：

a. 收集基年实际损益表资料，计算确定损益表各项目与销售额的百分比。

b. 取得预测年度销售收入预计数，用此预计销售额和基年实际损益表各项目与实际销售额的比率，计算预测年度预计损益表各项目的预计数，并编制预测年度预计损益表。

c. 利用预测年度税后利润预计数和预定的留用比例，测算留用利润的数额。

(2) 预计资产负债表

预计资产负债表是运用销售百分比法的原理预测外部筹资额的一种报表。预计的资产负债表与实际的资产负债表的内容、格式相同。通过提供预计资产负债表，可预测资产和负债及留用利润有关项目的数额，进而预测企业需要外部筹资的数额。

运用销售百分比法选定与销售有固定不变比率关系的项目，这种项目称为敏感项目。敏感资产项目包括现金、应收账款、存货、固定资产净值等项目；敏感负债项目包括应付账款、应付费用等项目。使用固定资产净值指标是假定折旧产生的现金即用于更新资产。对外投资、短期借款、长期负债和实收资本通常不属于短期内的敏感项目，留用利润也不宜列为敏感项目。

举例说明预计资产负债表的编制。

【例 8-3】某企业 1998 年实际销售收入为 1 500 万元，资产负债表及其敏感项目与销售的比率详见表 8-5。1999 年预计销售收入为 1 800 万元。试预计 1999 年资产负债表并预测外部筹资额。

表8-5 1998年实际资产负债表 单位：万元

项目	金额	占销售收入的百分比(%)
资产：		
现金	7.5	0.5
应收账款	240	16.0
存货	261	17.4
预付费用	1	—
固定资产净值	28.5	1.9
资产总额	538	35.8
负债及所有者权益：		
应付票据	50	—
应付账款	264	17.6
应付费用	10.5	0.7
长期负债	5.5	—
负债合计	330	18.3
实收资本	25	—
留用利润	183	—
所有者权益合计	208	—
负债及所有者权益总额	538	

根据上列资料，编制该企业 1999 年预计资产负债表，详见表 8-6。

该企业 1999 年预计资产负债表的编制过程如下：

第一，取得基年资产负债表资料，并计算其敏感项目与销售收入的百分比，详见表 8-5，列示于表 8-6 的（1）、（2）栏中。

第（2）栏的百分比表明，该企业销售每增长 100 元，资产将增加 35.8 元。这种每实现 100 元销售所需的资金量，可由敏感负债解决 18.3 元。这里增加的敏感负债是自动增加的，如应付账款会因存货的增加而自动增加。

每百元销售需要资金与敏感负债的差额 17.5 元（即 35.8 元-18.3 元），表示销售每增长 100 元需追加的资金净额，它需从企业内部来筹措。在本例中，销售增长 300 万元（即 1 800 万元-1 500 万元）需净增资本来源 52.5 万元（即 300×0.175 万元）。

第二，用 1999 年预计销售收入 1 800 万元乘以第（2）栏所列的百分比，求得表 8-6 第（3）栏所列示的敏感项目金额。第（3）栏的非敏感项目按第（1）栏数额填列。由此，确定了第（3）栏中除留用利润外的各个项目的数额。

表8-6　1999年预计资产负债表　　单位：万元

项目	1999 年实际数(1)	1998 年销售百分比(%)(2)	1999 年预计数(3)
资产：			
现金	7.5	0.5	9
应收账款	240	16.0	288
存货	261	17.4	313.2
预付费用	1	—	1
固定资产净值	28.5	1.9	34.2
资产总额	538	35.8	645.4
负债及所有者权益：			
应付票据	50	—	50
应付账款	264	17.6	316.8
应付费用	10.5	0.7	12.6
长期负债	5.5	—	5.5
负债合计	330	18.3	384.9
实收资本	25	—	25
留用利润	183	—	199.2
所有者权益合计	208	—	224.2
追加外部筹资额			36.3
负债及所有者权益总额	538		645.4

第三，确定 1999 年留用利润增加额及资产负债表中的留用利润累计额。留用利润增加额可根据利润额、所得税率和留用利润比例来确定。1999 年所累计留用利润等于 1998 年累计留用利润加上 1999 年留用利润增加额计算确定。若 1999 年利润额为 54 万元，所得税率 40%，税后利润留用比例为 50%，则 1999 年留用利润增加额为：

54×(1–40%)×50%=16.2（万元）

1999 年累计留用利润为：

183+16.2=199.2（万元）

从需要筹资总额（第一步得到的 52.5 万元）中减去内部筹资额 16.2 万元，求得需要外部筹资额 36.3 万元。

第四，加总预计资产负债表的两方：1999 年预计资产总额为 645.4 万元，负债及所有者权益总额为 609.1 万元，其差额为 36.3 万元。它既是使资产负债表两方相等的平衡数，也是需要外部筹资的数额。

根据上例中的数据，运用上列公式预测该企业 1999 年需要追加外部筹资额为：

0.358×300−0.183×300−16.2=36.3（万元）

这种方法是根据预计资产负债表的原理，预测企业追加外部筹资额的简便方法。

上述销售百分比法的介绍，是假定预测年度非敏感项目、敏感项目及其与销售收入的百分比均与基年保持不变。在实践中，非敏感项目、敏感项目及其与销售收入的百分比有可能发生变化，具体情况有：

（1）非敏感资产、非敏感负债的项目构成以及数量的增减变动；

（2）敏感资产、敏感负债的项目构成以及与销售收入百分比的增减变动。

这些变动对预测资金需要总量和追加外部筹资额都会产生一定的影响，必须相应地予以调整。现举例说明。

【例 8−4】根据前列表 8−6 的资料，倘若该企业 1999 年由于情况变化，敏感项目中的存货与销售收入百分比提高为 17.6%，预定安排对外长期投资（系非敏感资产项目）为 5 万元，敏感负债项目中应付账款与销售收入的百分比降低为 17.5%，预计长期借款（系非敏感负债项目）增加 6.5 万元。针对这些变动，该企业 1999 年的资金需要预测调整如下：

（1）资产总额

645.4+1 800×(17.6%−17.4%)+5=654（万元）

（2）负债总额

38.49−(17.6%−17.5%)×1 800+6.5=389.6（万元）

（3）追加外部筹资额

65.4−389.6−224.2=40.2（万元）

第三节　企业的筹资渠道和筹资方式

一、企业的筹资渠道

（一）筹资渠道的概念

是指筹措资金来源的方向与通道，体现着资金的源泉和流量。

（二）企业筹资渠道的种类

1. 国家财政资金

国家财政资金具有广阔的源泉和稳固的基础，是国有企业包括国有独资公司筹集资金的主要渠道。

2. 银行信贷资金

银行信贷资金有居民储蓄、单位存款等经常性的资金源泉，贷款方式多种多样，可以适应各类企业的多种资金需要。

3. 非银行金融机构资金

非银行金融机构主要有信托投资公司、租赁公司、保险公司、证券公司、企业集团的财务公司等。

4. 其他企业资金

企业在生产经营过程中，往往形成部分暂时闲置的资金，同时为了一定的目的也需要相互投资。这都为筹资企业提供了资金来源。

5. 民间资金

企业职工和城乡居民的节余货币，可以对企业进行投资，形成民间资金渠道，为企业所利用。

6. 企业自留资金

企业内部形成的资金，主要是计提折旧、提取公积金和未分配利润而形成的资金。

7. 外商资金

二、企业权益资金筹资方式

（一）吸收直接投资

吸收直接投资是企业以协议等形式，按照“共同投资、共同经营、共担风险、共享利润”的原则直接吸收国家、法人、个人等直接投入资本，形成资本金的一种筹资方式。吸收直接投资不以股票为媒介，适用于非股份制企业。

1. 吸收直接投资的种类

从投资者看，吸收直接投资可分为吸收国家直接投资（主要为国家财政拨款）、吸收法人单位的直接投资（企事业单位）、吸收企业内部职工和城乡居民的直接投资、吸收外国投资者和我国港澳台地区投资者的直接投资，分别形成国家资本金、法人资本金、个人资本金和外商资本金。

从出资形式看，吸收直接投资可分为吸收现金直接投资、吸收实物直接投资和吸收无形资产直接投资。

2. 吸收直接投资的条件

（1）企业通过吸收直接投资而取得的实物或无形资产，必须符合生产经营、科研开发的需要，在技术上能够消化应用；

（2）吸收无形资产投资时，应符合法定比例；

（3）企业通过吸收直接投资而取得的实物或无形资产，必须进行资产评估。

3. 吸收直接投资的程序

（1）确定吸收直接投资的数量；

（2）选择吸收直接投资的具体形式；

（3）签署决定、合同或协议；

（4）取得资金来源。

4. 吸收直接投资的优点

(1) 吸收直接投资所筹资本属于企业的自有资本，能够提高企业的资信和借款能力；

(2) 吸收直接投资不仅可以取得一部分现金，而且能够直接获得所需的先进设备和技术，尽快形成生产经营能力；

(3) 吸收直接投资的财务风险较低。

5. 吸收直接投资的缺点

(1) 资本成本较高

因为要给所有者带来丰厚的回报，同时由于该融资方式没有以证券为媒介，产权关系有时不明晰，也不便于产权交易，投资者资本进入容易出来艰难，难以吸收大量的社会资本参与，融资规模受到限制。

(2) 容易分散企业控制权

采用吸收直接投资方式筹集资金，投资者一般都要求获得与投资数量相适应的经营管理权。如果外部投资者的投资较多，则投资者会有相当大的管理权，甚至会对企业实行完全控制。

(二) 发行股票

1. 股票及其特点

股份制企业的资本金称为股本，将股本划分为若干等份，即股份。股份是抽象的，要通过具体的物化形式来表现，这就是股票。股票作为一种所有权凭证，具有以下特点：

(1) 永久性

发行股票所筹集的资金属于长期自有资金，没有期限，无须归还。

(2) 流通性

在资本市场上可以自由转让、买卖、流通、继承、赠送或抵押。

(3) 风险性

由于股票的永久性，股东要承担股票价格的波动、红利的不确定、破产清算时以最后顺序分配剩余财产等一系列风险。

(4) 参与性

股东作为股份公司的所有者，拥有经营者选择权、重大决策权、财务监控权、获取收益权等权利。

2. 股票的种类

(1) 按股票的权利和义务的不同，股票可分为普通股和优先股。

普通股股票是股份制企业发行的代表着股东享有平等的权利、义务，不加以特别限制、股利不确定的股票。

普通股股东个人行使的基本权利有：经营收益的剩余请求权、优先认股权、投票表决权、股票转让权、检查公司账册权、公司解散清算时剩余财产获取权、阻止管理人员越权行为等权利。

普通股股东整体行使的权力有：制定和修改公司章程、选举公司董事、制定和修改公司的规章制度、任免公司重要人员、授权出售公司固定资产、批准并购行为、批准公司的资本结构变动、决定发行优先股和债券等。

普通股股东的义务是遵守公司章程、缴纳股款、以股本为限承担有限责任等。

优先股也称特别股，是股份制企业发行的优先于普通股股东分取经营收益和破产时剩余财产的股票。

(2) 按股票是否记名，可分为记名股票和无记名股票。

记名股票是在股票票面上和股东名册上记载股东的姓名或名称的股票，该种股票的转让、继承需要办理过户手续。

无记名股票是在股票票面上和股东名册上不记载股东的姓名或名称的股票，该种股票的转让、继承不需要办理过户手续。

(3) 股票按是否标明金额可分为有面额股票和无面额股票。

有面额股票是公司发行的票面标有金额的股票。

无面额股票不标明票面金额，只在股票上载明所占公司股本总额的比例或股份数。

(4) 股票按投资主体的不同，可分为国家股、法人股、个人股和外资股。

国家股是有权代表国家投资的部门或机构以国有资产向公司投入而形成的股份。

法人股是指企业法人依法以其可支配的资产或具有法人资格的事业单位和社会团体以国家允许用于经营的资产向公司投入而形成的股份。

个人股为社会个人或本公司职工以个人合法财产投入公司而形成的股份。

外资股是指外国和我国港、澳、台地区投资者购买的人民币特种股票。

(5) 股票按发行时间的先后可分为始发股和新股。

始发股是设立时发行的股票。

新股是公司增资时发行的股票。

始发股和新股的发行具体条件、目的、发行价格不尽相同，但股东的权利义务是一致的。

(6) 我国目前的股票还按发行对象和上市地区，分为A种股票、B种股票、H种股票、N种股票。

A种股票是供我国个人或法人买卖的、以人民币标明票面价值并以人民币认购和交易的股票。

B种股票、H种股票和N种股票是专供外国和我国港、澳、台地区的投资者买卖的，以人民币标明面值但以外币认购和交易的股票。B种股票在上海、深圳上市，H种股票在香港上市，N种股票在美国纽约上市。

3. 股票发行的动机

(1) 筹集资本；

(2) 扩大影响；

(3) 分散风险；

(4) 将资本公积金转化为资本金；

(5) 兼并与反兼并；

(6) 股票分割。

此外，发行股票还有其他目的。如：向股东派发股票股利（送红股），将公司发行的可转换证券转化为股票，为了发行更多的债券而发行股票以使公司净资产额扩大，等等。

股份公司发行股票必须符合一定的条件，遵循一定的原则，不同国家对此有不同的规定。

4. 股票发行的程序

股份有限公司在设立时发行股票与增资发行股票，程序上有所不同。

(1) 设立时发行股票的基本程序

a. 发起人认购全部股票，交付股资；

b. 提出募集股份申请；

c. 公告招股说明书，制作认股书，签定承销协议和代收股款协议；

d. 招认股份，缴纳股款；

e. 召开创立大会，选举董事会、监事会；

f. 办理公司设立登记，交割股票。

(2) 增资发行股票的基本程序

a. 股东大会作出发行新股的决议；

b. 由董事会向国务院授权的部门或省级人民政府提出申请并经批准；

c. 公开招股说明书，制作认股书，签定承销协议；

d. 招认股份，缴纳股款；

e. 召开股东大会改选董事、监事，办理变更登记并公告。

5. 股票发行方式

股票发行方式是指公司通过何种途径发行股票。总的来讲，股票的发行方式可分为如下两类：

(1) 公开间接发行

指通过中介机构，公开向社会公众发行股票。我国股份有限责任公司采用募集设立方式向社会公开发行新股时须由证券经营机构承销的做法，就属于股票的公开间接发行。

(2) 不公开直接发行

指不公开对外发行股票只向少数特定的对象直接发行，因而不需中介机构承销。

6. 股票的销售方式

股票的销售方式是指股份有限公司向社会公开发行股票时所采取的股票销售方法。股票销售方式有两类：(1) 自销方式；(2) 委托承销方式。

7. 股票的发行价格

股票的发行价格是股票发行时所使用的价格，也就是投资者认购股票时所支付的价格。股票发行价格通常由公司根据股票面额、股市行情和其他有关因素决定。以募集设立方式设立公司首次发行的股票价格，由发起人决定；公司增资发行新股的股票价格，由股东大会作出决议。

股票的发行价格可以和股票的面额一致，但大多数情况下不一致。股票的发行价格一般有以下三种：

(1) 等价

等价是以股票的面额为发行价格，也称为平价发行。

(2) 时价

时价是以本公司股票在流通市场上买卖的实际价格为基准确定的股票发行价格。

(3) 中间价

中间价是以时价和等价的中间值确定的股票发行价格。

按时价和中间价发行股票，股票发行价格会高于或低于其面额，前者称溢价发行，后者称折价发行。如属溢价发行，发行公司所获得的溢价列入资本公积。

我国《公司法》规定，股票发行价格可以等于票面金额（等价），也可以超过票面金额（溢价），但不得低于票面金额（折价）。

8. 普通股融资的优点

(1) 发行普通股筹措资本具有永久性，无到期日，不需归还。这对保证公司对资本的最低需要、维持公司长期稳定发展极为有益。

(2) 发行普通股筹资没有固定的股利负担，股利的支付与否和支付多少，视公司有无盈利和经营需要而定，经营波动给公司带来的财务负担相对较小。由于普通股筹资没有固定的到期还本付息的压力，所以筹资风险较小。

(3) 发行普通股筹措的资本是公司最基本的资金来源，它反映了公司的实力，可作为其他方式筹资的基础，尤其可为债权人提供保障，增强公司的举债能力。

(4) 由于普通股的预期收益较高并可一定程度地抵消通货膨胀的影响，因此容易吸收资金。

9. 普通股融资的缺点

(1) 普通股的资本成本较高。首先，普通股的风险较高，相应地要求有较高的投资报酬率。其次，普通股股利从税后利润中支付，不具有抵税作用。此外，发行费用一般高于其他证券。

(2) 以普通股筹资可能会分散公司的控制权，降低普通股的每股净收益，从而可能引发股价的下跌。

三、企业负债资金筹资方式

一般把短期债务资本列入营运资金管理，所以，企业负债资金筹资就指长期负债筹资。目前在我国，长期负债筹资主要有长期借款和债券两种形式。

(一) 长期借款筹资

长期借款是指企业向银行或其他非银行金融机构借入的使用期超过一年的借款，主要用于购建固定资产和满足长期流动资金占用的需要。

1. 长期借款的种类

(1) 按照用途，分为固定资产投资借款、更新改造借款、科技开发和新产品试制借款等；

（2）按照提供贷款的机构，分为政策性银行贷款、商业银行贷款等；

（3）按照有无担保，分为信用贷款和抵押贷款。

2. 取得长期贷款的条件

（1）独立核算、自负盈亏、有法人资格；

（2）经营方向和业务范围符合国家产业政策，借款用途属于银行贷款办法规定的范围；

（3）借款企业具有一定的物资和财产保证，担保单位具有相应的经济实力；

（4）具有偿还贷款的能力；

（5）财务管理和经济核算制度健全，资金使用效益及企业经济效益良好；

（6）在银行设有账户，办理结算。

3. 长期借款的程序

（1）具备长期贷款条件的企业向银行提出申请，陈述借款原因与金额、用款时间与计划、还款时间与计划；

（2）银行根据企业的借款申请，针对企业的财务状况、信用情况、盈利的稳定性、发展前景、借款投资项目的可行性等进行审查；

（3）银行审查同意贷款后，再与借款企业进一步协商贷款的具体条件，明确贷款的用途、种类、金额、利率、期限、还款的资金来源和方式、保护性条件、违约责任等，然后签定正式的借款合同；

（4）借款合同生效后，银行可在核定的指标范围内，根据用款计划和实际需要，将贷款转入企业的存款结算户。

4. 长期借款的一般性保护条款

（1）借款企业需持有一定限度的流动资金；

（2）对企业支付现金股利和再购入股票的限制；

（3）对资本支出规模的限制；

（4）限制其他长期债务；

（5）定期向银行提交财务报表；

（6）不准在正常情况下出售太多资产；

（7）如期缴纳税金和清偿到期债务；

（8）不准以任何资产作为其他承诺的担保或抵押；

（9）不准贴现应收票据或出售应收账款；

（10）限制租赁固定资产的规模。

5. 长期借款的的特殊性保护条款

（1）贷款专款专用；

（2）不准企业投资于短期内不能收回资金的项目；

（3）限制企业高级职员的薪金和奖金总额；

（4）要求企业主要领导人在合同有效期内担任领导职务；

（5）要求企业主要领导人购买人身保险。

6. 长期借款的成本

除了利息之外，银行还会向借款企业收取其他费用，如实行周转信贷协定所收取的承诺费、要求企业在本银行中保持补偿余额所形成的间接费用，所有这些均构成长期借款的成本。

7. 长期借款的偿还方式

(1) 定期支付利息、到期一次性偿还本金；

(2) 定期等额偿还；

(3) 平时逐期偿还小额本金和利息、期末偿还余下的大额部分。

8. 长期借款的特点

与其他长期负债相比，长期借款的特点为：

(1) 筹资速度快；

(2) 借款弹性较大；

(3) 借款成本较低；

(4) 筹资数量有限；

(5) 限制性条款较多。

(二) 长期债券融资

1. 债券的性质

债券是债务人为筹集债务资本而发行的、约定在一定期限内还本付息的一种有价证券(又称长期应付票据)。在我国，非公司制企业发行的债券称为企业债券，股份有限公司和有限责任公司发行的债券称为公司债券。从性质上讲，债券与借款一样是企业的债务，发行债券一般不影响企业的控制权，发行企业无论盈利与否必须到期还本付息。

2. 公司债券可按不同标准分类

(1) 记名债券与不记名债券

记名债券是指在券面上记有持券人的姓名或名称。对于这种债券，公司只对记名人偿本付息，凭身份证或其他有效证件领取本息。记名债券的转让，由债券持有者以背书等方式进行，并向发行公司通报受让人的姓名或名称，以便公司登记在债券存根簿上。

不记名债券是指在券面上不记载持券人的姓名或名称，还本付息以债券为凭。其转让手续简单，只需将债券交付给受让人即发生效力。我国发行的债券一般是不记名债券。

(2) 有担保债券与无担保债券

有担保债券是指企业发行的有指定的财产作为担保的债券。按照抵押品的不同，还可进一步分为不动产抵押债券、动产抵押债券和信托抵押债券。其中信托抵押债券是指发行企业以其持有的其他企业发行的证券作为抵押品而发行的债券。

无担保债券是指没有具体财产担保而仅凭发行企业的信誉发行的债券，又称“信用债券”。但为了保护投资者的利益，对发行者使用债务资本有一些约束或限制规定。

(3) 一次到期债券与分次到期债券

一次到期债券是指发行企业在到期日一次偿还全部本金的债券。这种债券发行企业到期必须一次筹集比较多的资金，增加了调度资金的难度，或为还本而建立偿债基金，不利于资本的流通和运用。

分次到期债券有两种情况：一是企业对同次发行的债券规定不同到期日；二是企业对同一种债券的本金分次偿还，于到期日全部偿还完毕。这样，可以逐渐减少债券的流通量，维持债券的市价和企业信用，同时与项目产生的现金流入量较为一致，是比较合理的还本方式。

(4) 固定利率债券与浮动利率债券

固定利率债券是指企业在发行债券时在券面载有确定利率的债券。浮动利率债券是指发行时不确定债券利率的债券，在债券有限期内，其利率可以根据有关利率的变动作为参照物进行浮动。

(5) 可转换债券与不可转换债券

可转换债券是指债券持有者可以根据规定的价格转换为发行企业股票（一般为普通股）的债券。对发行企业来讲，发行这种债券可大大降低其利率，节约企业的利息支出。但其转换会稀释普通股股东的控制权。另外，如果转股价格规定不合理，债券持有者在规定时间内不行使转化权，而发行企业又没有足够的思想准备，有可能引发大规模集中性的本息兑付而导致企业破产。我国《公司法》规定可转换债券的发行主体是股份有限公司中的上市公司。

不可转换债券是指不能转换为发行企业股票的债券。大多数债券属于这种类型。

除上述主要分类外，债券还有其他分类标准。如：按照债券是否可提前收回可分为可提前收回债券和不可提前收回债券，前者指发行企业在特定的时间内可按溢价回收的债券，一般在债券票面的背后要规定一些条款，如溢价比率、回收时间等，后者指发行企业将按债券票面上约定的到期日才偿还债券本金的债券。按照债券是否上市，可分为上市债券和非上市债券，等等。

3. 债券发行的程序

(1) 作出决议

公司在发行债券前，必须由股东会（或董事会）作出决议，决定发行债券的总额、票面金额、发行价格、募集办法、偿还日期及方式等内容。

(2) 提出申请

向国务院证券管理部门提交公司登记证明、公司章程、公司债券募集办法、资产评估报告和验资报告。

(3) 公司募集办法

应当载明本次发行债券总额、债券面额、票面利率、还本付息的期限与方式、债券发行的起止日期、公司净资产额、已发行而未到期的公司债券总额、债券的承销机构等事项。

(4) 委托证券机构发售

(5) 交付债券，收缴款项，登记债券存根簿

4. 债券发行的价格

债券发行价格主要由两部分组成：债券利息的年金现值，到期本金的复利终值。

债券发行价格=面额×票面利率×年金现值系数+面额×复利现值系数

5. 债券的偿还

债券可以一次偿还或分期偿还，或根据情况提前收回。为了减轻到期一次支付的现金流量压力，企业可建立偿债基金。为达到节约利息费用和继续融资的双重目的，企业可考虑换债，即发行新债券换回即将到期的债券。

6. 可转换债券

可转换债券是一种混合型金融产品，在某种程度上兼具了债务性证券与所有权证券的双重功能。在转换权行使之前属于债务资本，权利行使之后则成为发行公司的所有权资本。

（1）可转换债券包括以下基本要素：

①标的股票。一般是发行公司的普通股票，还可以是其上市子公司的股票。

②票面利率。一般大大低于普通债券的票面利率，其上限是同期银行存款利息率。

③转换价格。指的是可转换债券在存续期间内债券持有者据以转换为普通股而给付的每股价格。

④转换比率。指的是每一份可转换债券在既定的转换价格下能转换为普通股股票的数量。

⑤转换期限。指的是可转换债券转换为股票的起始日至结束日的期间。

⑥赎回条款。

⑦回售条款。

⑧转换调整条款与保护条款。

（2）可转换债券筹资的优点：

①可节约利息支出；

②稳定股票市价；

③增强筹资灵活性。

（3）可转换债券筹资的缺点：

①增强了对管理层的压力；

②回售风险；

③股价大幅上扬风险。

7. 债券筹资的优点

（1）资本成本较低，债券利息具有抵税作用；

（2）可利用财务杠杆；

（3）保障公司控制权。

8. 债券筹资的缺点

（1）财务风险较高。在公司不景气时，还本付息将成为公司严重的财务负担，甚至可能导致公司破产。

(2) 限制条件多。

(3) 筹资规模受限制。我国规定：累积债券总额不超过公司净资产的40%。

在负债资金筹资方式下，除长期借款和债券外，还有期权融资、租赁融资等。

第四节 资本成本

一、资本成本的意义及表现形式

(一) 资本成本的意义

资本成本是指企业为筹集和使用资金而发生的代价。在市场经济条件下，企业不能无偿使用资金，必须向资金提供者支付一定数量的费用作为补偿。资本成本在财务管理中处于至关重要的地位。

1. 资本成本是选择筹资方式、进行资本结构决策的依据。首先，个别资本成本是比较各种筹资方式的依据。其次，综合资本成本是衡量资本结构合理性的依据。最后，边际资本成本是选择追加筹资方案的依据。

2. 资本成本是评价投资方案、进行投资决策的重要标准。

3. 资本成本是评价企业经营业绩的重要依据。

此外，资本成本还是很多重要财务决策（如最佳现金持有量决策）的相关成本。

资金成本包括用资费用和筹资费用两部分内容：

用资费用是指企业在生产经营、投资过程中因使用资金而支付的代价，如向股东支付的股利、向债权人支付的利息等，这是资金成本的主要内容。

筹资费用是指企业在筹措资金过程中为获取资金而支付的各项费用，如向银行支付的借款手续费，因发行股票、债券而支付的发行手续费、印刷费、律师费、资信评估费、公证费、担保费、广告费等。筹资费用和用资费用不同，它通常是在筹措资金时一次支付的，在用资过程中不再发生。

(二) 资本成本的表现形式

资本成本按用途可分为个别资本成本、综合资本成本和边际资本成本。

二、影响资本成本大小的因素

(一) 总体经济环境

总体经济环境决定了整个经济中资本的供给和需求，以及预期通货膨胀的水平。总体经济环境变化的影响，反映在无风险报酬率上。如果货币需求增加，而供给没有相应增加，投资者便会提高其投资收益率，企业的资本成本就会上升；反之，则资本成本下降。

如果预期通货膨胀水平上升，货币购买力下降，投资者也会提出更高的收益率来补偿预期的投资损失，导致企业资本成本上升。

（二）证券市场条件

证券市场条件影响证券投资的风险。证券市场条件包括证券的市场流动难易程度和价格波动程度。如果某种证券的市场流动性不好，投资者想买进或卖出证券相对困难，变现风险加大，要求的收益就会提高；或者虽然存在对某证券的需求，但其价格波动较大，投资的风险大，要求的收益也会提高。

（三）企业内部的经营和融资状况

主要指经营风险和财务风险的大小。经营风险是企业投资决策的结果，表现在资产收益率的变动上；财务风险是企业筹资决策的结果，表现在普通股收益率的变动上。如果企业的经营风险和财务风险大，投资者便会有较高的收益率要求。

（四）项目融资规模

企业的融资规模大，资本成本较高。比如，企业发行的证券金额很大，资金筹集费和资金占用费都会上升，而且证券发行规模的增大还会降低其发行价格，由此也会增加企业的资本成本。

当然，在市场经济环境中，企业资本成本的高低是多方面因素综合作用的结果。

三、资本成本的计算

（一）一般计算形式

资本成本可以用绝对数表示，也可以用相对数表示，在财务管理中，一般用相对数表示，即表示为用资费用与实际筹得资金（即筹资数额扣除筹资费用后的差额）的比率。其通用计算公式为：

资本成本=用资费用/(筹资数额-筹资费用)

（二）个别资本成本

个别资本成本是指各种长期资本的成本。企业的长期资本一般有长期借款、债券、优先股、普通股、留用利润等。个别资本成本相应地有长期借款成本、债券成本、优先股成本、普通股成本、留用利润成本等，前两者统称债务成本，后三者统称权益成本。

按照国际惯例和各国所得税法的规定，债务的利息一般允许在企业所得税前支付，因此，企业实际负担的利息为：利息×(1-所得税率)。

1. 长期借款成本

$$K_L=\frac{I_L(1-T)}{L(1-F_L)}$$

式中：K_L 为长期借款成本；

I_L 为长期借款年利息；

T 为企业所得税率；

L 为长期借款筹资额，即借款本金；

F_L 为长期借款筹资费用率。

上列公式还可写成如下形式：

$$K_L=\frac{R_L(1-T)}{(1-F_L)}$$

式中：R_L 为借款年利率。

在长期银行借款附加补偿性余额的情况下，长期借款筹资额应扣除补偿性余额，长期借款成本将会提高。

2. 债券成本

债券成本中的利息亦可在所得税前支付，但发行债券的筹资费用一般较高，应予考虑。债券的筹资费用即债券发行费用，包括申请发行债券的手续费、债券注册费、印刷费、上市费以及推销费用等。其中有些费用按一定的标准（定额或定率）支付，有的并无固定的标准。

债券的发行价格有等价、溢价、折价三种。债券利息按面额（即本金）和票面利率确定，但债券的筹资额应按具体发行价格计算，以便正确计算债券成本。债券成本的计算公式为：

$$K_b=\frac{I_b(1-T)}{B(1-F_b)}$$

式中：K_b 为债券成本；

I_b 为债券年利息；

T 为企业所得税率；

B 为债券筹资额，按发行价格确定；

F_b 为债券筹资费用率。

由于债券利率水平通常高于长期借款，同时债券发行费用较多。因此，债券成本一般高于长期借款。

3. 优先股成本

公司发行优先股筹资需支付发行费用，优先股股利通常是固定的。因此，优先股成本可按下列公式计算：

$$K_p=\frac{D_p}{P_p(1-F_p)}$$

式中：K_P 为优先股成本；

D_P 为优先股年股利；

P_P 为优先股筹资额；

F_P 为优先股筹资费用。

其中，优先股筹资额应按优先股的发行价格确定。

由于优先股股利在税后支付，而债券利息在税前支付。当公司破产清算时，优先股持有人的求偿权在债券持有人之后，故其风险大于债券。因此，优先股成本明显高于债券成本。

4. 普通股成本

普通股成本的确定方法，与优先股成本基本相同。但是，普通股的股利一般不是固定的，通常是逐年增长的。如果每年以固定比率 G 增长，第一年股利为 D，则第二年为 $D(1+G)$，因此，普通股成本的计算公式经推导可简化如下：

$$K_C=\frac{D_C}{P_C(1-F_C)}+G$$

式中：K_C 为普通股成本；

D_C 为预期年股利额；

P_C 为普通股筹资额；

F_C 为普通股筹资费用率；

G 为普通股利年增长率。

上述普通股成本的确定方法，通常称为股利增长模型，是一种常用的方法。除此之外，还有资本资产估价模型、风险溢价法等方法可供选择。

5. 留用利润成本

公司的留用利润是由公司税后净利润形成的，它属于普通股股东所有。留用利润也有成本，不过是一种机会成本。留用利润的成本的确定方法与普通股成本基本相同，只是不考虑筹资费用。其计算公式为：

$$K_r=\frac{D_C}{P_C}+G$$

式中：K_r 为留用利润成本，其他符号含义同前。

在公司全部资本中，普通股以及留用利润的风险最大，要求报酬相应最高，因此，其资本成本也最高。

（三）加权平均资本成本

加权平均资本成本一般以各种资本占全部资本的比重为权数，对个别资本成本进行加权平均确定的，其计算公式如下：

$$K_s=\sum K_jW_j$$

式中：K_s 为加权平均资本成本；

K_j 为第 j 种个别资本成本；

W_j 为第 j 种个别资本占全部资本的比重，即权数。

在已确定个别资本的情况下，取得企业各种资本占全部资本的比重后，即可计算企业的综合资本成本。按账面价值确定权数的优点是易于从资产负债表上取得这种资料，但若债券和股票的市场价值已脱离市场价值许多，就会误估加权平均资本成本，不利于筹资决策。为此，在实际中，加权平均资本成本的权数还有两种选择：一是市场价值权数，按债券、股票等的现行市场价值确定权数，但市场价值权数也有不足之处，即证券的市场价格处于经常变动之中，因而不宜选用。为弥补这点不足，可以选用平均价格。另外，市场价值权数和账面价值权数，反映的是现在和过去的资本结构，据以确定的资本成本不一定适于未来筹资决策。二是目标价值权数，按债券、股票等以未来预计的目标市场价值确定权数，从而估计加权平均资本成本。对加权平均资本成本的一个基本要求是，它应适用于公司筹措新资，目标价值权数体现了这种要求，能够体现期望的资本结构。

综上所述，在个别资本成本一定的情况下，公司的加权平均资本成本的高低是由资本结构所决定的。

（四）边际资本成本

边际资本成本是企业追加筹措资本的成本。企业在追加筹资和追加投资的决策中必须考虑边际资本成本的高低。

企业的个别资本成本和综合资本成本，是企业过去筹集的或目前使用的资本成本。然而，随着时间的推移或筹资条件的变化，个别资本成本会随之变化，加权平均资本成本也会发生变动。因此企业在未来追加筹资时，不能仅仅考虑目前所使用的资本的成本，还要考虑新筹资本的成本，即边际资本成本。

1. 边际资本成本的计算方法

企业追加筹资，有时可能只采取一种筹资方式。在筹资数额较大，或在目标资本结构既定的情况下，往往通过多种筹资方式的组合来实现。这时，边际资本成本需要按加权平均法来计算，其权数必须为市场价值权数，不应采用账面价值权数。

【例 8-5】 某公司目标资本结构为：债务 0.2、优先股 0.05、普通股权益（包括普通股和留存收益）0.75。现拟追加筹资 300 万元，仍按此资本结构来筹资。个别资本成本预计分别为债务 7.50%，优先股 11.80%，普通股权益 14.80%。按加权平均法计算追加筹资 300 万元的边际资本成本，详见表 8-7。

表8-7 边际资本成本计算表 单位：万元

资本种类	目标资本结构	追加筹资（市场价值）	个别资本成本	加权平均边际资本成本
债务	0.20	60	7.50	1.500
优先股	0.05	15	11.80	0.590
普通股权益	0.75	225	14.80	11.100
合计	1.00	300	—	13.190

2. 边际资本成本规划

在未来追加筹资过程中，为了便于比较选择不同规模范围的筹资组合，企业可以预先计算边际资本成本，并以表或图的形式反映。

下面举例说明建立边际资本成本规划的过程。

【例 8-6】 某公司目前拥有资本 100 万元，其中长期负债 20 万元，优先股 5 万元，普通股（含留存收益）75 万元。为了满足追加投资需要，公司拟筹措新资。资本成本的测算可按下列步骤进行。

（1）确定目标资本结构。假定公司财务人员经分析确定目前的资本结构处于目标范围内，在今后增资时应予保持，即长期负债 0.20，优先股 0.05，普通股 0.75。

（2）确定各种资本的成本。财务人员分析了资本市场状况和企业筹资能力，认定随着筹资规模的增大，各种资本的成本也会发生变动。测算资料详见表 8–8。

表8–8　某公司筹资资料

资本种类	目标资本结构(1)	新筹资的数量范围(2)	资本成本(3)
长期负债	0.20	10 000 元以内 10 000~40 000 元 40 000 元以上	6% 7% 8%
优先股	0.05	2 500 元以内 2 500 元以上	10% 12%
普通股	0.75	22 500 元以内 22 500~75 000 元 75 000 元以上	14% 15% 16%

（3）计算筹资总额分界点。根据目标资本结构和各种资本成本和分界点，计算筹资总额分界点。其计算公式为：

$$BP_j=TF_j/W_j$$

式中：BP_j 为筹资总额分界点；

TF_j 为第 j 种资本的成本分界点；

W_j 为目标资本结构中第 j 种资本的比重。

计算结果详见表 8–9。

表8–9　筹资分界点计算表　　单位：元

资本种类	资本成本(%)	各种筹资的数量范围(2)	筹资总额分界点	筹资总额的范围
长期负债	6 7 8	10 000 元以内 10 000~40 000 元 40 000 元以上	10 000÷0.2=50 000 40 000÷0.2=200 000	50 000 以内 50 000~200 000 200 000 以上
优先股	10 12	2 500 元以内 2 500 元以上	2500÷0.05=50 000	50 000 以内 50 000 以上
普通股	14 15 16	22 500 元以内 22 500~75 000 元 75 000 元以上	22500÷0.75=30 000 75000÷0.75=100 000	30 000 以内 30 000~100 000 100 000 以上

表 8–9 显示了特定筹资种类成本变化的分界点。例如，长期债务在 10 000 元以内，其成本为 6%，而在目标资本结构中，债务的比重为 20%，这表明在债务成本由 6%上升到 7%之前，企业可筹集 50 000 元资本，当筹资总额多于 50 000 元时，债务成本就要上升到 7%。

（4）计算边际资本成本。根据上一步骤计算出的分界点，可得出下列五个新的筹资范围：①30 000元以内；②30 000~50 000元；③50 000~100 000元；④100 000~200 000元；⑤200 000元以上。

对以上五个筹资范围分别计算加权平均资本成本，即可得到各种筹资范围的边际资本成本。计算过程可通过表8-10进行。

表8-10 边际资本成本规划表

序号	筹资总额范围	资本种类	目标资本结构	个别资本成本(%)	边际资本成本(%)
1	30 000以内	长期债券	0.20	6	1.2
		优先股	0.05	10	0.5
		普通股	0.75	14	10.5
第一个范围的边际资本成本=12.20					
2	30 000~50 000元	长期债券	0.20	6	1.2
		优先股	0.05	10	0.5
		普通股	0.75	15	11.25
第二个范围的边际资本成本=12.95					
3	50 000~100 000元	长期债券	0.20	7	1.4
		优先股	0.05	12	0.6
		普通股	0.75	15	11.25
第三个范围的边际资本成本=13.25					
4	100 000~200 000元	长期债券	0.20	7	1.4
		优先股	0.05	12	0.6
		普通股	0.75	16	12.0
第四个范围的边际资本成本=14.00					
5	200 000元以上	长期债券	0.20	8	1.6
		优先股	0.05	12	0.6
		普通股	0.75	16	12.0
第五个范围的边际资本成本=14.20					

第五节 杠杆效应分析

一、杠杆原理中的基本概念

经济学中的杠杆通常指杠杆作用，反映不同经济变量的相互关系，常见的有经营杠杆、财务杠杆、复合杠杆。

经营杠杆是指由于固定成本的存在而使得企业的息税前利润的变动幅度大于销售额的变动幅度。

财务杠杆反映的是普通股每股收益与息税前利润的关系，是指由于债务利息、优先股股息等固定资本成本的存在，犹如杠杆的支点，使得每股收益的变动幅度大于息税前利润的变动幅度。

复合杠杆用来反映财务杠杆和经营杠杆的综合作用，研究每股收益变动与销售额变动的关系。

二、经营杠杆

（一）经营杠杆利益

经营杠杆利益是指在扩大营业额条件下，经营成本中固定成本这个杠杆所带来的增长幅度更大的经营利润。在一定的产销规模内，由于固定成本并不随产品销售量（或销售额）的增加而增加，而随着销售量的增长，单位销售量所负担的固定成本会相对减少，从而为企业带来额外的收益。或者说，由于固定成本的存在，企业经营利润的增长幅度会始终大于销售量的增长。

（二）经营杠杆风险

经营杠杆风险是经营杠杆所带来的负面效应。它是指由于固定成本的存在，使得企业经营利润的下降幅度大于产销量的下降幅度。影响经营杠杆的主要因素有：固定成本比重、产品需求的变动、产品销售价格的变动、单位产品变动成本的变化等。

（三）经营杠杆系数

为了反映经营杠杆的作用程度，估计经营杠杆的利益大小，评价经营杠杆风险的高低，需要测算经营杠杆系数。

经营杠杆系数（缩写为DOL），也称经营杠杆程度，是息税前利润的变动率相当于销售量变动率的倍数。

DOL=息税前利润的变动率/销售量的变动率

为了便于计算，上述公式可简化为：

$DOL=EBIT+F/EBIT$

式中：$EBIT$ 为息税前利润；

F 为固定成本。

经营杠杆系数等于 2 的意义在于：当企业的销售额增长 10%时，息税前利润将增长 20%；反之，当企业的销售额下降 10%时，息税前利润也将下降 20%。

经营杠杆系数不是固定不变的。当企业的固定成本总额、单位产品的变动成本、销售价格、销售数量等因素发生变动时，经营杠杆系数也会发生变动。经营杠杆系数越高，对经营杠杆利益的影响就越强，经营杠杆风险也就越高。

三、财务杠杆

（一）财务杠杆收益

财务杠杆收益是指利用债务筹资这个杠杆而给企业所有者带来的额外收益。

（二）财务风险

财务风险又称筹资风险，是指企业为取得财务杠杆收益负债资金时，增加了破产机会或普通股利润大幅度变动的机会所带来的风险。

由于举债而给企业财务成果带来了不确定性。企业举债经营，全部资金中除自有资金外还有一部分借入资金，这会对自有资金的盈利能力造成影响；同时借入资金需还本付息，一旦无力偿付到期债务，企业便会陷入财务困境甚至破产。当企业息税前资金利润率高于借入资金利息率时，使用借入资金获得的利润率除了补偿利息外还有剩余，因而使自有资金利润率提高。但是，若企业息税前资金利润率低于借入资金利息率，使用借入资金获得的利润还不够支付利息，还需动用自有资金的一部分利润来支付利息，从而使自有资金利润率降低。如果企业息税前利润还不够支付利息，就要用自有资金来支付，使企业发生亏损。若企业亏损严重，财务状况恶化，丧失支付能力，就会出现无法还本付息甚至招致破产的危险。总之，由于许多因素的影响，企业息税前资金利润率和借入资金利息率差额具有不确定性，从而引起自有资金利润率的高低变化，这种风险即为筹资风险。这种风险程度的大小，受借入资金对自有资金比例的影响。借入资金比例大，风险程度就会随之增大；借入资金比例小，风险程度也随之减小。对财务风险的管理，关键是要保证有一个合理的资金结构，维持适当的负债水平，既要充分利用举债经营这一手段获取财务杠杆收益，提高自有资金盈利能力，同时要注意防止过度举债而引起的财务风险加大，避免陷入财务困境。

（三）财务杠杆系数

运用财务杠杆可以获得财务杠杆利益，同时也承担相应的财务风险，对此可用财务杠杆系数来衡量。

财务杠杆系数（缩写为 DFL），又称财务杠杆程度，是指普通股每股收益变动率（或普通股本利润率的变动率，在非股份制企业可用净资产利润率的变动率）相当于息税前利润的变动率的倍数。它可用来反映财务杠杆的作用程度，估计财务杠杆的利益大小，评价财务风险的高低。计算公式如下：

$$DFL=\frac{EPS\text{变动率}}{EBIT\text{变动率}}$$

为了便于计算，可将上述公式变换为：

$$DFL=\frac{EBIT}{EBIT-I-P/(1-T)}$$

四、复合杠杆

复合杠杆也称总杠杆、联合杠杆。它是指由于固定生产经营成本和固定财务费用的共同存在而导致的普通股每股利润变动大于产销业务量变动的杠杆效应。

（一）复合杠杆利益

复合杠杆利益是指综合利用经营杠杆和财务杠杆带来的收益。

当产销业务量增长时，普通股每股收益以更快的速度增长。

（二）复合杠杆风险

复合杠杆风险是指综合利用经营杠杆和财务杠杆带来的风险。

当产销业务量下降时，普通股每股收益则以更快的速度下降。

（三）复合杠杆系数

对经营杠杆和财务杠杆的综合利用程度，可以用复合杠杆系数（缩写为 DCL）或总杠杆系数来衡量。复合杠杆系数是经营杠杆系数与财务杠杆系数之乘积。其计算公式为：

$$\begin{aligned}DCL&=DOL\times DFL\\&=\frac{EPS\text{的变动率}}{\text{销售量的变动率}}\\&=\frac{(EBIT+F)}{EBIT-I-\dfrac{P}{(1-T)}}\end{aligned}$$

第六节 资本结构与融资组合设计

一、资本结构的意义

资本结构是指企业各种长期资金筹集来源的构成和比例关系。在通常情况下，就是长期债务资本和权益资本各占多大比例。

二、资本结构理论简介

（一）净收益理论

这种理论认为，企业利用债务，即加大财务杠杆程度，可以降低其资本成本，并且会提高企业价值。因此，举债越多，资本成本越低，倘若举债100%，则公司价值越大。该理论的缺陷是，没有考虑财务风险对资本成本和企业价值的影响。

（二）营业收益理论

该理论认为，无论企业财务杠杆如何变动，综合资本成本和企业价值都是固定的。其假设是，资本成本越低的债务资本增加，会增大权益资本的风险，从而使权益资本成本上升。因此资本结构与资本成本和企业价值无关，资本结构的选择也毫无意义，决定公司价值的应是其营业收益。该理论的缺陷是，过分夸大了财务风险的作用，并忽略了资本成本与资本结构之间的内在联系。

（三）传统理论

该理论认为，财务杠杆的利用伴随着财务风险，从而伴随着债务资本成本和权益资本成本的提高；同时，综合资本成本与负债权益比率密切相关，资本成本不能独立于资本结构之外，因此，最佳资本结构是客观存在的。具体地说，当企业的负债在一定的范围之内，债务资本成本与权益资本成本不会显著增加，并且相对稳定，一旦超过该范围，则开始上升。所以，最佳资本结构就在债务资本的边际成本等于权益资本的边际成本那一点上。

（四）权衡理论

1. MM理论

MM理论包括无公司税的MM理论和有公司税的MM理论。它们都具有以下基本假设：

（1）风险是可以衡量的，且经营风险相同的企业处于同一个风险等级；

（2）投资者对企业未来收益与风险的预期相同；

（3）股票和债券在完全的资本市场上交易；

（4）负债的利率为无风险利率；

（5）投资者预期的息税前利润不变。

无公司税的MM理论的结论是：资本结构不影响企业价值和资本成本。有公司税的MM理论的结论是：负债会因税赋节约而增加企业价值，负债越多，企业价值越大，权益资本的所有者获得的收益也越大。

2. 权衡理论

MM理论没有考虑财务拮据成本与代理成本。权衡理论的贡献在于，它是在MM理论的基础上充分考虑财务拮据成本与代理成本两个因素来研究资本结构。

财务拮据成本是指企业因财务拮据而发生的成本。例如，企业因经营效益达不到预期水平，但仍然需要按期还本付息，经理为解燃眉之急采取推迟机器大修、降价拍卖资产而使企业蒙受的损失，等等。财务拮据成本发生在有负债的企业中，而且，负债越多，固定利息越大，收益下降从而导致财务拮据成本的概率就越高。财务拮据成本越高，势必提高企业的资本成本，降低企业价值。

代理成本是指为处理股东和经理之间、债券持有者与经理之间的关系而发生的成本。它实际上是一种监督成本。代理成本的发生会提高负债成本从而降低负债利益。

权衡理论认为，负债企业的价值等于无负债企业价值加上税负节约，减去预期财务拮据成本的现值和代理成本的现值。最优资本结构存在于税负节约与财务拮据成本和代理成本相互平衡的点上。

三、影响企业资本结构决策的因素

举债虽然可以发挥财务杠杆作用，但同时会给企业带来一定的财务风险，因此，举债必须在风险和报酬之间进行权衡，控制企业负债规模。除此之外，还有以下一些重要因素：

（一）企业经营者与所有者的态度

从经营者的角度看，一旦发生财务危机，其职务和利益将受到重大影响，故经营者就可能较少地使用财务杠杆，尽量降低债务资本的比例。相反，企业的所有者往往不愿分散其控制权，故不愿增发新股而要求经营者去举债。经营者与所有者在资本结构这个重大问题上是有矛盾的，企业财务人员对此往往无能为力，资本结构的最终决定权在所有者或其代表（如董事会）手中。

（二）企业信用等级与债权人的态度

企业能否以借债的方式筹资和能筹集到多少资本，不仅取决于企业经营者和所有者的态度，而且取决于企业的信用等级和债权人的态度。如果企业的信用等级不高，而且负债率已经较高，债权人将不愿意向企业提供借款，从而使企业无法达到它所希望达到的负债水平。

（三）政府税收

因为利息费用可以在应税所得额中合法抵扣，即举债享受税收屏蔽的好处。所以，一国的所得税率越高，则举债融资的好处就越大，企业资本结构中债务资本的比重会大些。

（四）企业的盈利能力

盈利能力强的企业可以产生大量的税后利润，其内部积累可以在很大程度上满足企业扩大再生产的资本需求，对债务资本的依赖程度较低。

（五）企业的资产结构

技术密集型企业的资产中固定资产所占比重较高，总资产周转速度较慢，这些企业必须有相当比重的自有资本作后盾。劳动密集型企业的流动资产所占比重较大，资本周转速度快，这些企业对负债特别是短期负债很青睐。

（六）企业的成长性

在其他因素相同的条件下，发展速度快的企业对外部资本的依赖性较强。因此，增长率较高的企业倾向于使用更多的债务资本。

（七）法律限制

法律对企业的筹资行为是有限制的。如我国《公司法》第161条规定：累计债券总额不超过公司净资产的40%。这就使得企业资本结构中债券的比重受到限制。

（八）行业差异

一般而言，从事公用事业的企业有责任提供持续不断的服务，因而其在运用财务杠杆时就谨慎得多，举债较少。

（九）国别差异

由于历史文化因素的影响，各国的融资传统存在差异，有些国家的企业偏好债务融资，另一些国家在融资上比较谨慎，倾向于维持较低的负债率。

四、确定最优资本结构的方法

（一）比较资本成本法

比较资本成本法是计算不同筹资方案的加权平均资本成本，并以此为标准相互比较进行资本结构决策的方法，具体可分为初次利用债务筹资和追加筹资两种情况。前者可称为初始资本结构决策，后者可称为追加资本结构决策。一般而言，按照最佳资本结构的要求，选择追加筹资方案有两种方法：

1. 直接测算比较各备选追加筹资方案的边际资本成本；

2. 将备选追加筹资方案与原有最优资本结构汇总，测算各追加筹资条件下汇总资本结构的综合资本成本，比较确定最优追加筹资方案。

这种方法通俗易懂，计算简便，但因所拟定的方案数量有限，有可能把最优方案漏掉。

（二）息税前利润—每股收益分析法

是指通过分析资金结构与每股收益之间的关系，利用每股收益无差别点来进行资本结构决策的方法。

每股收益无差别点可以通过计算得出。

每股收益 EPS 的计算为：

$$EPS=\frac{(S-VC-F-I)(1-T)}{N}=\frac{(EBIT-I)(1-T)}{N}$$

式中：S 为销售额；

VC 为变动成本；

F 为固定成本；

I 为债务利息；

T 为所得税；

N 为流通在外的普通股股数；

$EBIT$ 为息税前盈余。

在每股收益无差别点上，不论采用负债融资，还是权益融资，每股收益都是相等的。以 EPS_1 代表负债融资，以 EPS_2 代表权益融资，则有：

$$EPS_1 = EPS_2$$

$$\frac{(S_1-VC_1-F_1-I_1)}{N_1}=\frac{(S_2-VC_2-F_2-I_2)(1-T)}{N_2}$$

在每股收益无差别点上，$S_1=S_2$，能使上述条件公式成立的销售额为在每股收益无差别点上的销售额。

【例 8-7】某公司原有资本 700 万元，其中债务资本 200 万元（每年负担利息 24 万元），普通股资本 500 万元（发行普通股 10 万股，每股面值 50 元）。由于扩大业务，需追加筹资 300 万元，其筹资方式有二：

一是全部发行普通股：增发 6 万股，每股面值 50 元；

二是全部筹措长期债务：债务利率为 12%，利息 36 万元。

公司的变动成本率为 60%，固定成本为 180 万元，所得税率为 33%。

将上述资料中的有关数据代入条件公式，得出 $S=S_1=S_2=750$（万元）

此时的每股收益额为 4.02 元。

上述每股收益无差别分析，绘图如下。

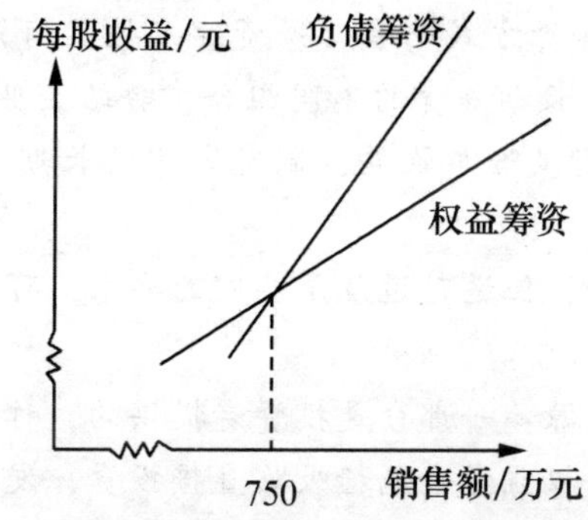

从上图可以看出，当销售额高于 750 万元（每股收益无差别点的销售额）时，运用负债筹资可获得较高的每股收益；当销售额低于 750 万元时，运用权益筹资可获得较高的每股收益。

小　结

企业筹资概述主要介绍企业筹资的含义与分类、筹资渠道与方式、筹资原则和资金需要量预测。企业筹资是指企业根据其生产经营、对外投资以及调整资本结构等需要，通过一定的渠道，采取适当的方式，获取所需资金的一种行为。企业筹集的资金可按不同的标准进行分类，不同类型的筹资方式，其风险、成本各不相同，企业可以采用定性预测法、比率预测法和资金习性预测法预测资金需求量，在筹资基本原则的指导下，充分考虑各筹资方式的优缺点及适用条件作出筹资决策。

权益性筹资主要介绍吸收直接投资、发行普通股票和留存收益融资的含义及优缺点。企业采用权益性筹资方式筹集资金，一般不用还本，财务风险小，但付出的资金成本相对较高。

长期负债筹资主要介绍长期借款、发行债券和融资租赁筹资的含义及其优缺点。企业采用长期负债方式筹集的资金，通常使用期限在一年以上或超过一年的一个营业周期以上，到期要归还本金和支付利息，一般承担风险较大，但相对权益性筹资方式而言，付出的资金成本较低。

混合筹资主要介绍可转换债券及认股权证的含义及其优缺点。可转换债券转换为公司股票前是发行公司的一种债务资本，转换后为权益资本，但不会给公司带来额外资金。认股权证在行权之前，既不是发行公司的债务资本，也不是发行公司的权益资本，只是一种股票认购选择权，但不论是单独发行还是附带发行，在行权之后大多能为发行公司筹得一笔额外资金。

短期负债筹资主要介绍短期借款、商业信用、短期融资债券、应收账款转让的含义及优缺点。企业采用短期负债方式筹集的资金，通常使用期限在一年以内或超过一年的一个营业周期以内。相对长期负债筹资方式而言，筹资速度快且有弹性，付出的资金成本较低，但筹资风险大。短期筹资与长期筹资的不同组合，会给企业带来不同的风险与收益，企业在进行筹资决策时，应权衡风险与收益，制定合理的长期资金与短期资金的组合策略。

企业资金可用不同方式筹措，但适时适量是共同的要求，可以用销售百分比法预测企业资金需要量。

企业资金总的来说有两种来源：一部分是投资者提供的，称为权益资金；另一部分是债权人提供的，称为负债资金。权益资金包括吸收直接投资、发行股票、留存收益等。负债资金包括银行借款、发行债券、融资租赁、商业信用。

股票按股东权利和义务的不同，有普通股和优先股之分。普通股是股份公司发行的具有管理权而股利不固定的股票，是股份制企业筹集权益资金的最主要方式。普通股股票可按面值发行，也可溢价发行，但不能折价发行。优先股是股份公司发行的具有一定优先权的股票。优先股有优先分配股利权、优先分配剩余财产权。

债券是企业依照法定程序发行的、承诺按一定利率定期支付利息，并到期偿还本金的有价证券，是持券人拥有公司债券的凭证。债券可按折价、面值、溢价发行。公司公开发行债券通常需要有债券评价机构评定等级，分为三等九级。

融资租赁是承租人为融通资金而向出租人用由出租人出资按承租人要求购买的租赁物的租赁。它是以融物为形式，以融资为实质的经济行为，是出租人为承租人提供信贷的信用业务。

商业信用是指商品交易中的延期付款、预收货款或延期交货而形成的借贷关系，是企业之间的直接信用行为。商业信用是商品交易中钱与货在时间上的分离，它的表现形式主要是“先取货，后付款”和“先收款，后发货”两种，是自然性融资。商业信用产生于银行信用之前，在银行信用出现以后，商业信用依然存在。企业之间商业信用的形式很多，主要有应付账款、应付票据、预收货款。

【关键词】

权益筹资（Equity Financing）
长期负债筹资（Long-term Debt Financing）
销售百分比法（Percentage-of-Sales Approach）
资本成本（Capital Cost）
边际资本成本（Marginal Cost of Capital）
经营杠杆系数（DOL: Degree of Operational Leverage）
财务杠杆系数（DFL: Degree of Financial Leverage）
复合杠杆系数（DCL: Degree of Combined Leverage）
资本结构（Capital Structure）

案例：红光实业上市信息披露[1]

1. 红光实业的上市过程

红光实业是成都红光实业股份有限公司的简称，1997 年 6 月在上海证券交易所上市，代码为 600083。其前身是国营红光电子管厂，始建于 1958 年，是在成都市工商行政管理局登记注册的全民所有制工业企业。该厂是我国“一五”期间 156 项重点工程项目之一，是我国最早建成的大型综合性电子束器件基地，也是我国第一只彩色显像管的诞生地。经成都市体改委（1992）162 号文批准，1993 年 5 月，由原国营红光电子管厂以其全部生产经营性净资产投入，联合四川省信托投资公司、中国银行四川省分行、交通银行成都分行作为发起人以定向募集方式设立红光公司。成都市科学技术委员会认定红光公司为高新技术企业（成科工字［1994］019 号文），技术中心被国家经济贸易委员会、国家税务总局、海关总署认定为享受优惠政策的企业（集团）技术中心（国经贸技［1995］374 号文）。1995 年 12 月被四川省人民政府、国家经济体制改革委员会（川府函［1955］517 号文）列为全国现代企业制度试点企业。经中国证监会证监发字［1997］246 号文和［1997］1247 号文批准，红光公司于 1997 年 5 月 23 日以每股 6.05 元的价格向社会公众

1.引自:《财务管理学》2009 国家级案例教材.pdf

发行 7 000 万股社会公众股，占发行后总股本的 30.43%，实际筹得资金 4.1 亿元。

2. 上市前的相关信息披露

目前我国上市公司信息披露的方式与渠道中，“上市公告书”和“招股说明书”是主要部分。此外，相关渠道（从当时来看，主要是证券类报纸和电视、广播评论）的介绍与评论，也构成信息来源的一部分。但公司能否取得上市资格、公司新股发行价格的确定等，主要取决于由上市公司提供、经相关中介机构认定的财务资料等信息，而这部分信息也构成了“上市公告书”和“招股说明书”的主体。因此下面对相关信息披露的介绍，主要基于红光实业上市前所公开披露的这两份文件。在当时公司上市采取“总量控制，限报家数”的政策下，公司如果取得“稀缺”的“额度”，则财务资料将成为后期上市运作最为关键的因素：顺利通过中国证监会的批准并取得较好的发行价格。红光实业披露的经成都市蜀都会计师事务所审计的上市前三年销售收入和利润总额情况如下（单位：万元）：

项目	1996 年	1995 年	1994 年
主营业务收入	42 492	95 679	83 771
利润总额	6 331	11 685	9 042
净利润	5 428	7 860	6 076

红光公司 1997 年 4 月（股票公开发行前一个月），进行了一次 1:0.4 的缩股，将原来 4 亿股的总股数缩为 1.6 亿股。再按缩股后的股数对前三年净利润计算每股收益，倒算出 1994—1996 年的每股税后利润分别为 0.380 元、0.491 元和 0.339 元；在此基础上，确定了每股 6.05 元的发行价格。

除财务信息外，关于拟上市公司的一些描述性信息也颇受关注，特别是关于该公司发展前景的信息。理论上，中国证监会不能也不应当批准一个没有发展前景的公司上市，因此，如何将拟上市公司的前景描述得“动听”且“诱人”，是“招股说明书”和“上市公告书”的主要任务之一。从红光实业所提供的“招股说明书”和“上市公告书”中，我们可以发现，该公司是一家“前途光明灿烂”的电子企业。同时，按照招股说明书的格式要求，红光公司还提供了经会计师事务所审核的盈利预测数字：“预计公司 1997 年度全年净利润 7 055 万元，每股税后利润（全面摊薄）0.306 3 元/股，每股税后利润（加权平均）0.351 3 元/股。”部分由于上述信息包装，再配合当时整个股票市场的大势，红光实业（600083）的上市认购中签率不足 2.8%，锁定认购资金 133 亿元。

3. 中国证监会的调查结果

红光实业（600083）1997 年 6 月初股票上市发行，募集了 4.1 亿元资金；当年年报披露亏损 1.98 亿元，每股收益为-0.86 元。当年上市、当年亏损，开中国股票市场之先河。为此，中国证监会进行了调查，并公布了调查结果：

(1) 编造虚假利润，骗取上市资格

红光公司在股票发行上市申报材料中称 1996 年度盈利 5 400 万元。经查实，红光公司通过虚构产品销售、虚增产品库存和违规账务处理等手段，虚报利润 15 700 万元，1996 年实际亏损 10 300 万元。

(2) 少报亏损，欺骗投资者

红光公司上市后，在 1997 年 8 月公布的中期报告中，将亏损 6 500 万元虚报为净盈利 1 674 万元，虚构利润 89 174 万元；在 1998 年 4 月公布的 1997 年年度报告中，将实际亏损 22 952 万元（相当于募集资金的 55.9%）披露为亏损 19 800 万元，少报亏损 3 152 万元。

(3) 隐瞒重大事项

红光公司在股票发行上市申报材料中，对其关键生产设备彩玻池炉废品率上升，不能维持正常生产的重大事实未作任何披露。显然，如果红光公司在事先如实披露其亏损和生产设备不能正常运行的事实，它将无法取得上市资格；即便取得了上市资格，上市募股，也很难取得成功。

(4) 相关的法律诉讼与结果

红光因报告巨额亏损，导致股价大跌，资本市场投资者损失惨重。此后，1998 年 12 月，上海股民姜女士向上海市浦东新区人民法院诉讼红光公司管理层；2000 年初，上海市民吴先生在成都再次起诉红光公司管理当局，但这两起诉讼都被以“起诉人的损失与被起诉人的违规行为无必然因果关系，该纠纷不属人民法院受理范围”为由，裁决不予受理。在股民自发起诉不予受理的同时，2000 年 1 月，成都市人民检察院指控红光公司犯欺诈发行股票罪，向成都市中级人民法院提起公诉。2000 年 12 月 14 日，成都市中级人民法院以欺诈发行股票罪，判处红光公司罚金人民币 100 万元；有关责任人员何行毅、焉占翠、刘正齐、陈哨兵被分别判处 3 年以下有期徒刑。

第九章　营运资金管理

学习提示

营运资金指投入于流动资产的那部分资本。流动资产包括现金和有价证券、应收账款和存货，是企业从购买原材料进行生产直至销售产品收回货款这一生产和营销过程中所必需的资产。企业流动资产所占用的资金一部分来源于长期资本——股本和长期负债，更多的来源于短期负债，即期限小于一年的流动负债。它包括短期借款、应付账款、应付票据和应计未付款（如应付税款和工资等）。本章主要介绍了营运资金的含义与特点，现金管理、应收账款管理和存货管理。

学习目标

* 理解营运资金的含义与特点
* 掌握现金管理的目标
* 掌握现金收支管理
* 掌握应收账款管理的目标
* 掌握信用政策的确定
* 掌握应收账款的收账
* 理解存货管理的目标
* 运用储备存货的有关成本进行计算
* 掌握存货决策

主要内容

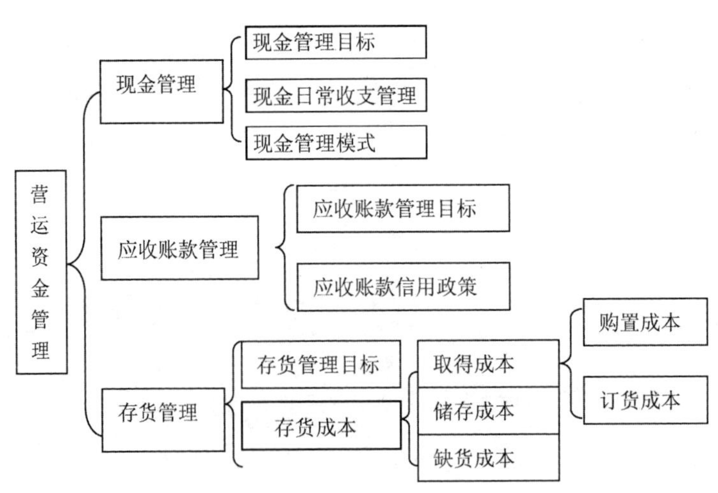

第一节 营运资金管理与企业短期融资

一、流动资产与流动负债

流动资产是指可以在一年或者超过一年的一个营业周期内变现或耗用的资产，主要包括：现金、银行存款、短期投资、应收账款及预付款、存款等。

流动负债是指将在一年或者超过一年的一个营业周期内偿还的债务，包括：短期借款、应付票据、应付账款、预收账款、应付工资、应付福利费、应付股利、应交税金、其他暂收应付款项、一年内到期的长期借款等。

对会计人员来说，营运资金就是流动资产减去流动负债，它可以衡量企业避免发生流动性问题的程度。

对财务人员来说，营运资金则是指流动资产。

二、营运资金管理的基本要求

营运资金管理成为一个重要的研究问题主要是因为：

(1) 调研表明财务经理的大部分时间要用于企业的日常内部经营，可以恰当地总结为营运资金管理是主导性的方面。

(2) 流动资产占企业全部资产的一半以上，它们代表了这样一大笔投资，而且相对容易变化。

(3) 流动资产管理对于小企业尤其重要。小企业要进入长期资本市场有一定的局限性，它必须大大依靠商业信用和短期银行贷款，这两方面通过增加流动负债影响着营运资本。

(4) 销售额的增长和流动资产之间存在着密切的关系。销售额受应收账款政策的影响，同时销售额的增加，需要增加应收账款、存货，还可能要求现金余额的相应增加。

营运资金管理是对企业流动资产和流动负债的管理，其重点是保证企业能够按时按量偿付各种到期债务，为企业的日常生产经营活动提供足够的资金，使企业不致出现资金调度失衡、资金运用捉襟见肘的窘境。这对保持企业的良好资信和筹资能力以及生产经营活动的正常进行是十分重要的。搞好企业的营运资金管理，要做好以下几点：

(1) 合理确定企业营运资金的占用数量；

(2) 合理确定短期资金的来源构成；

(3) 加快资金周转，提高资金的利用效率。

三、企业短期融资方式及短期资金成本的估算

良好的营运资金管理要求企业作出决策来解决营运资金管理的两个核心问题，即流动

资产的最佳水平以及维持这一水平而采取的短期负债和长期负债的适当组合，这又受到必须进行的获利能力和风险之间的权衡的影响，也就是在企业的流动性和获利性之间的权衡。

一个企业的产量越大，为维持这一产量所需进行的流动资产投资也越多，但是它们之间并不是线性关系，流动资产随产量的增加以一个递减的速度上升，这是因为：与企业后来能有效利用流动资产相比，在产出水平较低时，企业需要更大比例的流动资产投资。

对流动资产的政策中，有保守、适中和积极三种。在保守政策中，企业维持着大量的现金和有价证券余额，保持着大量的存货，并运用信贷政策刺激销售，导致高水平的应收账款；在积极的政策下，对现金、应收账款、存货的持有量要求十分严格；适中的政策是指界于积极和保守之间。

积极政策下，流动资产投资减少，从而可以潜在地增加资产收益率，即获利能力，但同时，降低了到期清偿债务的能力，可能导致顾客数量和销售额的降低，可能由于存货短缺而丧失销售机会。总之，积极的政策将导致风险增加。

由于我们已经将营运资金定义为流动资产，它可以按以下标准分类：

(1) 组成要素

现金、有价证券、应收账款和存货。

(2) 时间

划分为永久性营运资金和临时性营运资金。永久性营运资金指满足企业长期最低需求的那部分流动资产，预计持有期限在一年以上。临时性营运资金是指随季节性需求而变化的那部分流动资产。

永久性营运资金和固定资产的比较：

(1) 相似点

投资的金额是长期性的；对一个成长中的企业来说，所需要的永久性营运资金水平和固定资产一样随着时间的变化而增长。

(2) 不同点

永久性营运资金是不断变化的。固定资产在使用期内不会发生明显变化，而企业的现金、应收账款和存货却是不断变化的，只要它们所代表的永久性营运资金总和是一定的。

同永久性营运资金一样，临时性营运资金是由形式不断变化的流动资产组成的。

营运资金的筹资模式：一般性、积极性和保守性。如图 9-1、9-2、9-3。

短期融资一般都采用短期负债的方式，它的特点是：筹资速度快，容易取得；筹资富有弹性；筹资成本低；筹资风险高。

短期负债筹资最主要的形式是商业信用和短期借款。

(1) 商业信用

商业信用是指在商品交易中由于延期付款或预收货款所形成的企业间的借贷关系，又称“自发性筹资”，具体形式有应付账款、应付票据、预收账款等。

A. 应付账款

应付账款是企业购买货物暂未付款而欠对方的款项。应付账款有付款期、折扣等信用条件。

$$放弃现金折扣的成本=\frac{折扣百分比}{1-折扣百分比}\times\frac{360}{信用期-折扣期}$$

买方企业应该将放弃现金折扣的隐含利息成本与借款成本、短期投资收益、延期付款带来的损失作比较，以决定是否放弃现金折扣。

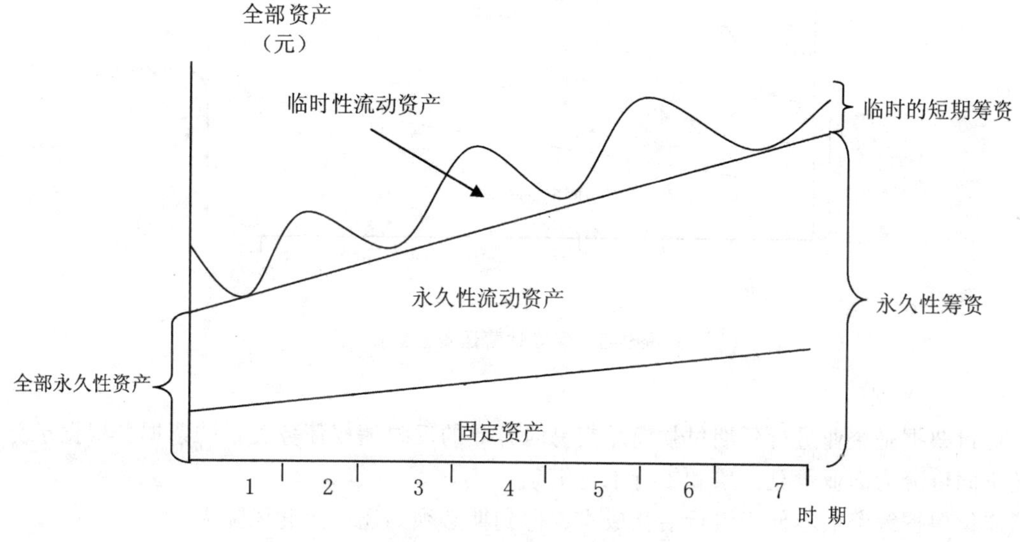

图9-1 一般性营运资金筹资

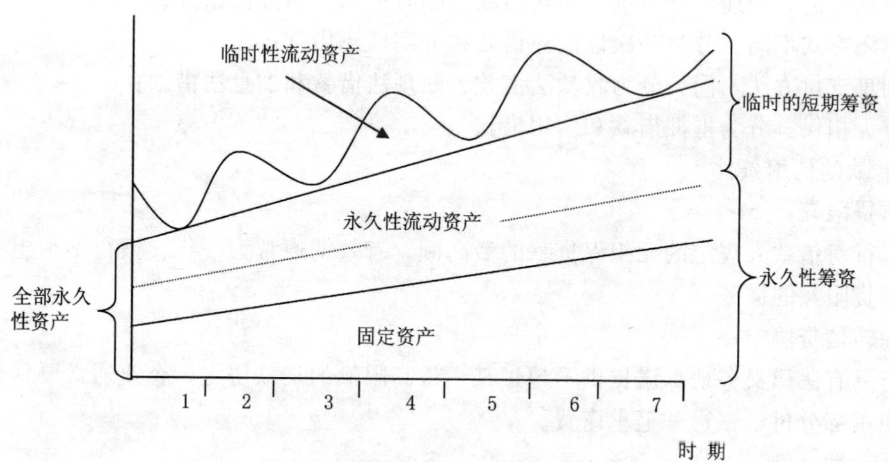

图9-2 积极性营运资金筹资

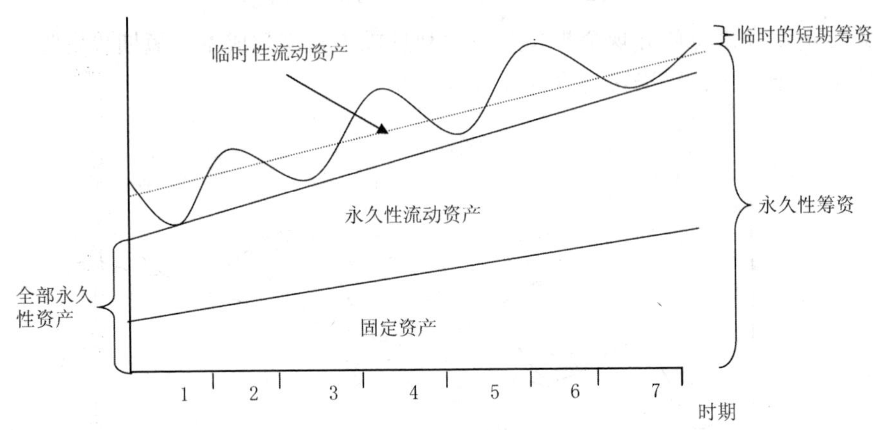

图9-3 保守性营运资金筹资

B. 应付票据

应付票据是企业进行延期付款商品交易时开具的反映债权债务关系的票据，根据承兑人的不同可分为商业承兑汇票和银行承兑汇票。

应付票据筹资成本低于银行借款成本，但到期必须归还，因此风险大。

C. 预收账款

预收账款是卖方企业在交付货物之前向买方预先收取部分或全部货款的信用形式。

对卖方来讲，相当于向买方借用资金后用货物抵偿。通常不需花费代价。

(2) 短期借款

短期借款指企业向银行和其他非银行金融机构借入的期限在一年以内的借款。

按借款目的和用途，分为生产周转借款、临时借款、结算借款等；

按偿还方式不同，分为一次性偿还借款和分期偿还借款；

按利息支付方法不同，分为收款法借款、贴现法借款和加息法借款；

按有无担保，分为抵押借款和信用借款。

A. 借款的信用条件

①信贷限额

是银行对借款人规定的无担保贷款的最高额。有效期通常为一年，银行不承担必须提供全部信贷限额的义务。

②周转信贷协定

银行具有法律义务地承诺提供不超过某一最高限额的贷款协定。企业通常要就贷款限额的未使用部分付给银行一笔承诺费。

③补偿性余额

是银行要求借款企业在银行中保持按贷款限额或实际借用额一定百分比的最低存款余额。实际上，降低了银行的贷款风险，提高了借款企业的实际利率。

④借款抵押

银行向财务风险较大的企业或信誉不好的企业发放贷款时要求有抵押品担保，以减少自己的风险。

一般抵押贷款的成本高于非抵押贷款；银行还额外收取手续费；限制了企业财产的使用和将来的借款能力。

B. 短期借款的利率及其支付方法

利率分为：优惠利率、非优惠利率和优惠浮动利率。

利率的支付方法：

①收款法

是在借款利率到期时向银行支付利息的方法。

②贴现法

是银行向企业发放贷款时，先从本金中扣除利息部分、而到期时借款企业偿还贷款全部本金的一种计息方法。

提高了借款的实际利率。

③加息法

是银行发放分期等额偿还贷款时采用的利息收取方法。

实际上，企业只平均使用了贷款本金的半数，所以实际利息提高了一倍。

第二节　现金管理

现金是流动性最强的一种货币性资产，可以随时用其购买所需的物资、支付有关的费用、偿还债务，也可以存入银行。狭义的现金指企业的库存现金；广义的现金除了库存现金外，还包括银行存款和其他符合现金定义的票证。

一、现金流程及持有现金的动机

从图 9-4 中我们可以看出，产生现金流入的活动有：

(1) 销售收入（若是服务业，则是营业收入），这也是产生现金流入的主要来源。

(2) 非经营性的现金流入，如发行债券、发行股票、向银行借款、其他借款活动。

(3) 其他，如固定资产变卖收入、将手中所持证券变现、收回投资等。

导致现金流出的活动主要有：

(1) 经营性开支，如购买设备、材料，支付工资，支付各种相关费用等。

(2) 非经营性的现金流出，如股票分红派息、偿还债务、股票回购等，以及向外投资、购买证券、缴纳罚款。缴纳税收也可视为非经营性的现金流出。

(3) 其他，如丢失、浪费、不正常超标准损耗等。

企业收到现金，用于各种支出，并出现现金余额或不足，然后采取措施予以补充或投资，如此不断流转形成循环，支持了企业的生存、获利和发展壮大。

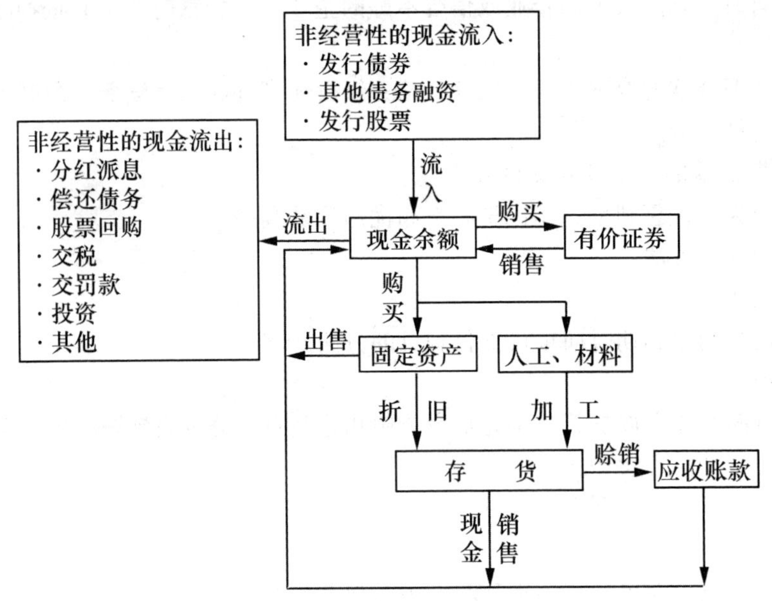

图9-4 一个具体企业的现金流程图

一般而言，企业持有现金的动机主要有三种：

(1) 交易性

指满足日常业务的现金支付需要。企业必须维持适当的现金余额，才能使业务进行下去。有些行业（如公共事业）可以预计支付款项，因此现金流出可作计划使其与现金流入同步发生，可以减少现金对销售收入和全部资产的比率。而在零售行业，销售额随机性较大，大量交易实际上是通过货币进行的，导致对现金需求的起伏较大；业务的季节性也会导致在旺季现金需求量的增加。

(2) 预防性

指置存现金以防发生意外的支付。其数额的大小与现金流量的不确定性、企业的借款能力有关。预测能力高或企业借款能力大的话，以预防紧急情况或任何其他偶然情况的现金需求持有量就较低；借款能力的大小与企业同银行机构以及其他信贷渠道的关系好坏有关。

(3) 投机性

指置存现金用于不寻常的购买机会。如廉价的原材料、有利购买的股票和其他有价证券等。

现金充足的特殊优点：

(1) 有足够的现金来进行交易折扣。

例如，通常碰到的交易条件是：在十天内付款有2%的折扣，在30天内付款没有折扣。不能得到折扣，就意味着要为这笔资金20天支付2%的额外费用。那么这笔资金的成本为：

$$成本=\frac{折扣率}{1-折扣率}\times\frac{365}{最后付款期-贴现期}=\frac{2\%}{1-2\%}\times\frac{365}{30-10}=37.23\%$$

然后计算实际成本：$实际成本=(1+\frac{0.3723}{18.5})^{18.5-1}=44.56\%$

只要企业的资本成本低于44.56%，他们就应该借入资金进行折扣。

(2) 足够的现金被利用时都可能出现有利的商业机会。

(3) 企业应该保持足够的流动性以应付紧急情况，如罢工、火灾或者竞争对手的推销活动等。

企业拥有任何资产都有成本，现金的成本通常由以下三个部分组成：

(1) 持有成本

现金的持有成本是指企业因持有现金而放弃的再投资收益和增加的相应的管理费用。现金的再投资收益一般是指将现金投资于有价证券所能获得的收益。持有现金同时放弃的再投资收益（即机会成本）属于变动成本，它与现金的持有量存在正比例关系，即现金持有量越大，机会成本越高；反之，则越低。

持有现金的管理费用是指企业为了对所持有的现金进行管理而发生的管理费用，主要包括管理人员的工资及必要的安全设施投入等。持有现金的管理费用具有固定成本的性质，在一定范围内，它一般与所持现金的数量没有密切的关系。

(2) 转换成本

转换成本是指企业用现金购入有价证券以及转让有价证券换取现金时付出的交易费用，即现金同有价证券之间相互转换的成本，如委托买卖佣金、委托手续费、证券过户费、实物交割手续费等。严格地讲，转换成本并不都是固定费用，有的具有变动成本的性质，如委托买卖佣金或手续费，这些费用通常是按照委托成交金额计算的。

在证券总额既定的条件下，无论变动次数是多少，所需支付的委托成交费用是相同的。那些依据委托成交金额计算的转换成本与证券转换次数关系不大，属于决策的无关成本，在此不予考虑。这样，与证券变动次数密切相关的转换便只包括其中的固定性交易费用。这时，转换成本与证券转换次数呈线性关系，即：

转换成本总额=证券转换次数×每次的转换成本

证券转换成本与现金持有量的关系是：在现金需要量既定的前提下，每次现金持有量即有价证券变现额的多少，必然对有价证券的变现次数产生影响，即现金持有量越少，进行证券变现的次数就越多，相应的转换成本就越大；反之，现金持有量越多，证券变现的次数就越少，需要的转换成本就越小。因此，现金持有量的不同必然通过证券变现次数多少而对转换成本产生影响。

(3) 短缺成本

现金的短缺成本是指在现金持有量不足而又无法及时通过有价证券变现加以补充给企业造成的损失，包括直接损失和间接损失。直接损失是由于现金的短缺而使企业的生产经营及投资受到影响而造成的损失，例如，由于现金短缺而无法购进急需的原材料，从而使企业的生产经营及投资中断而给企业造成的损失。间接损失是指由于现金的短缺而给企业带来的无形损失，例如，由于现金短缺而不能按期支付货款或不能按期归还贷款，这将给企业的信用和企业形象造成损害。现金的短缺成本随现金持有量的增加而下降，随现金持有量的减少而上升，即与现金持有量负相关。

二、现金管理的目标

企业现金管理的目标，就是要在资产的流动性和盈利能力之间做出抉择，以获取最大的长期利润。具体而言，现金管理有两个主要目标：

(1) 现金的持有量能满足企业各种业务往来的需要。

(2) 将闲置资金减少到最低限度。即在保证其流动性基础上，尽可能降低现金成本。

为了达到既使企业保留足够的现金又使闲置现金余额降到最低程度，现金管理决策要注意：

(1) 如何提高收款速度同时减缓或者更好地控制现金流出速度；

(2) 现金与有价证券比例的确定。

节省现金的方法通常有：

(1) 增加预测的有效性。如果财务主管能有效预测日常交易所需的基本现金数额，就能减少利息开支或增加利息收入。

(2) 增加申请现金次数。但若每次申请费用高、手续麻烦，就不可能过于频繁地申请现金。

(3) 加快收款速度。

(4) 减缓付款速度。

三、有关现金管理的规定

企业应当按照中国人民银行规定的现金管理办法和财政部关于各单位货币资金管理和控制的规定，办理有关现金收支业务。办理现金收支业务时，应当遵循以下几项规定：

(1) 企业现金收入应于当日送存开户银行。当日送存有困难的，由开户银行确定送存时间。

(2) 企业支付现金，可以从本企业库存现金限额中支付或者从开户银行提取，不得从本企业的现金收入中直接支付（坐支）。因特殊情况需要坐支现金的，应当事先报经开户银行审查批准，由开户银行核定坐支范围和限额。企业应定期向银行报送坐支金额和使用情况。

(3) 企业从开户银行提取现金，应当写明用途，由本单位财会部门负责人签字盖章，经开户银行审批后，予以支付现金。

(4) 企业因采购地点不固定、交通不便以及其他特殊情况必须使用现金的，应向开户银行提出申请，经开户银行审核后，予以支付。

(5) 不准用不符合制度的凭证顶替库存现金，即不得“白条顶库”；不准谎报用途套用现金；不准用银行账户代其他单位或个人存入或支取现金；不准将单位收入的现金以个人名义存储；不准保留账外公款；不得设置“小金库”等。

四、现金的日常收支管理

现金日常管理的内容很多，从财务的角度讲，主要是如何管理现金以提高企业收益的问题。其基本做法主要有以下方面：

（一）库存现金管理

库存现金管理，必须遵守国家规定的现金管理原则。

1. 钱账分管。会计、出纳分开，要实行管钱的不管账，管账的不管钱。出纳员和会计员互相牵制，互相配合，互相监督，可以保证少出差错，堵塞漏洞。

2. 建立现金交接手续，坚持查库制度。凡有现金收付，必须坚持复核。在款项转移或出纳人员调换时，必须办理交接手续，做到责任清楚。要经常检查库存现金与账面记录是否一致，以保证现金安全。

3. 遵守规定的现金使用范围。国家规定，现金只能用于支付个人款项及不够支票结算起点的公用开支，其范围如下：

（1）支付给职工的工资、津贴；

（2）支付给个人的劳务报酬；

（3）根据规定发给个人的科学技术、文化艺术、体育等各种奖金；

（4）支付各种劳保福利费用以及国家规定的对个人的其他支出；

（5）向个人收购农副产品和其他物资的价款；

（6）出差人员必须随身携带的差旅费；

（7）结算起点以下的小额收支；

（8）银行确定需要支付现金的其他支出。

除上述（5）、（6）两项外，超过库存现金限额的部分，应以银行支票或本票支付，确需全额支付现金的，应经开户银行审核同意后，予以支付现金。国家鼓励开户单位和个体经济户在经济活动中采取转账结算方式进行结算，减少现金使用。

4. 遵守库存现金限额。为了控制现金使用，有计划地组织货币流通，企业的库存现金数额，由开户银行根据企业规模的大小，每日现金收付金额的多少，以及企业距离银行的远近，同各企业协商确定。一般以不超过三至五天零星开支的正常需要为限额，距离银行较远或交通不便的可以多于五天，但一般不得超过七天零星开支的正常需要。核定的限额必须遵守，超过库存限额的现金，出纳员应及时送存银行。需要增减库存现金限额的，应当向开户银行提出申请，由开户银行核定。

5. 严格现金存取手续，不得坐支现金。开户单位收入的现金应于当日送存开户银行。当日送存确有困难的，由开户银行确定送存时间。有关现金的支出，除了限额内的零星开支可以从库存现金支付以外，其余的开支必须从银行提取，不得从本单位现金收入中直接支付（即不得坐支现金）。因特殊情况需要坐支现金的，应事先报开户银行审查批准，由开户银行核定坐支范围和限额。坐支单位应定期向开户银行报送坐支金额和使用情况。

企业不得将单位收入的现金，以个人名义存入储蓄户。

（二）银行存款管理

企业一方面应对结算户存款、单位定期存款进行管理，以确保银行存款的安全、完整；另一方面应善于灵活运用各种转账结算方式有效地调度资金，以提高资金的使用效率。

转账结算又称非现金结算，是指不直接采用现金而通过银行转账进行货币资金收付的结算方式。按照规定，各单位之间的一切经济往来，包括产品销售、劳务供应和资金缴拨等的货币资金结算，除结算金额起点以下的零星支付以外，都必须进行转账结算。

此外，为保证责任的履行及防止发生违法乱纪行为，企业必须做好银行存款的定期对账工作，出纳、会计人员调动时的工作交接手续等基础工作。

（三）现金收支综合管理

1. 加速现金收款

为了提高现金的使用效率，加速现金周转，企业应尽量加速账款的收回。一般来说，企业账款的收回包括客户开出支票、企业收到支票、银行清算支票三个阶段，企业账款收回的时间包括支票邮寄时间、支票在企业停留时间以及支票结算的时间，如图 9–5 所示。

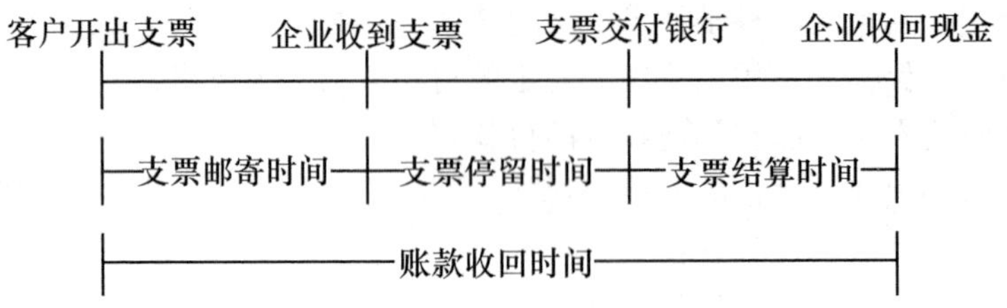

图9–5 账款收回各阶段示意图

前两个阶段所需时间的长短不但与客户、企业、银行之间的距离有关，而且与收款的效率有关。企业应在不影响未来销售的情况下，尽可能地加快现金的收回。企业加速收款的任务不仅是要尽量使顾客早付款，而且要尽快地使这些付款转化为可用现金。为此，必须满足如下要求：

（1）减少顾客付款的邮寄时间；

（2）减少企业收到顾客开来支票与支票兑现之间的时间；

（3）加速资金存入自己往来银行的过程。

为达到以上要求，可采用以下措施：

A. 集中银行法。集中银行法是指通过设立多个收款中心来代替通常在公司总部设立的单一收款中心，以加速账款回收的一种方法。其目的是缩短从顾客寄出账款到现金收入企业账户这一过程的时间。

具体做法是：

①企业以服务地区和销售地区的账单数量为判断依据，在收款额比较集中的地区设立若干收款中心，并指定一个收款中心（通常是设在公司总部所在地的收款中心）的银行为集中银行。

②公司通知客户将货款送到最近的收款中心，客户收到账单后直接汇款给当地收款中心，而不必送到公司总部所在地的收款中心。

③收款中心将每天收到的货款存到当地银行，然后再把多余的现金从地区银行汇入集中银行——公司开立的主要存款账户的商业银行。

集中银行法主要有以下优点：

①账单和货款邮寄时间可大大缩短。账单由收款中心寄发该地区顾客，与由总部寄发相比，顾客能较早收到。顾客付款时，货款邮寄到最近的收款中心，通常也较直接邮往总公司所需时间更短。

②支票兑现的时间可缩短。收款中心收到顾客汇来的支票存入该地区的地方银行，而支票的付款银行通常也在该地区内，因而支票兑现较方便。

但集中银行法也有如下缺点：

①每个收款中心的地区银行都要求有一定的补偿余额，而补偿余额是一种闲置的不能使用的资金。开设的收款中心越多，补偿余额及闲置的资金也就越多。

②设立收款中心需要一定的人力和物力，花费较多。

所以，财务主管在决定采用集中银行法时，应在权衡利弊得失的基础上，通过计算分散收款收益净额作出是否采用银行集中法的决策。分散收款收益净额的计算方法如下：

分散收款收益净额=[(分散收账前应收账款余额-分散收款后应收账款余额)-各收款中心补偿余额之和]×企业综合资金成本率-因增设收款中心每年增加费用额

当分散收款收益净额为正时，则应分设收款中心；相反，则不应分设收款中心。

B. 锁箱系统法。锁箱系统法是通过在各主要城市租用专门的邮政信箱，以缩短从收到顾客付款到存入当地银行的时间的一种现金管理办法。

采用锁箱系统法的具体做法是：

①在业务比较集中的地区租用当地加锁的专用邮政信箱，并开立分行存款户。

②通知顾客把付款邮寄到指定的邮政信箱。

③授权公司邮政信箱所在地的开户行，每天收取邮政信箱的汇款并存入公司账户，然后将扣除补偿余额以后的现金及一切附带资料定期送往公司总部。这样就免除了公司办理收款、货款存入银行的一切手续。

锁箱系统法的优点是大大地缩短了公司办理收款、存储手续的时间，即公司从收到支票到这些支票完全存入银行之间的时间差消除了。这种方法的主要缺点是需要支付额外的费用并保持一定数额的补偿性余额。因而是否采用锁箱系统法要看节约资金带来的收益与额外支出的费用孰大孰小。如果增加的费用支出比收益小，则可采用该系统；反之，就不宜采用。此时，可以采用类似集中银行法的判断方法予以决策。

C. 其他程序。除以上两种方法外，还有一些加速收现的方法。例如，对于金额较大的货款可采用电汇、直接派人前往收取支票并送存银行的方法，以加速收款；公司对于各银行之间以及公司内部各单位之间的现金往来也要严加控制，以防有过多的现金闲置在各部门之间；减少不必要的银行账户等。

2. 控制支出

企业在收款时，应尽量加快收款的速度，而在管理支出时，应尽量延缓现金支出。现金支出管理的主要任务是尽可能延缓现金的支出，当然这种延缓必须是合理合法的，否则企业延期支付账款所得到的收益将远远低于由此而遭受的损失。控制现金支出的方法有以下几种。

(1) 运用“浮游量”

所谓现金浮游量是指企业账户上存款余额与银行账户上所示的存款余额之间的差额。有时，公司账簿上的现金余额已为零或负数，而银行账簿上该公司的现金余额还有不少。这是因为有些支票公司虽已开出，但顾客还没有到银行兑现。如果能正确预测浮游量并加以利用，可节约大量资金。

当一个公司在同一国家内有多个银行存款户时，则可选用一个能使支票流通在外的时间最长的银行来支付货款，以扩大浮游量。

利用现金的浮游量，公司可适当减少现金数量，达到节约现金的目的。但是，不适当地利用浮游量有可能破坏公司和供应商之间的正常信用关系，这一因素应加以考虑。

(2) 推迟支付应付款

为了最大限度地利用现金，在不影响企业信誉的情况下，应尽可能推迟应付款的支付期。例如，企业在采购材料时，如果付款条件是“2/10，*n*/45”，应安排在发票开出日期后的第 10 天付款，这样，企业可以最大限度地利用现金而又不丧失现金折扣。

(3) 采用汇票结算方式付款

在使用支票付款时，只要受票人将支票存进银行，付款人就要无条件地付款。但汇票不是“见票即付”的付款方式，在受票人将汇票存进银行后，银行要将汇票送交付款人承兑，并由付款人将一笔相当于汇票金额的资金存入银行，银行才会付款给受票人。这样就有可能合法地延期付款。

(4) 工资支出模式

许多公司都为支付工资而设立一个存款账户。这种存款账户余额的多少，当然也会影响公司现金总额。为了减少这一存款数额，公司应当合理预测开出支付工资的支票到银行兑现的具体时间。假设某企业在 1 月 3 日支付工资 10 万元，根据历史资料，3 日、4 日、5 日、6 日、7 日及 7 日以后的兑现比率分别为 20%、40%、20%、10%、5%和 5%。这样，公司就不必在 3 日一次存够 10 万元，而可以根据上述情况并结合其他因素，安排各日存入银行工资款项的大概金额。

企业应尽量使现金流出与现金流入发生的时间趋于一致，使其所持有的交易性现金余额降到较低水平，这就是所谓的现金流量同步。基于这种认识，企业可以随时调整付出现金的时间，尽量使现金流出与现金流入趋于同步。

（四）闲置现金投资管理

企业在生产经营过程中，会产生大量的现金，这些现金在用于资本投资或其他业务活动之前，通常会闲置一段时间。这些现金可用于短期证券投资以获取利息收入或资本利得；而当企业现金短缺时，又可以通过出售各种证券获取现金。因此，如果闲置现金管理得当，可为企业增加相当可观的净收益。

企业现金管理的目的首先是保证主营业务的现金需求，其次才是使这些现金获得较多的收益。这两个目的要求企业把闲置资金投入到流动性高、风险性低、交易期限短的金融工具中，以期在容易变现的条件下获得较多的收入。在货币市场上，财务人员通常使用的金融工具主要有国库券、大额定期可转让存单、企业债券、企业股票、回购协议等。

五、现金管理模式：现金与准备金之间的合理分配

现金是企业主要的支付手段，又是一种非盈利性的资产。现金持有不足，则可能影响企业的生产经营，加大企业的财务风险；现金持有过多，则会降低企业的整体盈利水平。因此，企业确定最佳现金持有量具有重要的意义。确定最佳现金持有量的方法很多，下面仅介绍几种最常用的方法。

（一）成本分析模式

如前所述，现金成本分为持有成本、转换成本和短缺成本三种。成本分析模式是在不考虑现金转换成本的情况下，通过对持有成本和短缺成本进行分析而找出最佳现金持有量的一种方法。由于持有成本分为机会成本和管理费用，所以，成本分析模式是找到机会成本、管理费用和短缺成本所组成的总成本曲线中最低的点所对应的现金持有量，把它作为最佳现金持有量。因为持有现金的机会成本为现金持有量与有价证券收益率之积，所以它与现金持有量成正比；管理费用具有固定成本的属性，不随现金持有量变化；而现金短缺成本与现金持有量呈反比例变化。以上关系可用图 9–6 表示。

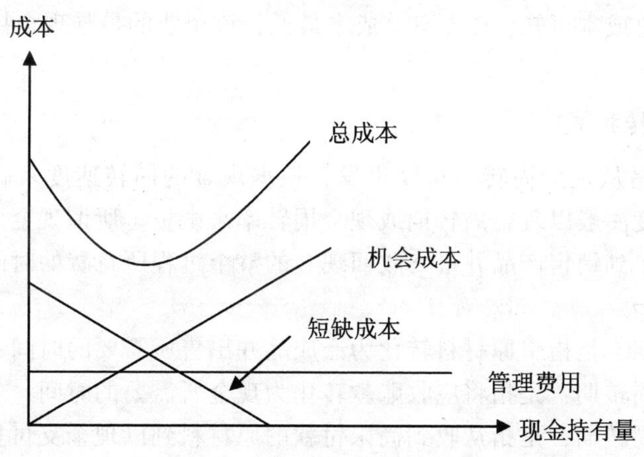

图9–6 成本分析模式

从图 9–6 中可以看出，总成本曲线呈抛物线形，抛物线的最低点即为总成本的最低点，其所对应的现金持有量便是最佳现金持有量。在实际工作中运用该模式确定最佳现金持有量的具体步骤为：

(1) 根据各种可能的现金持有量测算与确定有关成本数值；

(2) 根据上一步骤的结果编制最佳现金持有量的测算表；

(3) 从测算表中找出总成本最低时的现金持有量，即最佳现金持有量。

[例 9-1] 某企业有四种现金持有方案，其相应的成本资料如表 9-1 所示。

表9-1 现金持有量及相关成本表

方案 项目	A	B	C	D
现金持有量	2 000	3 000	4 000	5 000
机会成本率	10%	10%	10%	10%
管理费用	1 000	1 000	1 000	1 000
短缺成本	6 000	4 000	2 000	1 200

根据表 9-1，可编制最佳现金持有量测算表，如表 9-2 所示。

表9-2 最佳现金持有量测算表

方案	机会成本	管理费用	短缺成本	总成本
A	2 000	1 000	6 000	9 000
B	3 000	1 000	4 000	8 000
C	4 000	1 000	2 000	7 000
D	5 000	1 000	1 200	7 200

比较各方案的总成本可知，C 方案总成本最低，该企业的最佳现金持有量应为 40 000 元。

(二) 现金周转模式

现金周转模式是从现金周转的角度出发，根据现金的周转速度来确定最佳现金持有量。现金的周转速度一般以现金周转期或现金周转率来衡量。所谓现金周转期是指从用现金购买原材料开始，到销售产品并最终收回现金的整个过程所花费的时间。具体包括以下三个方面：

(1) 存货周转期，是指将原材料转化为产成品并出售所需要的时间；

(2) 应收账款周转期，是指将应收账款转化为现金所需要的时间；

(3) 应付账款周转期，是指从收到尚未付款的原材料到以现金支付货款所需的时间。

现金周转期=存货周转期+应收账款周转期−应付账款周转期

现金周转率(次数)=360(天)÷现金周转期

一般来说，利用现金周转模式确定最佳现金持有量，包括以下三个步骤：

(1) 计算现金周转期；

(2) 计算现金周转率；

(3) 计算最佳现金持有量。

公式如下：

$$最佳现金持有量=\frac{预测期全年现金需要量}{现金周转率}$$

[例 9-2] 根据测算，某企业预计全年需用现金 1 440 万元，预计的存货周转期为 100 天，应收账款周转期为 50 天，应付账款周转期为 60 天。试计算该企业的最佳现金持有量。

根据资料计算：

现金周转期：100+50-60=90（天）

现金周转率：360÷90=4（次）

最佳现金持有量：1 440÷4=360（万元）

（三）鲍莫模型（Baumol Model）

鲍莫模型又称存货模型。经济学家威廉·鲍莫首先注意到，现金可以看成是一种特殊存货。因此，确定最佳存货量的经济订货量模式也可用于确定最佳现金置存量。

企业从收益性上考虑总不愿意置存过多的现金，可将暂时剩余的现金投资于短期有价证券以获取较高收益。当现金存量不足以应付局面时，则将部分短期有价证券变现。但企业无论如何都要付出代价，衡量这些代价的指标是两种成本，即机会成本和交易成本。机会成本是因企业置存资金而丧失了投资于短期有价证券而获益的机会所付出的代价，它取决于现金平均存量的大小和短期有价证券利率（报酬率）的高低；交易成本则是持短期有价证券变现所花费的费用（经纪费用），它取决于变现次数和每次变现的固定交易成本。在企业一定时期内净现金需求固定的情况下，现金置存量越大，机会成本就越高；与此相适应，变现次数越少，交易成本也就越低。反之亦然。所以，机会成本与现金置存量成正比，交易成本与现金置存量成反比，机会成本与交易成本之和称为现金置存总成本。企业要保证满足生产经营的现金需求，又要使现金置存总成本最低，就必须处理好日常现金置存量与证券变现的关系，找出一定时期内的最佳现金置存量和最佳证券变现次数。基于如下前提：企业一定时期的现金流入量、流出量及净现金需求均匀、稳定且可预测；短期有价证券的利率及每次变现的固定交易成本可知，用存货模式可以解决这一问题。

下面说明存货模式的原理及运用：

设：C 为每次出售有价证券所能获得的现金量；

$C/2$ 为平均现金存量；

C^* 为经由出售有价证券筹得的最佳现金置存量；

F 为每次交易固定成本（每次资产变现的经纪费用），即现金转化为短期有价证券的交易成本；

K 为短期有价证券利率；

T 为净现金需求，即为满足一定时期（通常为 1 年）生产经营需要，企业所需新筹集的现金总额。

则：现金置存总成本=现金机会成本+现金交易成本

=平均现金存量×短期有价证券利率+交易次数×每次交易固定成本

$$=\frac{C}{2}\cdot K+\frac{T}{C}\cdot F$$

要求现金置存总成本最低，涉及求极小值的问题。对上式中的 C 求一阶导数，并令其结果等于零，则：

$$\frac{K}{2}\frac{T\cdot F}{C^2}=0$$

$$C^*=\sqrt{\frac{2FT}{K}}$$

上述相关各要素之间的关系如图 9–7。

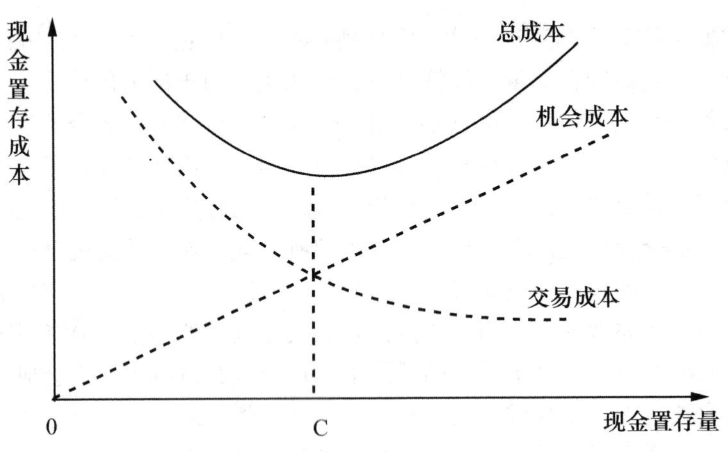

图9–7 现金最佳持有量

下面用例子进一步说明该模型。

[例 9–3] 经测算，某企业每周现金流入量为 40 万元，流出量为 48 万元，每周净现金流出量为 8 万元，年净现金需求量（T）为 416 万元（8 万元× 52 周）。假设每次交易的固定交易成本（F）为 156 元，短期有价证券利率（K）为 12%。

则理想现金置存量 $C^*=\sqrt{\frac{2\times0.015\ 6\times416}{12\%}}=10.4$ （万元）

由上例可知，当现金置存量趋于零时，企业就应出售价值相当于 10.4 万元的有价证券。全年交易次数=416/10.4=40（次），企业平均现金置存量为 10.4÷2=5.2（万元）。在这种情况下，现金置存总成本最低。

应当注意：

（1）最佳平均现金存量并不随新筹集现金总额的增加而同比例增加。例如，当企业扩大经营规模时，年需新筹集现金总额若增加 50%，即 416×(1+50%)=624（万元），在其他条件不变的情况下，最佳现金置存量为 12.74 万元，最佳平均现金置存量为 6.37 万元，仅增加 22.5%。

（2）最佳现金置存量大小与每次交易固定成本 F 成正比，与短期有价证券利率 K 成反比。

（3）同存货一样，企业会超出最佳现金存量多储备一些现金，作为安全储备。如果证券市场不发达，企业的安全储备量可能要高一些；如果证券市场发达，企业可随时进行有价证券变现，或企业急需现金时能够在银行很容易地取得贷款，现金的安全储备就会降低。

使用该方法确定理想现金余额，要特别注意以下几点：

（1）鲍莫模式是将企业的现金持有量与有价证券联系起来计算确定理想现金余额的，即假设企业在一个稳定的时期内靠出售有价证券来取得现金，这种方法必须建立在现金和有价证券自由转换的基础上。如果不具备这一条件，企业就不能采用这种方法。

（2）存货分析法是在假定现金支出固定不变的基础上进行的，因此，只有在支出比较稳定的前提下，才能采用这种方法。

（四）随机模式（Miller- Orr Model）

用鲍莫模式确定理想现金置存量，其基本假设是现金流入量、流出量均匀稳定而且可以测知，而企业的实际现金流量是随机波动的。鲍莫模式的简单假设与企业实际现金流量状况相差较远，难以适应实际需要。米勒和奥尔考虑到上述情况，将存货模式的简单假设与现金流量实际情况相结合，提出了米勒—奥尔（Millet- Orr）模式，即随机模式。

随机模式假设现金流量是随机波动的，因此，现金置存量也是随机波动的。现金置存量在特定的范围内可以不加调整，超出这个特定范围就应及时加以调整，以使现金存量保持合理水平，如图 9–8 所示：

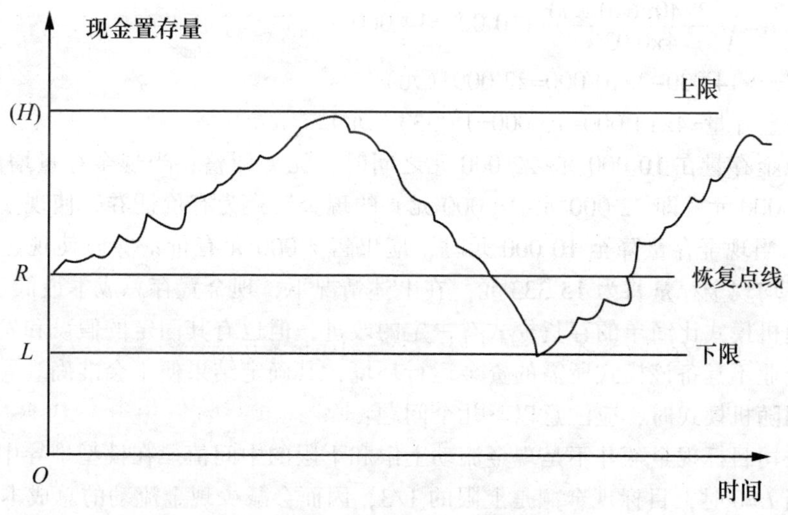

图9–8　现金置存量的合理水平

在图 9–8 中，H 和 L 分别代表现金置存量的上限和下限，R 代表恢复点（即目标现金存量）。当现金存量在 H 和 L 之间波动时，表明现金置存量是合理的，无须加以调整；当现金存量达到上限 H 时，则将 $H–R$ 的现金投资于短期有价证券；当现金存量降至下限 L 时，则将 $R–L$ 的短期有价证券出售以补充现金。其中，下限 L 可以是零，也可以是大于零的某一安全储备额，可由管理层根据企业愿意承担的风险大小而定。关键问题是确定 R 和 H，其公式如下：

$$R=\sqrt[3]{\frac{3F\sigma^2}{4K}}+L$$

$$H=3R-2L$$

$$平均现金存量=\frac{4R-L}{3}$$

式中：F 为每次交易的固定成本；

K 为短期有价证券日利率；

σ^2 为每日净现金流量的方差（可根据过去一段时间内的净现金流量资料统计分析得出）。

由上式可见，恢复点（目标现金存量）以及现金存量上下限之间范围的大小，不但取决于每次交易的固定交易成本和证券日利率的高低，而且还取决于每日净现金流量的变动幅度。如果每次交易的固定交易成本高，日净现金流量变动幅度大，上下限之间的范围就大，恢复点（目标现金存量）也相应增高。反之亦然。现举例说明随机模式。

[**例 9-4**] 某企业确定现金置存量的下限为 1 万元，每日净现金流量的方差为 64 万元，有价证券日利率为 0.03%，交易成本为 40 元/次。即 L=10 000 元，σ^2=640 000 元，K=0.03%，F=40 元。

依题意可得：

$$恢复点\ R=\sqrt[3]{\frac{3\times40\times640\ 000}{4\times0.03\%}}+10\ 000=14\ 000\text{（元）}$$

上限 H=3×14 000–2×10 000=22 000（元）

平均现金存量=4×14 000–10 000=15 333（元）

即当现金存量在 10 000 元~22 000 元之间时，无需调整；当现金存量增至 22 000 元时，应将 8 000 元（即 22 000 元–14 000 元）的现金转换为有价证券，使现金存量恢复到 14 000 元；当现金存量降至 10 000 元时，应出售 4 000 元有价证券，使现金存量恢复合理水平，平均现金存量将为 15 333 元。在上述情况下，现金置存总成本最低。

虽然随机模式比简单的存货模式有一定的改进，但也有其固定的假设和发挥作用的前提，如果企业不具备该模式所需的资金运行环境，其确定结果便不会准确。

在运用随机模式时，应注意以下几个问题：

（1）公司目标现金额并不是现金流动上限和下限的中间值。在模型推导中，米勒和奥尔认为，当 L=0 时，目标现金额是上限的 1/3，因而会减少现金流动的总成本。

（2）目标现金额随着 F 和 σ^2 的变化而变动。当 F 增加时，现金额达到上下限的成本会很高，同时，σ^2 越大，公司现金额达到上下限的次数越频繁。

（3）随着 K 增大，目标现金额减小。因为 K 的值越大，公司持有现金的成本也越多。

（4）现金流动的下限应该大于零。因为，公司需要一定补偿存款额，同时也需要持有一定的"安全存货量"。

（5）随机模式假设净现金流动分布与预期现金流量是对称的。对净现金流量分布建立其他的假设，相应地也可以推导出类似的模型。例如，随机模式也可以根据季节变动趋势进行调整，在这里，现金流量分布并不是正态的，但可以反映公司增加或减少现金额的更大可能性。这时，公司目标现金额就不再是现金流量上限的1/3。

第三节 应收账款管理

一、应收账款及其管理目标

应收账款指因对外销售产品、材料、提供劳务及其他原因应向购货单位或接受劳务的单位及其他单位收取的款项，包括应收销售款、其他应收款、应收票据等。

应收账款形成企业之间的商业信用，是商品销售及劳务提供过程中的货与钱在时间上分离的结果。商品赊销和劳务赊供，一方面增加销售收入，另一方面又因形成应收账款而增加经营风险。因此，应收账款管理的基本目标是，在发挥应收账款强化竞争、扩大销售功能的同时，尽可能地降低应收账款投资的机会成本、坏账损失与管理成本，最大限度地发挥应收账款投资的效益。

企业发生应收账款的主要原因是扩大销售，增强竞争力，那么其管理目标就是追求利润。这就需要在应收账款信用政策所增加的盈利和这种政策的成本之间作比较。

二、应收账款的信用政策

（一）信用标准

信用标准是客户获得企业商业信用所应具备的最低条件，通常以预期的坏账损失率表示。如果企业的信用标准过高，将使许多客户因信用品质达不到所设的标准而被企业拒之门外，其结果尽管有利于降低应收账款机会成本、管理成本及坏账成本，但却会影响企业市场竞争能力的提高和销售收入的扩大。相反，如果企业采取较低的信用标准，虽然有利于企业扩大销售、提高市场竞争力和占有率，但同时也会导致应收账款机会成本、管理成本及坏账成本的增加。

企业设定某一顾客的信用标准时，先要评估他赖账的可能性，可以通过“五C”系统来进行。所谓“五C”系统，是评价顾客信用品质的五个方面，即，品质（Character）、能力（Capacity）、资本（Capital）、抵押（Collateral）和条件（Condition）。

（1）品质，指顾客的信誉，即履行偿债义务的可能性。

（2）能力，指顾客的偿债能力，即其流动资产的数量和质量以及与流动负债的比例。

（3）资本，指顾客的财务实力和财务状况，表明顾客可能偿还债务的背景。

（4）抵押，指顾客拒付款项或无力支付款项时能被用做抵押的资产。

（5）条件，指可能影响顾客付款能力的经济环境。这需要了解顾客在过去困难时期的付款历史。

（二）信用条件

就是指企业接受客户信用时所提出的付款要求，主要包括信用期限、折扣期限及现金折扣等，如“2/10，*n*/45”。

信用标准是企业评价客户等级，决定给予或拒绝客户信用的依据。一旦企业决定给予客户信用优惠，就需要考虑具体的信用条件。所谓信用条件就是指企业接受客户信用时所提出的付款要求，主要包括信用期限、折扣期限及现金折扣等。信用条件的基本表现方式为“2/10，*n*/45”，意思是：若客户能够在发票开出后的10日内付款，可以享受2%的现金折扣；如果放弃折扣优惠，则全部款项必须在45日内付清。在此，45天为信用期限，10天为折扣期限，2%为现金折扣率。

1. 信用期限

信用期限是指企业为客户规定的最长付款时间。产品销售量与信用期限之间存在着一定的依存关系。通常延长信用期限，可以在一定程度上扩大销售从而增加毛利。但不适当地延长信用期限，会给企业带来不良后果：一是使平均收账期延长，占用在应收账款上的资金相应增加，导致机会成本增加；二是导致管理成本及坏账成本的增加。因此，企业应否给客户延长信用期限，应视延长信用期限增加的边际收入是否大于增加的边际成本而定。

2. 现金折扣和折扣期限

延长信用期限会增加应收账款占用的时间和金额。许多企业为了加速资金周转，及时收回货款，减少坏账损失，往往在延长信用期限的同时，采用一定的优惠措施。即在规定的时间内提前偿付货款的客户可按销售收入的一定比率享受折扣。所谓折扣期限是指为顾客规定的可享受现金折扣的付款时间；所谓现金折扣是指在顾客提前付款时所给予的价格优惠。如上例，“2/10，*n*/45”表示赊销期限为45天，若客户在10天内付款，则可享受2%的折扣。现金折扣实际上是产品售价的扣减，企业决定是否提供以及提供多大程度的现金折扣，应着重考虑提供折扣后所得的收益是否大于现金折扣的成本。

企业究竟应当核定多长的现金折扣期限，以及给予客户多大程度的现金折扣优惠，必须将给予现金折扣、加速收款所得到的收益与付出的现金折扣成本结合起来考察。同延长信用期限一样，采取现金折扣方式在有利于刺激销售的同时，也需要付出一定的成本代价，即给予现金折扣造成的损失。如果加速收款带来的机会收益大于应收账款机会成本、管理成本及坏账成本的增加数与现金折扣成本之和，企业就可以采取现金折扣或进一步改进当前的折扣方针；如果加速收款的机会收益不能大于应收账款机会成本、管理成本及坏账成本的增加数与现金折扣成本之和的话，有关优惠条件便被认为是不恰当的。

（三）信用条件备选方案的评价

虽然企业在信用管理政策中已对可接受的信用风险水平作了规定，但当企业的生产经营环境发生变化时，就需要对信用管理政策中的某些规定进行修改和调整，并对改变条件的各种备选方案进行认真的评价。

[例 9-5] 某企业预测年度赊销收入净额为 1 800 万元，其信用条件是：n/30，变动成本率为 60%，资金成本率（或有价证券利息率）为 12%。假设企业收账政策不变，固定成本总额不变。该企业准备了三个信用条件的备选方案：A：维持 n/30 的信用条件；B：将信用条件放宽到 n/60；C：将信用条件放宽到 n/90。

为各种备选方案估计的赊销水平、坏账百分比和收账费用等有关数据见表 9-3。

表9-3 信用条件备选方案表 单位：万元

项 目	A 方案(n/30)	B 方案(n/60)	C 方案(n/90)
年赊销额	1 800	1 980	2 160
应收账款周转率(次数)	12	6	4
应收账款平均余额	1 800÷12=150	1 980÷6=330	2 160÷4=540
维持赊销业务所需资金	150 ×60%=90	330 × 60%=198	540 × 60%=324
坏账损失/年赊销额	2%	3%	5%
坏账损失	1 800 × 2%=36	1 980 × 3%=59.4	2 160 × 5%=108
收账费用	20	38	52

根据以上资料，可计算如下指标，见表 9-4。

表9-4 信用条件分析评价表 单位：万元

项目	A 方案(n/30)	B 方案(n/60)	C 方案(n/90)
年赊销额	1 800	1 980	2 160
变动成本	1 080	1 188	1 296
信用成本前收益	720	792	864
信用成本：			
应收账款机会成本	90×12%=10.8	198×12%=23.76	324 × 12%=38.88
坏账损失	36	59.4	108
收账费用	20	38	52
小计	66.8	120.98	198.88
信用成本后收益	653.2	671.02	665.12

根据表 9-4 中的资料可知，在这三种方案中，B 方案（n/60）的获利最大，它比 A 方案（n/30）增加收益 17.82 万元（671.02-653.2）；比 C 方案（n/90）增加收益 5.90 万元（671.02-665.12）。因此，在其他不变的情况下，应以 B 方案为最佳。

[例 9-6] 仍按［例 9-5］条件，如果企业选择了 B 方案，但为了加速应收账款的回收，决定将赊销条件改为“2/10，1/20，n/60”（D 方案），估计约有 60%的客户（按赊销额计算）会利用 2%的折扣，15%的客户将利用 1%的折扣，坏账损失降为 2%，收账费用降为 30 万元。根据上述资料有关指标可计算如下：

应收账款周转期：60%×10+15%×20+25%×60=24（天）

应收账款周转率：360÷24=15（次）

应收账款平均余额：1 980÷15=132（万元）

维持赊销业务所需要的资金：132×60%=79.2（万元）

应收账款机会成本=79.2×12%=9.504（万元）

坏账损失：1 980×2%=39.6（万元）

现金折扣：1 980×（2%×60%+1%×15%）=26.73（万元）

根据以上资料可编制表 9-5。

表9-5 信用条件分析评价表 单位：万元

项　目	B 方案（*n*/60）	D 方案(2/10,1/20,*n*/60)
年赊销额	1 980	1 980
减:现金折扣		26.73
年赊销净额	1 980	1 953.27
减:变动成本	1 188	1 188
信用成本前收益	792	765.27
减:信用成本		
应收账款机会成本	23.76	9.504
坏账损失	59.40	39.60
收账费用	38.00	30.00
小计	120.96	78.31
信用成本后收益	671.04	686.96

计算结果表明，实行现金折扣以后，企业的收益增加 15.92（686.96-671.04）万元，因此，企业最终应选择 D 方案（2/10，1/20，*n*/60）作为最佳方案。

（四）收账政策

收账政策，是指当客户违反信用条件，拖欠甚至拒付账款时企业所采取的收账策略与措施。在企业向客户提供商业信用时，必须考虑三个问题：

第一，客户是否会拖欠或拒付账款，程度如何；

第二，怎样最大限度地防止客户拖欠账款；

第三，一旦账款遭到拖欠甚至拒付，企业应采取怎样的对策。

前两个问题的解决主要靠信用调查和严格信用审批制度。第三个问题则必须通过制定完善的收账政策，采取有效的收账措施予以解决。

企业对拖欠的应收账款进行催收，需要付出一定的收账费用，如收款所花的邮电通讯费、派专人收款的差旅费和不得已时的法律诉讼费等。通常，企业为了扩大销售、增强竞争能力，往往对客户的逾期未付款项规定一个允许的拖欠期限，超过规定的期限，企业就应采取各种形式进行催收。如果企业的收款政策过宽，将会导致拖欠款项的客户增多并且拖延款项的时间延长，从而增加应收账款的投资和坏账损失，但却会减少收账费用；收账政策过严，将导致拖欠款项的客户减少及拖延款项的时间缩短，从而减少应收账款的投资和坏账损失，但却会增加收账费用。因此，企业在制定收账政策时，要权衡利弊得失，掌握好宽严界限。

制定合理的收账政策就是要在增加的收账费用与减少坏账损失及应收账款机会成本之间进行权衡，若前者小于后者，则说明制定的收账政策是可取的。

[例 9-7] 假设某企业应收账款原有的收账政策和拟改变的收账政策如表 9-6。

表9-6　收账政策备选方案表

项　目	现行收账政策	拟改变的收账政策
年收账费用(万元)	8	12
平均收账期(天)	90	60
坏账损失占赊销额(%)	3	2
赊销额	520	520
变动成本率	60%	60%

假设资金利润率为 12%，根据表 9-6 中的资料，两种方案的收账总成本可计算如表 9-7。

表9-7　收账政策分析评价表　单位：万元

项　目	现行收账政策	拟改变收账政策
赊销额	520	520
应收账款周转次数(次)	360÷90=4	360÷60=6
应收账款平均余额	520÷4=130	520÷6=86.67
应收账款占用的资金	130×60%=78	86.67×60%=52
收账成本		
应收账款机会成本	78×12%=9.36	52×12%=6.24
坏账损失	520×3%=15.60	520×2%=10.40
年收账费用	8.00	12.00
收账总成本	32.96	28.64

从表 9-7 可以看出，由于采取积极的收账政策，虽然收账费用增加了 4 万元，但却加速了资金周转、减少了应收账款的机会成本和坏账损失（8.32 万元），从而使总收益增加了 4.32 万元。可见，采用积极的收账政策是有利的。

制定有效、得当的收账政策，可以参照一些量化的方法，但有时候很大程度上靠有关人员的经验。

三、应收账款的管理

应收账款发生以后，企业应采取各种措施，尽量争取按期收回款项。这些措施包括对应收账款回收情况的监督、对坏账损失的事先准备和制定适当的收账政策。企业应实施严密的监督，随时掌握回收情况，这可以通过编制账龄分析表来进行。对不同拖欠时间的欠款，企业应采取不同的收账方法，制定出经济、可行的收账政策，对可能发生的坏账损失，应提前作出准备，充分估计这一因素对损益的影响。

信用政策建立以后，企业还应做好如下应收账款的日常控制工作。

（一）信用调查

对顾客的信用进行评价是应收账款日常管理的重要内容。只有正确地评价顾客的信用状况，才能合理地执行企业的信用政策。要想合理地评价顾客的信用，必须对顾客信用进行调查，搜集有关的信息资料。信用调查有两类：

1. 直接调查

是指调查人员直接与被调查单位接触，通过当面采访、询问、观看、记录等方式获取信用资料的一种方法。直接调查能保证搜集资料的准确性和及时性，但若不能得到被调查单位的合作，则会使调查资料不完整。

2. 间接调查

是以被调查单位以及其他单位保存的有关原始记录和核算资料为基础，通过加工整理获得被调查单位信用资料的一种方法。这些资料主要来自如下几个方面：

（1）财务报告

有关单位的财务报告是信用资料的重要来源。通过财务报告分析，基本上能掌握一个企业的财务状况和盈利状况。

（2）信用评估机构

许多国家都有信用评估的专门机构，定期发布有关企业的信用等级报告。

我国的信用评估机构目前有三种形式：第一种是独立的社会评估机构，它们只根据自身的业务吸收有关专家参加，不受行政干预和集团利益的牵制，独立自主地开展信用评估业务；第二种是政策银行负责组织的评估机构，一般由银行有关人员和各部门专家进行评估；第三种是由商业银行组织的评估机构，由商业银行组织专家对其客户进行评估。

（3）银行

银行是信用资料的一个重要来源，因为许多银行都设有信用部，为其顾客提供服务。但银行的资料一般仅愿在同业之间交流，而不愿向其他单位提供。因此，如外地有一笔较大的买卖，需要了解顾客的信用状况，最好通过当地开户银行，向其征询有关信用资料。

（4）其他

如财税部门、消费者协会、工商管理部门、企业的上级主管部门、证券交易部门等。

另外，书籍、报刊、杂志等也可提供有关顾客的信用情况。

（二）企业的信用评估

搜集好信用资料后，要对这些资料进行分析，并对顾客信用状况进行评估。信用评估的方法很多，这里介绍两种常见的方法。

1. 5C 评估法

所谓 5C 评估法，是指重点分析影响信用的五个方面的一种方法。这五个方面英文的第一字母都是 C，故称之为 5C 评估法。这五个方面是：品德、能力、资本、抵押品和情况。

（1）品德

指顾客愿意履行其付款义务的可能性。顾客是否愿意尽自己最大努力来归还货款，直接决定着账款的回收速度和数量。品德因素在信用评估中是最重要的因素。

（2）能力

指顾客偿还货款的能力。这主要根据顾客的经营规模和经营状况来判断。

（3）资本

指一个企业的财务状况，这主要根据有关的财务比率进行判断。

（4）抵押品

指顾客能否为获取商业信用提供担保资产。如有担保资产，则对顺利收回货款比较有利。

（5）情况

指一般的经济情况对企业的影响，或某一地区的一些特殊情况对顾客偿还能力的影响。

通过以上五个方面的分析，便基本上可以判断顾客的信用状况，为最后决定是否向顾客提供商业信用作好准备。

2. 信用评分法

信用评分法是先对一系列财务比率和信用情况指标进行评分，然后进行加权平均，得出顾客综合的信用分数，并以此进行信用评估的一种方法。进行信用评分的基本公式是

$$Y=A_1X_1+A_2X_2+A_3X_3+\cdots\cdots+A_nX_n=\sum_{i=1}^{n}A_iX_i$$

式中：Y 为某企业的信用评分；

A_i 为事先拟定出的对第 i 种财务比率和信用品质进行加权的权数，$\sum_{i=1}^{n}A_i=1$；

X_i 为第 i 种财务比率或信用品质的评分。

在采用信用评分法进行信用评估时，分数在 80 分以上者，说明企业信用状况良好；分数在 60~80 分者，说明信用状况一般；分数在 60 分以下者，则说明信用状况较差。

（三）收账程序

催收账款的程序一般是：

(1) 信用政策及客户信用分析

当客户拖欠或拒付账款时，企业应当首先分析现有的信用标准及信用审批制度是否存在纰漏；然后重新对违约客户的资信等级进行调查、评价和调整。

(2) 信函通知

以信函方式将拖欠账款的金额、时间及相应文件复印件寄给客户，请其在规定时间内付款。

(3) 电话催收

对于信函催款不予理睬的客户，应采取电话方式催收，直至派员面谈催收。

(4) 法律行动

当上述措施无效时，可以交给企业的律师采取法律行动，通过法院裁决。为了提高诉讼效果，可以与其他经常被该客户拖欠或拒付账款的企业联合向法院起诉，以增强该客户信用品质不佳的证据力。

(四) 收账策略

顾客拖欠货款的原因比较多，但可概括为两类：无力偿付和故意拖欠。

1. 无力偿付，是指顾客因经营管理不善，财务出现困难，没有资金偿付到期债务。对这种情况要进行具体分析，如果顾客确实遇到暂时困难，经过努力可以东山再起，企业应帮助顾客渡过难关，以便收回较多的账款。如果顾客遇到严重困难，已达破产界限，无法恢复活力，则应及时向法院起诉，以期在破产清算时得到债权的部分清偿。

2. 故意拖欠，是指顾客虽有能力付款，但为了本身利益，想方设法不付款。遇到这种情况，则需要确定合理的讨债方法，以达到收回账款的目的。

常见的讨债方法有如下几种：

1. 讲理法

讨债人要有礼貌地向客户说明无故拖欠货款已违背了商业原则，并给债权人造成经济损失，若不及时付款，引起法律纠纷，将对客户的信誉造成极为不利的影响，对双方都没有好处。

2. 恻隐术法

讨债人通过讲清自己的困难，以打动债务人的恻隐之心，使之良心发现，按时付款。

3. 疲劳战法

抓住欠债企业的主要领导人（如厂长、总会计师、财务科长）长期软磨硬泡，不达目的决不罢休，从而使该领导人意志瓦解，同意付款。

4. 激将法

用语言刺激债务人，使其懂得若不及时付款将会损害他的形象和尊严，对方为了面子，不得不及时付款。

5. 软硬术法

软硬兼施，由两个人讨债，一人态度强硬，寸步不让，另一人态度和蔼，以理服人，如果两人配合得好，会收到较好效果。

第四节　存货管理

一、存货及其管理目标

存货是指企业在生产经营过程中为销售或者耗用而储备的物资，包括材料、燃料、低值易耗品、在产品、半成品、产成品、协作件、商品等。

如果工业企业能在生产投料时随时购入所需的原材料，或者商业企业能在销售时随时购入该项商品，就不需要存货。但实际上，企业总有储存存货的需要，并因此占用或多或少的资金。这种存货的需要出自以下原因：

第一，保证生产或销售的经营需要。实际上，企业很少能做到随时购入生产或销售所需的各种物资，即使是市场供应量充足的物资也如此。这不仅因为不时会出现某种材料的市场断档，还因为企业距供货点较远而需要必要的途中运输及可能出现运输故障。一旦生产或销售所需物资短缺，生产经营将被迫停顿，造成损失。为了避免或减少出现停工待料、停业待货等事故，企业需要储存存货。

第二，出自价格的考虑。零购物资的价格往往较高，而整批购买在价格上常有优惠。

但是，过多的存货要占用较多的资金，并且会增加包括仓储费、保险费、维护费、管理人员工资在内的各项开支。存货占用资金是有成本的，占用过多会使利息支出增加并导致利润的损失，各项开支的增加更直接使成本上升。进行存货管理，就要尽力在各种存货成本与存货效益之间作出权衡，达到两者的最佳结合。这也就是存货管理的目标。

二、存货的成本

存货成本，包括以下三种：

（一）取得成本

指为取得某种存货而支出的成本，通常用 T 来表示。其下又分为订货成本和购置成本。

1. 订货成本

指取得订单的成本。订货成本中有一部分与订货次数无关，称为订货的固定成本，用 F_1 表示；另一部分与订货次数有关，称为订货的变动成本。每次订货的变动成本用 K 表示；订货次数等于存货年需要量 D 与每次进货量 Q 之商。订货成本的计算公式为：

订货成本= $F_1+\dfrac{D}{Q}K$

2. 购置成本

指存货本身的价值，经常用数量与单价的乘积来确定。年需要量用 D 表示，单价用 U 表示，于是购置成本为 DU。订货成本加上购置成本，就等于存货的取得成本。其公式可表达为：

取得成本=订货成本+购置成本

=订货固定成本+订货变动成本+购置成本

$$TC_a= F_1+\frac{D}{Q}K+DU$$

（二）储存成本

指为保持存货而发生的成本，包括存货占用资金所应计的利息、保险费用、存货破损和变质损失等等，通常用 TC_c 来表示。

储存成本也分为固定成本和变动成本。固定成本常用 F_2 表示，变动成本、单位成本用 K_c 和 Q 来表示。用公式表达的储存成本为：

储存成本=储存固定成本+储存变动成本

$$TC_c=F_2+K_c\frac{Q}{2}$$

（三）缺货成本

缺货成本指由于存货供应中断而造成的损失，包括材料供应中断造成的停工损失、产成品库存缺货造成的拖欠发货损失和丧失销售机会的损失；如果生产企业以紧急采购代用材料解决库存材料中断之急，那么缺货成本表现为紧急额外购入成本。缺货成本用 TC_s 表示。

如果以 TC 来表示储备存货的总成本，它的计算公式为：

$$TC=TC_a+TC_s+TC_c$$

$$=F_1+\frac{D}{Q}K+DU+F_2+K_c\frac{Q}{2}+TC_s$$

企业存货的最优化，即是使上式 TC 值最小。

三、存货的决策方法

存货的决策涉及四项内容：决定进货项目、选择供应单位、决定进货时间和进货批量，前两项是销售部门、采购部门和生产部门的职责，财务部门要做的是后两项。

（一）经济订货批量法

所谓订购批量，是指每次订购货物（材料、商品等）的数量。在某种存货全年需求量已定的情况下，降低订购批量，必然增加订货批次。一方面，使存货的储存成本（变动储存成本）随平均储存量的下降而减少；另一方面，使订货成本（变动订货成本）随订购批次的上升而增多。反之，减少订购批次必然要增加订购批量，在减少订货成本的同时储存成本将会增加。存货决策的目的就是确定使这两种成本合计数最低时的订购批量，即经济订购批量。

1. 经济订货量基本模型

与存货总成本有关的变量（即影响总成本的因素）很多，为了解决比较复杂的问题，有必要简化或舍弃一些变量，先研究解决简单的问题，然后再扩展到复杂的问题。这需要设立一些假设，在此基础上建立经济订货量的基本模型。

经济订货量基本模型需要设立的假设条件是：

(1) 企业能够及时补充存货，即需要订货时便可立即取得存货。

(2) 能集中到货，而不是陆续入库。

(3) 不允许缺货，即无缺货成本，TC_s 为零，这是因为良好的存货管理本来就不应该出现缺货成本。

(4) 需求量稳定，并且能预测，即 D 为已知常量。

(5) 存货单价不变，不考虑现金折扣，即 U 为已知常量。

(6) 企业现金充足，不会因现金短缺而影响进货。

(7) 所需存货市场供应充足，不会因买不到需要的存货而影响其他。

设立了上述假设后，存货总成本的公式可以简化为：

$$TC=F_1+\frac{D}{Q}K+DU+F_2+K_c\frac{Q}{2}$$

当 F_1、K、D、U、F_2、K_c 为常数量时，TC 的大小取决于 Q。为了求出 TC 的极小值，对其进行求导演算，可得出下列公式：

$$Q^*=\sqrt{\frac{2KD}{K_c}}$$

这一公式称为经济订货量基本模型，求出的每次订货批量，可使 Tc 达到最小值。

这个基本模型还可以演变为其他形式：

每年最佳订货次数公式：

$$N^*=\frac{D}{Q^*}=\frac{D}{\sqrt{\frac{2KD}{K_c}}}=\sqrt{\frac{DK_c}{2K}}$$

与批量有关的存货总成本公式：

$$TC_{(Q^*)}=\frac{KD}{\sqrt{\frac{2KD}{K_c}}}+\frac{\sqrt{\frac{2KD}{K_c}}}{2}\cdot K_c=\sqrt{2KDK_c}$$

最佳订货周期公式：

$$t^*=\frac{1}{N^*}\cdot\frac{1}{\sqrt{\frac{DK_c}{2K}}}$$

经济订货量占用资金：

$$I^*=\frac{Q^*}{2}\cdot U=\frac{\sqrt{\frac{2KD}{K_c}}}{2}\cdot U=\sqrt{\frac{KD}{2K_c}}\cdot U$$

[例 9-8] 某企业每年耗用某种材料 3 600 千克，该材料单位成本为 10 元，单位存储成本为 2 元，一次订货成本为 25 元。则：

$$Q^*=\sqrt{\frac{2KD}{K_c}}=\sqrt{\frac{2\times 3\ 600\times 25}{2}}=300\text{（千克）}$$

$$N^*=\frac{D}{Q^*}=\frac{3\ 600}{300}=12\text{（次）}$$

$$TC_{(Q^*)}=\sqrt{2KDK_c}=\sqrt{2\times 25\times 3\ 600\times 2}=600\text{（元）}$$

$$t^*=\frac{1}{N^*}=\frac{12}{12}=1\text{（个月）}$$

$$I^*=\frac{Q^*}{2}\cdot U=\frac{300}{2}\cdot 10=1\ 500\text{（元）}$$

2. 存货模型的扩展应用

在实际工作中，由于各种因素的影响，需要对前述基本数学模型进行扩展，以确定不同状况下的经济订购批量，降低成本。

现以有数量折扣时的经济批量决策为例，说明基本模型的扩展应用。为了鼓励购买者多购买商品，供应商对大量购买商品常常实行数量折扣价，即规定每次订购量达到某一数量界限时，给予价格优惠。于是，购买者就可以利用数量折扣价，取得较低商品价、较低运输费和较低年订购费用的机会，并使从大批量中得到的节约可能超过抵偿增支的储存成本。在有数量折扣的决策中，订货成本、储存成本以及采购成本都是订购批量决策中的相关成本，这时，上述三种成本的年成本合计最低的方案，才是最优方案。

[例 9-9] 某企业全年需用 A 零件 1 500 个，每件每年储存成本为 0.5 元，每次订货费用为 81.67 元。供应商规定，每次订货量达到 750 个时，可获 2%的价格优惠，不足 750 个时单价为 50 元。

决策分三步进行：

(1) 计算没有数量折扣时的经济订购批量。因为按一般原则，当有可能获取数量折扣时，最低订购量可由经济订购批量 Q^* 的计算来确定。

$$Q^*=\sqrt{2\times 1\ 500\times 81.67\div 0.5}=700\text{（个）}$$

于是，最佳订购量必然是 700 个与 750 个中的一个，没有其他订购数量比这两个数量中的一个更经济。

(2) 计算不考虑数量折扣时的年成本合计。

采购成本=1 500 × 50=75 000(元)

订购成本=(1 500÷700)× 81. 67=175(元)

储存成本=(700÷2)× 0.5=175(元)

年成本合计=75 000+175+175=75 350(元)

(3) 计算考虑数量折扣时的年成本合计

采购成本=1 500 × 50 ×(1−2%)=73 500(元)

订购成本=(1 500÷750)× 81. 67=163.34(元)

储存成本=(750÷2)× 0.5=187.5(元)

年成本合计=73 500+163.34+187.5=73 850.84(元)

比较700个与750个时的年成本合计可知，接受数量折扣可使存货成本降低1 499.16元（75 350−73 850.84），因此应该选择接受数量折扣的方案。

在实际工作中，需要考虑的因素较多，这时可采用的方法也较多，应灵活加以运用。

［例9−10］某公司全年需用B零件12 500件，每次订购费用为1 296元，每件零件全年储存成本为5元，零售价每件为80元，资本成本率为25%。供应商为扩大销售，规定折扣条件（如表9−8所示）。

在考虑资本成本率的情况下，如果把数量折扣看做是机会成本（放弃可获得的最大订购量折扣而形成的机会成本，等于该最大订购量折扣与该公司拟选订购政策的折扣之间的差额），则应采用以下方法：

表9−8 折扣条件表

订购单位数	折扣(每件)
0~999	无折扣
1 000~1 999	1.00
2 000~4 999	1.50
5 000~9 999	1.80
10 000及以上	2.00

(1) 计算没有数量折扣时的经济订购批量。

$Q^*=\sqrt{2\times 12\ 500\times 1\ 296\div(5+80\times 25\%)}=1\ 138$（件）

于是，该公司的最佳订购量应是1 138件，或是2 000件、5 000件、10 000件。

(2) 计算1 138件时的成本总额（79元为该水平的折扣净额）。

储存成本=(1 138÷2)×(5+79 × 25%)=14 082.75(元)

订购成本=(12 500÷1 138)× 1 296=14 235.50(元)

放弃折扣=12 500 ×(2−1)=12 500(元)

成本总额=14 082.75+14 235.50+12 500=40 818.25（元）

(3) 计算2 000件时的成本总额（78.5元为该水平的折扣净额）。

储存成本=(2 000÷2)×(5+78.5 × 25%)=24 625(元)

订购成本=(12 500÷2 000)× 1 296=8 100(元)

放弃折扣=12 500 ×(2−1.5)=6 250(元)

成本总额=24 625+8 100+6 250=38 975(元)

(4) 计算5 000件时的成本总额（78.2元为该水平的折扣净额）。

储存成本=(5 000÷2)×(5+78.2 × 25%)=55 125(元)

订购成本=(12 500÷5 000)× 1 296=3 240(元)

放弃折扣=12 500 ×(2−1.8)=2 500(元)

成本总额=55 125+3 240+2 500=60 865(元)

(5) 计算 10 000 件时的成本总额 (78 元为该水平的折扣净额)。

储存成本=(10 000÷2)×(5+78 × 25%)=110 000(元)

订购成本=(12 500÷10 000)× 1 296=1 620(元)

放弃折扣=0

成本总额=110 000+1 620=111 620(元)

从上述计算可知，最佳订购量就是成本总额最低的那一项，即 2 000 件。当然，本例也可以年成本合计最低的原理进行决策，其选择结果是一样的。

(二) ABC 分类管理

企业储备的存货种类往往成千上万，它们的单位价值高低、使用数量大小和采购补充的难易等情况千差万别。在存货管理上不可平均用力，而应区别对待。ABC 分类管理就是将存货按照重点、一般和次要分类，并分别进行管理的一种行之有效的方法。

1. ABC 分类管理的基本原理

企业物资的品种规格复杂繁多，各种物资所占用的资金有时大相径庭，要有序地控制这个庞杂系统，就需根据企业的生产特点，将存货按照品种、单位价值重要性分成 ABC 等数级。

2. ABC 分类管理的分类标准

根据存货管理 ABC 方法的原理，A 类项目是重点管理对象，其材料品种少，单位价值高，必须逐项严格管理；B 类项目是一般管理对象，其材料品种不太多，单位价值也不太高，可分不同情况，采取不同措施进行管理；C 类项目不是管理的主要对象，其材料品种、数量多，单位价值低，只需采取简单方法进行管理。显然，按照存货 ABC 法分析资金管理对象，突出重点，区别对待，做到主次分明，抓住存货资金管理的主要矛盾，就可以准确而有效地实施财务管理，提高资金使用效率。

表9-9 存货管理ABC分类标准表

类别	划分标准		存货特征	管理方法
	占存货资金比重(%)	实物量比重(%)		
A	70%	不超过 20%	品种少、单位价值高	重点管理
B	20%	不超过 30%	品种、价值介于 A 与 C 之间	一般管理
C	10%	不低于 50%	品种多、单位价值低	简单管理

3. ABC 分类管理的步骤

第一，计算每种存货在一定时期 (通常为 1 年) 的资金占有额。重点存货可按单件计算，一般存货可按类别 (如螺钉类、材料类) 计算。

第二，计算每种存货资金占用额占全部存货资金占用额的百分比，并按大小排序，制成表格。

第三，根据事先确定的标准，把各项存货划分为A、B、C三大类。一般划分的标准是：A类为品种少、资金占用额大、采购比较困难或对企业十分重要的存货，应给予重点管理；B类为存货品种和资金占用额百分比居中的存货，应给予次重点管理；C类为资金占用比重小，品种比较多的存货，应给予一般的管理。

A类存货资金占用额占A、B、C三类资金总额的比重最大，一般为70%以上，但其实物数量则不超过20%，通常在5%~15%；B类存货的资金占用额的资金投入比重为20%左右，其实物数量则不超过30%，通常在20%~30%；C类存货的资金占用额比重不超过10%，其实物数量不低于50%，通常在60%~80%。

4. 运用ABC分类管理应注意的问题

第一，ABC分类管理适用于开放型的买方市场（指买方在市场上占有主动权）条件，在卖方市场条件下就不能完全按有关程序管理。

第二，ABC各类物资的构成因为各企业的生产特点以及所需物资种类的不同而不同。

第三，ABC的分类并没有一成不变的品种数与金额数的比例关系。各个企业可以根据本企业的实际情况进行分类，只要通过分类能划分出应重点管理的物资品种即可。

第四，B类物资是处于A、C两类之间的物资，划多大范围，用什么方法控制，应该给予足够的重视。

第五，ABC分类一般是在保证生产需要的前提下，按占用金额大小划分的。C类物资占用金额小，不等于在生产中就无足轻重，如果是生产关键用料，资源短缺，企业储备量又不足，就应将这些物资列入A类，加强控制，积极组织资源，供应保证生产的需要。

（三）适时存货管理

适时存货管理（JITIM），是近年来高科技技术广泛应用于生产，在生产的电脑化、自动化程度显著提高的基础上形成的一种存货管理模式。适时存货管理的目标是，要求在企业产、供、销的各个环节上尽可能实现“零存货”，也就是要求原材料和外购零部件的供应能适时到达生产现场，直接交付使用，而不需要建立原材料、外购零部件的库存储备；在生产方面，生产的各个环节紧紧地协调配合，生产的前阶段按生产的后阶段进一步加工的要求，保质、保量地生产在产品、产成品，并“适时”地送达到后一加工阶段直接投入生产，而不需要建立在产品、产成品库存储备；在销售环节，生产出来的产品能保质、保量地适应市场顾客的需要，并按照顾客要求，“适时”送到顾客手中，而不需要建立产成品库存储备。

JITIM为公司提供了一种解决问题的备选方法。

1. 适时存货管理系统运作原理

（1）需求拉动式系统

适时存货管理主张生产应由现在的需求拉动，而不是以预期需求为基础，按既定的时间安排向前推进。材料由顾客需求拉动，贯穿整个系统。

每一操作工序生产产品的数量，仅仅是满足下一操作工序的需求所必需的。在生产开始时，所需要的材料或部件能够适时到达，正好满足其需要。

推行适时系统的一个优点是能够将存货降到非常低的水平。追求低水平存货，对于适时系统获取成功具有重要意义。这种追求低水平存货的观念，必然对持有存货的传统理念造成冲击。事实上，在一定意义上存货水平高意味着产品质量低、提前期长以及在及时处理其他事情方面做得差，而 JITIM 则通过需求拉动实现了最小化的存货。

(2) 零生产准备成本和持有成本

与传统方法相比，适时系统（JITIM）是一种实现持有成本和生产成本之和最小化的完全不同的方法。传统方法承认生产准备成本的存在，并试图找到合适的订货数量，以使两类成本间达到最优平衡。相反，适时系统不承认生产准备成本（或订货成本）存在的合理性；它还试图将这些成本降至零。当生产准备成本或订货成本变得微不足道时，剩下的就只有持有成本需要最小化了，而这可以通过将存货降至非常低的水平来实现。

以下是适时系统（JITIM）实现持有成本和生产成本之和最小化的几种途径。

①签订长期合同、连续进货系统和电子数据交换系统。订货成本可以通过发展与供货商的密切关系并签订长期合同来降低。就外购材料的供应问题而言，与供应商谈判签订长期合同，能够减少订货次数以及相应的订货成本。零售商们已经找到了一种降低订货成本的方法——采用连续进货系统（Continuous Replenishment）。在连续进货系统下，制造商为零售商承担了存货管理职能。制造商通知零售商在什么时间订购多少数量的货物，零售商复核此项建议，决定是否订货。例如，沃尔玛公司和宝洁公司就达成了这种协议。该协议减少了沃尔玛公司的存货，还减轻了存货短缺问题。另外，宝洁公司的产品往往在没有收到货款前就可以卖给沃尔玛公司。作为回报，宝洁公司成为其首选供应商，在沃尔玛公司拥有数量更多、位置更好的货柜，同时需求的不确定性更小些。宝洁公司因而能更准确地预测需求，进而可以进行连续的小批量生产和送货——适时制造所追求的目标。在供应商和制造商之间也可以作出类似的安排。

连续进货的过程需要由电子数据交换系统协助完成。通过电子数据交换系统（EDI），供应商可以进入购货方的联机数据库。在知悉购货方的生产安排（以制造商为例）后，就可以将购货方所需要的零配件适时送到它们发挥作用的地方。EDI 实行无纸化操作——不需要订货单或销售发票。供应商根据数据库中购货方的生产安排，确定自己的生产和送货日期。当零配件装运发出后，供应商就向购货方发出电子信息，告知对方一批货物发出了。零配件到达后，购货方用电子棒对条形码进行扫描，准备支付货款。显然，EDI 要求供应商和购货方在工作安排上紧密配合。通用汽车公司所属的土星轿车工厂和它的各零配件供货商间就作出了利用 EDI 的安排。这种做法使供应商和土星轿车工厂同时降低了制造费用。

②降低生产准备时间。公司通过寻求新的、更有效的方法来降低生产准备时间。例如，推行适时系统后，哈利—戴维森公司节省了 75%以上的机器准备时间。在某些情况下，哈利—戴维森公司能将生产准备时间从几小时降至几分钟。其他一些公司也获得了同样的效果。一般说来，生产准备时间至少能节省 75%。

(3) 适时能力

适时能力（Due-Date Performance）衡量的是公司对顾客需求作出反应的能力。过去，公司通过储备产成品存货来确保按要求的日期交货。而适时系统通过大幅度减少生产准备时间来解决这个问题。这一系统在较短的时间内能提高公司按要求日期交货以及对市场需求作出快速反应的能力。JITIM 通过降低生产准备时间、提高产品质量以及采用单元式制造来削减提前期。这样，公司的竞争地位就得到提高。

制造单元能缩短机器和存货间的传送距离，还能对提前期造成显著影响。例如，在传统的制造方法下，公司制造一个阀门需要 1 个月。而通过将生产阀门所需要的车床和钻孔机组合成 U 形制造单元，提前期可以减少至 2~3 天。俄勒冈切割系统公司是一家链锯制造商，它曾将传送距离从 785 米降至 53 米，将提前期从 21 天减少到 3 天。由于缩短了提前期并计划进一步地缩减，公司就可以直接从工厂而非产成品仓库供应货物。大多数公司推行适时系统后，提前期至少减少了 90%。

（4）避免停产，保证可靠生产

适时存货管理将存货降低到零，使人们把由于机器故障、材料或零件不合格，原材料或零件的供应中断等原因引起的问题看得更清楚，因而能够更妥善地解决这些问题。JITIM 重视结合预防性维修和全面质量管理，主张与供应商建立良好关系，从而能从根本上避免停产，达到生产过程可靠的目的。

以下分几方面说明：

①综合预防性维修（Total Preventive Maintenance），追求的目标是实现零机器故障。只要对机器经常进行预防性维修，大多数故障还是可以避免的。在 JITIM 环境下，这一目标较为容易达到，因为它倡导的是综合训练的劳动哲学。制造单元的工人，将接受维修他所操作的机器方面的训练。由于 JITIM 的拉动式特征，制造单元的工人拥有闲暇的制造时间，让制造单元工人参与预防性的维修工作，从而可将闲暇时间运用在生产上。

②全面质量管理。配件不合格这一问题，是通过尽力追求零缺陷来解决的。由于 JITIM 制造方法并不依靠存货来替换有缺陷的零配件或材料，无论是外购还是自制材料，公司对其质量的重视都显著地提高了。

③看板系统。看板系统是人们用来确保零配件或材料及时获得的一种信息系统，它利用标记或卡片来控制生产。看板系统保证必要的产品（或零配件）在必要的时间内以必要的数量生产出来（或取得）。它是 JITIM 存货管理制度的灵魂。

看板系统要用到卡片或标记——10 厘米×20 厘米的塑料片、卡纸板或金属片。看板通常放在塑料袋中，附在零配件或盛装所需零配件的容器上面。

一个基本的看板系统要利用三种卡片——领取看板、生产看板和供应商看板。前两种看板控制加工品在生产工序间的移动，而第三种看板则控制零配件在制造过程中与外部供应商之间的移动。领取看板注明后道工序所需要从前道工序领取的加工品的数量。生产看板注明前道工序应当生产的物品的数量。供应商看板用来通知供应商运送零配件，并注明这些零配件何时被使用。

看板的使用确保了后道工序（最后组装）能够在恰当的时间里从前道工序（电路板组装）领取到必要数量的电路板。看板系统还控制着前道工序生产的数量，使之恰为后道工序需领取的数量。这样，存货数量就保持在最低水平，零配件在被使用前适时运到。

(5) 降低存货成本

降低存货成本对公司是有利的，按照传统观点，公司储备存货，可以从数量折扣中受益，并避免所购物品未来价格上升造成的不利影响。储备存货的目的在于降低存货成本。JITIM 以零存货的方式能达到同样的目的。JITIM 的解决办法是与一些经过挑选的供应商签订长期合同，让供应商广泛参与企业的生产经营。这些供应商在地理上应尽可能靠近企业的生产设施。供应商的选择不只是以价格为基础，零配件的质量和按要求交货的能力和能否遵循适时采购的原则是考察的关键。签订长期合同还有其他好处：合同规定了产品价格以及可接受的质量水平；长期合同还大幅度削减了下达订单的次数，有助于降低订货成本。适时采购的另一个好处是使外购零配件的成本降低了 5%~20%。

2. 适时存货管理系统的局限性

(1) 需要有耐心

JITIM 常被人们称作一种简单化的规划——然而这并不意味着它简单或容易实施。例如，与供应商建立有效的协作关系需要时间。坚持要求供应商在送货次数和产品质量方面作出迅速的改变是不切实际的，有可能导致公司及其供应商之间形成艰苦的对抗。合作应该成为与供应商的关系的基础。为了获取 JITIM 采购带来的各种收益，公司有可能单方面去调整与供应商的关系。通过迫使对方让步、支配双方之间的合同条款的制定以达到单方面调整与供应商的关系的目的，这只可能会引起供应商的怨恨，并有可能招致报复。从长远看，供应商会寻找新的市场，寻找卖出更高价格（相比作为优先供应商时商品的售价）的各种途径，或寻求宽松的条款。上述种种行为，抵消许多 JITIM 带来的收益，原因在于公司缺乏耐心。

(2) 影响工人情绪

研究表明，存货缓冲储备显著降低后，工作流程将严密地组织起来，生产工人的劳动紧张程度将提高。有人提议应有计划地、审慎地降低存货水平，激发工人的独立自主感，鼓励他们积极参与，追求更广泛的进步。强制地、步伐过快地降低存货水平，自然会暴露很多问题。例如，销售量降低，工人精神紧张。如果工人们将 JITIM 仅仅看成是榨取他们更多血汗的方法，那么推行 JITIM 的努力是注定要失败的。

(3) 存在生产中断的威胁

JITIM 的最大缺陷在于没有储备存货作为缓冲以应付生产中断的局面。当期的销售额时时受到预料之外的生产中断的威胁。如果需求的增加远远超出了零售商存货的供应，零售商就不可能足够迅速地对订货作出调整，从而无法避免失去销售额，甚至触怒顾客。

(4) 风险增大

推行 JITIM 的制造性公司为了确保实现未来的销售额，也愿意让本期的销售额承受风险。这种保证来源于更优的质量、更快的反应速度以及更小的营运成本。即使如此，我们必须意识到，今天，销售额一旦丧失，就是永远的丧失。势必给推行 JITIM 造成一种实际成本过高的窘境，这就要求建立一个中断次数非常少的 JITIM 系统，但这并不是一项短期就能完成的工作。

企业存货日常管理，是流动资金管理的一个重要环节。搞好存货日常管理，对于改善企业生产经营活动、提高流动资金利用率具有重要作用。存货管理模式是企业在存货管理过程中形成的科学的、系统的管理控制方式。存货管理模式各有其优缺点，在运用中企业要根据自身实际情况加以选择。

小　　结

流动资产减流动负债称为净营运资本。净营运资本的大小会影响企业的收益和风险。在企业的日常财务管理中，营运资本的管理占有重要位置，财务经理约有60%的时间用于短期决策。企业的营运资本决策包括两个方面：确定流动资产中各项资产的目标水平，以及决定流动资产的筹资方法。作出这些决策所依据的原则构成了营运资本政策。营运资本的管理就是在政策的指导下，实施对流动资产和流动负债的管理。

企业对资金的需求通常并不是稳定的，而是有一定的周期性或者说具有波动性。当企业预测未来的资金需求将下降时，或由于经营活动的周期性或季节性而出现资金需求时，短期融资是解决这些资金需求的一个较佳途径。短期融资是支持企业流动资产的资金来源，它使企业产生一年或一年以内的债务，在资产负债表中显示为流动负债。

营运资金主要介绍了营运资金的含义、特点及营运资金的周转。营运资金是指企业维持日常经营所需的资金，通常指流动性资产减去流动负债后的差额，它具有投资回收期短、流动性强、并存性和波动性等特点。营运资金管理的目的是加速营运资金周转，提高资金的利用效果。

现金管理主要介绍现金管理的意义、现金的成本、现金持有量的确定、现金回收及支出的管理。在明确与现金有关的成本及其各自的特性基础上，通过成本分析模式和存货模式合理确定现金持有量，采取适当方法加快现金回收，延迟现金支出，在保证企业经营活动现金需要的同时，降低企业闲置的现金数量，提高资金收益率。

应收账款管理主要介绍应收账款的作用与成本、信用政策和应收账款的管理措施。企业在采取赊账方式促进销售、减少存货的同时，会因持有应收账款而付出一定的代价，同时也会因销售增加而产生一定的收益。信用政策的制定就是在成本与收益比较原则的基础上，作出信用标准、信用条件和收账政策的具体决策方案，并通过采取应收账款的管理措施降低坏账损失风险。

存货管理主要介绍存货的分类与功能、存货的成本和存货的控制方法。由于存货具有防止停工待料、适应市场变化、降低进货成本和维持均衡生产的固有功能，企业必须储备一定的存货，但也会由此而发生进货成本、储存成本和缺货成本等各项支出，经济进货批量控制就是确定能够使一定时期存货的相关总成本达到最低点的进货数量。除此之外，存货的控制方法还有ABC分类法、及时生产的存货系统等。

【关键词】

营运资金（Working Capital）
流动资产（Current Assets）
流动负债（Current Liabilities）
短期负债筹资（Short-term Debt Financing）
现金管理（Cash Management）
鲍莫模型（Baumol Model）
随机模式（Miller-Orr Model）
应收账款管理（Accounts Receivable Management）
存货管理（Inventory Management）
储存成本（Inventory Cost）
适时存货管理（JITIM: Just-In-Time Inventory Management）
连续进货系统（Continuous Replenishment）

案例：神彩药业股份公司应收账款管理[1]

目前我国国有企业相互拖欠行为严重，企业应收账款总量逐年递增。据报道，2003年191家上市公司年报中，超过60%的上市公司应收账款余额均有不同幅度的增长，其中近15%的上市公司应收账款增加了1倍。产生这一现象的原因是多方面的，但从企业微观层面分析，主要有以下几方面：

企业缺乏风险意识。企业为片面扩大销路、提升市场占有率，在事先未对付款人资信度作深入调查、对应收账款风险进行正确评估的情况下，盲目地采用赊销策略去争夺市场，只重视账面的高利润，忽视了大量被客户拖欠占用的流动资金不能及时收回的问题。

管理无章，放任自流。有些企业对应收账款的管理缺乏规章制度，或有章不循，形同虚设。财务部门不及时与业务部门核对，销售与核算脱节，问题不能及时暴露，一些企业应收账款居高不下，账龄老化，却任其发展，无人问津。

企业内部激励机制不健全。在某些企业中，为调动销售人员的积极性，往往只将工资报酬与销售任务挂钩，而忽略了产生坏账的可能性，未将应收账款纳入考核体系。因此销售人员为了个人利益，只关心销售任务的完成，采取赊销、回扣等手段强销商品，导致应收账款大幅度上升。而对这部分应收账款，企业并没有采取有效措施，要求相关部门和经销人员全权负责追款，应收账款大量沉积下来，使企业经营背上了沉重的包袱。

弄虚作假。一些单位和个人，为达到谋求小集体或个人的利益从应收账款中营私舞弊的目的，往往有意造成企业应收账款失真、增大等现象。

神彩药业股份公司年销售收入为1.2亿元，经济效益综合指标居所在省份同行业第一

1.引自：《财务管理学》2009 国家级案例教材.pdf

位，跻身全国中成药工业重点企业50强。由于管理到位，该公司应收账款的回笼率节节高升，2000年为66%，2001年达到80%，2002年为95%，2003年则高达99%，在完成了当年的资金回笼任务基础上，还收回了过去遗留的账款200多万元。该公司经过多年的实践和探索，建立了一套切合该企业实际的应收账款核算办法和管理制度。归纳起来，其成功做法主要有：

一、建立与完善应收账款控制制度

（一）强化财务部门的管理与监控职能。按财务管理内部牵制原则，该公司在财务部下设立财务监察小组，由财务总监领导，配置专职会计人员，负责对有关营销往来账务的核算和监控，对每一笔应收账款都进行分析和核算，保证应收账款账账相符。同时规范各经营环节要求和操作程序，使经营活动系统化、规范化。

（二）改进内部核算办法。针对不同的销售业务，如公司与购货经销商直接的销售业务、办事处及销售网点的销售业务、公司供应部门和贸易公司与欠公司货款往来单位发生的兑销业务、产品退货等，分别采用不同的核算方法与程序，以示区别并采取相应的管理对策。

（三）对应收账款实行终身负责制和第一责任人制。谁经手的业务发生坏账，无论责任人是否调离本公司，都要追究有关责任。同时对相关人员的责任进行了明确界定，并作为业绩考评依据。

（四）定期或不定期对营销网点进行巡视、监察和内部审计，防范因管理不严而出现的挪用、贪污及资金体外循环等问题，降低风险。

（五）建立健全公司机构内部监控制度。针对应收账款在赊销业务中的每一环节，健全应收账款的内部控制制度，努力形成一整套规范化的对应收账款事前控制、事中控制、事后控制的程序。

二、对往来客户资信程度进行科学的内部评估

该公司非常重视对往来客户资信程度的评估，并利用计算机建立有关档案管理系统。主要选择重点客户、长期往来客户作为内部评估对象，通过各种渠道了解和确定客户的信用等级，然后决定是否向客户提供商业信用及赊销限额。评估客户的资信资料包括客户的品质、商业信誉、经营作风及与公司业务往来历史，客户的资本实力、资金运转情况，尤其是流动资金周转情况；客户的经营性质、历史、经营规模、营销能力；客户的经济效益、资产、负债比率等。在进行内部资信评估时，通常以预期的坏账损失率作为信用判别标准。对长期积压的滞销品，采取较为宽松的信用标准；对资信状况差的企业，信用标准从严；同时采取正确的信用条件，主要包括信用期限和现金折扣等。企业提供的信用条件优越，可以刺激客户的购买欲望，吸引更多的客户，扩大销售规模，增加企业盈利，丧失收益的机会成本低，但会使企业占用大量的应收账款资金，增加信用成本核算，影响企业资金周转，同时加大坏账损失的风险。建立恰当的信用额度，即企业愿意对某一客户承担的最大风险额，能有效地防止由于过度赊销超过客户的实际支付能力而使企业蒙受损失。根据市场情况及客户信用情况的变化，企业对其进行必要的动态调整，使其始终保持在自

身所能承受的风险范围之内；对不同信用等级的客户制定不同的信用政策，有效地减少信用风险带来的坏账损失。

三、加强销售合同管理，完善赊销手续

该公司设计了一种“四联赊销单”，载明欠款人有关详细信息。若是送货或自提，由购货单经手人验收后在“四联单”上签章；若是发运，则在“四联单”上注明发货单号码，以便查对。四联单的“随货同行联”连同发票交给购货方，“记账联”交财务部门登记入账，“存根联”留销售部门登记存货账；“结账联”作为收取货款的对账依据。以后，每收回一笔货款，销售业务员都开具盖有本单位公章的收据作为双方销账的依据，收据上注明了此款是偿还哪年哪号赊销单。销售人员领用的内部收据统一编号，财务部门定期进行检查，防止销售人员挪用和截留货款。

四、加强赊销业务的审批、稽核、监督制度

为降低赊销业务带来的风险，预防营销人员随意赊销，该公司规定销售网点的赊销业务必须遵循以下原则：

（一）赊销往来客户，必须是经过资信程度内部评估确认为信誉良好等级以上的单位。

（二）赊销业务需经有关领导和部门经理的审批和同意，且根据赊销业务量确定不同的审批权限，在严格赊销审批手续的基础上，加强赊销余额管理。

（三）赊销业务发生坏账损失，根据不同情况由销售人员、部门经理及有关领导各自承担责任。

（四）财务监察人员定期检查应收账款是否规范，定期召开应收账款分析会，发现问题，及时提出整改意见。

（五）加强账目的核对制度。根据各销售网点报表，监察人员对网点报表进行全面分析、核对，发现偏差，查明原因，及时调整，保证应收账款的真实性。

（六）加强信息反馈。跟踪分析、考核每笔应收账款的账龄和回收情况，对应收账款超过 2 个月的，及时通知、提醒销售人员及时催收，以保资金及时回笼。

五、采用合理的清对和催收办法

根据市场经济环境和公司应收账款现状，该公司科学地设计和实施清对、催收方法：针对各营销网点，建立以业务人员为主、财务监察人员为辅的催收欠款责任中心，将收回远期陈欠和控制坏账作为考核绩效标准，纳入销售人员与有关管理人员的业绩考核之中，增强销售人员对清理和催收陈账的积极主动性；对远期、近期应收账款清理回收缓慢或清收陈账未动的区域，限制发货或拒绝发货，并大力催债；对一些有偿债能力客户人为赖账、不履行偿债义务的，采取法律手段；对欠款对方确无支付能力的，则在了解其抵款药品的价格、质量和销售情况下，采取药材、药品及其他物资抵款。

六、加强应收账款风险管理

（一）谨慎选择货款结算方式，尽量采用汇票、支票、本票、信用卡等对企业有利的结算方式。

（二）采用折扣、折让方式，促进应收账款的收回。在应收账款的回收工作中，采用灵活的折扣、折让政策，对能在约定期限内偿还货款的客户，给予一定的折扣优惠，鼓励客户及早偿还货款，同时还可吸引一批视折扣为减价销售的新客户前来购货。

（三）与银行密切合作，使银行积极帮助清欠，有效防止企业的货款拖欠和继续攀升。

第十章 股利分配

学习提示

资本收益最大化是企业财务管理的根本目标。资本收益的分配既涉及资本收益分配的对象、原则、程序等基本问题，也涉及与资本收益分配有关的现金股利分配和股利分配的其他形式。本章主要介绍了收益分配概述、股利政策、股利分配程序与方案以及股票分割和股票回购。

学习目标

* 掌握利润分配的基本原则
* 掌握利润分配的项目
* 掌握利润分配的程序
* 掌握股利理论
* 掌握股利分配政策应考虑的因素
* 掌握股利分配政策
* 理解股票股利
* 掌握股票分割
* 掌握股票回购

主要内容

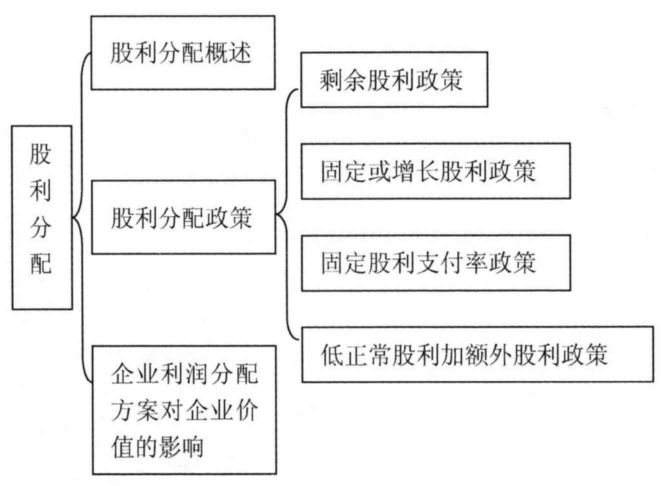

第一节 股利分配概述

股利分配是指股份制企业向股东分派股利，是企业利润分配的一部分。

股利分配涉及的方面：
- 股东支付程序中各日期的确定
- 股利支付比例的确定
  （最主要的确定方面是对股票价格产生的影响）
- 股利支付形式的确定
- 支付现金股利所需资金的筹资方式

一、企业利润分配的项目和程序

（一）利润分配的项目

支付股利是一项税后净利润的分配，但不是利润分配的全部。按照我国《公司法》的规定，公司利润分配的项目包括以下部分：

第一，盈余公积金。盈余公积金从利润中提取形成，用于弥补公司亏损，扩大公司生产经营或用于转增资本。

来源：公司的净利润；

用途：补亏、增资、扩大生产经营；

包括：
- 法定盈余公积金，按税后净利润的10%提取
- 任意盈余公积金，由股东会根据需要决定

要求：当盈余公积金累计额达到公司注册资本50%时不再提取。

第二，公益金。公益金也从净利润中提取形成，专门用于职工集体福利设施建设。

来源：净利润；

用途：用于职工集体福利设施建设；

比例：税后利润的5%~10%。

第三，股利。即向投资者分配的利润。

股利支付时要在提取盈余公积金、公益金之后。

分配要以各股东持有股份的数额为依据，每一股东取得的股利与其持有的股份数成正比。

分配原则：无利不分。

亏损企业可以用补亏后的盈余公积金支付股利，不过这样支付股利后留存的法定盈余公积金不得低于注册资本的25%。

（二）利润分配的程序

按照我国《公司法》的有关规定，利润分配应按下列顺序进行：

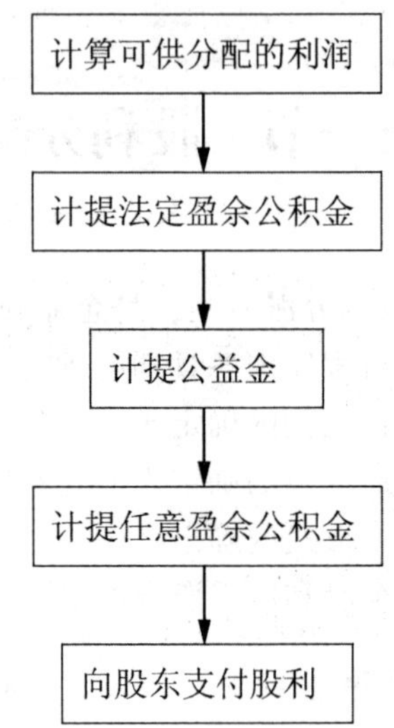

其中：可供分配的利润=本年利润（或亏损）+年初未分配利润（或亏损）

提取盈余公积金的基数，不是可供分配的利润，也不一定是本年的税后利润。

二、企业股利分配的方式

股利支付方式有多种。

现金股利是以现金支付的股利。

财产股利是以现金以外的资产支付的股利。

负债股利是公司以负债支付的股利。

股票股利是公司以增发股票作为股利支付方式。

<table>
<tr><th>分配方式</th><th>说明</th><th>备注</th></tr>
<tr><td>现金股利</td><td>企业除了要有累计盈余外,还要有足够的现金</td><td>股利支付的主要形式</td></tr>
<tr><td>财产股利</td><td>主要支付公司所拥有的其他企业的有价证券</td><td rowspan="2">我国公司很少使用</td></tr>
<tr><td>负债股利</td><td>通常以公司的应付票据支付给股东</td></tr>
<tr><td>股票股利</td><td>公司以增发股票作为股利的支付方式</td><td></td></tr>
</table>

第二节　股利分配政策与企业内部筹资

一、股利理论

西方财务理论就股利政策重要性的讨论主要有两大流派：股利无关论和股利相关论。

前者认为，股利政策对股票价格不会产生任何影响；而后者则认为，股利政策对企业股票价格有较强的影响。

（一）股利无关论

股利无关论认为股利分配对公司的市场价值（或股票价格）不会产生影响。这是因为，公司的盈利和价值增加与否完全视其投资政策而定。在公司投资决策给定的条件下，股利政策不会产生任何影响结果。因此，无所谓哪一种股利政策是最佳股利政策；也可以说，任何股利政策都是最佳股利政策。

这一理论建立在这样一些假定之上：

(1) 不存在公司或个人所得税；

(2) 不存在股票的发行或交易费用；

(3) 公司的投资决策与股利决策彼此独立；

(4) 公司的投资者和管理当局可相同地获得关于未来投资机会的信息。

股利无关论认为：

(1) 投资者并不关心公司股利的分配；

(2) 股利的支付比率不影响公司的价值。

（二）股利相关论

股利相关论认为公司的股利分配对公司的市场价值并非无关而是相关的，即在不确定的条件下，企业盈利在留存和股利之间的分配确实影响到股票价值。股利无关论在其严格的假说条件下有其合理性，但这些假说一旦发生变化，股利政策就变得十分重要。

二、影响股利分配的主要因素

（一）法律因素

为维护有关各方面的利益，各国的法律对公司的利润分配都有所规范，公司的股利政策必须符合这些法律规范。有关法律对公司的股利分配经常作如下限制：

(1) 资本保全。规定公司不能用资本（包括股本和资本公积）发放股利。

(2) 企业积累。规定公司必须按净利润的一定比例提取法定盈余公积金。

(3) 净利润。规定公司年度累计净利润必须为正数时才可发放股利，以前年度亏损必须足额弥补。

(4) 超额累计利润。由于股东接受股利缴纳的所得税高于其进行股票交易的资本利得税，于是许多国家规定公司不得超额累计利润，一旦公司的保留盈余超过法律认可的水平，将被加征额外税额。我国法律对公司累计利润尚未作出限制性规定。

（二）股东因素

股东在税负、投资机会、股权稀释等方面的意愿也会对公司的股利政策产生影响。毫无疑问，企业不可能形成一种能使每位股东的财富最大化的股利政策，公司制定股利政策的目的在于对绝大多数股东的财富产生有利影响。

1. 稳定的收入和避税

一些依靠股利维持生活的股东，往往要求公司支付稳定的股利，若公司留存较多的利润，将受到这部分股东的反对。另外，一些高股利收入的股东又出于避税的考虑（股利收入的所得税高于股票交易的资本利得税），往往反对公司发放较多的股利。

2. 控制权的稀释

公司支付较高的股利，就会导致留存盈余减少，这又意味着将来发放新股的可能性加大，而发放新股必然稀释公司的控制权，这是公司原有的持有控制权的股东们不愿看到的局面。因此，若他们拿不出更多的资金购买新股以满足公司的需要，宁肯不分配股利而反对募集新股。

（三）公司的因素

公司资金的灵活周转，是公司生产经营得以正常进行的必要条件。因此，公司正常的经营活动对现金的需求便成为对股利的最重要的限制因素。这一因素对股利政策的影响程度取决于以下方面：

1. 盈余的稳定性

公司是否能获得长期稳定的盈余，是其股利决策的重要基础。盈余相对稳定的公司能够较好地把握自己，有可能支付比盈余不稳定的公司较高的股利；而盈余不稳定的公司一般采取低股利政策。

2. 资产的流动性

较多地支付现金股利，会减少公司的现金持有量，使资产的流动性降低；而保持一定的资产流动性，是公司经营所必需的。

3. 举债能力

具有较强举债能力的公司因为能够及时筹措到所需的现金，有可能采取较宽松的股利政策；而举债能力弱的公司则不得不多保留盈余，因而往往采取较紧的股利政策。

4. 投资机会

有着良好投资机会的公司，需要有强大的资金支持，因而往往少发股利，将大部分盈余用于投资；缺乏良好投资机会的公司，保留大量现金会造成资金的闲置，于是倾向于支付较高的股利。

5. 资本成本

与发放新股相比，保留盈余不需花费筹资费用，是一种比较经济的渠道。所以，从资本成本考虑，如果公司有扩大资金的需要，也应当采取低股利政策。

6. 债务需要

具有较高债务偿还需要的公司，可以通过举借新债、发行新股筹集资金偿还债务。如果公司认为后者适当的话，将会减少股利的支付。

（四）其他因素

1. 债务合同约束

公司的债务合同，特别是长期债务合同，往往有限制公司现金支付程度的条款，这时公司只能采取低股利政策。

2. 通货膨胀

在通货膨胀的情况下，公司折旧基金的购买水平下降，会导致没有足够的资金来源重置固定资产。这时盈余会被当做弥补折旧基金购买力水平下降的资金来源，因此在通货膨胀时期公司股利政策往往偏紧。

由于存在上述种种影响股利分配的因素，股利政策与股票价格就不是无关的，公司的价值或者说股票价格不会仅仅由其投资的获利能力所决定。

三、可供选择的股利政策

在进行股利分配的实务中，公司经常采用的股利政策如下。

（一）剩余股利政策

公司的股利政策要考虑公司投资活动的资金需要。剩余股利政策就是以首先满足公司资金需求为出发点的股利政策。

1. 股利分配方案的确定

步骤：

(1) 设定目标资本结构；

(2) 确定目标资本结构下投资所需的股东权益数额；

(3) 最大限度地使用保留盈余来满足投资方案所需的权益资本数额；

(4) 投资方案所需权益资本已经满足后若有剩余盈余，再将其作为股利发放给股东。

由此可见，将股利政策作完全取决于可接受投资项目多寡的被动处理，意味着股利是无关的，投资者对于盈利的留存或发放股利毫无偏好。

2. 采取本政策的理由

奉行剩余股利政策，意味着公司只将剩余的盈余用于发放股利，这样做的根本理由是为了保持理想的资本结构，使加权平均资本成本最低。

（二）固定或持续增长的股利政策

1. 分配方案的确定

这一股利政策是将每年发放的股利固定在某一固定的水平上并在较长时期内不变，只有当公司认为未来盈余会显著地、不可逆转地增长时，才会提高年度的股利发放额。

2. 采取本政策的理由

(1) 稳定的股利向市场传递着公司正常发展的信息，有利于树立公司良好的形象，增强投资者对公司的信心，稳定股票的价格。

(2) 稳定的股利额有利于投资者安排股利收入和支出，特别是对那些对股利有着很高依赖性的股东更是如此。

(3) 稳定的股利政策可能会不符合剩余股利理论，但考虑到股票市场会受到多种因素的影响，其中包括股东的心理状态和其他要求，因此为了使股利维持在稳定的水平上，即使推迟某些投资方案或者暂时偏离目标资本结构，也可能要比降低股利或降低股利增长率更为有利。

该股利政策的缺点在于股利的支付与盈余相脱节。

（三）固定股利支付率政策

这一政策要求公司每年按固定的比例从税后利润中支付现金股利。从企业支付能力的角度看，这是一种真正稳定的股利政策。

1. 分配方案的确定

固定股利支付率政策，是公司确定一个股利占盈余的比率，长期按此比率支付股利的政策。

2. 采取本政策的理由

这样做能使股利与公司盈余紧密地配合，以体现“多盈多分，少盈少分，无盈不分”的原则，才算真正公平地对待了每一个股东。

缺点：股利变动较大。

（四）低正常股利加额外股利政策

1. 分配方案的确定

低正常股利加额外股利政策，是公司一般情况下每年只支付固定的、数额较低的股利；在盈余多的年份，再根据实际情况向股东发放额外股利，但额外股利并不固定，不意味着公司永久地提高了规定的股利率。

2. 采取本政策的理由

（1）这种股利政策使公司具有较大的灵活性。

（2）这种股利政策可使那些依靠股利度日的股东每年至少可以得到虽然较低，但比较稳定的股利收入，从而吸引住这部分股东。

制定股利政策要结合公司具体实际情况。

四、股利的发放

股份公司的股利分配方案通常由公司董事会决定并宣布，必要时要经股东大会或股东代表大会批准后才能实施。不同的公司、不同的国家每年发放股利的次数，可以各不相同。股利的发放有几个非常重要的日期：

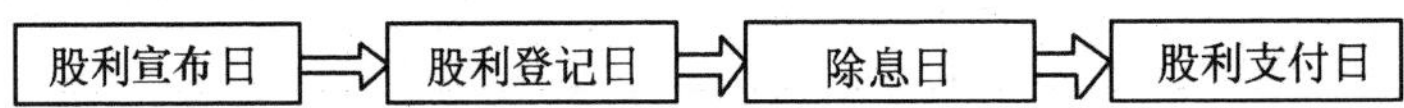

（一）股利宣布日

股份公司董事会根据定期发放股利的周期举行董事会会议，讨论并提出股利分配方案，由公司股东大会讨论通过后，正式宣布股利发放方案。宣布股利发放方案的那一天即为股利宣布日。在宣布日，股份公司应登记有关股利负债（应付股利）。

在股利宣布日，公司董事会对外的公告中将宣布：每股支付的股利、股权登记期限、除去股息的日期和股利支付日期。

（二）股利登记日

由于工作和实施方面的原因，自公司宣布发放股利至公司实际将股利发出要有一定的时间间隔。由于上市公司的股票在此时间间隔处于不停的交易之中，公司的股东会随股票的交易而不断易人。为了明确股利的归属，公司确定有股权登记日。股权登记日即有权领取股利的股东资格登记截止日期，也称除权日，只有这一天前在股东名册上有名的股东才有权分享股利。

（三）除息日

由于股票交易与过户之间需要一定的时间，因此，只有在登记日之前一段时间前购买股票的投资者，才可能在登记日之前列于公司股东名单之上，并享有当期股利的分配权。一般规定登记日之前的第四个工作日为除息日（逢节假日顺延），在除息日之前（不含除息日）购买的股票可以得到将要发放的股利，在除息日当天及其后购买的股票则无权得到股利，又称除息股。除息日对股票的价格有明显的影响。在除息日之前进行的股票交易，股票价格中含有将要发放的股利的价值，在除息日之后进行的股票交易，股票价格中不再包含股利收入，因此其价格应低于除息日之前的交易价格。

（四）股利发放日

在这一天公司用各种方式按规定支付股利，并冲销股利负债。

五、股票股利、股票分割和股票回购

（一）股票股利

股票股利是公司以发放的股票作为股利的支付方式，会引起所有者权益各项目的结构发生变动。即从会计的角度看，股票股利只是资金在所有者权益账户之间相互转移，而不是资金的运用。

与发放现金股利不同，发放股票股利只是将公司的税后利润或部分盈余公积金转化为资本金，并不会导致公司的现金流出，股东权益账面价值的总额也不发生变化。但发放股票股利将增加发行在外的普通股股票数量，导致每股股票所拥有的股东权益账面价值减少。

现举例说明如下：

[例 10-1] 某公司在发放股票股利前，股东权益情况如下：

普通股(面额1元,已发行200 000股)	200 000
资本公积	400 000
未分配利润	2 000 000
股东权益合计	2 600 000

假定该公司宣布发放 10%的股票股利，发放之后公司的股东权益各项目如下：

普通股(面额1元,已发行220 000股)	220 000
资本公积	780 000
未分配利润	1600 000
股东权益总和	2600 000

需要指出的是：上例中以市价计算股票股利价格的做法，是很多西方国家所通行的。除此之外，也有的按照股票面值计算股票股利价格，如我国目前即采用这种做法。

发放股票股利后，如果盈余总额不变，会由于普通股股数增加而引起每股收益和每股市价的下降；但由于股东所持有股份的比例不变，每位股东所持有的股票的市场价值总额仍保持不变。

1. 股票股利对股东的特殊意义

(1) 事实上，有时公司发放股票股利后期股价并不成比例下降。一般在发放少量股票股利（如2%~3%）后，大体不会引起股价的立即变化。这可使股东得到股票价值相对上升的好处。

(2) 发放股票股利通常由成长中的公司所为，因此投资者往往认为发放股票股利预示着公司将会有较大的发展，利润将大幅度增长，足以抵消增发股票带来的消极影响。这种心理会稳定住股价甚至反致略有上升。

(3) 在股东需要现金时，还可以将分得的股票股利出售，有些国家税法规定出售股票所交纳的资本利得（价值增值部分）税率比收到现金股利所交纳的所得税率低，这使股东可以从中得到纳税上的好处。

2. 股票股利对公司的意义

(1) 发放股票股利可使股东分享公司的盈余而无须分配现金，这使公司留存了大量现金，便于进行再投资。

(2) 在盈余和现金股利不变的情况下，发放股票股利可以降低每股价值，从而吸引更多的投资者。

(3) 发放股票股利往往会向社会传递公司将会继续发展的信息，从而提高投资者对公司的信心，在一定程度上稳定股票价格。但在某种情况下，发放股票股利也会被认为是公司资金周转不灵的征兆，从而降低投资者对公司的信心，加剧股价的下跌。

(4) 发放股票股利的费用比发放现金股利的费用大，会增加公司的负担。

（二）股票分割

股票分割是将面额较高的股票交换成面额较低的股票的行为。

股票分割时，发行在外的股数增加，使每股面额降低，每股盈余下降，公司价值不变，股东权益总额、权益各项目的金额及其相互间的比例也不会改变。因此，股票分割与发放股票股利的作用非常相似，都是在不增加股东权益的情况下增加股票数量。所不同的是，股票分割导致的股票数量的增加量可以远大于发放股票股利，而且在会计处理上也有所不同。

实行股票分割的主要目的在于通过增加股票股数降低每股市价，从而吸引更多的投资者。

进行股票分割对公司而言：

第一，通过增加股票股数降低每股市价，从而吸引更多的投资者。

第二，分割往往是成长中公司的行为，给人一种公司正处于发展中的印象，这种有利信息对公司有所帮助。

进行股票分割对股东而言：

第一，股票分割后各股东持有的股数增加，持股比例不变，持有股票的总价值不变。不过，只要股票分割后每股现金股利下降幅度小于股票分割幅度，股东仍然能多获得现金股利。

第二，股票分割向社会传播的有利信息和降低了的股价，可能招致购买股票的人增加，反使其价格上升进而增加股东财富。

（三）股票回购

股票回购是指上市公司从股票市场上购回本公司一定数额的发行在外的股票。

1. 股票回购的动因

股票回购的动因主要有：

(1) 巩固既定控股权或转移公司控制权；

(2) 提高每股收益；

(3) 稳定或提高公司股价；

(4) 改善资本结构；

(5) 反收购策略。

负面作用：

(1) 动摇了公司的资本基础，削弱了对公司债权人的财务保障；

(2) 公司与股东之间的法律关系发生混淆，这便背离了公司与股东原本具有的法律含义；

(3) 易导致其利用内幕消息进行炒作，或对一系列财务报表指标进行人为操纵，加剧公司行为的非规范化，使投资者蒙受损失。

2. 股票回购的方式

在西方，股票回购的方式主要有公开市场购买、投标出价购买和议价购买三种。公开市场（Open Market）购买是指上市公司通过经纪人在公开市场上购回其自身的股票。当公司向公开市场购回股票时，应注意披露购回股票的意图、数量等信息。投标出价（Tender Offer）购买是指公司按某一特定价格向股东提出购回若干股份的正式出价。投标出价通常高于当时市价，以吸引股东出售其持有的股票。议价购买方式是指公司以议价为基础，直接向一个或一个以上的大股东购回股票。在此购买方式下，公司同样必须披露其购回股票的目的、数量等信息，并使其他股东相信公司的购买价格是公平的，以及他们的利益和机会并未受到损失。

第三节　企业利润分配方案对企业价值的影响

【例 10-2】某公司年终利润分配前的有关资料见下表：

上年未分配利润	800 万元
本年税后利润	2 200 万元
股本(500 万股,每股 1 元)	500 万元
资本公积	100 万元
盈余公积	400 万元(含公益金)
所有者权益合计	4 000 万元
每股市价	35 元
分配利润前企业价值	17 500 万元

该公司决定，本年按规定比例 15%提取盈余公积（含公益金），发放股票股利 10%(即股东每持有 10 股可得 1 股)，并且按发放股票股利后的股数派发现金股利每股 0.1 元。

假设股票每股市价与每股账面价值成正比关系，则按此利润分配方案分配利润后，该公司的所有者权益各项目如下表：

股本(550 万股,每股 1 元)	550 万元
资本公积	1 800 万元
盈余公积	730 万元(含公益金)
未分配利润	865 万元
所有者权益合计	3 945 万元
每股市价	31.37 元
分配利润后企业价值	17 253.5 万元

其中：提取盈余公积=2 200×15%=330(万元)

盈余公积余额=330+400=730(万元)

流通股数=500×(1+10%)=550(万股)

股票股利=35×500×10%=1750(万元)

股本余额=1×550=550(万元)

资本公积余额=100+(1 750−500×10%)=1 800(万元)

现金股利=500×(1+10%)×0.1=55(万元)

未分配利润余额=800+(2 200-330-1 750-55)=865(万元)

分配前每股市价与账面价值之比=35÷(4 000÷500)=4.375

分配后的每股账面价值=(865+730+1 800+550)÷550=7.17(元)

预计分配后每股市价=7.17×4.375=31.37(元)

小 结

企业的收益分配应当在依法分配、资本保全、兼顾各方面利益等原则的指导下进行，同时还应充分考虑法律、公司本身、股东、债务契约、通货膨胀等相关因素的影响。股利理论主要包括股利无关论、股利相关论等。

企业在制定股利政策时要兼顾企业股东和企业未来发展两方面的需要。可供选择的股利政策主要包括：剩余股利政策、固定或稳定增长的股利政策、固定股利支付率政策及低正常股利加额外股利政策。

根据公司法规定，公司弥补亏损和提取公积金后所余税后利润，可以向股东（投资者）分配股利（利润）。确定股利分配方案需要考虑选择股利政策、确定股利支付水平和方式，然后进行股利的发放。

股票分割是将一张较大面值的股票拆成几张较小面值的股票。股票分割对公司的资本结构不会产生任何影响，一般只会使发行在外的股票总数增加，资产负债表中股东权益各账户的余额都保持不变，股东权益的总额也保持不变。而股票回购是指上市公司出资将其发行的流通在外的股票以一定的价格购买回来予以注销或作为库存股的一种资本运作方式。股票回购可以改变公司的资本结构，提高财务杠杆水平。

【关键词】

股利分配（Dividend Distribution）

股利理论（Dividend Theory）

股票股利（Stock Dividend）

股票分割（Stock Split）

股票回购（Stock Repurchase）

案例：FPL 公司——在股利与成长中作取舍[1]

FPL 为美国佛罗里达州最大、全美第四大信誉良好的电力公司。长期以来，FPL 公司经营利润一直稳定增长，经营现金流稳定，负债比率较低，资信等级长期维持在 A 级以上，公司现金红利支付率一直在 75%以上，每股现金红利稳中有升，这种情况延续了 47 年。即使在亏损的 1990 年，每股仍然派发现金红利$2.34。1993 年，现金红利支付率达到 107.39%（当年电力行业上市公司平均现金红利支付率为 80%），是一个典型的价值型公司。

1994 年，面对电力市场日益加剧的竞争环境，FPL 公司决定继续采用扩张战略，并制定了未来五年 39 亿的投资计划。但公司感到需要减少非投资方面的现金流出，增强财务能力和流动性，保持 A 级以上的资信等级，降低财务风险，增加留存收益和内部融资能力。而公司近期的发展并不能立即大幅度提升每股收益，继续维持高的现金红利支付率的经营压力很大。

为以积极主动的态度来应对日益变化的竞争环境，保证公司长远发展目标，1994 年 5 月初，FPL 公司考虑在其季报中宣布削减 30%的现金红利，此举可以使公司减少 1.5 亿美元的现金支出。尽管相对于公司未来五年 39 亿美元的资本支出计划来说，这笔钱似乎杯水车薪，但有助于增强公司减轻今后的经营压力，增加股利政策方面的灵活性，使现金红利在今后几年中有较大的上升空间。

但大幅度削减现金红利不可避免地导致公司股票价格大幅下跌，动摇投资者的信心，进而影响公司与既有的稳定投资者的关系。历史经验也证实了这种负面影响。大多数投资银行分析家也预期 FPL 公司将削减 30%的现金红利，因此，相继调低了对公司股票评级。投资分析家的这些言论确实导致 FPL 公司尚未宣布红利政策，股票价格已下跌了 6%。FPL 公司 1994 年 5 月中旬公布了最终的分红方案，把该季度现金红利削减了 32.3%。公司同时宣布了在以后三年内回购 1 000 万股普通股计划，并且承诺以后每年的现金红利增长率不会低于 5%。尽管在宣布削减红利的同时，FPL 公司在给股东信中说明了调低现金红利的原因，并且作出回购和现金红利增长的承诺，但股票市场仍然视削减现金红利为利空信号。当天公司股价下跌了 14%，反映了股票市场对 FPL 公司前景很不乐观的预期。但几个月后，股价随大势上涨回升并超过了宣布削减现金红利以前的价格。1994 年以来，FPL 公司扩张战略奏效，EPS 和 DPS 继续保持了增长势头，基本上兑现了当初给股东的承诺。公司股价大幅度增长，最高时比 1994 年高了近 5 倍。

1.引自：《财务管理学》2009 国家级案例教材.pdf

Financial

第四篇 财务控制与绩效评估

Management

第十一章 公司内部财务控制

学习提示

本章首先介绍公司内部财务控制的基础知识，包括内部财务控制的定义、特征和分类，并界定了管理控制与财务控制的关系。在此基础上分别介绍公司内部财务控制系统的构成、运行过程和成功的保障。最后介绍了几种财务控制模式，其中重点讲解了责任中心财务控制。通过本章的学习，可以在了解公司内部财务控制基础知识的基础上，进一步掌握内部财务控制系统的构成、运作和财务控制模式。对于本章可以采用理论与案例相结合的方法进行深入学习。

学习目标

* 理解公司内部财务控制的定义、特征和分类
* 了解管理控制与财务控制的关系
* 掌握公司内部财务控制系统的构成与运作
* 掌握公司内部财务控制的模式
* 运用本章理论进行内部财务控制的实例应用

主要内容

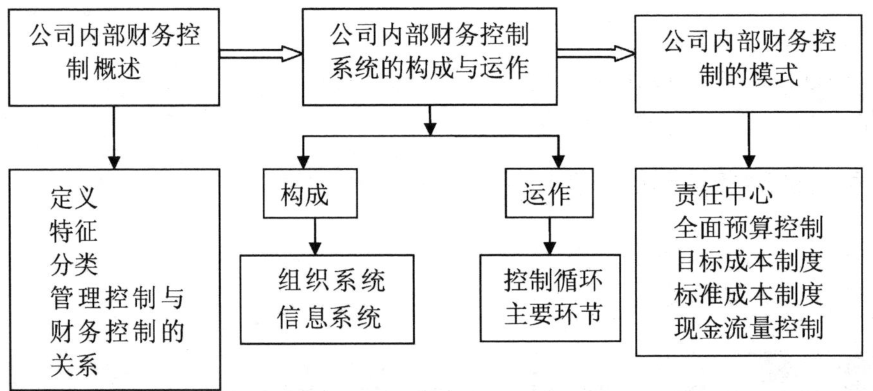

第一节　公司内部财务控制概述

一、公司内部财务控制的定义

公司内部财务控制是指对公司的财务资源及其利用状态所进行的控制。具体来说，企业内部财务控制是指企业财务部门及人员利用控制论的基本原理和方法，通过认真贯彻和落实财务法规、财务制度、财务定额、财务计划等对企业的资金运动、日常财务活动及现金流转进行指导、组织、督促和约束，以确保财务计划实现的财务管理活动。

二、公司内部财务控制的特征

公司内部财务控制是财务管理循环中的重要环节，它对实现财务管理目标具有关键作用。从某种意义上说，财务预测、决策、预算是为财务控制指明方向，提供依据、规划和措施，而财务控制是对这些设想和规划加以落实。没有控制，任何预测、决策和预算都是徒劳无益的。由于财务控制是借助价值手段对生产经营活动实施控制，因此在企业的整个经济控制系统中，它是最具连续性、系统性和全面性的系统，具有以下特征：

第一，以价值形式为控制手段。公司内部财务控制以实现财务预算为目标，财务预算都是以价值形式来反映的，所以公司内部财务控制必须借助价值手段来实现。

第二，以综合经济业务为控制对象。公司内部财务控制以实现价值为手段，价值指标具有可累加性，可以将不同岗位、不同部门、不同层次的不同经济业务活动综合起来进行控制。

第三，以现金流量控制为日常控制的内容。由于企业日常的财务活动过程表现为组织现金流量的过程，财务管理的日常内容主要是现金流的管理，所以以现金预算为依据控制现金流量成为公司日常内部财务控制的主要内容。

三、公司内部财务控制的分类

（一）按公司内部财务控制的内容分类

按公司内部财务控制的内容，可分为一般控制和应用控制。一般控制，指对企业财务活动内部环境所实施的整体控制，包括组织控制、员工控制、业绩评价、财务记录等内容；应用控制，指作用于企业财务活动的具体控制，包括业务处理程序中的批准与授权、审核与复核，以及为保证资产安全而采取的限制措施等控制。

（二）按照公司内部财务控制的功能分类

按公司内部财务控制的功能，可分为预防性控制、侦察性控制、纠正性控制、指导性控制和补偿性控制。预防性控制是指为防范风险、错弊和非法行为的发生，或减少其发生所进行的控制；侦察性控制指为了及时识别已经存在的风险、已经发生的错弊和非法行为，或增强识别能力所进行的控制；纠正性控制是对那些通过侦察性控制查出来的问题所进行的调整和纠正；指导性控制是为了实现有利结果而进行的控制；补偿性控制是针对某些环节的不足或缺陷而采取的控制措施。

（三）按公司内部财务控制的手段分类

按公司内部财务控制的手段分类，可分为定额控制和定率控制。定额控制是指对企业各责任中心的指标采用绝对额进行控制。定率控制是指对企业各责任中心的指标采用相对比率进行控制。比较而言，定额控制没有弹性，定率控制具有弹性。

（四）按照公司内部财务控制的时序分类

按公司内部财务控制的时序分类，可分为事前控制、事中控制和事后控制。事前控制指企业为防止财务资源的质和量发生差别，在行为发生之前所实施的控制；事中控制指公司内部财务活动发生过程中所进行的控制；事后控制指公司内部财务活动结束时所进行的分析、评价。

四、管理控制与财务控制的关系

管理控制是公司管理的基本职能之一，是对一个组织的活动进行约束和调整，使之按照特定的目标发展。管理的各个职能之间是密切相关、相互衔接的，尤其是计划和控制职能。

财务控制是管理控制的一部分，其运用控制论中的平衡偏差原理对企业经营管理活动的过程进行调整和纠正。公司通过明确控制主体，建立健全控制体系和制度，划分责任中心，对控制对象进行监控和考评，使整个经营活动有条不紊地进行。

第二节　公司内部财务控制系统的构成与运作

一、公司内部财务控制系统的构成

公司内部财务控制包括了组织系统、信息系统和制度系统三个系统。

（一）组织系统

组织系统是公司为了实现其总体目标而进行的分工协作，在其职责范围、责任、权利等方面进行划分所形成的结构体系。因此设计组织和组织运行的过程实际上就是进行权责划分和管理控制的过程。

从控制的角度看，组织系统包括控制的主体和对象。

控制的主体是实施控制的职能机构。控制的对象是预算、计划执行的过程，包含了对不同机构、不同部门所实施的控制。计划、预算的执行过程会涉及整个公司的各个环节、各个部门和每位成员，所以计划、预算的控制是全面性、系统性的控制。因此，不可能有专门的控制机构来对整个预算、计划过程实施有效的监控。合理有效的监控更应该借助各部门和全体成员的共同努力，它是计划、预算执行者的自我监控和相互监控的结合。所以，计划、预算控制主体应该是与实行各项职能及各专业相对应的纵横交错的监控网络。让这个监控网络能够正常运行的关键是制度和程序。从最高层次上看，公司治理结构是进行公司内部财务控制的灵魂。因为公司治理结构的重点是有关公司董事会的功能、结构、股东的权利等方面的制度，这些制度对公司的组织形式、运行方式以及控制方式起关键性的作用。能够保证治理控制的机构应该包括股东大会、董事会、财务部门和相关的职能管理部门。职能管理部门主要包括人力资源管理、生产经营管理、质量管理等部门。

但是要想做到控制到位，一定得借助于组织设计，将目标和计划细化，并逐次分解到每一个指定的单位和部门甚至个人。所以，公司内部财务控制系统必须与公司组织结构相适应，即公司财务预算应该由若干分级的小预算所组成。每一个小预算代表一个分部、车间、科室或其他单位的财务计划。与此相关的财务控制，如记录实际数据、提出控制报告等，也都分小单位进行，然后逐级汇总。按这种方式设置的预算和控制就是所谓的“责任预算”和“责任会计”。

在责任系统中，把每个内部单位定义为“责任中心”，即公司内部含有特定管理责任的部门或者单位。作为责任中心，必须有非常明确的、能够由其控制的活动范围。按其所负责任和控制活动范围的不同，可以分为成本中心、利润中心、投资中心和费用中心等。

（二）信息系统

公司内部财务控制的信息系统是与反映、披露和报告责任完成情况相关的一个系统，事实上就是一个责任会计系统。责任会计系统是公司会计系统的一部分，其主要功能是计量、传送和报告公司内部的财务控制信息，包括编制责任预算、监督预算的执行情况、分析评价和业绩考核等。

一般应该在实际业务未开始之前，责任预算和其他控制标准要分解、下达给相关单位和人员，以便各部门和个人能够以此控制资金的活动和行为。预算执行过程中，责任会计系统要对实际发生的成本、费用、收入和利润以及占用的资金等，按责任中心进行汇集和分类。因此，在设置明细账时必须考虑责任中心分类的需要，与预算的口径保持一致。在进行会计核算时，为了减少责任的转嫁，分配共同费用时，按责任归属选择合理的分配方法。由于各单位和部门之间会相互提供产品和劳务，就必须拟定适当的内部转移价格，这样有助于单独考核各自的业绩。

公司要定期编制业绩报告，比较预算和实际的差异，分析差异产生的原因和归属责任。为了预算的报告和考评真正有利于奖惩和提高效率，需要实行例外报告制度，对预算中未规定的事项和超过预算限额的事项，及时向有关管理级报告，从而快速准确地作出决策。

（三）制度系统

公司的内部财务控制是管理控制的核心，涉及公司的各个机构、部门和所有人员，需要有相应的措施、程序和手段来实施这种控制。这种措施、程序和手段的综合就是内部财务控制制度。内部财务控制制度是由多种制度构成的一个体系，从狭义上看，是对资金运转和管理流程的规定和说明；从广义上看，包括与资金流动有关的活动的规定和评价规则。如果把公司治理结构作为财务控制的灵魂，那么，公司治理结构本身所具有的一套制度也应该是内部财务制度的一个部分，它是内部财务控制制度的第一个层次；在既定治理结构下各组织之间的权、责、利划分标准和权、责、利的内容本身形成财务控制制度的第二个层次；对分层次组织机构权、责、利实施的考核和评价规则是财务控制制度的第三个层次；根据考核结果进行奖惩所执行的标准和程序就构成了财务控制制度的第四个层次。这些制度包括了对业务流程的描述和说明，对业务流程中控制点的报告，执行这些流程的考核方法和手段等。公司的内部财务控制制度随着公司的发展和适应外部环境的需要，处于一个动态的变更和完善之中。制度的建设是一项长期艰苦的积累过程，要让公司具有完备的财务制度体系，使公司处于稳健运行状态，制度建设本身也需要相应的制度来保证。前两个层次的财务制度涉及组织设计和业务流程规划问题，而后两个层次的财务制度涉及公司的总体方针、政策。所以，财务制度系统是一个复杂的系统。

二、公司内部财务控制系统的运作

公司内部财务控制系统是一个不断循环的过程，经过了许多不同的环节。

（一）公司内部财务控制循环

公司内部财务控制系统的具体程序详见图 11-1。

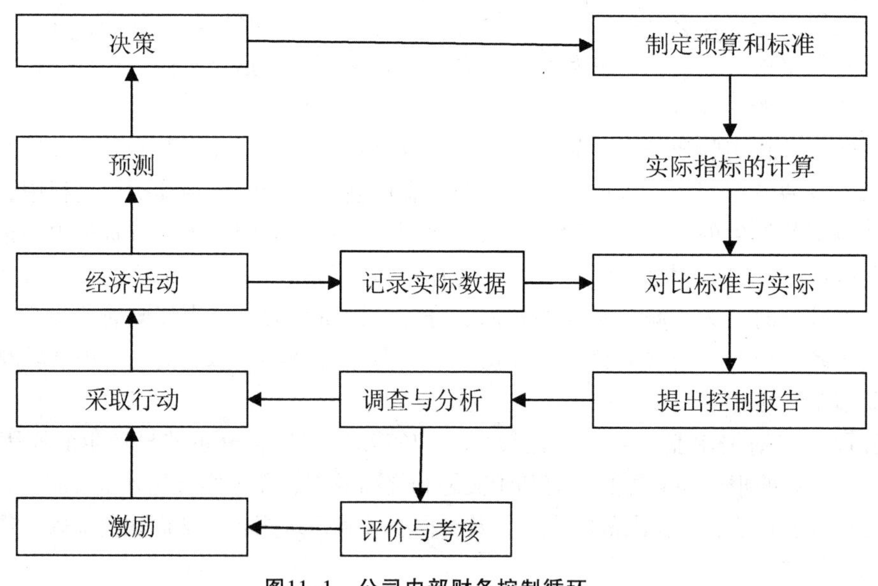

图11-1　公司内部财务控制循环

（二）公司内部财务控制的主要环节

1. 制定预算和决策。指针对计划期各项生产经营活动，确定用具体数字表示的计划和标准，即制订期间计划。并针对公司将面临的财务问题设计具体的行动方案。

2. 记录数据，计算指标。指对公司实际预算的详细执行情况进行登记，并将其按照预算指标的口径进行计算。并确定实际和预算之间的差异。

3. 差异调查与分析。指对具有重要性的差异进行调查分析，可采用定量分析与定性分析相结合的方法，从而找出产生差异的原因。

4. 采取行动纠正偏差。指根据产生问题的原因采取行动，纠正差异，使活动按照设定目标发展。

5. 评价与激励。指根据差异及产生原因，对财务预算执行人员和管理人员的业绩进行评价与考核，并奖惩分明，以引导财务控制活动。

第三节　财务控制的模式

财务控制的实施除了要有运行有效的控制系统为基础外，还需要借助具体的模式（或工具）。常见的财务工具有责任中心财务控制、标准成本制度、目标成本制度和现金流量控制等。其中责任中心财务控制影响最为深刻，效果也得到了广泛的认可，本节将在前面部分介绍这一模式，在后面部分则简要介绍其他的几种模式。

一、责任中心财务控制

责任中心财务控制是指通过建立责任中心，编制和执行责任预算，考核和监控责任预算的执行情况。这是企业执行财务控制的重要手段。

（一）责任中心的定义与特征

责任中心是指承担一定经济责任，并享有一定权力和利益的企业内部责任单位。责任中心属于为了适应“两权分离”而产生和发展起来的责任会计的范畴。建立责任中心是责任会计实施的基础和前提。责任会计把管理会计的控制系统同管理组或部门管理人员的责任结合在一起。

责任会计最早源于索罗门斯（David Solomons）的经典著作——《事业部业绩》。这一著作是对通用电气公司实践的总结，其基本理念是：按照统一领导、分级管理的原则，在企业内部划分责任单位，明确各责任单位应承担的经济责任和权利，促使其共同完成企业目标。对于总预算中的目标，依托责任中心进行逐层分解，形成各责任中心的责任预算。

责任中心的基本特征是：

(1) 权、责、利相统一。每个责任中心要对一定的财务指标的完成承担责任，同时，企业组织赋予该中心相应的权利、分配相应的资源来完成该任务。

(2) 责任中心所承担的责任和行使的权力都是可控的。责任中心的责权划分必须科学、合理，经济指标才能层层有效分解，经济责任才能具体落实。对责任预算执行情况的考核也应限于它们所能控制的项目。可控项目的范围一般与责任中心的层次相对应，对于较高层次的责任中心，其可控范围较大。同时，各级责任中心的经营权限也是有限的。

(3) 各责任中心的经济活动结果可核算（衡量）。责任中心不仅要划定责任，还要能够单独核算其成果，这也是责任中心的本质要求。

（二）责任中心的类型

依据企业内部责任中心的权责范围由低到高，可将其分为三种类型：成本中心、利润中心和投资中心。

1. 成本中心

成本中心是仅对成本或费用承担责任的责任中心。某些部门因其业务特点无法形成收入，故在考核财务绩效时不应使其对收入、利润或投资负责，而只能对成本或费用承担责任。在企业中，成本中心覆盖的范围最广，一般包括生产部门（包括劳务提供部门）和被给予了费用指标的管理部门。

根据投入与产出是否有直接联系，成本中心可划分为两类：技术性成本中心与酌量性成本中心。技术性成本是指所生产的产品稳定明确，单位产品所需要的投入量已知或可以可靠估量；酌量性成本是指投入量和产出量没有直接联系，其是否发生以及发生额是由该中心的负责人确定的，一般包括各种管理费用和某些间接成本项目。

成本中心只对可控成本负责，即对责任中心业绩评价应遵循可控原则。可控成本指可以对其施加影响和控制的、可以事先预计的（非意外发生的），可计量支出的成本。属于某成本中心的所有可控成本之和构成该成本中心的责任成本。成本的可控与否与责任中心的权利层次、管辖范围和期间长短有关：对于较低层次责任中心是不可控的成本对于较高层次的责任中心来说可能就是可控的；对于企业整体来说，几乎所有的成本都是可控的；对某成本中心来说是可控的成本，对于与其处在同一层级的另一成本中心来说可能就是不可控的；短期不可控的成本在长期则可能是可控的。

成本中心的考核主要依据两类指标——相对指标和比较指标，包括成本（费用）变动额和成本（费用）变动率两个指标，公式如下：

$$\text{成本(费用)变动额}=\text{实际发生责任成本(费用)}-\text{预算责任成本(费用)}$$

$$\text{成本(费用)变动率}=\frac{\text{成本(费用)变动额}}{\text{预算责任成本(费用)}}\times 100\%$$

2. 利润中心

利润中心是指既对成本负责又对收入从而对利润负责的部门，它一般具有独立的收入和生产经营决策权。可被划为利润中心的部门相对于成本中心而言一般处于企业内部的较高层次，如分公司或分厂。

利润中心的类型包括直接对外销售产品或提供劳务而取得收入的自然利润中心与对内提供半成品或劳务而取得“内部销售收入”的人为利润中心两种。前者功能与独立企业相近，享有高度的自主经营权和独立权，如事业部。后者常见于生产工艺流程较为复杂的工业企业。两种利润中心的性质决定了：人为利润中心计算利润时只计算可控成本，自然利润中心则计算其产生的所有成本（对企业来说，几乎所有成本都是可控成本）。

通过比较生产经营中实际形成的利润和责任预算利润的差异，可以对利润中心进行评价。

3. 投资中心

投资中心是最高层次的责任中心，拥有最大的决策权并承担最大的责任。投资中心不仅对成本、利润负责，也对投资效果负责。与利润中心相比，投资中心还拥有资本性支出的决策权。投资中心的负责人（经理）不仅能够控制成本和收入，而且能控制占用的资产，即可以决定增置资产和处置资产。

投资中心的性质决定了对其考核应将其获得的利润与其占用的资产（投资额）联系起来。常用的考核指标有投资利润率（投资报酬率）和剩余收益。

(1) 投资利润率

投资利润率又称投资报酬率，是指投资中心所获得的利润与投资额之间的比率，可用于评价由投资中心掌握、使用的资产的盈利能力，反映投资中心对所有者权益的贡献。公式为：

$$投资利润率=\frac{利润}{投资额}\times 100\%$$

（注：公式中的“投资额”是指总资产扣除负债后的余额，即净资产。）

投资利润率指标有很多优点：能反映投资中心的综合盈利能力并便于各部门间的比较；该指标可以分解为多个构成指标，从而便于对影响投资报酬率的内在因素进行分析，以有针对性地采取相应措施，改进和提高该项指标，等等。

该指标的缺点在于：会使投资中心为自身利益考虑而放弃那些报酬率低于目前本部门投资报酬率但要高于资金成本的那些投资机会，减少投资，损害企业整体利益；投资利润率的计算与资本支出预算所用的现金流量分析方法不一致，不利于投资项目建成投产后与预算目标的对比；某些共同费用无法为投资中心控制，投资利润率计量的结果不能完全反映投资中心的努力和成果。

(2) 剩余收益

为克服投资报酬率指标的不足，可采用绝对数指标来建立利润与净资产之间的联系，即剩余收益指标。

剩余收益=利润−预期（应计）报酬=利润−投资额×预期最低报酬率

该指标的优点：通过引导投资中心负责人采纳所有高于预期最低报酬的投资决策，使得部门负责人的业绩评价与企业整体目标相一致。

该指标的缺点：绝对数指标性质使得不同规模的投资中心之间的业绩难以比较。

4. 各责任中心的关系

成本中心、利润中心和投资中心的主要区别在于各责任中心控制区域和权责范围的不同，但它们都承担相应责任，并相互联系。成本中心就其责任成本向利润中心负责；利润中心就其本身的收入、可控成本和所属成本中心转来的责任成本向投资中心负责；投资中心最终按照其投资利润率或剩余收益指标向企业整体负责。三大责任中心层层递进（分解），共同服务于企业整体战略目标的实现。

5. 责任中心财务控制的框架

责任中心财务控制主要通过责任预算、责任报告、责任业绩考核、责任结算与核算完成。

(1) 责任预算

责任预算是以责任中心为主体，以其可控成本、收入、利润和投资等为对象编制的预算。通过编制责任预算可以明确各责任中心的责任，并通过与企业总预算的一致性确保企业总预算的实现。责任预算由各种责任指标组成，这些指标反映了各种不同类型的责任中心之间的责任和相应权利的区别。

责任预算编制程序有两种。第一种是由上而下式的、将企业总预算层层分解为各责任中心的责任预算，这种预算编制程序较为常见。其优点是使整个企业上下一致，便于统一指挥和调度，缺点是可能会遏制各级责任中心的积极性、创造性。第二种编制程序是由下而上式、层层汇总各责任中心自己编制的预算指标，由专门机构和人员进行汇总调整从而确定企业总预算的程序。这种编制程序好处是有利于发挥各责任中心的积极性，但也容易催生本位主义，各责任中心多考虑自身利益而忽视企业整体利益。

(2) 责任报告

责任报告也称为业绩报告，它是根据责任会计记录编制的、反映责任预算实际执行情况、揭示责任预算与实际执行之间差异的内部会计报告，是对各个责任中心执行责任预算情况的系统总结。业绩评价和考核应通过编制责任报告来进行。责任报告的形式主要有报表、数据分析和文字说明等，其中将责任预算与执行之间的差异用报表予以列示是责任报告的基本形式。在揭示差异时，对重大差异应采用定量分析和定性分析相结合的方法。定量分析主要用于确定差异程度，定性分析重在揭示和分析影响差异产生的因素尤其是重要影响因素，并提出相应的改进建议。

(3) 责任业绩考核

责任业绩考核是以责任报告为依据，分析评价责任预算的实际执行情况，考核各责任中心工作成果，并分明奖罚，促使各责任中心积极纠正行为偏差，接下来顺利完成既定责任预算的控制过程。业绩考核有狭义和广义之分，狭义的业绩考核指仅对价值（财务）指标的完成情况进行考评，广义的业绩考核的内容还涉及非价值责任指标。

(4) 责任结算与核算

内部转移价格是在遵循全局性、公平性、自主性原则的基础上各责任中心之间内部结算和责任结转时采用的价格标准。三大原则分别强调整体利益高于局部利益、充分尊重局部创造性和贡献、鼓励企业内部适当竞争和合作。内部转移价格的类型包括：市场价格、协商价格、双重价格和成本转移价格。内部转移的市场价格假定各责任中心处于高度的独立自主状态，可自由决定从企业外部还是内部进行购销。协商价格适当引入了高一级管理者的干预，是一种企业内部模拟的“公允价值”，其上限是市场价格，下限是单位变动成本。双重价格是指对供应方采取以市场价格为基础的定价方法，对购买方采取以成本为基础的定价方法。成本转移价格是指以产品或劳务的成本为基础的内部转移价格。

内部结算是指发生在内部银行体系中的、责任中心清偿因相互提供产品或劳务发生的、按内部转移价格计算的债权债务。结算手段可选择内部支票结算、转账通知单、货币结算等。

责任转账是在企业生产经营过程中，对于人为的经济损失，由承担损失的责任中心对发生了该损失的责任中心进行赔偿的过程，其目的是划清各责任中心的责任和权利。

二、其他财务控制模式简介

（一）全面预算管理

全面预算管理是我国企业预算发展的较高级阶段（与责任成本管理相比），是一种基于人本理念的企业战略管理模式，它建立起公司战略与经营绩效的联系，通过有效的资源整合，明确合理的分权、授权以及战略驱动的业绩评价等来实现战略有效贯彻、作业高度协同和经营的持续改善。全面预算管理作为企业内部管理控制的一种主要方法，对企业的发展具有重要作用。

（二）目标成本制度

目标成本制度作为一种成本管理制度，是成本管理与目标管理理论的结合。目标成本制度强调对成本实施目标管理。目标成本的制定是自上而下的，即从公司的总目标开始，逐级分解成基层的具体目标；各级目标制定时强调相关者全员参与，并由专业人员协助、管理人员统筹，以充分发挥管理人员和全体员工的积极性、创造性。

（三）标准成本制度

标准成本制度是科学管理的作业标准化思想与成本管理的结合。卡普兰总结认为标准成本制度是“泰罗制”的组成部分，它们具有相同的背景：一是以机器生产为基础和特征的工厂制企业的确立；二是资方在不得不放弃饥饿、体罚和强制命令等野蛮的管理方法之后，面对工人偷懒或磨洋工等低效率问题束手无策；三是“合理化运动”的兴起。标准成本制度借助“合理化运动”的成果一方面调整和稳定了劳资双方的关系，进行了一场“将蛋糕做大”的“精神革命”；另一方面为工厂制企业提供了降低成本、提高效率、增进劳资双方利益的科学方法。标准成本制度的制定是自下而上的，即从基层的作业开始，逐级向上汇总，成为企业总的标准成本。标准成本制度特别强调专业人员的作用和严谨的科学标准。

（四）现金流量控制

现金是一种宝贵的稀缺资源，在企业经营过程中，从现金的投入到生产、销售的实现最终返回到现金，在这一价值形态周转环节中现金流量的充足性及其有效性最终将从根本上影响到企业的生存、发展。现金流量控制基本目标是确保企业资金循环与周转的需要，保证现金的流动性以及财务的灵活性，规避或控制风险并创造资金价值，从而为经营目标服务。现金流量控制的方法和措施包括：规范基础管理；编制现金预算；建立控制的指标体系；确定考核标准等。

小　结

要学习公司内部财务控制，应从了解和掌握内部财务控制相关的基础理论知识入手并逐步理解、把握其运作系统、成功因素和控制模式。首先，学习公司内部财务控制要了解和掌握公司内部财务控制的定义、特征和分类；其次，理清财务控制与管理控制的关系；最后，在明确内部财务控制含义的基础上，进一步学习内部财务控制系统的构成与运作以及控制工具。通过本章的学习，能够更好地把内部财务控制应用到具体的公司经营管理中。

【关键词】

公司　(Company)
内部财务控制　(Internal Financial Control)
管理控制　(Management Control)
责任中心　(Responsibility Center)
责任成本　(Responsibility Cost)

案例：德国大众公司的财务控制

(说明：本案例是在王晓东《德国大众公司的财务控制》的基础上稍加改动完成的。)

【公司简介】

德国大众汽车集团是欧洲最大的跨国汽车集团，是世界十大汽车公司之一，其生产的各品牌汽车家喻户晓，遍布世界各地。其成功的奥秘不仅在于独树一帜的技术创新能力、精益求精的质量管理、以人为本的企业文化等，还在于先进的财务管理与控制理念为企业的发展提供了重要保障。

【大众公司财务控制现状】

“效益是控制出来的，是管理出来的，而不是核算出来的。”——这是大众公司给财务人员的最深刻感受。具体体现在两方面：一是财务控制不是会计，不是简单的计账、算账，也不仅是对数据的整理和分析，而是要与企业经营充分融合；二是财务控制是一种实现企业目标的手段，而不是目的。

1. 控制理念成熟，控制运行有效

大众公司关于财务控制的一些理念很有借鉴意义。按大众公司的观点，控制就是一个过程，是从设定目标到实施监控、采取措施纠正偏差，最终达到目标的过程。财务控制实质是控制企业的经营活动。一切经营活动都可以通过特定的数据、指标等信息反映出来，控制的实质就是要透过这些信息发现经营过程中存在的问题，继而解决问题，使企业经营维持在预期的轨道。财务控制的主体不完全是财务控制人员，还有控制员与成本单位负责人。控制人员更多的是起协助、支持和监督的作用。

大众公司财务领域另一个重要理念是引导（事前控制），即事先确定工作目标，设置控制点，及时发现和预测偏差的趋势，采取有效措施引导目标实现，而不是被动地事后分析和控制。

2. 组织架构合理，流程顺畅

企业是一个有机整体，任何一个系统功能不完善或各功能间配合不好，都会影响到整体。从大众公司内部组织结构看，其各部门权力、职责界定清晰，分配合理，各部门互相牵制并相互配合，充分发挥各部门的专业优势。比如一项对外采购业务，“采购什么”、“采购时间”、“采购价格”、“付款条件”、“供应商选择”等等，在生产部门、物流部门、采购部门、控制部门中合理分配，既加强了各部门合作与沟通，还避免了权力过度集中导致的决策失误及营私舞弊的发生。大众公司流程和组织机构联系紧密，流程透明，子流程细化清晰。为确保流程顺畅，在大众公司凡事都有规矩，提前制定好游戏规则，并且随时对流程进行更新维护，实际工作完全按照流程顺畅进行。

3. 财务控制是企业经营管理的核心

大众公司内，只要涉及成本、资金支出的业务基本都需要财务控制部门参与，或决策或支持，财务管理控制贯穿企业整个生产经营过程。机构设置上，会计与控制是独立的两个部门，控制部门内部按生产经营各环节分别成立对应的控制科室或小组。从产品研发、采购、生产到销售都有专业的人员根据各阶段不同特点、不同目的实施控制。预算管理是整个财务控制工作的核心，表现在三个方面：一是预算管理与长期战略紧密结合，年度预算都是在公司五年规划的指导下制定的，这样能够保证不偏离长远目标，不至于形成只顾埋头走路、不顾抬头看路的局面。二是预算编制切合实际。德国是一个做事很讲计划性的国家，不论是企业还是个人事务，都要提前作好计划，然后按计划按部就班地去做，很少被临时的、突发的事情打断。所以预算工作的文化基础非常好，每个部门的业务都有详细的计划，很容易转化为预算。大众公司本身也有很好的经验和自我评价。三是注重预算的全过程控制，控制部门通过实际执行过程中的信息分析，找出差异，与相关负责部门共同确定措施，解决问题。

4. 业务分工科学细致，关联度高

大众公司控制领域的业务分工模块化，即按照控制领域分工，生产控制、价格控制、投资控制、费用控制、人员数量控制、人工成本控制等分别由不同部门负责，强调管理的广度和深度。比如企业战略规划、五年中期规划和年度预算结合紧密，自上而下逐级指导，逐步细化，相互之间关联度很高。再比如产品控制分为三个阶段，即产品研发阶段、产品生产阶段和产品投放市场的维护阶段，每个阶段都有各自独立的控制手段和流程，且相互之间衔接紧密。先是在项目启动阶段确定总成本目标，并在项目实施阶段将整车成本目标分解到零部件，接着按照装车明细表将五大专业组发动机、车身、底盘、内饰、电器的直接成本信息汇总，严格控制零部件的采购价格，将实际采购成本控制在目标之内。然后进入产品投产后的成本控制阶段，每月通过计算产品的实际成本，出具差异分析报告，尤其重视本月和上月的成本变化情况，时时跟踪，对偏差作到快速反应。最后是产品投放市场阶段，要根据市场情况作好对后续成本支出的控制。

5. 财务与经营联系紧密，形成合力

财务控制工作与其他业务部门紧密结合，财务控制部门了解各项业务的过程和细节，能从经济角度提出建议或要求，而不是简单地事后收集、汇总信息。财务部门与各成本中心（责任中心）在控制中的关系定位合理、明确。财务部门与各成本中心的目标是一致的，各成本中心（领导）是控制主体，是责任人，财务部门对各成本中心进行支持与监督。财务的分析、预测结果不仅是财务部门需要，更要为各成本中心提供支持。通过把工作渗透到其他领域，大众公司把财务工作的重点由核算职能转向了产品生产过程中的管理职能。

6. 注重知识积累，持续改进

大众公司注重知识积累和部门内部信息沟通。好的经验、方法有专人负责搜集整理，并按照权限在特定渠道公开以利于推广实施。比如重要业务解释可以随时在内部网页上查询；专业词汇的解释也有专门平台，输入关键字即可了解；关键文件按照权限共享，保证信息无滞留地传递给每个必要的人员。从外部信息积累来看，大众对当前世界上各大汽车厂商的信息掌握得很清楚。无论是竞争对手的，还是行业内部的，其内容一应俱全，涉及企业的各个领域，包括企业经营战略、产品研发、采购价格、市场营销、人力资源等等。搜集到这些详尽的资料后，他们会对此进行分类整理，并且完整无缺地保存，为后续的资料分析提供了强有力的支持。

7. 发达的管理信息系统

高度发达的信息系统是大众公司先进管理理念和良好的知识积累得以实施的重要保障。大众公司内部有很多蜘蛛网似的纵横交错的子系统，比如新产品成本信息。成本信息是大众公司重要的基础数据，日常由专业部门维护，可以随时从系统中提取。另外很多辅助系统昼夜工作，工作人员可以在上班时自动提取工作结果，然后根据系统提示操作即可，提高了工作效率。大众公司的信息系统对外还向前延伸到与供应商系统、仓储公司系统链接，向后延伸到与经销商系统链接，极大地提高了对信息掌握的及时性和全面性。借助先进的管理信息系统，使大部分信息的分类、汇总、核算业务在相关业务部门的支持下自动完成。财务控制人员的主要任务由核算转为管理控制。财务触角延长了，财务关注面变得广泛而深入，从财务信息的反映和监督扩展到企业经营的方方面面。

[思考] 大众公司的财务控制给你带来哪些启示？

参考文献

[1] 财政部会计资格评价中心.财务管理:中级会计资格[M].北京:中国财政经济出版社,2009.

[2] 郝玉英.企业现金流量控制的对策探析[J].东北财经大学学报,2005,(3).
[3] 王晓东.德国大众公司的财务控制[J].企业研究,2010,(5).
[4] 王辛平.财务管理学[M].北京:清华大学出版社,2007.
[5] 陈良华.财务管理[M].北京:科学出版社,2007.
[6] 秦海敏.财务管理[M].南京:南京大学出版社,2007.
[7] 王玉春.财务管理[M].南京:南京大学出版社,2008.
[8] 胡旭微,张惠忠.财务管理[M].杭州:浙江大学出版社,2007.

第十二章 财务绩效评估与提升

学习提示

本章在介绍财务绩效评估概念与基本方法的基础上，详细地分析了两种综合性的财务绩效评价方法，并提出了提升财务绩效的方法。

学习目标

* 理解财务绩效评估的概念
* 理解财务绩效评估的基本方法
* 掌握杜邦财务分析法
* 掌握平衡计分卡评价法
* 理解经营杠杆
* 理解财务杠杆
* 理解资产周转率

主要内容

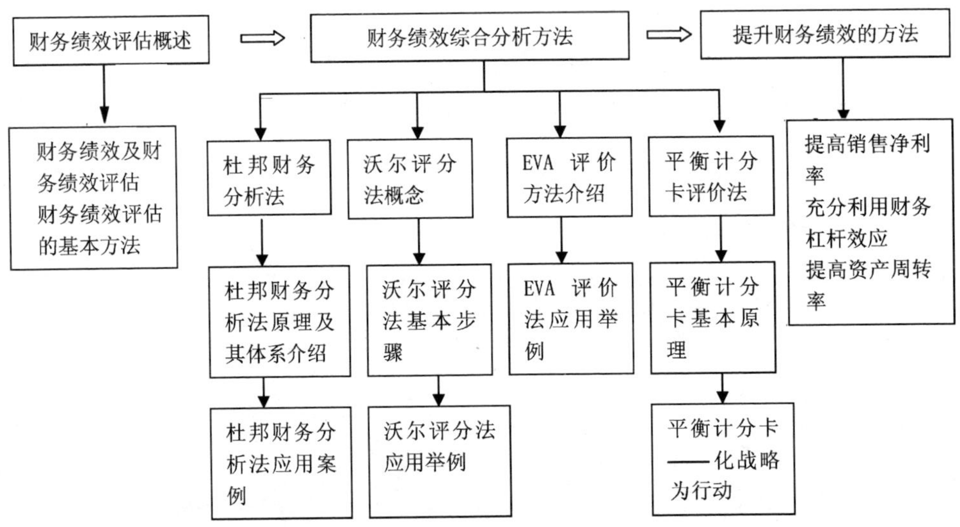

第一节　财务绩效评估概述

一、财务绩效及财务绩效评估的概念

财务绩效是指一定经营期间的企业经营效益和经营者业绩。企业经营效益主要表现在偿债能力、盈利能力、资产运营水平、投资报酬能力和持续发展能力等方面。经营者业绩主要通过经营者在经营管理的过程中对企业经营、成长、发展所取得的成果和所作出的贡献来体现。企业财务绩效分析是经济活动分析的重要组成部分，是企业财务管理活动中的重要内容。通过企业财务绩效分析和总结评价，借以认识财务活动规律，为改善企业经营管理提出建议，是提高企业经济效益的重要手段。

财务绩效评估是指以财务会计、统计、管理等资料为基础，采用定量和定性方法，依据统一的评价标准，按照一定的程序，对企业一定经营期间的经营绩效作出客观、科学的综合评价。

财务绩效评价体系是企业财务战略的重要组成部分，一个设计良好的财务绩效评价体系能够为管理层进行科学决策提供信息资料，帮助和协调决策过程，优化企业资源配置，提升企业管理水平。因此，无论是对投资者，还是经营者，或者政府等组织均有重要的现实意义。那么，财务绩效评价体系设计原则有哪些呢？主要有以下三个方面：

（一）以成果为重

企业面对竞争和变革的环境，财务业绩评价的指标也应当适应变革的需要而设计。任何变革，无论是战略的确定还是制度的革新，首先都应设定绩效目标，而不是在业务流程设计好后，再来决定评估措施与绩效目标。由于评估措施既难设计，又难达成共识，所以很多企业迟迟不肯把本身希望得到的结果化为具体的数字。但这其实是错误的，应该在一开始就让企业有明确的目标可依循。

同时，真正的目标应该以成果为重，而不应以达成目标的手段为重，即评估措施应该告诉被评估的对象，他们要完成哪些事，而不是要怎么做。当然，要让评估措施与成果相联系，首先必须清楚企业的整体目标。假如组织对于预期的成果不是很肯定，就应该先停下采取具体措施的脚步加以澄清。企业再造的效果之所以会打折扣，有时候就是因为不了解组织想要获得什么样的成果，或是应该以什么样的策略达到这些成果。

（二）立足优化过程

企业在设计财务业绩评价体系时，应当立足于优化过程。具体说来有五点。第一，流程化。把业绩评价变为一系列结构化的有序集合，提高效率并且增加公司价值。有效的流程可以带来的绩效提高是非常惊人的。第二，环节责任指标化。我们把一个企业划分为若干个责任中心，每个中心又继续地细分下去，形成很多小的责任中心，实现责任主体的唯一化，才能保证财务绩效考评奖惩的合理性。同时，考核指标也进一步分解，同各个环节的责任中心联系起来，责任中心性质不同，指标的细化程度和标准也就不同。第三，全面化。即对考察对象的财务业绩评价要全面，不能只考察其突出或者不足的某一方面，体系的设计要能够完整地体现考察对象的业绩。第四，全员化。作为财务业绩评价体系，应当公平地考核每一个部门，不能厚此薄彼。第五，全方位化。就是要从不同的角度考察企业的业绩。利用各种财务的和非财务的指标，联系企业所处的不同阶段、不同环境，客观公正地作出判断。

（三）主次有序

正如我们之前提到的，不同责任中心会侧重不同指标，因此每个责任中心的指标都可以分为核心指标和一般指标。成本中心的核心指标是标准成本和顾客指标等；利润中心的核心指标是财务指标；投资中心的核心指标依企业所处生命周期不同而有所不同。总之，不同的责任中心应按其总体战略目标，选择合适的核心指标。

二、财务绩效评估的基本方法

财务绩效评估主要包括比较分析、比率分析和因素分析三种基本方法。对两期或者数期相同项目的财务数据比较，可以了解该项目金额的增减变动情况。例如，四川长虹电器股份有限公司 2006 年度主营业务成本为 15 846 546 554.11 元，2005 年度主营业务成本为 12 619 063 635.76 元，表明 2006 年度主营业务成本比 2005 年度增加了 3 227 482 918.35 元。但是，它没有表明变动的程度。除此之外，有些财务数据之间存在一定的关系，可将它们组合成一个比率，以说明企业某一方面的情况。例如，企业要用流动资产来偿还流动负债，因而，流动资产与流动负债之间存在一定的关系，可以把它们联系在一起，组成流动比率，用于说明企业的短期偿债能力。但是，比率分析和比较分析都不能说明财务指标出现差异的原因，如哪些是主要因素、哪些是次要因素等，为此还需要运用因素分析法。因此，比较分析、比率分析和因素分析必须结合运用，才能说明企业的财务状况和经营成果。

（一）比较分析法

比较分析法是将彼此联系的指标进行对照，确定它们之间的差异，用以评价财务活动好坏的方法。这是财务分析中最常用的一种基本方法。比较分析法主要有三种比较形式。

1. 实际与计划比较

通过实际指标与计划指标的对比，检查财务计划的执行进度和结果，确定完成计划的好坏程度。下面以四川长虹电器股份有限公司 2006 年的相关数据，来加以说明。

表12–1 四川长虹电器股份有限公司2006年相关项目的实际数额与计划数额

项目	货币资金	短期投资	应收账款	存货	长期股权投资	应付账款
计划数	214 532	15 340	186 542	456 783	35 468	256 791
实际数	225 422	13 911	194 881	530 154	24 286	222 838

通过表 12–1，经营者可以看出，四川长虹电器股份有限公司 2006 年度的实际数额与计划数额的差异。

2. 本期与前期比较

通过本期指标与前期指标对比，可以了解财务指标的动态变化趋势，有利于吸取历史经验、挖掘潜力、改进工作。它包括本期与上期比、与上年同期比、与历史先进水平比和与特殊历史时期比等。

3. 本企业与外企业比较

上述两种比较形式局限于本企业内部进行指标对比分析，而将本企业指标与外企业指标进行对比，可以开阔视野，取人之长，补己之短，有助于学习先进经验。本企业与同类企业相比较又称为厂际分析，它包括与国内先进水平比、与国内平均水平比，如表 12–2 所示。

表12–2　某企业利润总额实现情况及分析表

本年实际数	本年计划数	上年实际数	同类企业本年实际数	与计划比	与上年比	与同类企业比
115	105	95	120	+10	+20	–5

上例分析结果表明：本年实际完成利润总额比计划增加 10 万元，比上年增加 20 万元，但与同类企业相比少 5 万元。企业应在肯定成绩的同时，不满足现状，发现差距，寻找原因，采取措施，争取将利润总额指标提高到一个新水平。

比较分析法无论采用哪种比较形式，都要注意对比指标的可比性。同类企业之间进行财务指标的对比，必须是相对比的企业在产品种类、生产技术、生产规模和经营特点等方面大体相同。

（二）比率分析法

比率分析法是财务分析的最基本、最重要的分析方法。比率分析法是指将影响财务经济状况的两个相关因素联系起来，通过计算比率反映它们之间的关系，借以评价企业财务经济状况的一种财务分析方法。比率分析法的运用有两种情况：一种是通过计算两个相关指标的比值，即求出比率作为分析结果；另一种是继续将不同时空条件下计算出来的同一种比率进行比较， 即求出比率之间的差异作为分析结果。

1. 构成比率分析法

所谓构成比率是计算某项财务指标各构成项目占总体指标的百分比。构成比率分析法是通过分析指标结构来反映该项指标的特征和变化规律的一种分析方法。

$$构成比率=\frac{构成项目}{总体指标}\times 100\%$$

在进行财务分析时，如果说趋势比率是对报表中的财务指标进行横向分析的话，则构成比率可以显示报表中各联系项目相互之间的垂直关系，因此可称之为对报表中的财务指标进行纵向分析。

现通过共同比报表对某企业产品销售收入进行构成比率分析，如表 12-3 所示。

表12-3 共同比利润表

项目	金额/万元		构成比率/%	
	第一季度	第二季度	第一季度	第二季度
一、产品销售收入	80	100	100	100
减：产品销售成本	52	64	65	64
产品销售费用	4	3	5	3
产品销售税金及附加	4	5	5	5
二、产品销售利润	20	28	25	28
……	……	……	……	……

由构成比率分析可知，该企业产品销售收入中产品销售利润所占比例由第一季度的25%上升为第二季度的 28%。纵观其他各组成项目所占比例的变化，发现影响产品销售利润所占构成比率变动的原因，具体如下：

(1) 产品销售成本占产品销售收入的比例由 65%下降到 64%，这是对提高利润水平有利的变化。

(2) 第二季度产品销售费用比例略有下降，由 5%下降到了 3%，也是导致利润水平上升的原因。

(3) 税率保持 5%不变，对销售利润水平的变化无影响。

2. 趋势比率分析法

所谓趋势比率分析法是对不同时期财务指标进行对比以确定其增减差异和变动趋势的分析方法。趋势比率是将不同时期同类指标进行对比，计算出的比率反映该项指标的变动趋势，从动态上研究其特征和发展规律。

趋势比率分析法的计算指标包括差异数、差异率和趋势比率。

$$差异数=报告期数-基期数$$

$$差异率=\frac{差异数}{基期数}\times100\%$$

$$趋势比率=\frac{报告期数}{基期数}\times100\%$$

在进行趋势分析时，确定好基期是至关重要的。实务上一般有两种选择：一种是以某选定时期为基础，即固定基期，以后各期数均以该期数作为共同基期数，计算出的趋势比率叫定基发展速度，亦称定比；另一种是以上期为基数，各期数分别以前一期数作为基期数，基期不固定，计算出的趋势比率叫环比发展速度，亦称环比。

假定某企业年产品销售收入分季实现情况为第一季度 85 万元，第二季度 105 万元，第三季度 115 万元，第四季度 121.6 万元。现分别按固定基期和移动基期对该企业产品销售收入指标的变化趋势进行分析，如表 12-4 所示。

由表 12-4 固定基期趋势分析来看，年内各类产品销售收入指标无论从变动规模、增长幅度和发展趋势来看都是不断上升的。但移动基期趋势分析表明，从逐季对比来看，上述各项指标均为下降势头，说明企业应采取促销措施，以保持产品销售收入指标能持续增长。

表12-4 某企业产品销售收入趋势分析表

基数	差异数/万元			差异率/%			趋势比率/%		
	第二季度	第三季度	第四季度	第二季度	第三季度	第四季度	第二季度	第三季度	第四季度
固定(第一季度)	+20	+30	+36.6	+23.5	+35.3	+43.1	+123.5	+135.3	+143.1
移动(上季)	+20	+10	+6.6	+23.5	+9.5	+5.7	+123.5	+109.5	+105.7

3. 相关比率分析

相关比率分析法是将两个相互联系的指标，以其中某项指标为基数，求得二者数值的比率，用来反映一定财务关系的分析方法。相关比率分析法对指标的变动分析不是直接比较，而是通过将某一相关指标作基数求得比值进行间接比较。如对企业的利润指标进行分析，除了可以用绝对值直接对比以外，还可以通过对形成利润有关的指标计算比率进行分析研究。

例如，甲、乙企业年利润额均为 20 万元，无法直接比较两企业的经济效益。若已知甲企业职工人数为 120 人，乙企业职工人数为 90 人，则甲企业人均利润为 0.17 万元，乙企业人均利润为 0.22 万元，此时可以判明乙企业经济效益优于甲企业。

通常情况下，根据相关比率反映关系的区别可以将它们分为反映因果关系的比率、反映并列关系的比率、反映对应关系的比率、反映转化关系的比率和反映周转关系的比率。

反映因果关系的比率在比率分析中占有十分重要的地位。所谓前因后果，体现投入与产出的关系，反映经济效益的大小，故也称效率比率。

$$\text{效率比率}=\frac{\text{产出数}}{\text{投入数}}\times 100\%$$

反映并列关系的比率，是指比较指标在同一指标体系中地位平等，各司其职，如流动资产与固定资产都是企业资产的重要组成部分，作为资金占用的两种主要形态，它们各自在生产经营活动中发挥作用。企业应根据本身的具体情况，确定二者之间的合理比例关系。一般来说，固定资产代表企业的生产能力，而一定的流动资产是保证生产正常进行的必要条件。其他反映并列关系的比率有长期投资与短期投资的比率、长期负债与短期负债的比率等。

反映对应关系的比率，是指比较指标与被比较指标分属两类不同的指标体系，但二者之间存在相互适应和相对平衡的关系。如流动比率是流动资产与流动负债的对应关系比率，资产负债率是负债总额与资产总额的对应关系比率，权益比率是股东权益总额与资产总额之间的对应关系比率等，它们主要体现资产方与权益方两大指标体系对应指标之间的依存关系与适应程度。

反映转化关系的比率，是指生产经营过程中各项成果指标相互转化的程度，如产品销售率是反映生产成果转化为销售成果的比率等。由于财务成果是企业实现最终经济效益的奋斗目标，而生产成果是实现财务成果的实务基础，销售成果是实现财务成果的前提条件，因此提高转化程度是促进企业经营效益不断增长的重要途径。

反映周转关系的比率，是指一定期间内某项资产指标与它完成业务量指标的比值，其比值越大，说明工作效率越高或周转速度越快，是经营能力的表现。如存货周转率反映企业推销业务的能力，应收账款周转率反映企业收回赊账的能力。分析反映周转关系的比率，有利于加速企业资金周转，提高企业资金的利用效率。

（三）因素分析法

因素分析法是对某一指标诸因素的变动及其对该分析指标的影响程度进行分析的一种方法。该分析方法由连环替代法、差额分析法和平衡分析法构成。

1. 连环替代法

所谓连环替代法是根据因素之间的内在依存关系，依次测定各因素变动对经济指标差异影响的一种分析方法。连环替代法的主要作用在于分析计算综合经济指标变动的原因及其各因素的影响程度。

假设某一个财务指标及有关因素的关系由如下式子构成：$P=A\cdot B\cdot C$，设基数指标为 P_0 由 A_0、B_0、C_0 组成，变动数指标 P_1 由 A_1、B_1、C_1 组成，也就是：

$P_0= A_0\cdot B_0\cdot C_0$

$P_1= A_1\cdot B_1\cdot C_1$

变动数与基数的差异 $P_1- P_0$ 为分析对象。这一总差异同时受到 A、B、C 三个因素的影响，下面用连环替代法顺次逐个测定 A、B、C 三个因素变动对指标 P 变动的影响。当分析其中某一因素时，要把其他因素暂时当做不变的因素。

基数指标：$P_0= A_0\cdot B_0\cdot C_0$

第一次替代：假定 A 变，B、C 保持基数不变。

$P_2=A_1\cdot B_0\cdot C_0$

P_2-P_0 表示 A 因素变动的影响。

第二次替代：假定 B 变，A 已成为变动数不再变，C 保持基数不变。

$P_3= A_1\cdot B_1\cdot C_0$

P_3-P_2 表示 B 因素变动的影响。

第三次替代：假定 C 变，A 和 B 已成为变动数不再变。

$P_1= A_1\cdot B_1\cdot C_1$

P_1-P_3 表示 C 因素变动的影响。

将 A 、B、C 三个因素的影响程度相加，即$(P_2-P_0)+(P_3-P_2)+(P_1-P_3)= P_1-P_0$。分析的结果与分析的对象相符合。

表12-5 某企业三个因素的数值

项目	单位	计划值	实际值
产品产量	件	100	110
单位产品材料消耗量	千克	8	7
材料单价	元	10	12
材料费用总额	元	8 000	9 240

根据上表资料，材料费用总额实际值较计划值增加了 1 240 元。运用连环替代法，可以计算各因素变动对材料费用总额的影响方向和程度如下：

计划值 100×8×10=8 000(元) (1)

第一次替代(产品产量因素) 110×8×10=8 800(元) (2)

第二次替代(单位产品材料消耗量因素)110×7×10=7 700(元) (3)

第三次替代(材料单价因素)110×7×12=9 240(元) (4)

由于产品产量增加对材料费用的影响为：(2)-(1)=8 800-8 000=800(元)

由于单位产品材料消耗量节约对材料费用的影响为:(3)-(2)=7 700-8 800=-1 100(元)

由于材料单价提高对材料费用的影响为：(4)-(3)=9 240-7 700=1 540(元)

综合这三个因素对材料费用总额的影响为:800-1 100+1 540=1 240(元)

在运用连环替代法时，要注意连环替代法的特点，即连环替代的顺序性、替代因素的连环性和计算结果的假设性。在依次替代计算各个因素的影响程度时，必须假定其他因素不变或已变为前提条件。同时，各因素替代顺序不同，会得出不同的影响数值。

2. 差额分析法

还利用上面那个例子，在上述分析结果中，A 、B、C 三个因素变动的影响程度分别为：

$P_2-P_0= A_1\cdot B_0\cdot C_0- A_0\cdot B_0\cdot C_0$

$P_3-P_2= A_1\cdot B_1\cdot C_0- A_1\cdot B_0\cdot C_0$

$P_1-P_3= A_1\cdot B_1\cdot C_1- A_1\cdot B_1\cdot C_0$

将其简化后，可以用公式直接计算：

A 因素变动影响程度：$(A_1-A_0)\cdot B_0\cdot C_0$

B 因素变动影响程度：$(B_1- B_0)\cdot A_1\cdot C_0$

C 因素变动影响程度：$(C_1-C_0)\cdot A_1\cdot B_1$

因此，上例分析过程可以简化为：

产品产量增加的影响：(110-100)×8×10=800(元)

单位产品材料消耗量的影响：(7-8)×110×10=-1 100(元)

材料单价的影响：(12-10)×110×7=1 540(元)

三个因素的影响合计:800-1 100+1 540=1 240(元)

这种利用因素本身变动差额直接计算各因素变动对某指标变动影响程度的方法，称为差额分析法，它是连环替代法的简化形式，在实际分析工作中被广泛应用。

3. 平衡分析法

平衡分析法是根据某项具有平衡关系的指标之间的依存关系，测定各因素变动对该指标变动影响程度的一种方法。其特点是各因素本身差异额合计数等于指标变动总差额。

如：本期销售量=期初结存量+本期生产量-期末结存量

利用以上加减平衡关系式可以分析期初结存量、本期生产量和期末结存量三个因素变动对本期销售量指标变动的影响。

利用以上加减平衡关系式，可以假设：

上年销售量 109(件)=15+112-18

本年销售量 125(件)=25+115-15

差异 16(件)=10+3+3

可见本年比上年多销售 16 件产品是与生产量、期初和期末结存量变动直接相关的。若用连环替代法也可以计算出相同的结果，但不如此法简洁。

第二节 财务绩效综合分析方法

一、杜邦财务分析法

(一) 杜邦财务分析法原理及其体系介绍

杜邦财务分析法是一种典型的综合分析法，其基本原理是将财务指标作为一个系统，将财务分析与评价作为一个系统工程，全面评价企业的偿债能力、营运能力、盈利能力及其相互之间的关系，在全面财务分析的基础上进行全面财务评价，使评价者对公司的财务状况有深入而相互联系的认识，从而有效地进行财务决策。

杜邦财务分析法，又称杜邦财务分析体系，是利用各财务指标间的内在联系，对企业综合经营理财及经济效益进行系统分析评价的方法。最初由美国杜邦公司成功运用，故得名。该体系是以净资产收益率为核心指标，以总资产净利润率和权益乘数为核心，重点揭示企业获利能力及其前因后果。

杜邦分析体系中的几种主要的财务指标关系为：

净资产收益率=总资产净利率×权益乘数

总资产净利率=营业净利率×总资产周转率

即：净资产收益率=营业净利率×总资产周转率×权益乘数

上式中的权益乘数表示企业的负债程度，资产负债率越高，权益乘数就越高，说明企业的负债程度比较高，给企业带来了较多的杠杆利益，同时，也带来了较大的风险。其计算公式为：

权益乘数=1÷(1–资产负债率)

公式中的资产负债率是指全年平均资产负债率，它是企业全年平均负债总额与全年平均资产总额的百分比。

利用杜邦财务分析体系进行综合分析时，可以把各项财务指标之间的关系绘制成杜邦财务分析体系图，并用数字说明它们之间的相互关系，如图 12–1 所示。

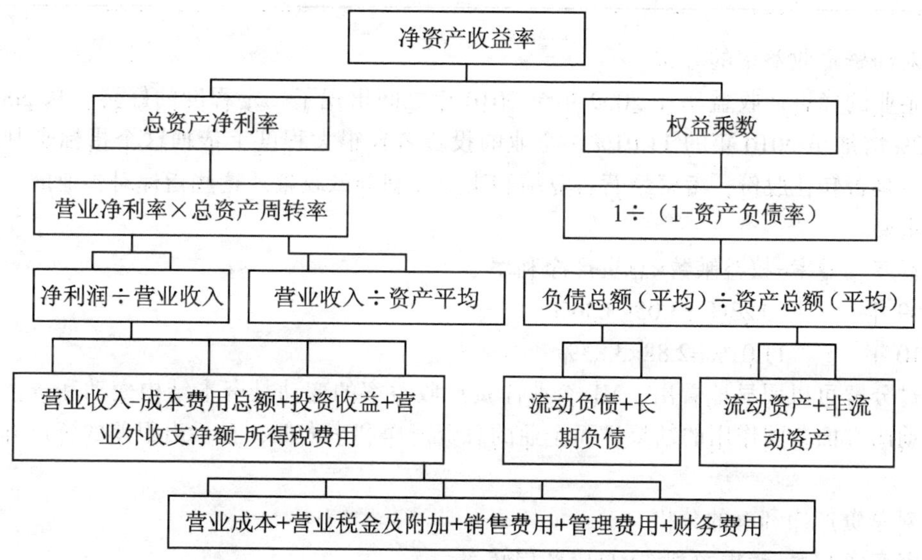

图12–1　杜邦财务分析体系图

（二）杜邦财务分析法应用案例

ML 企业的有关财务数据如表 12–6 所示，通过数据我们可以分析出该企业净资产收益率变化的原因。

表12–6　ML企业2009、2010年的基本财务数据　　单位：万元

年度	净利润	销售收入	平均资产总额	平均负债总额	全部成本	制造成本	销售费用	管理费用	财务费用
2009	10 284.04	411 224.01	306 222.94	205 677.07	403 967.43	373 534.53	10 203.05	18 667.77	1 562.08
2010	12 653.92	757 613.81	330 580.21	215 659.54	736 747.24	684 261.91	21 740.96	25 718.20	5 026.17

表12-7　ML企业2009、2010年的财务比率

年度	2007	2008
净资产收益率	10.23%	11.01%
权益乘数	3.05	2.88
资产负债率	67.2%	65.2%
总资产净利率	3.36%	3.83%
销售净利率	2.5%	1.67%
总资产周转率(次)	1.34	2.29

1. 对净资产收益率的分析

该企业的净资产收益率在2009年至2010年之间出现了一定程度的好转，从2009年的10.23%增加至2010年的11.01%，企业的投资者在很大程度上依据这个指标来判断是否投资或是否转让股份，考察经营者业绩和决定股利分派政策。这些指标对企业的管理者也至关重要。

净资产收益率=权益乘数×总资产净利率

2009年　　10.23% =3.05×3.36%

2010年　　11.01%=2.88×3.83%

通过分解可以明显地看出，ML企业净资产收益率的变动是资本结构变动和资产利用效果变动两方面共同作用的结果，而企业的总资产净利率太低，显示出很差的资产利用效果。

2. 对总资产净利率的分析

总资产净利率=销售净利率×总资产周转率

2009年　　3.36%=2.5%×1.34

2010年　　3.83%=1.67%×2.29

通过分解可以看出2010年该企业的总资产周转率有所提高，说明资产的利用得到了比较好的控制，显示出比前一年较好的效果，表明该企业利用其总资产产生销售收入的效率在增加。总资产周转率提高的同时销售净利率的减少阻碍了总资产净利率的增加。

3. 对销售净利率的分析

销售净利率=净利润÷销售收入

2009年　　2.5%=10 284.04÷411 224.01

2010年　　1.67%=12 653.92÷757 613.81

该企业2010年大幅度提高了销售收入，但是净利润的提高幅度却很小，分析其原因是成本费用增多，从表12-6可知：全部成本从2009年的403 967.43万元增加到2010年的736 747.24万元，与销售收入的增加幅度大致相同。

4. 对全部成本的分析

全部成本=制造成本+销售费用+管理费用+财务费用

2009年　　403 967.43=373 534.53+10 203.05+18 667.77+1 562.08

2010年　　736 747.24=684 261.91+21 740.96+25 718.20+5 026.17

通过分析可知，导致该企业净资产收益率小的主要原因是全部成本过大。也正是因为全部成本的大幅度提高导致了净利润提高幅度不大，而销售收入大幅度增加就引起了销售净利率的降低，显示出该企业销售盈利能力的降低。资产净利率的提高当归功于总资产周转率的提高，销售净利率的减少却起到了阻碍的作用。

5. 对权益乘数的分析

权益乘数=资产总额÷权益总额

2009 年　　3.05=306 222.94÷(306 222.94–205 677.07)

2010 年　　2.88=330 580.21÷(330 580.21–215 659.54)

ML 企业下降的权益乘数，说明企业的资本结构在 2009 年至 2010 年发生了变动，2010 年的权益乘数较 2009 年有所减小。权益乘数越小，企业负债程度越低，偿还债务能力越强，财务风险程度越低。这个指标同时也反映了财务杠杆对利润水平的影响。该企业的权益乘数一直处于 2~5 之间，也即负债率在 50%~80%之间，属于激进战略型企业。管理者应该准确把握企业所处的环境，准确预测利润，合理控制负债带来的风险。

6. 结论

对于 ML 企业，最为重要的是努力降低各项成本，在控制成本上下工夫，同时要保持较高的总资产周转率。这样，可以使销售净利率得到提高，进而使总资产净利率有大的提高。

二、沃尔评分法

1. 沃尔评分法概念

1928 年，亚历山大·沃尔（Alexander Wole）出版的《信用晴雨表研究》和《财务报表比率分析》中提出了信用能力指数的概念。他选择了 7 个财务比率即流动比率、产权比率、固定资产比率、存货周转率、应收账款周转率、固定资产周转率和自有资金周转率，分别给定各指标的比重，然后确定标准比率（以行业平均数为基础），将实际比率与标准比率相比，得出相对比率，将此相对比率与各指标比重相乘，得出总评分。提出了综合比率评价体系，把若干个财务比率用线性关系结合起来，以此来评价企业的财务状况。

沃尔评分法是指将选定的财务比率用线性关系结合起来，并分别给定各自的分数比重，然后通过与标准比率进行比较，确定各项指标的得分及总体指标的累计分数，从而对企业的信用水平作出评价的方法。

2. 沃尔评分法的基本步骤

沃尔评分法的基本原理是把若干个财务比率用线性关系结合起来，并对选中的财务比率给定其在总评价中的比重（比重总和为 100），然后确定标准比率，并与实际比率相比较，评出每项指标的得分，最后得出总评分。沃尔评分法的基本步骤如下：

（1）选择评价指标并分配指标权重。

盈利能力的指标：资产净利率、销售净利率、净值报酬率。

偿债能力的指标：自有资本比率、流动比率、应收账款周转率、存货周转率。

发展能力的指标：销售增长率、净利增长率、资产增长率。

按重要程度确定各项比率指标的评分值，评分值之和为 100。

三类指标的评分值比例约为 5:3:2。盈利能力指标三者的比例约为 2:2:1，偿债能力指标和发展能力指标中各项具体指标的重要性大体相当。

（2）确定各项比率指标的标准值，即各指标在企业现时条件下的最优值。

（3）计算企业在一定时期各项比率指标的实际值。

资产净利率=净利润÷资产总额×100%

销售净利率=净利润÷销售收入×100%

净值报酬率=净利润÷净资产×100%

自有资本比率=净资产÷资产总额×100%

流动比率=流动资产÷流动负债

应收账款周转率=赊销净额÷平均应收账款余额

存货周转率=产品销售成本÷平均存货成本

销售增长率=销售增长额÷基期销售额×100%

净利增长率=净利增加额÷基期净利×100%

资产增长率=资产增加额÷基期资产总额×100%

（4）形成评价结果。

沃尔比重评分法的公式为：实际分数=实际值÷标准值×权重。当实际值大于标准值为理想结果时，用此公式计算的结果正确。但当实际值小于标准值为理想结果时，实际值越小，得分应越高，用此公式计算的结果却恰恰相反。

另外，当某一单项指标的实际值较高时，会导致最后总分大幅度增加，掩盖了情况不良的指标，从而给管理者造成一种假象。

3. 沃尔评分法的应用举例

沃尔评分法在实际运用中，可以根据企业的财务会计报表的实际数据，经过分析判断选取财务指标，合理确定指标权重和标准数值，并借助表格计算评分，作出合理的比较评级。

例：某企业采用沃尔评分法，评价两年的财务绩效。根据 2008 年度的会计报表实际数据，经分析判断，选取的财务指标包括反映偿债能力的指标——流动比率、现金比率、负债比率，反映营运能力的指标——存货周转率、应收账款周转率、资产周转率，反映获利能力的指标——营业利润率、资产报酬率、权益报酬率，反映发展能力的指标——营业增长率、利润增长率、净资产增长率。四类财务能力指标的权重比例设定为 20:20:40:20，标准数值按照行业平均水平确定，有关资料及计算如表 12-8 所示。

按照沃尔评分法，该企业 2008 年度的综合评分合计为 96.90 分，与标准数值 100 分相比低 3.1 分，表明该企业 2008 年度的财务绩效未达到行业的平均水平。

4. 使用沃尔评分法需要注意的问题

任何评价方法都不可能十分准确，沃尔评分法也不例外。使用沃尔评分法需要注意下列几个问题：

表12-8　某企业2008年度沃尔评分法

财务指标	指标权重	标准数值	实际数值	相对比率	综合评分
偿债能力：	20				
流动比率	5	2.1	2	0.95	4.75
现金比率	5	4	5	1.25	6.25
负债比率	10	0.5	0.6	0.80	8.00
营运能力：	20				
存货周转率	5	9	10	1.11	5.55
应收账款周转率	10	12	12	1.00	10.00
资产周转率	5	1.1	1	0.91	4.55
获利能力：	40				
营业利润率	10	0.21	0.2	0.95	9.50
资产报酬率	20	0.12	0.1	0.83	16.60
权益报酬率	10	0.25	0.3	1.20	12.00
发展能力：	20				
营业增长率	5	0.12	0.1	0.83	4.15
利润增长率	10	0.09	0.1	1.11	11.10
净资产增长率	5	0.22	0.2	0.91	4.55
合计	100				96.90

（1）财务指标的选取、指标权重的赋值和标准数值的确定应科学合理，并保持一致。

（2）在以行业水平为比较标准时，所选财务指标的计算口径应与所处行业保持一致，以保证指标的行业可比性。

（3）如有财务指标出现异常变动，可以分别界定上限和下限，以限制其不合理的影响。

（4）财务指标是根据财务会计报表计算的，受到财务会计政策变更的影响。因此，如有会计政策变更，应对财务指标进行相应的调整计算，以保证指标在不同时期和行业的可比性。

三、经济增加值（EVA）理论

（一）EVA评价方法介绍

经济增加值（Economic Value Added，EVA）也称经济利润（Economic Profit），是美国斯特恩·斯图尔特（Stern Stewart）咨询公司创造的一项经济指标，用于评价企业的业绩，并作为企业财务管理体系和经理层与员工激励制度的基础。

经济增加值指的是企业收入扣除所有成本（包括企业债务成本和权益成本）后的剩余收益，在数量上等于息前税后净经营利润再减去债务和股权的成本（即投入资本总额乘以加权平均资本成本率）。此外，经济增加值还可以通过用投入资本报酬率减去加权平均资本成本率再乘以投入资本总额后得到。经济增加值的具体计算公式如下：

EVA=息前税后净经营利润-加权平均资本成本率×资本总额

=税后经营利润-使用的权益资本成本率×权益资本总额

=息税前利润×(1-所得税率)-加权平均资本成本率×资本总额

=[息税前利润×(1-所得税率)/资本总额-加权平均资本成本率]×资本总额

=(投入资本报酬率-加权平均资本成本率)×资本总额

上述公式中的加权平均资本成本率由股权资本成本和债务资本成本加权平均得到，其中股权资本成本可以看做是股东认可的投资回报率，是股东投资于公司的机会成本。债务资本成本一般按照银行贷款利率计算。投入资本总额是公司负债总额和权益资本总额之和。加权平均资本成本率的计算公式为：

加权平均资本成本率=股权资本成本率×股权资本构成率+债务资本成本率×债务资本构成率

EVA 指标衡量的是企业资本收益和资本成本之间的差额。EVA 指标最大的和最重要的特点就是从股东角度重新定义企业的利润，考虑了企业投入的所有资本成本。因此，EVA 与企业会计利润有很大的不同，下面通过一个例子来说明。

假设 XY 公司投入资本总额为 2 756 万元，如果加权平均资本成本率为 8%，根据有关财务资料分别计算公司的会计利润和经济增加值。XY 公司的会计利润和经济增加值的计算如表 12-9 所示。

表12-9　XY公司会计利润和经济增加值计算　单位：万元

序号	项目	会计净利润计算	经济增加值计算
1	主营业务收入	3 998	3 998
2	其他业务收入	76	76
3	营业成本费用及税金	(3 637)	(3 637)
4	息税前利润(EBIT)=(1+2-3)	437	437
5	利息费用	(80)	—
6	税前利润=(4-5)	357	—
7	所得税(30%)	107	131
8	资本成本	—	266
9	会计利润=(6-7)	250	—
10	经济增加值(EVA)=(4-7-8)	—	40

注：上式数值以四舍五入取整计算得到。

从表 12-9 中可以看出，XY 公司的会计利润为 250 万元，但是其经济增加值只有 40 万元。之所以出现如此大的差异，原因在于会计净利润仅仅考虑了债务成本，而对于占用权益资本的机会成本没有计量，事实上，企业所有的资金来源都要占用成本，EVA 把这些成本从收益中扣除，更能准确反映企业的盈利状况。

（二）EVA 评价法应用举例

A 企业是大型多元化国有控股企业，属于电气与电子行业。20 世纪 90 年代末，A 企业已经是一个庞大的、多元化的集团企业。公司一味追求大规模快速增长，旗下部分业绩表现不尽如人意。2002 年，该公司决定将 EVA 指标引入原平衡计分卡（BSC）考核体系之中，根据集团下属子公司或事业部年度的 EVA 结果和 BSC 指标的完成情况，来确定子公司或事业部经理人薪酬的考核激励办法，以此作为催化剂来改革公司，提升企业业绩。此外，公司也希望明确整体目标，建立一个能横跨其下属不同产业的共同目标。

A 企业的 EVA 绩效评价体系的实施方案包括以下几个部分。

1. 培训和教育。一开始，A 企业就意识到对 EVA 的认知会成为价值管理过程的一个巨大挑战。因此，公司组织了一个专门的任务小组制作培训材料，包括相关的案例学习和 EVA 如何应用于管理者经常面对的商业决策，并统一开展培训和教育。

2. 建立内部绩效控制部门。EVA 价值管理中的一个重要环节是由绩效控制部门来进行全程管控和支持。作为一个“内部分析”的角色，该部门的工作任务为：为 A 企业及其下属各公司追踪和报告价值创造；明确价值驱动因素和价值创造动机；在公司内部的各价值中心、营运部门落实价值创造责任与价值管理机制；关注关键的价值驱动要素及能提升价值的战略举措；战略规划、计划预算、业绩考评与股东价值创造紧密衔接；对价值提升目标执行状况进行详细的动态对比分析。

3. 建立战略牵引的考核模式，将 EVA 和平衡计分卡相结合。以 EVA 为中心的平衡计分卡体系把 EVA 作为 BSC 财务维度的考核指标之一，有效平衡财务指标与非财务指标。平衡计分卡能够向员工传递公司的远景目标，而 EVA 能有效地衡量员工是否取得成功以及是否应该获得奖励。平衡计分卡拓宽了业绩考核的范围，把考核扩展至财务、客户关系、内部运营以及员工学习与成长四个方面；EVA 却提供了决策、考核、激励、管理之间的联系，使经理人着重于价值创造。

4. 完善与 EVA 考核相关的配套制度。EVA 考核激励体系的建设是一个系统工程，它需要其他相关制度的配合和支持，共同促进，形成良性互动。为配合 EVA 考核激励体系的实施，A 企业对相关的配套制度进行了完善，对列入 EVA 调整事项的研发费用、战略性市场投入和 IT 建设投入的支出项目进行规范。其中，资本成本率的确定是 EVA 考核体系设计的关键点和难点。EVA 考核范围覆盖多个产业，每个产业的成熟程度、进入早晚、平均利润率以及资本承担的风险程度是不一样的，A 企业通过资本成本率的设计，将各经营单位和各产业尽可能拉到一个竞争起点上去。

A 企业实施 EVA 的效果表现在以下几个方面。

（1）建立了股东和经营者风险共担、利润共享机制。经理人开始关注企业长远利益，关注股东价值创造。“强调责任”，经理人要对自己手中的资本保值增值负责。

（2）EVA 创造了一种适用于高管和普通员工的共同语言。使由于存在几种不同绩效衡量标准所引起的混乱消失。

(3) 有利于集团各产业的横向比较。经过计算 EVA 值，可以在一个平台上评价集团旗下各产业的经营效率和资本效率。

四、平衡计分卡评价法

(一) 平衡计分卡基本原理

1992 年，美国哈佛商学院的卡普兰和诺郎诺顿研究所所长诺顿提出了一种全新的企业综合测评体系，称作平衡计分卡（简称 BSC）。平衡计分卡是综合考虑了财务因素与非财务因素的业绩评价系统。相比其他方法，它更强调非财务指标的重要性。通过对财务、顾客、业务流程、学习与成长等各有侧重、相互影响的四个方面来沟通企业目标、战略重点和企业经营活动，实现短期利益和长期利益、局部利益和整体利益的均衡，使得公司在了解财务结果的同时，对自己未来发展能力的增强和无形资产方面取得的进展进行监督。这四个维度体现了“环境—战略—行为—过程—结果”一体化观念，财务指标与非财务指标相融合，从而揭示了企业价值创造动因及其可持续性。其中，财务是最终目的，顾客是关键，业务流程是基础，学习与成长是核心。近年来发展起来的平衡计分卡综合考虑了各方面的因素，使企业的财务综合分析方法趋于综合和完善。

1. 财务维度

财务维度是其他几个维度的出发点和落脚点。一套好的平衡计分卡应该反映企业战略的全貌，从财务目标开始，将它们同其他方面和一系列行动联系起来，最终实现长期经营目标。这个维度的指标告诉人们在其他维度已经通过指标设计细化的战略实施是否导致最终结果的改善。企业可以竭尽全力改善顾客满意度、质量、及时交货等事情，但是，如果缺乏揭示影响企业财务指标的指标，这些指标的价值就大大降低。

企业其他各个维度的改善只是实现财务维度目标的手段，而不是目标本身，企业所有的改善都应当通向财务目标。因此，平衡计分卡将财务目标作为分析其他目标的焦点。如果说，每项评分方法是平衡计分卡这条纽带的一部分，那么，这条纽带的因果关系最终结果还是归于“提高财务绩效”。

在不同的经营战略阶段，企业财务报表分析的侧重点不同。处于成长阶段的企业，其财务目标侧重于销售收入增长率以及目标市场、顾客群体和地区销售额增长等；处于维持阶段的企业大多采用与获利能力有关的财务目标如经营收入、毛利、投资收益率和经济附加值等；处于收获阶段的企业更注重现金流动，以使现金流量达到最大化。

2. 顾客维度

企业靠什么持续地实现财务维度的目标呢？答案只有一个：那就是顾客。因此，任何企业与其财务维度目标相联系，想要获取长远的、出色的财务指标或价值基础的绩效，就必须创造出受顾客青睐的产品或服务。平衡计分卡为解决顾客方面的问题，选择了两套分析方法：一套是企业在顾客维度所期望达到目标而采用的指标。由于它几乎适用于所有企业，所以又称为“核心组”指标，主要包括“市场份额”、“顾客留住率”、“顾客获得率”、“顾客满意度”、“顾客给企业带来的利润率”等，如图 12–2 所示。

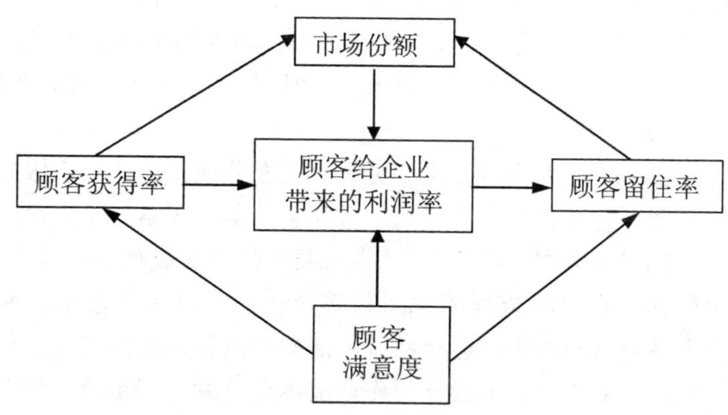

图12–2 核心评价组指标因果关系链

另一套分析方法则是针对第一套分析方法的各项指标，分析达到各项指标应采取的措施及影响因素。对于各分项指标，又制定细分评估手段。例如，“企业与顾客关系”即可用“经营诚实及公开度”、“灵活度”、“合同执行情况”、“团队合作精神”等指标加以分析。如此，逐层分析，制定出评分表，每月除统计顾客满意程度等各部分得分外，还可了解各部门的业务表现，而总的累计得分又可反映企业在哪些方面未能满足顾客要求及其原因等。

3. 企业内部业务流程维度

如何使顾客满意关键在于企业产品或服务的质量。质量是设计、制造出来的而不是检验出来的。质量形成于产品或服务的设计和生产过程。那么，企业如何持续提供顾客满意的产品或服务呢？答案就是：企业内部业务流程！

平衡计分卡的第三个维度是为企业内部业务流程制定目标和分析工具。这是平衡计分卡与传统绩效评价系统最显著的区别之一。平衡计分卡从满足投资者与顾客需要的经营战略出发，制定了井然有序、自上而下的经营目标分析工具。

从价值链一般模式出发（如图 12–3 所示），针对研究与开发过程、经营过程和售后服务过程设置不同的指标。

对企业创造价值而言，研究与开发过程是一个漫长的过程。在这个过程中，企业首先以顾客为导向，发现和培育新市场、新顾客，并兼顾现有顾客的目前需要和潜在需要，在此基础上，着手设计和开发新产品或服务，使新产品或服务打入新市场，满足顾客需要。因此，企业应注重研究与开发能力的分析。研究与开发过程的分析指标主要包括：新产品销售额占全部销售额的比重（创新收益）、专利产品销售额占全部销售额的比重、新产品利润率、在竞争对手之前推出产品的能力、比原计划提前推出新产品的能力、生产程序的适应性、开发下一代新产品的时间等。新产品是企业持续创造价值的驱动力，一个停止新产品研究与开发的企业必将被不断变化的市场所淘汰。

相比之下，经营过程是企业创造价值的一个短暂过程。在这个过程中，企业向顾客出售产品或提供服务。这个过程强调对顾客及时、有效、连续地提供产品或服务。时间、质量和成本是经营过程的主要分析指标。因此，在经营过程中，传统财务指标如“标准成本”、“预算控制”和“差异分析”等依然有用，但远远不够，还应再另附加如“企业经营灵活性”、“生产周期”、“对顾客需求反应时间”、“对顾客提供产品多样性”、“废品率”、“返工率”等指标。

企业的售后服务旨在使顾客更快、更好、更充分地使用产品或服务，因此，在企业售后服务中，财务报表分析者可关注有关“时间、质量、成本”等方面的指标如“服务反应周期”、“人力成本”、“物力成本”、“售后服务的一次成功率”等。

值得指出的是，在关注流程的时间和质量时，人们往往忽视这些内部业务流程的成本。传统的以产品为核心的成本会计系统不能提供流程层次的成本。任何流程都是由“作业”构造的。因此，平衡计分卡必须与作业成本会计系统相结合。作业成本计算法与作业管理构成平衡计分卡的重要组成部分。这正是许多企业和学者忽略的关键问题。

接下来的问题就是，企业内部业务流程又如何满足顾客日新月异的需求变化呢？靠的就是企业的学习与成长。

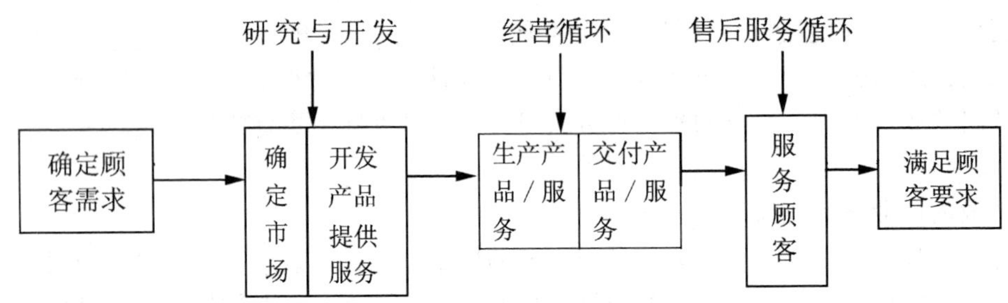

图12-3 企业内部业务流程

4. 企业学习与成长维度

平衡计分卡的第四维度就是企业学习与成长。它是为前三个维度取得绩效突破而提供的持续推动力量。实施平衡计分卡的目的之一就在于避免企业的短期行为，推动企业沿着可持续发展的道路前进。因此，它必然强调未来投资的重要性，而不局限于传统的投资领域如购买设备、产品开发与研究等，还强调对其基础设施如员工系统及业务流程进行投资，以达到提高员工能力、拓展信息系统功能、激发员工积极性等目的。

企业学习与成长的维度关注的指标主要包括“员工满意程度”、“员工工作能力”、“员工素质”、“企业内部信息沟通能力”等。其中，“员工满意程度”至关重要。

由此可见，财务、顾客、企业内部业务流程、企业学习与成长等紧密联系的四个维度确立了平衡计分卡的基本框架，但平衡计分卡既不是上述四个维度的简单组合，也不是一些财务指标与非财务指标的简单拼凑，它是与企业战略以及一系列指标相联系的有机整体。

平衡计分卡的基本架构可用图 12–4 表示。

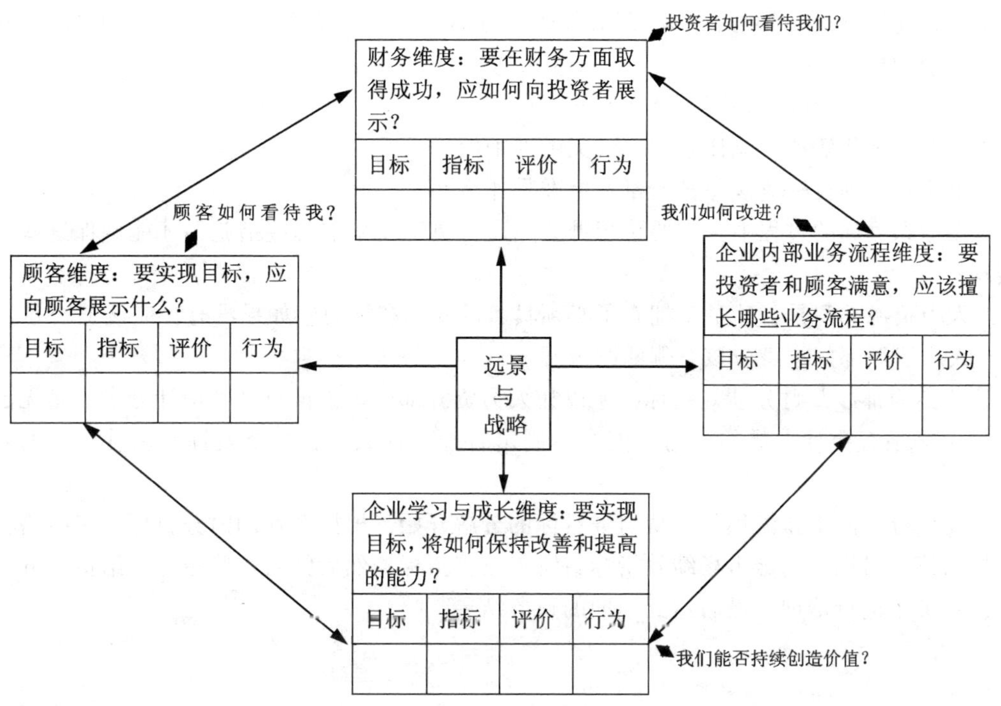

图12-4 平衡计分卡基本架构

（二）平衡计分卡——化战略为行动

公司除了制定财务绩效战略外，还应该制定一些战略指标，确保企业平衡运作。这些重要战略包括下面三项内容：

(1) 人员能力与组织绩效方面的战略；

(2) 市场营销与顾客满意度方面的战略；

(3) 运营能力与流程改善方面的战略。

这几个方面紧密结合，平衡发展，企业才能得以更长久地经营。

众所周知，产品的生命周期分为初创期、成长期、成熟期、衰退期，由于科技的发展、消费者偏好的改变等，该产品最终会被其他产品所取代。如果一家企业单做一种产品，只能随着产品的生命周期而逐渐消亡。因此，企业应开发更多的产品，利用不同产品的生命周期，使企业始终有成熟产品上市，才能使企业可持续发展。

当企业不断推出产品时，市场开拓就变成其最大的挑战，所以大部分企业家都在寻找市场战略，而忽略了人力资源战略、流程改善战略及财务战略。企业进行市场开拓除了市场部的参与外，人力资源部必须调整绩效指标、薪资结构、培训方向甚至人力资源结构；运营部门要调整生产流程；财务部门要筹集更多资金，分析旧产品、新产品、区域产品、顾客等方面的情况，提出相应的财务分析数据。

企业战略到人的行为及关键业绩指标，需要注意的方面：

* 在企业展开的市场方面、内部流程改善方面、人力资源方面、财务方面的战略中，哪些是最重要的？

* 这些战略目标的驱动因子是什么？

* 要做到哪些活动才能让它实现？又由谁来做？

* 企业要达到目标应该怎样衡量？标准是什么？

* 在达到目标的过程中，需要跨越哪些障碍？员工要采取哪些措施，才能确保这些目标实现？

* 人力资源部门是否让员工拥有了必须具备的知识和能力？如果没有，应该怎么办？

* 人力资源部门本身应该有哪些改善？

这些方面都涉及财务绩效指标，所以让人力资源部门单独推行“平衡计分卡”是无法成功的，必须有会计人员的参与、配合，制定管理会计数字，才能发挥平衡计分卡的功效。

平衡计分卡的工作流程是：从财务目标的分解开始，根据企业的财务目标制定战略目标，根据战略目标来制定市场绩效指标与流程改善指标，然后针对这些指标，给员工分配工作，对员工进行培训，最后达到预期的财务结果。

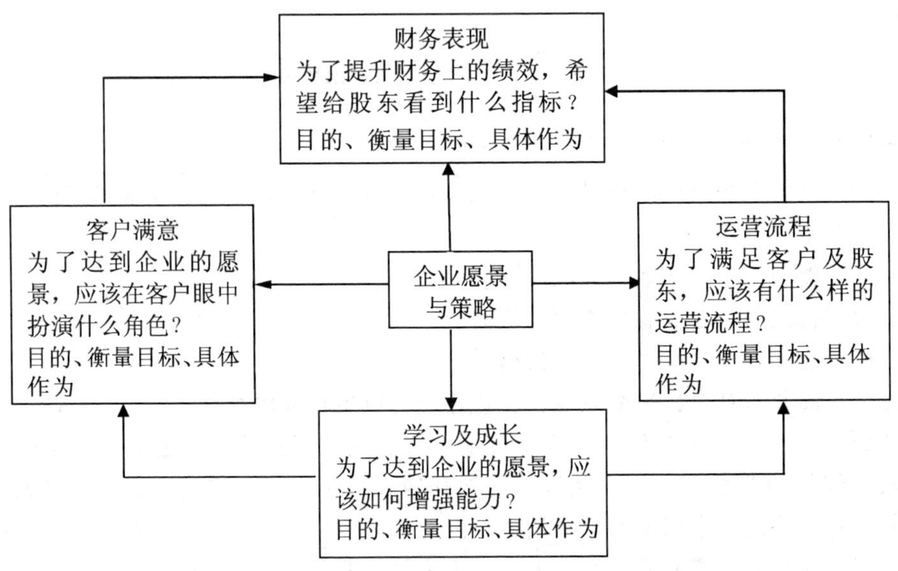

图12-5 平衡计分卡转化策略为行动

第三节　提升财务绩效的方法

一、提高销售净利率

销售净利率反映了企业净利润与销售收入的关系，它的高低取决于销售收入与成本总额的高低。

要想提高销售净利率，一是要提高销售收入，二是要降低成本费用。这样才能使净利润的增长高于销售收入的增长，从而使销售净利率得到提高。

（一）提高销售收入

销售收入是指企业在日常经营活动中，由于销售商品、提供劳务等所形成的货币收入，是企业收入的主要构成部分，是企业能够持续经营的基本条件。销售收入的制约因素主要是销量和价格。增加销售收入的方法很多，包括制定更好的市场战略、进行更清楚的市场区隔、发展更多的产品、进入更多的市场、开展更多元化的经营等，具体做法还得从销量和价格入手。

1. 由于企业一般是按照“以销定产”的原则组织生产的，那么对于销售量的预测就显得尤为重要。科学的销售预测可以加速企业的资金周转，提高企业的经济效益。企业通过销售预测对市场进行调查，以有关的历史资料和各种信息为基础，运用科学的预测方法或管理人员的实践经验，对企业产品在计划期间的销售量或销售额作出预计或估量。

2. 产品价格是企业获得市场占有率、提升产品竞争能力的重要因素。产品价格的制定直接或间接地影响着销售收入。一般来说，价格与销售量成反向变动关系：价格上升，销量减少。反之，销量增加。价格制定不仅影响产品的边际贡献，而且影响产品的销售数量与市场地位，从而对企业收入产生复杂而直接的影响。因此正确的销售定价策略，直接关系到企业的生存和发展。企业可以根据自身的情况，通过不同的价格制定方法来调节产品的销售量，进而作用于销售收入。

3. 企业之间的竞争在很大程度上表现为企业产品在市场上的竞争。市场占有率的大小是衡量产品市场竞争能力的主要指标。除了提升产品质量外，根据具体情况合理运用不同的价格策略，可以有效地提高产品的市场占有率和企业的竞争能力。其中主要的价格运用策略有：折让定价策略，是在一定条件下降低产品的销售价格来刺激购买者，从而达到扩大产品销售量的目的；心理定价策略，是针对购买者的心理特点而采取的一种定价策略；组合定价策略，根据相关产品在市场竞争中的不同情况，使互补的产品价格有高有低，或使组合售价更优惠；寿命周期定价策略，根据产品从进入市场到退出市场的生命周期，分阶段确定不同的定价策略。

（二）降低成本费用

降低各项成本费用是财务管理的一项重要内容。将制造费用、管理费用、财务费用、销售费用等各项成本费用开支列出来，有利于企业进行成本费用的结构分析，加强成本控制，为寻求降低成本费用的途径提供依据。

企业要掌握成本类别与降低成本间的关系，有些成本是应该降低的，有些成本是不该降低的，这就要求企业对成本有多层次、多方位的理解。很多企业通常认为内部所发生的成本不是投资，不会想要从客户处收回。可如果通过某项管理技术将所有花费都转化为直接成本，并摊入产品，我们会想方设法从顾客身上收回，即使无法收回，也会尽可能降低这部分成本。这就要求企业区分间接成本与直接成本，然后将间接成本转化为直接成本。

看不见的成本更要控制，如机会成本、作业活动成本、时间成本、非附加值成本等。这要求企业管理一定要深入挖掘、寻找那些看不见的、难以控制的成本，利用绩效表来明确所发生的成本以及是由谁发生的。企业不能只有一张整体的报表，应该产生各种各样、大大小小的绩效表，每张绩效表上都有明确的额度与责任人。绩效表多，表示更多的人在承担风险；若只有一张企业的报表，所有风险只能由经营者自己承担。

企业需要尽可能地将间接费用转化为直接费用，以便摊入有收入的产品环节中。还需要了解产品、订单、客户、渠道、事业部的成本与利润。这部分成本与利润划分得越细，责任就越具体，承担责任的人也越多，成本和风险将控制得越好。

二、充分利用财务杠杆效应

无论企业息税前利润为多少，债务的利息和优先股的股利通常都是不变的。当息税前利润增大时，每1元利润所负担的固定财务费用就会相对减少，这就会给普通股股东带来更多的利润；反之，当息税前利润减少时，每1元利润所负担的固定财务费用就会相对增加，这就会大幅度减少普通股的利润。这种由于固定财务费用的存在，使普通股每股利润的变动幅度大于息税前利润变动幅度的现象，称为财务杠杆。通俗点说，借来的资金加上自有的资金，再除以自有的资金，就得到财务杠杆的作用倍数。

如果通过内部管理，企业能够达到无论收入多少，成本率、营业费用率、管理费用率都能保持相对稳定，净利润率不为负，则企业永远都不会亏损。在这种情况下，企业就要运用好财务杠杆，而且越高越好，只要能够借到钱。大部分的经营者可能认为借款会增加成本，不愿意负担，但实际上就会同时失去财务杠杆作用带来的效果。

股东权益回报率=税后净利率×总资产周转率×财务杠杆作用

=总资产回报率×财务杠杆作用

上式称为杜邦方程式，从式子中可以看出，股东权益回报率可以分解为相关的几个等式。当净利润率为正、总资产周转率也为正时，财务杠杆必定是越大越好。因此，企业在运用财务杠杆作用时，唯一的前提（也是风险）就是净利润率为正。财务杠杆是如何发挥作用来使企业财务业绩提高呢？下面举例说明。假设企业的总资产投资回报率是15%，但财务杠杆的作用是4倍，即总资金是自有资金的4倍，那么企业的股东回报率可以达到60%。反过来，如果财务杠杆只能使用2倍，自有资金投入150万元，借款150万元，总共形成300万元的资金，总资金是自有资金的两倍，财务杠杆就只有2倍，股东权益回报率只能得到30%。再假设企业的总资金是2亿元，全部是自有资金，企业不敢借款、不想借款或不愿意借款，那么财务杠杆就只有1倍。当总资产回报率为15%时，企业股东也只能获得15%的回报。企业能够获得15%、30%，还是60%的股东权益回报率，很大程度上取决于财务杠杆作用的倍数。

要保证净利润率不为负，就要求加强企业内部管理，使所有成本都与销售收入挂钩，牢牢控制每一个细节的成本对销售收入的百分比。这是一个相当极致的财务管理境界，要达到这个目标很难，但只有这样，财务杠杆才能真正地发挥作用，而它就是企业回报率免费的倍数。

三、提高资产周转率

资产总额由流动资产与长期资产组成，它们的结构是否合理将直接影响资产的周转速度。一般来说，流动资产直接体现企业的偿债能力和变现能力，而长期资产则体现了企业的经营规模、发展潜力。两者之间应该有一个合理的比例关系。资产周转速度直接影响到企业的获利能力，如果企业资产周转较慢，就会占用大量资金，增加资金成本，减少企业的利润。提高资产周转率应从以下方面入手。

（一）固定资产管理

固定资产是指公司在生产经营过程中所使用或控制的，使用年限较长，单位价值较高，且在使用过程中不改变实物形态的经济资源，其主要用于公司的生产经营活动，而不是为了出售或其他目的。

固定资产应设专人管理，任何人员未经管理人员同意，不准自行使用、移动和调换，未按照规定办理手续，任何人均不得出借或调走固定资产；固定资产应经常检查，发现失灵、损坏等情况时，应及时通知管理部门，由管理人员联系相关单位进行维护、修理；提高固定资产的使用效率，使它充分发挥作用，大力提倡部门之间互通有无；贵重设备要实行专管公用、资源共享，提高其利用效率；公司固定资产的报废、报损，由管理人员填写报废、报损申请单，经审批，根据公司的处理决定，办理相关手续。

（二）资金管理

资金是指在生产经营过程中以货币形态存在的资金，包括库存现金、银行存款和其他货币资金等。保持合理的资金水平是企业资金管理的重要内容。资金是变现能力最强的资产，可以满足生产经营开支的各种需要，也是还本付息和履行纳税义务的保证。拥有足够的资金对于降低企业的风险、增强企业资产的流动性和债务的可清偿性有重要的意义。库存现金是唯一不创造价值的资产，对其持有量不是越多越好。即使是银行存款，其利率也非常低。因此，现金存量过多，它所提供的流动性边际效益便会随之下降，从而使企业的收益水平下降。

除了应付日常的业务活动外，企业还需要拥有足够的现金偿还贷款、把握商机以及防止不时之需。企业必须建立一套管理现金的办法，持有合理的现金数额，使其在时间上继起，在空间上并存。企业必须编制现金预算，以衡量企业在某段时间内的现金流入量与流出量，以便在保证企业经营活动所需现金的同时，尽量减少企业的现金数量，提高资金收益率。

（三）应收账款管理

应收账款发生后，企业应采取各种措施，尽量争取按期收回款项，否则会因拖欠时间过长而发生坏账，使企业蒙受损失。因此，企业必须在对收账的收益与成本进行比较分析的基础上，制定切实可行的收账政策。通常企业可以采取寄发账单、电话催收、派人上门催收、法律诉讼等方式催收应收账款，然而催收应收账款要发生费用，某些催款方式的费用还会很高。一般来说，收款的花费越大，收款措施越有利，可收回的账款应越多。因此制定收账政策，要在收账费用和所减少坏账损失之间作出权衡。制定有效、得当的收账政策很大程度上靠有关人员的经验。从财务的角度来讲，也有一些数量化的方法可以参照。根据应收账款总成本最小化的原则，可以通过比较各收账方案成本的大小对其加以选择。

（四）存货管理

企业应采用先进的库存管理系统，来提高存货的周转率。库存管理不仅需要各种模型帮助确定适当的库存水平，还需要建立相应的库存控制系统。库存控制系统可以简单，也可以复杂。传统的库存控制系统有定量控制系统和定时控制系统两种：定量控制系统是指当存货下降到一定水平时即发出订货单，订货数量是固定的和事先决定的；定时控制系统是每隔一固定时期，无论现有存货水平多少，即发出订货申请。这两种系统都较简单和易于理解，但不够精确。现在许多大型公司都已采用了计算机库存控制系统。当库存数据输入计算机后，计算机即对这批货物开始跟踪。此后，每当有该货物取出时，计算机就及时作出记录并修正库存余额。当库存下降到订货点时，计算机自动发出订单，并在收到订货时记下所有的库存量。计算机系统能对大量种类的库存进行有效管理，这也是大型企业愿意采用这种系统的原因之一。

小　结

企业绩效是指一定经营期间的企业经营效益和经营者业绩，绩效评价就是运用数理统计和运筹学方法，采用特定的指标体系，对照统一的标准，按照统一的程序，通过定量定性对比分析，对企业一定经营期间的经营效益和经营者业绩作出的客观、公正和准确的综合评判。在设计企业绩效评价指标时，应遵循一些基本原则，科学选定评价指标，根据评价的目的、范围和出发点的不同，确定与之相适应的评价标准。

本章选择了财务绩效评价的主要方法——杜邦分析法、沃尔评分法、EVA 评价法和平衡计分卡评价法，对财务绩效进行了综合评价，最后提出了三种典型的提升财务绩效的方法。

【关键词】

比较分析法（Comparative Analysis Approach）
比率分析法（Ratio Analysis Approach）
因素分析法（Factor Analysis Approach）
杜邦财务分析法（DuPont Analysis）
平衡计分卡（Balanced Score Card）
销售净利率（Net Profit Margin on Sales）
经营杠杆（Operating Leverage）
财务杠杆（Financial Leverage）
资产周转率（Asset Turnover）

案例：A 餐馆与 B 健身房的财务绩效比较

A 餐馆的利润是 500 000 元，B 健身房的利润是 250 000 元，它们各自的投资额如表 12-10。哪个企业运作得比较好，或者说哪个企业的财务绩效比较好呢？如何来提升企业的财务绩效呢？

表12-10　A餐馆、B健身房的具体情况

利润	投资额	回报率	经营项目
500 000	2 500 000	20%	餐馆
250 000	500 000	50%	健身房

一、体检——评价财务业绩

（一）两家企业各自的利润率

1. A 餐馆投资是 2 500 000 元，它的利润率是：500 000/2 500 000 ×100%=20%，即：在 A 餐馆每投资 1 元可赚利润 0.2 元。

2. B 健身房的投资是 500 000 元，它的利润率是：250 000/500 000×100%=50%，即：在 B 健身房每投资 1 元可赚利润 0.5 元。

可见，A 餐馆的投资回报率是 20%，B 健身房的投资回报率是 50%，所以说 B 健身房更“健康”。

（二）资产收益率和扩建能力

如果A餐馆打算扩大规模将利润增加到1 000 000元，它需要再投资2 500 000元。而B健身房只需要再投资1 500 000元，就可以开四家健身房，使利润达到1 000 000元。A餐馆再投资2 500 000元，其总投资额达5 000 000元。B健身房要再投资1 500 000元，其总投资额达2 000 000元，可见B健身房的投资额只有A餐馆的40%，即可获得与A餐馆同样多的利润。

表12-11 资产收益率与企业扩建能力

	利润	投资额	回报率
餐馆	1 000 000 （2×500 000）	5 000 000 （2×2 500 000）	20%
健身房	1 000 000 （4×250 000）	2 000 000 （4×500 000）	50%

（三）净资产回报率

净资产回报率=营业利润/资产净额×100%，净资产回报率说明了什么？它说明股东投资在企业中每1元赚了多少钱。

你的净资产回报率够好吗？如果这笔钱不做这个生意的话，能派什么别的用场呢？目前的生意与派其他用场相比，净资产回报率孰优孰劣？是不是应该把生意卖了，把钱存入银行？……或者可以采取哪些措施来提高净资产回报率？

二、健身计划——改善财务业绩

下面来计算资产周转率。

	A餐馆	B健身房
销售额/资产总额 =	5 000 000/2 500 000	2 000 000/500 000
故，资产周转率 =	2	4

可见，B健身房的投资资金工作更卖力，所投资的每1元产生的销售额为4元，而A餐馆每投资1元只产生2元的销售额。

下面计算A餐馆和B健身房的资产报酬率。

资产周转率×销售利润率=资产报酬率

A餐馆的资产报酬率：2×10%=20%

B健身房的资产报酬率：4×12.5%=50%

B健身房使自己的投资带来了更多的销售额，而销售的利润也更高。那么A餐馆应该如何做才能提高财务业绩呢？

（一）设立资产收益率目标

要设立资产收益率目标，需要选择适当的资产周转率及销售利润率。下面哪个符合你企业现在的状况呢?

1. 为取得既定的销售额，你的企业是否需要在厂房、机器设备、库存等方面进行大规模投资?如果是的话，资金周转率会相对较慢。你的产品必须有较高的销售利润率才能“抵消”较低的资产周转率。

2. 或者，你的企业是销售量大而利润低吗?如果是这样的话，那么你的资产周转率必须较高，才能抵消较低的销售回报率。

(二) 让乘数发挥作用

由于倍加器的作用，资产周转率和销售利润率这两个因素的细微变化会对资产报酬率产生巨大的影响。在倍加器的左右两边做工作以提高资产报酬率，那么就有希望获得资产报酬率的成倍增长！下面来看一下倍加器能帮 A 餐馆什么忙。

	资产周转率		销售回报率		资产报酬率
目前的状况	2	×	10%	=	20%
A 餐馆卖掉多余的库存，资产周转率提高 10%	2.2	×	10%	=	22%（资产回报率上升 10%）
或					
A 餐馆找到更好的鱼肉供应商，鱼肉价格较低；销售回报率上升至 11%	2	×	11%	=	22% （资产回报率上升 10%）
最好是 A 餐馆两者都做到，那样会有什么结果呢?	2.2	×	11%	=	24.2% （资产回报率上升 21%）

(三) 提高资产周转率

1. 设备投资管理。仔细研究在设备工艺方面的投资，力求做到：释放过剩的固定资产；审查转包机会；检查多班生产所用的机器设备；审查厂址合理化重组、合并情况；检查审批过程及新增投资的时间。

2. 流动资金管理。流动资金是企业为下列各项提供资金所作投资的总额：材料流；向产成品及最终服务转换的阶段；容许外部资金流入后，支持销售所需的赊欠期；供应商所提供的赊欠期。

流动资金是周期性通过企业的现金流，在周期的起点和终点流动资金都是现金，这样描述对理解流动资金很有帮助。

企业的目标是：尽可能快速地完成循环周期，且次数越多越好。让你的流动资金流动起来！

3. 库存管理。确定你需要多少存货，做到以下几个方面：检查存货规章制度、订货至交货的时间、产品范围；在产量效率及库存成本之间取得平衡；考虑购买配套元器件

(装配组件) 而不是自己制造。寄售库存又如何呢？能不能与供应商协商，让他们在你处为你贮存货物？你的客户要求你在其场地储存你的货物吗？

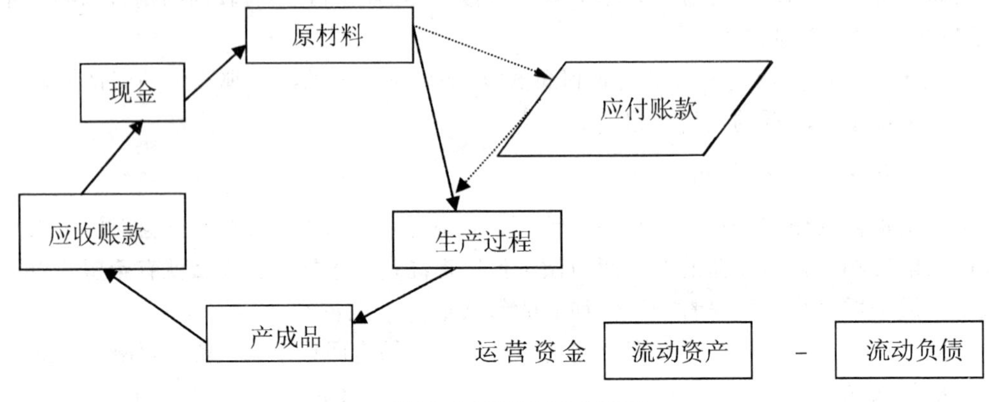

图12-6 流动资金循环图

如果你能减少产品或者服务的单位成本，那会导致以下结果：

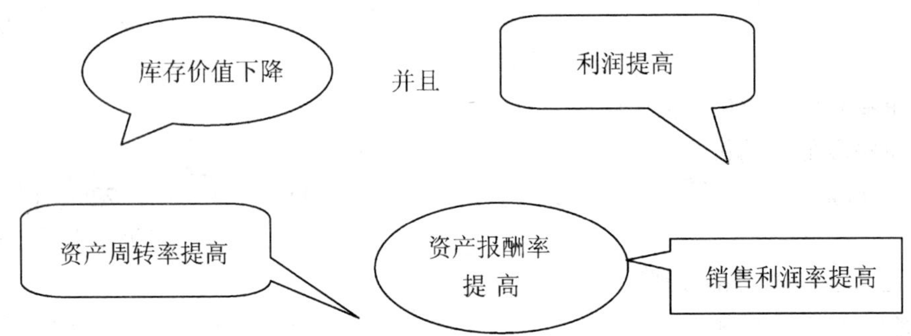

4. 应收账款管理。不是销售完了就万事大吉了，只要客户还没付款，你的钱就仍然投在产品（服务）中。如果客户不付钱，你就会懊悔接下这笔买卖。你必须走完流动资金循环周期的全过程。

记住赊购是有利的。赊购使你能够用较小数额的钱来经营企业，这可以减少资产总额，进而提高资本周转率，从而提高资产回报率。但是，不向供应商付钱不是长久之计，会危及未来的供应量。故此，要力求作好应付账款的管理：就赊欠条款及价格、质量、交货期等进行协商；供应商合理化调整能使你在价格及赊欠条款方面获益；通过建立互利的“伙伴”关系强化自己对于供应商的重要性。

（四）提高销售利润率

1. 降低成本

首先，来看看这条喜讯！微小的成本降低会对销售利润率产生巨大影响！为什么呢？再看一下上面那个例子，A 餐馆把它的销售回报率从 10%提高到 11%提高了 1%。成本要降低多少才能取得这 11%的增长呢？只要 1%!

	增长前	增长后	
销售额	500 万元	500 万元	
成本	450 万元	445 万元	A 将成本降低了 1%
营业利润	50 万元	55 万元	
销售回报率	10%	11%	而它的销售回报率提高 1%!

2. 资源管理

通过以下方法控制材料成本：利用购买力及供应商合理化调整，降低供应商的供应价格；减少废料从而提高材料利用率；重新设计工序，以便减少生产过程中的材料消耗；余料或废料的循环利用。通过以下方法控制人工成本：减少旷工；有效的培训；减少非生产性事件。

3. 企业一般管理费用的管理

了解成本驱动器——生产行为，以便检查并减少一般管理费用。管理人员应重视：减少浪费；运用购买力来控制价格；在制造、支持及销售方面要求有能满足成本效益的设计方案；审视提供服务（包括针对内部及外部客户的服务）的程序，并避免不能增值的行为；重新布置办公室，使其有助于员工交流；采用管理审查技术，如：企业流程再造；评估 IT 工作，找出潜在的可节省的行为。

4. 加快销售的增长

应该从以下几个方面来加快销售的增长：购买量大时提高折扣，但是要保证客户确实有预计的购买量；从客户那里争取更多的生意，通过以下方法建立伙伴关系——协作、唯一货源策略、评定首选供应商等等；明确并开发竞争优势：价格最低、产品（服务）与众不同、售后支持。

5. 权衡利弊

（1）好事成双。别忘了好事成双的可能性也是存在的！有些行为可以使倍加器两边的因子同时得以提高。

表12-12　好事成双的情况

行为	资产周转率	销售回报率	资产回报率
供应商合理化调整 ⅰ降低价格 ⅱ延长赊账期限	提高	提高	提高 提高
通过倒班来提高生产能力 ⅰ减少资本支出并加快折旧 ⅱ增加销售额及加速一般管理费的吸收	提高	提高	提高 提高
在有议价能力的场合提高售价(零配件,修理费)	提高	提高	提高 (两倍)

(2) 必须控制资产收益率。资产收益率是一个综合比率，它是资产周转率和销售回报率的乘积。两个组成成分的细微增加都会被倍加器放大，资产周转率取决于你做生意的方式，即：工艺的选择（固定资产）及产品/服务流动情况（流动资金）。销售回报率反映了企业的日常经营情况，并综合反映了定价及成本控制决策产生的影响。权衡利弊并挖掘对倍加器左右两边因子都有利的因素；测测它们对每个因子的影响！

参考文献

[1]樊行健.财务分析[M].北京:清华大学出版社,2007.
[2]张涛.财务管理学[M].北京:经济科学出版社,2008.
[3]胡玉明.财务报表分析[M].大连:东北财经大学出版社,2008.
[4]尤登弘.数字管理[M].北京:中国三峡出版社,2008.
[5]颉茂华.管理会计学——理论·实务·案例[M].北京:清华大学出版社,2008.
[6]何韧.财务报表分析[M].上海:上海财经大学出版社,2007.
[7]中国注册会计师协会.财务成本管理[M].北京:中国财政经济出版社,2010.
[8]财政部会计资格评价中心.财务管理[M].北京:中国财政经济出版社,2010.
[9]Anne Hawkins,Clive Turner.提高利润率[M].上海:上海交通大学出版社,2007.

附 录

附录一 复利终值系数表

期数	1%	2%	3%	4%	5%	6%	7%	8%	9%	10%
1	1.0100	1.0200	1.0300	1.0400	1.0500	1.0600	1.0700	1.0800	1.0900	1.1000
2	1.0201	1.0404	1.0609	1.0816	1.1025	1.1236	1.1449	1.1664	1.1881	1.2100
3	1.0303	1.0612	1.0927	1.1249	1.1576	1.1910	1.2250	1.2597	1.2950	1.3310
4	1.0406	1.0824	1.1255	1.1699	1.2155	1.2625	1.3108	1.3605	1.4116	1.4641
5	1.0510	1.1041	1.1593	1.2167	1.2763	1.3382	1.4026	1.4693	1.5386	1.6105
6	1.0615	1.1262	1.1941	1.2653	1.3401	1.4185	1.5007	1.5809	1.6771	1.7716
7	1.0721	1.1487	1.2299	1.3159	1.4071	1.5036	1.6058	1.7138	1.8280	1.9487
8	1.0829	1.1717	1.2668	1.3686	1.4775	1.5938	1.7182	1.8509	1.9926	1.1436
9	1.0937	1.1951	1.3048	1.4233	1.5513	1.6895	1.8385	1.9990	1.1719	1.3579
10	1.1046	1.2190	1.3439	1.4802	1.6289	1.7908	1.9672	2.1589	1.3674	1.5937
11	1.1157	1.2434	1.3842	1.5395	1.7103	1.8983	2.1049	2.3316	2.5804	2.8531
12	1.1268	1.5682	1.4258	1.6010	1.7959	2.0122	2.2522	2.5182	2.8127	3.1384
13	1.1381	1.2936	1.4685	1.6651	1.8856	2.1329	2.4098	2.4598	3.0658	3.4523
14	1.1495	1.3195	1.5126	1.7317	1.9799	2.2609	2.5785	2.9372	3.3417	3.7975
15	1.1610	1.3459	1.5580	1.8009	2.0789	2.3966	2.7590	3.1722	3.6425	4.1772
16	1.1726	1.3728	1.6047	1.8730	2.1829	2.5404	2.9522	3.4259	3.9703	4.5950
17	1.1843	1.4002	1.6528	1.9479	2.2920	2.6928	3.1588	3.7000	4.3276	5.0545
18	1.1961	1.4282	1.7024	2.0258	2.4066	2.8543	3.3799	3.9960	4.7171	5.5599
19	1.2081	1.4568	1.7535	2.1068	2.5270	3.0256	3.6165	4.3157	5.1417	6.1159
20	1.2202	1.4859	1.8061	2.1911	2.6533	3.2071	3.8697	4.6610	5.6044	6.7275
21	1.2324	1.5157	1.8603	2.2788	2.7860	3.3996	4.1406	5.0338	6.1088	7.4002
22	1.2447	1.5460	1.9161	2.3699	2.9253	3.6035	4.4304	5.4365	6.6586	8.1403
23	1.2572	1.5769	1.9736	2.4647	3.0715	3.8197	4.7405	5.8715	7.2579	8.2543
24	1.2697	1.6084	2.0328	2.5633	3.2251	4.0489	5.0724	6.3412	7.9111	9.8497
25	1.2824	1.6406	2.0938	2.6658	3.3864	4.2919	5.4274	6.8485	8.6231	10.835
26	1.2953	1.6734	2.1566	2.7725	3.5557	4.5494	5.8074	7.3964	9.3992	11.918
27	1.3082	1.7069	2.2213	2.8834	3.7335	4.8823	6.2139	7.9881	10.245	13.110
28	1.3213	1.7410	2.2879	2.9987	3.9201	5.1117	6.6488	8.6271	11.167	14.421
29	1.3345	1.7758	2.3566	3.1187	4.1161	5.4184	4.1143	9.3173	12.172	15.863
30	1.3478	1.8114	2.4273	3.2434	4.3219	5.7435	7.6123	10.063	13.268	17.449
40	1.4889	2.2080	3.2620	4.8010	7.0400	10.286	14.794	21.725	31.408	45.259
50	1.6446	2.6916	4.3839	7.1067	11.467	18.420	29.457	46.902	74.358	117.39
60	1.8167	3.2810	5.8916	10.520	18.679	32.988	57.946	101.26	176.03	304.48

续表

期数	12%	14%	15%	16%	18%	20%	24%	28%	32%	36%
1	1.1200	1.1400	1.1500	1.1600	1.1800	1.2000	1.2400	1.2800	1.3200	1.3600
2	1.2544	1.2996	1.3225	1.3456	1.3924	1.4400	1.5376	1.6384	1.7424	1.8496
3	1.4049	1.4815	1.5209	1.5609	1.6430	1.7280	1.9066	2.0872	2.3000	2.5155
4	1.5735	1.6890	1.7490	1.8106	1.9388	2.0736	2.3642	2.6844	3.0360	3.4210
5	1.7623	1.9254	2.0114	2.1003	2.2878	2.4883	2.9316	3.4360	4.0075	4.6526
6	1.9738	2.1950	2.3131	2.4364	2.6996	2.9860	3.6352	4.3980	5.2899	6.3275
7	2.2107	2.5023	2.6600	2.8262	3.1855	3.5832	4.5077	5.6295	6.9826	8.6054
8	2.4760	2.8260	3.0590	3.2784	3.7589	4.2998	5.5895	7.2058	9.2170	11.703
9	2.7731	3.2519	3.5179	3.8030	4.4355	5.1598	6.9310	9.2234	12.166	15.917
10	3.1058	3.7072	4.0456	4.4114	5.2338	6.1917	8.5944	11.806	16.060	21.647
11	3.4785	4.2262	4.6524	5.1173	6.1759	7.4301	10.657	15.112	21.199	29.439
12	3.8960	4.8179	5.3503	5.9360	7.2876	8.9161	13.215	19.343	27.983	40.037
13	4.3635	5.4924	6.1528	6.8858	8.5994	10.699	16.386	24.759	36.937	54.451
14	4.8871	6.2613	7.0757	7.9875	10.147	12.839	20.319	31.691	48.757	74.053
15	5.4736	7.1379	8.1371	9.2655	11.974	15.407	25.196	40.565	64.359	100.71
16	6.1304	8.1372	9.3576	10.748	14.129	18.488	31.243	51.923	84.954	136.97
17	6.8660	9.2765	10.761	12.468	16.672	22.186	38.741	66.461	112.14	186.28
18	7.6900	10.575	12.375	14.463	19.673	26.623	48.039	86.071	148.02	253.34
19	8.6128	12.056	14.232	16.777	23.214	31.948	59.568	108.89	195.39	344.54
20	9.6463	13.743	16.367	19.461	27.393	38.338	73.864	139.38	257.92	468.57
21	10.804	15.668	18.822	22.574	32.324	46.005	91.592	178.41	340.45	637.26
22	12.100	17.861	21.645	26.186	38.142	55.206	113.57	228.36	449.39	866.67
23	13.552	20.362	24.891	30.376	45.008	66.247	140.83	292.30	593.20	1178.7
24	15.179	23.212	28.625	35.236	53.109	79.497	174.63	374.14	783.02	1603.0
25	17.000	26.462	32.919	40.874	62.669	95.369	216.54	478.900	1033.6	2180.1
26	19.040	30.167	37.857	47.414	73.949	114.48	268.51	613.00	1364.3	2964.9
27	21.325	34.390	43.535	55.000	87.260	137.37	332.95	784.64	1800.9	4032.3
28	23.884	39.204	50.066	63.800	102.97	164.84	412.86	1004.3	2377.2	5483.9
29	26.750	44.693	57.575	74.009	121.50	197.81	511.95	1285.6	3137.9	7458.1
30	29.960	50.950	66.212	85.850	143.37	237.38	634.8	21645.5	4142.1	10143.
40	93.051	188.83	267.86	378.72	750.38	1469.8	5455.9	19427.	66521.	*
50	289.00	700.23	1083.7	1670.7	3927.4	9100.4	46890.	*	*	*
60	897.60	2595.9	4384.0	7370.2	20555.	56348	*	*	*	*
	*>99999									

附录二　复利现值系数表

期数	1%	2%	3%	4%	5%	6%	7%	8%	9%	10%
1	.9901	.9804	.9709	.9615	.9524	.9434	.9346	.9259	.9174	.9091
2	.9803	.9712	.9426	.9246	.9070	.8900	.8734	.8573	.8417	.8264
3	.9706	.9423	.9151	.8890	.8638	.8396	.8163	.7938	.7722	.7513
4	.9610	.9238	.8885	.8548	.8227	.7921	.7629	.7350	.7084	.6830
5	.9515	.9057	.8626	.8219	.7835	.7473	.7130	.6806	.6499	.6209
6	.9420	.8880	.8375	.7903	.7462	.7050	.6663	.6302	.5963	.5645
7	.9327	.8606	.8131	.7599	.7107	.6651	.6227	.5835	.5470	.5132
8	.9235	.8535	.7874	.7307	.6768	.6274	.5820	.5403	.5019	.4665
9	.9143	.8368	.7664	.7026	.6446	.5919	.5439	.5002	.4604	.4241
10	.9053	.8203	.7441	.6756	.6139	.5584	.5083	.4632	.4224	.3855
11	.8962	.8043	.7224	.6496	.6847	.5268	.4751	.4289	.3875	.3505
12	.8874	.7885	.7014	.6246	.5568	.4970	.4440	.3971	.3555	.3186
13	.8787	.7730	.6810	.6006	.5503	.4688	.4150	.3677	.3262	.2897
14	.8700	.7579	.6611	.5775	.5051	.4423	.3878	.3405	.2992	.2633
15	.8613	.7430	.6419	.5553	.4810	.4173	.3624	.3152	.2745	.2394
16	.8528	.7284	.6232	.5339	.4581	.3936	.3387	.2919	.2519	.2176
17	.8444	.7142	.6050	.5134	.4363	.3714	.3166	.2703	.2311	.1978
18	.8360	.7002	.5874	.4936	.4155	.3503	.2959	.2502	.2120	.1799
19	.8277	.6864	.5703	.4746	.3957	.3305	.2765	.2317	.1945	.1635
20	.8195	.6730	.5537	.4564	.3769	.3118	.2584	.2145	.1784	.1486
21	.8114	.6598	.5375	.4388	.3589	.2942	.2415	.1987	.1637	.1351
22	.8034	.6468	.5219	.4220	.3418	.2775	.2257	.1839	.1502	.1228
23	.7954	.6342	.5067	.4057	.3256	.2618	.2109	.1703	.1378	.1117
24	.7876	.6217	.4919	.3901	.3101	.2470	.1971	.1577	.1264	.1015
25	.7798	.6095	.4776	.3751	.2953	.2330	.1842	.1460	.1160	.0923
26	.7720	.5976	.4637	.3604	.2812	.2198	.1722	.1352	.1064	.0839
27	.7644	.5859	.4502	.3468	.2678	.2074	.1609	.1252	.0976	.0763
28	.7568	.5744	.4371	.3335	.2551	.1956	.1504	.1159	.0895	.0693
29	.7493	.5631	.4243	.3207	.2429	.1846	.1406	.1073	.0822	.0630
30	.7419	.5521	.4120	.3083	.2314	.1741	.1314	.0994	.0754	.0573
35	.7059	.5000	.3554	.2534	.1813	.1301	.0937	.0676	.0490	.0356
40	.6717	.4529	.3066	.2083	.1420	.0972	.0668	.0460	.0318	.0221
45	.6391	.4102	.2644	.1712	.1113	.0727	.0476	.0313	.0207	.0137
50	.6080	.3715	.2281	.1407	.0872	.0543	.0339	.0213	.0134	.0085
55	.5785	.3365	.1968	.1157	.0683	.0406	.0242	.0145	.0087	.0053

续表

期数	12%	14%	15%	16%	18%	20%	24%	28%	32%	36%
1	.8929	.8772	.8696	.8621	.8475	.8333	.8065	.7813	.7576	.7353
2	.7972	.7695	.7561	.7432	.7182	.6944	.6504	.6104	.5739	.5407
3	.7118	.6750	.6575	.6407	.6086	.5787	.5245	.4768	.4348	.3975
4	.6355	.5921	.5718	.5523	.5158	.4823	.4230	.3725	.3294	.2923
5	.5674	.5194	.4972	.4762	.4371	.4019	.3411	.2910	.2495	.2149
6	.5066	.4556	.4323	.4104	.3704	.3349	.2751	.2274	.1890	.1580
7	.4523	.3996	.3759	.3538	.3139	.2791	.2218	.1776	.1432	.1162
8	.4039	.3506	.3269	.3050	.2660	.2326	.1789	.1388	.1085	.0854
9	.3606	.3075	.2843	.2630	.2255	.1938	.1443	.1084	.0822	.0628
10	.3220	.2697	.2472	.2267	.1911	.1615	.1164	.0847	.0623	.0462
11	.2875	.2366	.2149	.1954	.1619	.1346	.0938	.0662	.0472	.0340
12	.2567	.2076	.1869	.1685	.1373	.1122	.0757	.0517	.0357	.0250
13	.2292	.1821	.1625	.1452	.1163	.0935	.0610	.0404	.0271	.0184
14	.2046	.1597	.1413	.1252	.0985	.0779	.0492	.0316	.205	.0135
15	.1827	.1401	.1229	.1079	.0835	.0649	.0397	.0247	.0155	.0099
16	.1631	.1229	.1069	.0980	.0709	.0541	.0320	.0193	.0118	.0073
17	.1456	.1078	.0929	.0802	.0600	.0451	.0259	.0150	.0089	.0054
18	.1300	.0946	.0808	.0691	.0508	.0376	.0208	.0118	.0068	.0039
19	.1161	.0829	.0703	.0596	.0431	.0313	.0168	.0092	.0051	.0029
20	.1037	.0728	.0611	.0514	.0365	.0261	.0135	.0072	.0039	.0021
21	.0926	.0638	.0531	.0443	.0309	.0217	.0109	.0056	.0029	.0016
22	.0826	.0560	.0462	.0382	.0262	.0181	.0088	.0044	.0022	.0012
23	.0738	.0491	.0402	.0329	.0222	.0151	.0081	.0034	.0017	.0008
24	.0659	.0431	.0349	.0284	.0188	.0126	.0057	.0027	.0013	.0006
25	.0588	.0378	.0304	.0245	.0160	.0105	.0046	.0021	.0010	.0005
26	.0525	.0331	.0264	.0211	.0135	.0087	.0037	.0016	.0007	.0003
27	.0469	.0291	.0230	.0182	.0115	.0073	.0030	.0013	.0006	.0002
28	.0419	.0255	.0200	.0157	.0097	.0061	.0024	.0010	.0004	.0002
29	.0374	.0224	.0174	.0135	.0082	.0051	.0020	.0008	.0003	.0001
30	.0334	.0196	.0151	.0116	.0070	.0042	.0016	.0006	.0002	.0001
35	.0189	.0102	.0075	.0055	.00030	.0017	.0005	.0002	.0001	*
40	.0107	.0053	.0037	.0026	.0013	.0007	.0002	.0001	*	*
45	.0061	.0027	.0019	.0013	.0006	.0003	.0001	*	*	*
50	.0035	.0014	.0009	.0006	.0003	.0001	*	*	*	*
55	.0020	.01007	.0005	.0003	.0001	*	*	*	*	*
	<.0001									

附录三　年金终值系数表

期数	1%	2%	3%	4%	5%	6%	7%	8%	9%	10%
1	1.0000	1.0000	1.0000	1.0000	1.0000	1.0000	1.0000	1.0000	1.0000	1.0000
2	2.0100	2.0200	2.0300	2.0400	2.0500	2.0600	2.0700	2.0800	2.0900	2.1000
3	3.0301	3.0604	3.0909	3.1216	3.1525	3.1836	2.2149	3.2464	3.2781	3.3100
4	4.0604	4.1216	4.1836	4.2465	4.3101	4.3746	4.4399	4.5061	4.5731	4.6410
5	5.1010	6.2040	6.3091	5.4163	5.5256	5.6371	5.7507	6.8666	5.9847	6.1051
6	6.1520	6.3081	6.4684	6.6330	6.8019	6.9753	7.1533	7.3359	7.5233	7.7156
7	7.2135	7.4343	7.6625	7.8983	8.1420	8.3938	8.6540	8.9228	9.2004	9.4872
8	9.2857	8.5830	8.8923	9.2142	9.5491	9.8975	10.260	10.637	11.028	11.436
9	9.3685	9.7546	10.158	10.583	11.027	11.491	11.978	12.488	13.021	13.579
10	10.462	10.950	11.464	12.006	12.578	13.181	13.816	14.487	15.193	15.937
11	11.567	12.169	12.808	13.486	14.207	14.972	15.784	16.645	17.560	18.531
12	12.683	13.412	14.192	15.026	15.917	16.870	17.888	18.977	20.141	21.384
13	13.809	14.680	15.618	16.627	17.713	18.882	20.141	21.495	22.953	24.523
14	14.947	15.974	17.086	18.292	19.599	21.015	22.550	24.214	26.019	27.975
15	16.097	17.293	18.599	20.024	21.579	23.276	25.129	27.152	29.361	31.772
16	17.258	18.639	20.157	21.825	23.657	25.673	27.888	30.324	33.003	35.950
17	18.430	20.012	21.762	23.698	25.840	28.213	30.840	33.750	36.974	40.545
18	19.615	21.412	23.414	25.645	28.132	30.906	33.999	37.450	41.301	45.599
19	20.811	22.841	25.117	27.671	30.539	33.760	37.379	41.446	46.018	51.159
20	22.019	24.297	26.870	29.778	33.066	36.786	40.995	45.752	51.160	57.275
21	23.239	25.783	28.676	31.969	35.719	39.993	44.865	50.423	56.756	64.002
22	24.472	27.299	30.537	34.248	38.505	43.392	49.006	55.457	62.873	71.403
23	25.716	28.845	32.453	36.618	41.430	46.996	53.436	60.883	69.532	79.543
24	26.973	30.422	34.426	39.083	44.502	50.816	58.177	66.765	76.790	88.497
25	28.243	32.030	36.459	41.646	47.727	54.863	63.249	73.106	84.701	98.347
26	29.526	33.671	38.553	44.312	51.113	59.156	68.676	79.954	93.324	109.18
27	30.821	35.344	40.710	47.084	54.669	63.706	74.484	87.351	102.72	121.10
28	32.129	37.051	42.931	49.968	58.403	68.528	80.698	95.399	112.97	134.21
29	33.450	38.792	45.219	62.966	62.323	73.640	87.347	103.97	124.14	148.63
30	34.785	40.568	47.575	56.085	66.439	79.058	94.461	113.28	136.31	164.49
40	48.886	60.402	75.401	95.026	120.80	154.76	199.64	259.06	337.88	442.59
50	64.463	84.579	112.80	152.67	209.35	290.34	406.53	573.77	815.08	1163.9
60	81.670	114.05	163.05	237.99	353.58	533.13	813.52	1253.2	1944.8	3034.8

续表

期数	12%	14%	15%	16%	18%	20%	24%	28%	32%	36%
1	1.0000	1.0000	1.0000	1.0000	1.0000	1.0000	1.0000	1.0000	1.0000	1.0000
2	2.1200	2.1400	2.1500	2.1600	2.1800	2.2000	2.2400	2.2800	2.3200	2.3600
3	3.3744	3.4396	3.4725	3.5056	3.5724	3.6400	3.7776	3.9184	3.0624	3.2096
4	4.7793	4.9211	4.9934	5.0665	5.2154	5.3680	5.6842	6.0156	6.3624	6.7251
5	6.3528	6.6101	6.7424	6.8771	7.1542	7.4416	8.0484	8.6999	9.3983	10.146
6	8.1152	8.5355	8.7537	8.9775	9.4420	9.9299	10.980	12.136	13.406	14.799
7	10.089	10.730	11.067	11.414	12.142	12.916	14.615	16.534	18.696	21.126
8	12.300	13.233	13.727	14.240	15.327	16.499	19.123	22.163	25.678	29.732
9	14.776	16.085	16.786	17.519	19.086	20.799	24.712	29.369	34.895	41.435
10	17.549	19.337	20.304	21.321	23.521	25.959	31.643	38.593	47.062	57.352
11	20.655	23.045	24.349	25.733	28.755	32.150	40.238	50.398	63.122	78.998
12	24.133	27.271	29.002	30.850	34.931	39.581	64.110	84.853	112.30	148.47
13	28.029	32.089	34.352	36.786	42.219	48.497	64.110	84.853	112.30	148.47
14	32.393	37.581	40.505	43.672	50.818	59.196	80.496	109.61	149.24	202.93
15	37.280	43.842	47.580	51.660	60.965	72.035	100.82	141.30	198.00	276.98
16	42.753	50.980	55.717	60.925	72.939	87.442	126.01	181.87	262.36	377.69
17	48.884	59.118	65.075	71.673	87.068	105.93	157.25	233.79	347.31	514.66
18	55.750	68.394	75.836	84.141	103.74	128.12	195.99	300.25	459.45	170.98
19	63.440	78.969	88.212	98.603	123.41	154.74	244.03	385.32	607.47	954.28
20	72.052	91.025	102.44	115.38	146.63	186.69	303.60	494.21	802.86	1298.8
21	81.699	104.77	118.81	134.84	174.02	225.03	377.46	633.59	1060.8	1767.4
22	92.503	120.44	137.63	157.41	206.34	271.03	469.06	812.00	1401.2	2404.7
23	104.60	138.30	159.28	183.60	244.49	326.24	582.63	1040.4	1850.6	3271.3
24	118.16	158.66	184.17	213.98	189.49	392.48	723.46	1332.7	2243.8	4450.0
25	133.33	181.87	212.79	249.21	342.60	471.98	898.09	1706.8	3226.8	6053.0
26	150.33	208.33	245.71	290.09	405.27	567.38	1114.6	2185.7	4260.4	8233.1
27	169.37	238.50	283.57	337.50	479.22	681.85	1383.1	2798.7	5624.8	11198.0
28	190.70	272.89	327.10	392.50	466.48	819.22	1716.1	3583.3	7225.7	15230.3
29	214.58	312.09	377.17	456.30	669.45	984.07	2129.0	4587.7	9802.9	20714.2
30	241.33	356.79	434.75	530.31	790.95	1181.9	2640.9	5873.2	12941.2	8172.3
40	767.09	1342.0	1779.1	2360.8	4163.2	7343.2	2272.9	69377	*	*
50	2400.0	4994.5	7217.7	101436	21813.4	45197	*	*	*	*
60	7471.6	18535.5	29220.4	46058	*	*	*	*	*	*
*	*>99999									

附录四　年金现值系数表

期数	1%	2%	3%	4%	5%	6%	7%	8%	9%
1	0.9901	0.9804	0.9709	0.9615	0.9524	0.9434	0.9346	0.9259	0.9174
2	1.9704	1.9416	1.9135	1.8861	1.8594	1.8334	1.8080	1.7833	1.7591
3	2.9410	2.8839	2.8286	2.7751	2.7232	2.6730	2.6243	2.5771	2.5313
4	3.9020	3.8077	3.7171	3.6299	3.5460	3.4651	3.3872	3.3121	3.2397
5	4.8534	4.7135	4.5797	4.4518	4.3295	4.2124	4.1002	3.9927	3.8897
6	5.7955	5.6014	5.4172	5.2421	5.0757	4.9173	4.7665	4.6229	4.4859
7	6.7282	6.4720	6.2303	6.0021	5.7864	5.5824	5.3893	5.2064	5.0330
8	7.6517	7.3255	7.0197	6.7327	6.4632	6.2098	5.9713	5.7466	5.5348
9	8.5660	8.1622	7.7861	7.4353	7.1078	6.8017	6.5152	6.2469	5.9952
10	9.4713	8.9826	8.5302	8.1109	7.7217	7.3601	7.0236	6.7101	6.4177
11	10.3676	9.7868	9.2526	8.7605	8.3064	7.8869	7.4987	7.1390	6.8052
12	11.2551	10.5753	9.9540	9.3851	8.8633	8.3838	7.9427	7.5361	7.1607
13	12.1337	11.3484	10.6350	9.9856	9.3936	8.8527	8.3577	7.9038	7.4869
14	13.0037	12.1062	11.2961	10.5631	9.8986	9.2950	8.7455	8.2442	7.7862
15	13.8651	12.8493	11.9379	11.1184	10.3797	9.7122	9.1079	8.5598	8.0607
16	14.7179	13.5777	12.5611	11.6523	10.8378	10.1059	9.4466	8.8514	8.3126
17	15.5623	14.2919	13.1661	12.1657	11.2741	10.4773	9.7632	9.1216	8.5436
18	16.3983	14.9920	13.7535	12.6896	12.0853	11.1581	10.3356	9.6036	8.9601
19	17.2260	15.6785	14.3238	13.1339	12.0853	11.1581	10.3356	9.6036	8.9601
20	18.0456	16.3514	14.8775	13.5903	12.4622	11.4699	10.5940	9.8181	9.1285
21	18.8570	17.0112	15.4150	14.0292	12.8212	11.7641	10.8355	10.0168	9.2922
22	19.6604	17.6580	15.9369	14.4511	13.4886	12.3034	11.0612	10.2007	9.4424
23	20.4558	18.2922	16.9355	15.2470	13.7986	12.5504	11.4693	10.5288	9.7066
24	21.2434	18.9139	16.9355	15.2470	13.7986	12.5504	11.4693	10.5288	9.7066
25	22.0232	19.5235	17.4131	15.6221	14.0939	12.7834	11.6536	10.6748	9.8226
26	22.7952	20.1210	17.8768	15.9828	14.3752	13.0032	11.8258	10.8100	9.9290
27	23.5596	20.7059	18.3270	16.3296	14.6430	13.2105	11.9867	10.9352	10.0266
28	24.3164	21.2813	18.7641	16.6631	14.8981	13.4062	12.1371	11.0511	10.1161
29	25.0658	21.8444	19.1885	16.9837	15.1411	13.5907	12.1371	11.1584	10.1983
30	25.8077	22.3965	19.6004	17.2920	15.3725	13.7648	12.4090	11.2578	10.2737
35	29.4086	24.9986	21.4872	18.6646	16.3742	14.4982	12.9477	11.6546	10.5668
40	32.8347	27.3555	23.1148	19.7928	17.1591	15.0463	13.3317	11.9246	10.7574
45	36.0945	29.4902	24.5187	20.7200	17.7741	15.4558	13.6055	12.1084	10.8812
50	39.1961	31.4236	25.7298	21.4822	18.2559	15.7619	13.8007	12.2335	10.9617
55	42.1472	33.1748	26.7744	22.1086	18.6335	15.9905	13.9399	12.3186	11.0140

续表

期数	10%	12%	14%	15%	16%	18%	20%	24%	28%
1	0.9091	0.8929	0.8772	0.8696	0.8621	0.8475	0.8333	0.8065	0.7813
2	1.7355	1.6901	1.6467	1.6257	1.6052	1.5656	1.5278	1.4568	1.3916
3	2.4869	2.4018	2.3216	2.2832	2.2459	2.1743	2.1065	1.9813	1.8684
4	3.1699	3.0373	2.9173	2.8550	2.7982	2.6901	2.5887	2.4043	2.2410
5	3.7908	3.6048	3.4331	3.3522	3.2743	3.1272	2.9906	2.7454	2.5320
6	4.3553	4.1114	3.8887	3.7845	3.6847	3.4976	3.3255	3.0205	2.7594
7	4.8684	4.5638	4.2882	4.1604	4.0386	3.8115	3.6046	3.2423	2.9370
8	5.3349	4.9676	4.6389	4.4873	4.3436	4.0776	6.8372	3.4212	3.0758
9	5.7590	5.3282	4.9164	4.7716	4.6065	4.3030	4.0310	3.5655	3.1842
10	6.1446	5.6502	5.2161	5.0188	4.8332	4.4941	4.1925	3.6819	3.2689
11	6.4951	5.9377	5.4527	6.2337	6.0286	6.6550	4.3271	3.7757	3.3351
12	6.8137	6.1944	5.6603	5.4206	5.2971	4.7932	4.4392	3.8514	3.3868
13	7.1034	6.4235	6.8424	5.5831	5.3423	4.9095	4.5327	3.9124	3.4272
14	7.3667	6.6282	6.0021	6.7245	6.4675	6.0081	4.6106	3.9616	3.4587
15	7.6061	6.8109	6.1422	5.8474	5.9755	6.0916	4.6755	4.0013	3.4834
16	7.8237	6.9740	6.2651	6.9542	5.6685	5.1624	4.7296	4.0333	3.5026
17	8.0216	7.1196	6.3729	6.0472	6.7487	5.2223	4.7746	4.0591	3.5177
18	8.2014	7.2497	6.4674	6.1280	5.8178	5.2732	4.8122	4.0799	3.5294
19	8.3649	7.3658	6.5504	6.1982	5.8775	5.3162	4.8435	4.0967	3.5386
20	8.5136	7.4694	6.6231	6.2593	5.9288	5.3527	4.8696	4.1103	3.5458
21	8.6487	7.5620	6.6870	6.3125	5.9731	5.3837	4.8913	4.1212	3.5514
22	8.7715	7.6446	6.7429	6.3587	6.0113	5.4099	4.9094	4.1300	3.5558
23	8.8832	7.7184	6.7921	6.3988	6.0442	5.4321	4.9245	4.1371	3.5592
24	8.9847	7.7843	6.8351	6.4338	6.0726	5.4509	4.9371	4.1428	3.5619
25	9.0770	7.9431	6.8729	6.4641	6.0971	5.4669	4.9476	4.1474	3.5640
26	9.1609	7.8957	6.8061	6.4906	6.1182	5.4804	4.9563	4.1511	3.5656
27	9.2372	7.9426	6.9352	6.5135	6.1364	5.4919	4.9636	4.1542	3.5669
28	9.3066	7.9844	6.9607	6.5335	6.1520	5.5016	4.9697	4.1566	3.5679
29	9.3696	8.0218	6.9830	6.5509	6.1656	5.5098	4.9747	4.1585	3.5687
30	9.4269	8.0552	7.0027	6.5660	6.1772	5.5168	4.9789	4.1601	3.5693
35	9.6442	8.1755	7.0700	6.6166	6.2153	5.5386	4.9915	1.1644	3.5708
40	9.7791	8.2438	7.1050	6.6418	6.2335	5.5482	4.9966	4.1659	3.5712
45	9.8628	8.2825	7.1232	6.6543	6.2421	5.5523	4.9986	4.1664	3.5714
50	9.9148	8.3045	7.1327	6.6605	6.2463	5.5541	4.9995	4.1666	3.5714
55	9.9471	8.3170	7.1376	6.6636	6.2482	5.5549	4.9998	4.1666	3.5714

后　记

几年前，国际会计师联合会在它的一份研究报告中称，在信息技术条件下，传统会计的很多事务性工作对企业而言是不增值的，会计人员将会面临重要的业务转型，转型到以为公司增值为终极目标的财务工作上来。

在编著本书的过程中，我们注意到了这个全球性的现象和趋势。与其说这是一个挑战，不如说是一个重要的机遇。企业的CFO是CEO的战略伙伴，CFO必须位于从战略水平来理解问题的最前列。为公司增值是CFO应该扮演的唯一角色，他们应当将工作重心放在企业战略的实现方面。唯有摆脱繁杂的日常事务，才能从更高层次把握企业的发展方向，有精力去取得与实现企业目标相适应的资源并运用好这些资源。

《财务管理——理论与实务》一书是在众多教师的鼎力支持和共同努力下完成的，本书充分而翔实地描绘了现代公司财务管理的蓝图，汇聚了处于产业、行业、学术界的专家学者们的理论、研究、案例、数据、分析以及实用的建议和战略，使读者能够快速掌握财务管理这个强有力的工具。希望本书能给财务专业从业人员和学生以及对财务专业感兴趣的其他人员提供帮助。

衷心感谢兰州大学教务处、兰州大学出版社对本书的支持与关注；衷心感谢兰州大学管理学院领导对本书的鼓励与支持；还要特别感谢兰州大学出版社陈红升老师热情细心的支持和帮助，使得这本凝结了众多优秀教师多年教学和实践经验总结的书稿得以顺利地完成和出版。

财务是金融殿堂中不可缺少的，我们相信，财务的本质、财务独特的思考方式以及财务管理的基本理念和规律必将指导广大读者用财务的视角和思维观察、剖析种种经济现象，指导自己的行为，解决各种难题，尽享财富人生。

编者

2011年12月